中华人民共和国
著作权法三十年

COPYRIGHT LAW OF THE PEOPLE'S
REPUBLIC OF CHINA IN THE PAST 30 YEARS

刘春田◎主编

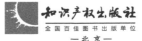

知识产权出版社
全国百佳图书出版单位
— 北 京 —

图书在版编目（CIP）数据

中华人民共和国著作权法三十年／刘春田主编．—北京：知识产权出版社，2021.3
（2021.6 重印）

ISBN 978－7－5130－7408－7

Ⅰ．①中… Ⅱ．①刘… Ⅲ．①著作权法—基本知识—中国 Ⅳ．①D923.41

中国版本图书馆 CIP 数据核字（2021）第 012815 号

责任编辑：齐梓伊　　　　　　　责任校对：谷　洋

封面设计：张新勇　　　　　　　责任印制：刘译文

中华人民共和国著作权法三十年

刘春田　主编

出版发行：**知识产权出版社** 有限责任公司	网　　址：http：//www.ipph.cn
社　　址：北京市海淀区气象路 50 号院	邮　　编：100081
责编电话：010－82000860 转 8176	责编邮箱：qiziyi2004@qq.com
发行电话：010－82000860 转 8101/8102	发行传真：010－82000893/82005070/82000270
印　　刷：北京建宏印刷有限公司	经　　销：各大网上书店、新华书店及相关专业书店
开　　本：720mm×1000mm　1/16	印　　张：25.25
版　　次：2021 年 3 月第 1 版	印　　次：2021 年 6 月第 2 次印刷
字　　数：390 千字	定　　价：128.00 元

ISBN 978－7－5130－7408－7

出版说明

　　1990 年 9 月 7 日，七届全国人大常委会第十五次会议审议通过了《中华人民共和国著作权法》，至今已 30 周年。

　　30 年来，中国和世界都发生了翻天覆地的变化。中国从计划经济转型为市场经济，从封闭社会融入国际社会。全球经济进入互联网技术时代，世界经济格局因中国的崛起而重构。

　　为纪念著作权法颁布实施，我们组织编写《中华人民共和国著作权法三十年》一书。著作权法的立法工作从启动到完成历经 11 年，从 1979 年开始起草至今已有 41 年。本书编写工作邀请了各个时期相继参与著作权法法治建设工作的立法工作者、官员、学者，以图从不同角度对这一过程作出历史的描述。文章千古事，社稷一戎衣。其中，宋木文等人已经故去，但他们对著作权法所做的贡献不应泯灭，他们文章中留下的思想仍值得后人记取。刘杲、沈仁干二位因年事已高或身体原因，我们征得本人认可，选择他们有代表性的旧作，收入本书。

　　我特别怀念已故的谢怀栻、郭寿康、郑成思三位教授，他们与我共四位民法学者，代表法学界参加了著作权法的起草工作。我们共事多年，他们渊博的知识、出色的智慧、执着的追求、学者的本色，让我受益终身。

　　2020 年，著作权法颁布 30 年之际，国家颁布了具有伟大历史意义的《民法典》，并完成了历时近 10 年的著作权法修改工作。著作权法律终于回归了民法体系的制度母体，找到了民法理念的精神家园。未来，在《民法典》的指导和著作权法的引领下，我国著作权法治建设将更为健康、更为完善、更为理性、更为文明。我们的社会将更尊重创造、尊重知识、尊重私权、尊重法治。著作权制度必将在创新驱动发展和国家现代化建设中发挥更大的作用。

刘春田

2020 年 12 月 12 日

目 录
CONTENTS

我与中国版权立法、修法二十年[*]

我与中国版权立法、修法二十年^{*}

宋木文^{**}

以阎晓宏为理事长的中国版权协会，在公平、公正、公开的原则下，首次评选出"中国版权事业终身成就者"奖，在 2013 年 11 月 30 日举行的颁奖仪式上宣布：宋木文、郭寿康、刘杲、谷建芬获此殊荣。第六届中国版权年会会员暨评选颁奖大会的专刊报道说："首次评选并颁出的'中国版权终身成就者'奖最为引人瞩目，该奖项的入选原则是：对中国版权事业的开拓、创新、发展、版权产业的国际化运作起到奠基石的作用；对中国版权制度、法律法规的建立、发展起到关键作用；并得到版权界及社会广泛关注、高度认同，具有典型性和代表性。"首批"中国版权事业终生成就者"奖评选并颁奖"成为本届年会的一大亮点"，并在"当晚中央电视台的《新闻联播》中播出"。

颁奖大会由中央电视台著名主持人陈铎分别宣读对 4 位获奖者的颁奖词："宋木文：国家版权局原局长，新时期中国著作权法律制度的创建者、亲历者和领导者。著有《宋木文出版文集》《亲历出版三十年》和《八十后出版文存》等。在上述著述中，木文老以亲身经历讲述了中国版权事业不平凡的历程。在退出领导岗位以后，以更大的精力与热情指导参与了多项与版权相关的重大活动，为中国版权制度建设做出了重大贡献。"

大会让我说"获奖感言"，我只能实事求是地说：我实际上做版权工作并不多，今天能够获得如此殊荣，我理解主要是由于中国版权协会——这件事情的组织者和参与者肯定《版权法》从起草到修订这二十年的历史，

---

* 本文发表于《中国新闻出版广电报》2020 年 8 月 6 日第 5 版。

** 宋木文，国家新闻出版署原署长、国家版权局原局长。

更是重视我们版权事业现在取得的进展和过去二十年的延续，因此也更激发了我对现实的关注。如果今后有什么要让我做的事，请吩咐，我一定会尽我力所能及做下去，把它做好，以报答同志们给我的荣誉，给我的深情厚谊。谢谢！

2014年11月18日，中国版权协会又决定我与刘杲为该协会的终身顾问，希望我们继续关心协会工作，出席重大活动，对协会规划、重要部署及相关工作提出建议和意见。阎晓宏还抽出时间，同刘杲和我亲切交谈。

拿到"中国版权事业终生成就者"金盾奖章和终身顾问聘书，更激励我对原有资料与文稿进行梳理，写成《我与中国版权立法、修法二十年》，作为存史，供今人和后人研究参考。

1990年颁布、1991年实施、2001年修订的《中华人民共和国著作权法》，在近现代和当代中国版权史上占有特殊重要的地位。这同我国版权保护制度的历史和发展相联系。

我国以造纸和印刷术的发明，对人类文明做出了重大贡献。中西方版权法学者都认为，版权是随着印刷术的采用而出现的。版权，作为一种观念，或作为版权保护的雏形，在宋代就产生了。比西方要早几百年。南宋出版的《东都事略》一书的书前牌记，上写"眉山程舍人宅刊行，已申上司，不许覆板"，就是一个明证。但从16世纪工业革命兴起后，欧洲印刷技术有了飞速发展，逐步建立和发展了与工业产权同步的较为完备的版权保护制度。在此期间，我国长期处于封建和半封建半殖民地社会，经济、科技（包括印刷）发展滞后和停顿，致使中国最早的一部版权法《大清著作权律》（1910年）比世界上最早的版权法——《安娜法》①（1710年4月10日生效），晚了整整200年。

《中华人民共和国著作权法》颁布之前，中国历史上有过三部版权法，除《大清著作权律》外，还有由北洋政府于1915年颁布的《著作权法》，由国民党政府于1928年颁布的《中华民国著作权法》。

---

① 全称为《为鼓励知识创作而授予作者及购买者就其已印刷成册的图书在一定时期内之权利的法令》。该法于1709年由英国的安娜女王发布，有时也被简称为《安娜女王法令》。

《大清著作权律》分为通则、权利期限、呈报义务、权利限制、附则，共 5 章 55 条。该法第 1 条规定了受保护的作品包括文艺、图画、贴本、照片、雕刻、模型等，第 31 条列举了四类不受保护的作品，即法令约章文书案牍；各种善会宣讲之劝诫文；各种报纸记载政治及时事上之论说新闻；公会之演说。关于保护的权利，该法第 33 条至第 38 条规定：①凡经呈报注册取得版权的作品，其他人不得翻印复制及用各种假冒方法进行剽窃；②接受作者的作品出版或复制，不得割裂、窜改原作，不得变匿作者姓名或更改作品名称发行该作品；③对于版权保护期满的作品，亦不得加以割裂、窜改或变匿作者姓名以及更改作品名称发行；④不得使用别人的名字来出版发行自己的作品；⑤对别人编著的教材，不得擅自编写习题解答；⑥未发表的作品，未经版权所有者同意，他人不得强取抵债。

根据《大清著作权律》的规定，版权不是自动获得，只有在向民政部申请注册，并交纳样本和注册费后方可获得。版权的转让与继承，同样也要履行上述注册手续。

关于版权的保护期限，该法规定：①版权归作者享有，作者死后，其继承人可以继续享有 30 年；②作者死后首次发表的作品，继承人应享有为期 30 年的版权；③凡以学校、公司、公所等法人团体的名义发表的作品，版权保护期限为 30 年；④照片的保护期限为 10 年。该法规定，作品的版权保护期限自民政部注册发照之日起计算。

《大清著作权律》还规定了某些作品可被视为公共财产，可供人们自由使用。这些作品主要包括：①版权保护期已满的作品；②作者死亡而无继承人的作品；③久经通行的作品；④作者自愿放弃版权的作品。

关于合理使用作品，该法第 39 条规定，注明原著出处的下列行为不被视为侵权：①节选众人著作成书，以供普通教科书及参考之用者；②节录引用他人著作，以供己之著作考证注释者；③仿他人图画以为雕刻模型或仿他人雕刻模型以为图画者。

对于侵犯版权及处罚，该法规定，凡经民政部注册发证的作品，如果受到侵犯，版权所有者可以诉诸法律。凡假冒他人作品，或知情代为出售此类假冒作品者，处以罚款，责令赔偿作者损失，没收印本刻版等制作假冒作品的器具；凡割裂、窜改作品及变匿作者姓名或更改作品名称发行他人作品，亦处以罚款。

此外，该法对合作作品、委托作品、口头作品、翻译作品的归属及继承也做了规定。

《大清著作权律》比较完整地将西方著作权理念移入中国，尽管因在颁布的第二年清王朝即被推翻而基本上没有实施，但它对北洋政府的版权法（1915 年）与国民党政府的版权法（1928 年）产生了重要的影响，除了在部分条款中作了一些增补和改动以外，其基本内容都未能超出《大清著作权律》的范围，而内忧外患、社会动荡的国情，也使版权保护在实际上难以全面持续实施。2010 年 10 月 14 日，在北京举行中国著作权法律百年国际论坛，特请《大清著作权律》编纂主持人沈家本嫡孙沈厚铎出席并发表演讲，表明对这部法律及其主持人历史作用的肯定和缅怀。

中华人民共和国成立后，虽然政府有关部门负责人也曾为建立版权制度做过努力，但在政府实施的法规中涉及版权问题的主要是使用作品支付报酬的规定，而且屡遭中断。1984 年颁布的《书籍稿酬试行规定》，比较具体地规定了对作者经济权利的保护，还对出版权、翻译权、改编权、选编权这些重要的版权内容及版权的归属、版权的保护期以及对外国人的保护均作了规定，是版权法颁布之前中华人民共和国制定的关于版权保护的一项重要的行政法规。1986 年 4 月 12 日，六届全国人大四次会议通过的《中华人民共和国民法通则》，首次以国家基本法的形式确认中国"公民、法人享有著作权（版权），依法有署名、发表、出版、获得报酬等权利。"著作权人受到侵害时，"有权要求停止侵害，消除影响，赔偿损失"。《民法通则》的规定具有重要意义，但不可能解决由专门法解决的问题。综上所述，1990 年 9 月 7 日，七届全国人大常委会第十五次会议通过的《中华人民共和国著作权法》，不仅是中华人民共和国第一部关于著作权（版权）的法律，而且成为近代以来中国颁布的与国际版权基本原则相符合，又有中国特色的比较完备的版权法律，在中国版权历史上具有承前启后的里程碑的重要意义。而经 2001 年 10 月完成修订的《著作权法》又进一步解决了与现行国际版权公约某些不相符合的问题，全面达到了国际版权保护的先进水平。

应当说，著作权法的制定与修改，我都是参与者。著作权法从起草到颁发用了十年时间，而从颁发到修改也经历了十年。前十年我在政府出版、版权管理机关任职，参加了著作权法制定及相关的工作，并受国务院委托向全国人大常委会作提请审议《著作权法》议案的说明。后十年中，从1993年起，我的工作由政府管理机关转向全国人大教育科学文化卫生委员会，参与了著作权法的执法检查、修法调研以及审议修正案的工作。正是因为我有这个经历，中国版权协会才把终身成就奖同我的名字联系起来；我在接受此项奖讲获奖感言时，也主要是说明了这一点历史联系，而不是说我做了多少重要工作，有什么重要贡献。

我在这里把"著作权"同"版权"并用，是因为《著作权法》在"附则"中有个解释："著作权与版权为同义语"；在2001年10月27日九届全国人大常委会第二十四次会议通过的《著作权法》修正案则改注"著作权即版权"，而人们在口头语和书面语中，更是"版权"与"著作权"通用，并且更习惯于使用"版权"。

以下，按八个题目，叙述作为"奠基期"开始的1978年至作为通过"修正案"的2001年前后20多年中国版权制度建设的历程及其主要成果，只个别事例有所延伸。

一、版权立法的缘起和奠基期的工作

总的来说，版权（著作权）立法是同以党的十一届三中全会为标志的我国改革开放新时期的起步相联系的。

党的十一届三中全会决定把党和国家的工作重心转移到经济建设上来。以经济建设为中心，坚持四项基本原则，坚持改革开放，成为我国的基本国策。在邓小平理论的指导下，尊重知识，尊重人才，逐步深入人心。知识分子创造性劳动开始得到社会的尊重和重视，保护知识产权也必然随之被提到党和国家以及政府有关部门的议事日程。在国内开始考虑版权保护，要求版权立法的同时，西方国家也要求改革开放的中国在经贸、科技、文化交流中彼此保护版权。

发生在 1978 年与 1979 年的两件事对我国有关部门重视研究版权与考虑版权立法问题起到了推动作用。

（一）英国出版代表团的来访

1978 年 3 月，受中国人民对外友好协会的邀请，以英国出版商协会主席格雷厄姆·格林为团长的英国出版代表团来华访问。格林带来英国外交大臣欧文写给时任对外友协会长王炳南的亲笔签名信，称该团"是一个极为显要和具有充分代表性的代表团"，"代表团的这次访华是英中两国之间的联系日益发展的一个新的重要范例。我希望，这次访问将有助于扩大我们两国那些从事传播文学和教育作品这一极关重要的任务的人们之间的工作联系。"欧文信中写道："我还希望中国适当的组织将于明年派一个类似的代表团访问英国。"3 月 16 日，时任国家出版局局长王匡会见格林一行时，英方表达了同中国出版界开展友好合作的强烈愿望，并表示愿与我方讨论版权问题。会见时，英方宣读了事先准备好的有关版权问题的意见书（备忘录），希望中国参加国际版权组织。格林还强调了中国派出版代表团访英的重要性。1979 年 6 月 17 日至 7 月 1 日，以陈翰伯为团长、陈原为副团长的中国出版代表团访问英国（我作为代表团秘书长，版权专家汪衡以翻译并成员同行），对英国出版业进行考察，并着重讨论了版权问题。

英国出版代表团访华及其提交的"意见书"，中国出版代表团赴英国的考察，促使当时国家出版局的领导陈翰伯、王子野、许力以等把版权问题作为适应改革开放新形势的重大课题来研究，并且列入日常工作日程。

（二）中美科技、经贸协议写进保护版权条款

1979 年 1 月，邓小平率中国政府代表团访美期间，由时任国家科委主任方毅及时任美国能源部部长施莱辛格签订的《中美高能物理协议》提到相互保护版权问题。同年 3 月，在中美商谈贸易协定时，美方于 3 月 21 日向我方提交的"美中贸易协定"文本草案中，要求写明双方承认在进一步发展两国关系中有效保护版权的重要性；中国"应对其参加世界版权公约给予迅即的、同情的考虑"；"同意采取适当措施"，"根据各自的法律和规章并适当考

虑国际做法"，给予对方权利人以版权保护。汪衡参加了我方对这一条的商讨，他回来解释说，这是原则、意向性的，由于中国没有版权法，不是立即实施。我与汪衡向陈翰伯报告，可以表态同意此项条款。这只是对一个具体问题的处理。在对内对外都有需要的情况下，国家出版局经与有关方面协调意见后，于1979年4月21日向国务院报送了《关于中美贸易协定中涉及版权问题的请示报告》。"报告"在分析了当时对外版权关系的形势和基本对策后说："我们当前虽不具备参加世界版权公约和与外国签订保护版权协定的条件，但也不能长期无视国际版权问题，而应积极采取措施，研究和解决这个问题。当前，拟立即抽调人员，组成专门班子，收集资料，调查研究（包括出国考察、参加讨论版权问题的国际会议）、培训人员（包括请外国专家来华讲学，派人出国学习以及参加联合国教科文组织举办的版权事务训练班），并协助草拟版权法及其他有关法令，为建立专门版权机构，参加世界版权公约做好准备。"对这个报告，时任国务院副总理的耿飚于1979年4月25日报请时任中共中央总书记胡耀邦审批。胡耀邦于4月26日即作出批示："同意报告。请你们尽快着手，组织班子，草拟版权法。"经胡耀邦批示同意的国家出版局的"请示报告"和胡耀邦关于尽快草拟版权法的批示，就成为国家出版局处理对外版权关系和内部加强版权工作的指导方针和主要依据。

随后，国家出版局采取了多项措施，加强版权工作：

（1）广泛收集有关版权立法和版权管理的资料，包括通过我国驻外使馆向北美洲、欧洲、亚洲、非洲、拉丁美洲等近百个国家索取相关资料。

（2）抽调人员，建立组织。从机关内部、直属单位和北京图书馆陆续调集人员，成立以汪衡为组长、李奇和沈仁干为副组长的中国出版工作者协会版权研究小组，其成员有翟一我、杨德、叶宝一、刘波林、翟丽凤和吴晓农（后又离开），以加强版权研究与立法准备工作。这个小组对外挂名归属中国出版协会，由我（时任出版协会秘书长）来联系，实际上是由时任国家出版局代局长兼中国出版协会主席陈翰伯直接领导的专门机构。1982年出版局划归文化部时，该小组已扩建为国家出版局版权处，为工作方便，称为文化部版权处，并在1985年扩建为国家版权局。

（3）请进来，由外国和国际组织版权专家来华讲课，普及版权知识，培训版权队伍。仅从 1979 年起的四五年内，先后来华讲授版权的就有：日本版权专家宫田昇（1979 年 8 月），时任英国版权委员会主席丹尼斯·戴·弗雷塔斯、时任英国出版协会主席杜索托依（1980 年 5 月），时任联合国教科文组织版权处处长克劳德·多克女士（1981 年和 1984 年共两次），时任美国版权局长雷大卫（1981 年 6 月）等。我国在 1980 年 3 月 3 日即参加世界知识产权组织。从 1982 年 5 月北京版权培训班开始，世界知识产权组织在其时任总干事鲍格胥的率领和支持下，多次在华举办多种类型的版权培训班，并长期保持和发展着广泛的、成效卓著的友好合作。

（4）派出去，到国外和国际版权组织学习、考察版权和接受培训。早期派出考察版权的有：沈仁干和赵慧先（时在对外翻译出版公司任职），于 1980 年赴英国和联邦德国考察；陈砾（时在天津百花出版社任职，后任《中国日报》社总编辑）带领的五人小组于 1980 年赴英国考察；1981 年 9 月沈仁干和杨德参加世界知识产权组织在英国和联邦德国举办的版权培训班。在此前后，版权研究小组从组长到各个成员都被派出到美国、英国、法国、联邦德国、日本、瑞士、瑞典等国，以及世界知识产权组织、联合国教科文组织考察版权。1981 年，经汪衡推荐，郑成思（时在中国社会科学院任职）赴伦敦经济学院学习考察知识产权。

（5）积极开展对外合作出版。这是我国尚未完成版权立法，也未参加国际版权组织和签订双边或多边版权协议的情况下，适当解决版权问题、推进中外文化出版交流的有效途径，也为后来履行国际公约和双边、多边版权协议积累了经验。1981 年 10 月 12 日，国务院批准下达的国家出版局《关于加强对外合作出版管理的暂行规定》，使对外合作出版更能符合我国国情和有序地进行。这个时期比较重要的对外合作出版项目有：人民美术出版社与日本讲谈社合作出版的《中国之旅》（大型画册）、中国对外出版贸易总公司与澳大利亚威尔顿—哈代公司合作出版的《中国—长征》（大型画册）、文物出版社与日本平凡社合作出版的《中国石窟》（20 卷）、中国美术全集编委会与比利时范登出版公司合作出版的《中国美术全集》（法文版 60 卷）、商务印书馆与英国牛津大学出版社合作出版的《精选英汉汉英词典》等。特别值得在这里一提的有两件事：一是在许力以的策划与组织下，由中国出版工作者协会同英国培格曼出版公司签订合作协议，经邓小平批准和审定，在英国出版《邓小平文集》（英文版，《世界领袖丛书》之一），"我是中国人民的儿子，我深深地爱着我的祖国和人民"，即出版自邓小平为此书所写的序言里。二是由中国大百科全书出版社同美国不列颠百科全书出版公司合作，在中国出版《简明不列颠百科全书》（中文 10 卷本），不仅在处理版权和书稿内容问题上，更在对外扩大我国政治影响和对外文化交流上具有重要意义；邓小平和胡耀邦都曾会见美方代表，还称赞说"办了一件好事"。此外，1988 年 4 月，中华版权代理总公司的成立及其此后开展的工作，对中外出版交流与合作发挥了积极作用。

二、版权法起草进程中的最大难题及其妥善解决

国家出版局经过一系列准备工作，成立以刘杲为组长的起草小组，从 1980 年 7 月开始，起草"中华人民共和国版权法"。起草小组工作的勤奋和贡献，受到行业内外的认同与称赞。1985 年 7 月，国务院批准成立隶属文化部的国家版权局，其首要任务即是起草版权法。1986 年 5 月 2 日，文化部把版权法草案及说明报送国务院。1987 年，国务院法制局与国家版权局联合在北京召开 20 多次版权法草案专题讨论会，并到各地征求意见。

在征求意见过程中，版权法制定工作受到科技界和教育界的强烈反对，几乎使立法进程陷于停顿。

1987 年 7 月，在一次有计划和做好安排的座谈会上，中国图书进出口总公司向会议介绍：按版权法草案的规定，"如果用进口原版书刊来代替影印书刊，国家每年要多花 5 亿美元以上的外汇，这个数字是现在进口书刊用汇的十倍。就目前国家财力而论，不仅外汇付不出，各个单位也拿不出这么多人民币买书。若采用购买版权的办法，估计能够买到的品种为数极少，使科学和教学工作受到严重影响"。出席座谈的科学家听了这个介绍后，纷纷表示："这对科研和教学工作将是毁灭性打击，""版权法所产生的问题，不仅是几本书的问题，更是关系我国科技发展的前途问题。"科学家们要求"通过广泛的渠道及各种方式向上反映，使有关方面能充分考虑科技界的意见，

权衡利弊，不要匆忙通过版权法"。

1987年8月8日，国家科委、教育部、中国科学院、中国科协四部门向国务院报送《关于制定版权法的意见的报告》，反映了前述科学家们的意见。报告首先肯定，从长远来看，制定版权法，建立版权制度，是必要的，但"鉴于目前我国科技、教育战线使用的大量信息，特别是外文书刊等出版物，有相当一部分是影印出版的，一旦《版权法》通过、生效，将会影响对这些资料和出版物的获得和使用，对科学研究和高等学校教学工作带来相当大的困难"。报告强调，"版权法公布后，影印出版的合法途径只有通过购买版权公开出版"，而外国出版商又不愿转让新书的版权，一般要在出版二三年后才肯出让版权，使我们不能及时掌握科技信息，"这对于科研、教学工作是极为不利的"。因此，报告提出"推迟颁布版权法"；"如果版权法一定要颁布的话，也请暂不加入国际版权公约，暂不涉及科技作品的版权问题"；同时"增加科技、教育部门的图书资料费，专用于因买不到影印书刊而只得购买原版书刊之用"，仅此一项，"每年至少要增加外汇额度一亿二千万美元，配套人民币四亿五千万元"。如果要全部购买原版书刊则需用汇六亿美元。

此时，对版权法草案条文的修改固然要抓紧进行，而更为重要的则体现在制定版权法的重要性、紧迫性上，以及包括对"巨额外汇支出""影响教育、科技发展"在内的利弊得失问题进行论证，向中央和国务院有决策权的领导同志做好汇报工作，向对版权法制定起着牵制作用的科教部门和有重要影响的科学家做好说服解释工作。

国家科教部门和科学家们对版权立法的意见是从国家利益出发的，是值得高度重视的。国家版权局和国务院法制局对这些问题进行了认真研究，召开专家讨论会和算账会，走访科学家。我还为此事登门拜访国家科委老领导武衡听取和交换意见，以求在主要问题上达成共识。

国家版权局于1988年2月26日、10月5日、11月2日，先后给国务院写报告，围绕科教部门和科学家提出的问题作出说明，强调抓紧版权立法势在必行。

关于版权立法的必要性和紧迫性，11月2日的报告说："1979年4月，党中央和国务院领导同志在原国家出版局的一份报告上批示：请你们尽快着手，组织班子，草拟版权法。迄今已逾9年。1985年6月，中央书记处讨论了中央宣传部关于我国加入国际版权公约的报告，批示要抓紧版权法的起草工作。"这是指1985年6月24日，在胡耀邦主持下，中央书记处会议讨论并同意中宣部《关于我国参加世界版权公约问题的请示报告》，指出："为了有利于我国的社会主义国家形象，有利于加强对外宣传工作，促进对外文化交流和对外开放政策的执行，引进大量的文化教育和科学技术信息，应当参加世界版权公约。但在引进、翻译外国作品问题上，要严加控制，内容不好和必要性不大的书，不要翻译出版。"参加国际版权组织，要以完成国内立法为前提。报告在这里引出中央批准中宣部的报告，意在说明抓紧制定版权法的必要性和时机的成熟。报告接着说："同年7月，国务院批准成立国家版权局，具体组织版权法的起草。1986年5月，国家版权局向国务院呈报了《中华人民共和国版权法（草案）》。1987年4月，全国人大教科文卫委员会听了版权法起草情况的汇报，亦表示版权法的起草要抓紧进行。在研究各方面所提意见之后，国务院法制局和国家版权局拟在最近将修改后的版权法草案再次印发，在更大的范围内再次征求意见。"

关于版权立法即意味着要对外承担保护义务问题，2月26日的报告说："这是误解。版权法只保护本国作者的作品和在本国首次发表的作品，并不保护在国外发表的外国人的作品。至于根据中美贸易关系协定保护美国人的版权问题，需要在版权法颁布后，两国政府进一步谈判，签订具体的版权协议。"

关于参加国际版权公约后是否会出现国家难以承担的巨额外汇支出的问题，2月26日的报告说："参加国际版权公约后，在一个时期内，我国使用外国作品（特别是科技作品）的数量将多于外国使用我国作品的数量。因此在版税支付上将出现逆差。据对1983年使用外国书刊的初步统计，每年需付版税人民币1200万元左右，约300万美元。"这"仅占国家每年进口外文原版书刊所用外汇6000万美元的5%，不能说国家承受不起。说'如果将影印书刊全部改为向国外购买原版'，每年要'用外汇6亿美元'。这种假设是不现实的，任何国家都不可能出现这种极端的情况"。

关于版权立法和参加国际版权公约对我利弊得失，10月5日的报告作了总体估量："世界上绝大部分国家都制定了版权法，并加入了国际版权公约，这当中有许多是发展中国家。我国既然坚持对外开放，在版权法通过后，应当创造条件，逐步使涉外版权关系正常化。对外开放是全局，版权是局部，局部应当服从全局。"

最后，关于 6 亿美元巨额外汇支出的问题，终于使有关部门明确，那是在假设引进外国书刊全部采用购买原版的前提下的一种极端的不符合实际的推算，而每年翻译和翻印外国书刊支付版税约为 300 万美元，则是经国家科委、国家教委和国家法制局等部门详细、科学的估算后，共同认定的。这就排除了版权立法的一大障碍。

国家版权局的立法工作一直得到国务院法制局的指导与支持（有些工作是一起进行的）。法制局分管版权立法工作的时任副局长黄曙海于 1988 年 11 月 18 日就版权立法总体情况向国务院办公厅并国务院领导同志作了综合汇报，强调："现在民法体系中，其他如继承、合同、专利、商标等已有单行法律，就缺著作权法一块"，并对有关问题作了说明。

对黄曙海的汇报，时任国务委员兼国务院秘书长罗干于 1989 年 1 月 15 日批示："版权立法势在必行。同意在更大范围内再次印发草案，征求意见。"这标志着版权立法中重大原则问题，特别是一度引起争议和误解的几个主要问题得以澄清，取得共识，加快立法进程、适时提请审议的时机已经成熟。

随后，国家版权局向国务院报送版权法草案时，经版权法起草小组与时任国务院法制局局长孙琬钟、副局长黄曙海等共同研究，将版权法草案改名为著作权法草案。

三、全国人大常委会对著作权法的审议

1989 年 12 月 1 日，时任总理李鹏主持国务院常务会议审议通过《中华人民共和国著作权法》（草案）。

1989 年 12 月 14 日，时任总理李鹏将《中华人民共和国著作权法》（草案）提请全国人大常委会审议。

1989 年 12 月 24 日，七届全国人大常委会第十一次会议开始审议《中华

人民共和国著作权法》（草案）。我受国务院委托向这次常委会作著作权法草案的说明。经七届全国人大常委会第十一次、十二次、十四次、十五次会议审议，于 1990 年 9 月 7 日在第十五次会议上通过《中华人民共和国著作权法》。同日，时任国家主席杨尚昆发布第 31 号中华人民共和国主席令，公布《中华人民共和国著作权法》，并宣布该法于 1991 年 6 月 1 日起施行。

时任全国人大常委会副委员长、全国人大法律委员会主任委员、全国人大常委会法制工作委员会主任王汉斌在审议著作权法草案时说："在全国人大常委会审议所有法律草案中，著作权是最复杂的一个法，调整的关系最广，审议时间最长。"

我受国务院委托作了提请审议的说明后，又听取了常委会分组审议，列席了全国人大教科文卫委员会、法律委员会对著作权法草案的审议。我赞成王汉斌副委员长的看法。应对审议中的各种问题，我感到著作权法诞生过程的复杂和艰难，首先是源于这部法律要调整的关系牵涉利益十分广泛，其次源于大家对这部法律主要调整的问题及其与其他法律的关系不甚了解。因此，在今天看来不应成为问题的，在当时却成了难以逾越的障碍。探求其深层次原因则是同著作权人、作品使用者和法律审议者的知识产权观念不强。"文化大革命"中大批特批"资产阶级法权""知识私有"的影响尚未消除。许多人不了解知识产权的意义和作用。知识不能私有、文化产品不能作为精神权利和财产权利予以保护的观念还有相当大的影响；有人甚至认为，知识产权制度是同社会主义公有制格格不入的。在这种情况下，要在中国建立知识产权制度，必然存在许多困难和阻力。

（一）对著作权法草案的总体评价

对著作权法草案，有关各界人士和全国人大常委会部分组成人员，总体上是肯定的。

为了在正式审议前充分了解情况，全国人大教科文卫委员会、全国人大法律委员会和全国人大常委会法制工作委员会在 1990 年元月 8 日至 20 日，联合召开了 5 次座谈会，就人大常委在一读时提出的若干问题，听取国务院法制局和国家版权局的说明，同时听取文艺界、出版界、科技界、广播影视部门、法律界，以及北京、上海、浙江、四川、辽宁、陕西等著作权侵权纠纷比较多的省、市的人大常委会、政府版权机构、法院的同志对草案的意见。

全国人大教科文卫委员会文化室对这 5 次座谈会作了综述，反映了各方面对著作权法草案的看法与意见，刊载在《动态与资料》第一期（1990 年 2 月 12 日）：

总的来看，大家普遍认为著作权法立法的时机和条件已基本成熟。目前，世界上 170 多个国家中，有 150 多个国家制定了著作权法或版权法。尽快制定著作权法，并在将来适当的时候参加国际版权组织，对进一步提高我国的国际地位，在平等互利的基础上按照国际惯例发展对外科学、文化交流，也将是一个有力的促进。

在保护知识产权的三个法律中，我国已先后制定了商标法和专利法。著作权涉及的社会关系较之商标、专利要更为广泛。著作权保护不仅涉及文学、艺术、科学、教育领域，还涉及通信和工业部门；不仅涉及作者个人，还涉及单位、集体和广大公众的利益，著作权法既是国内法，又有涉外关系问题；既涉及经济关系，又涉及意识形态。制定著作权法既要考虑我国是社会主义国家，与资本主义国家应有所不同，也要考虑我国是发展中国家，与发达国家应有所不同，还要考虑我国当前的实际情况、管理体制和该法的可行性，同时，还不能不考虑国际上一些通用的规定。因此，制定著作权法是一项艰巨而复杂的工作。在著作权法的起草过程中，社会各方面的人士对这个法的内容提出了许多不同的要求与意见，在某些问题上，争论还相当激烈。这个草案，起草工作历时数年，在全国范围内征求意见三次，是在总结我国既有保护作者权益的各种法规、政策和习惯做法的基础上，参照国际惯例，借鉴外国经验，并根据我国经济、文化、科学、技术等方面的发展状况制定的。总的来看，是一个集中了较广泛的意见，接近成熟的草案，为全国人大常委会审议通过这个法律提供了一个较好的基础。同时，大家也认为，这个草案仍然有若干较重要的问题需要进一步研究。

（二）是否要规定依法禁止出版的作品不享有著作权

著作权法草案提请审议是在 1989 年"政治风波"之后。其时，文化立法要吸取 1989 年"政治风波"的教训，成为全国人大常委会高度关注的重大问题。常委们审议时提出著作权法关乎社会主义精神文明建设，"必须旗帜鲜明地坚持四项基本原则，反对资产阶级自由化""必须体现宪法中保护什么、反对什么的原则""必须明确规定反动、淫秽的作品不享有著作权，不予保护"。在这种强烈的呼声下，提请七届全国人大常委会第十四次会议审议的修改稿增加一条："依法禁止出版和以其他形式传播的作品，不享有著作权。"

著作权是依法自动产生的民事权利。著作权法明确规定什么作品不享有著作权，不仅会引起知识性的误解和法理逻辑方面的争论，还会造成其他不良后果。国家版权局经深入思考和认真准备，会同国务院法制局于 1990 年 6 月 14 日（七届全国人大常委会第十四次会议之前）致函全国人大法律委员会，明确提出"这样规定不妥"。

主要理由是：

——不同的法律调整不同的社会关系，禁止传播内容有问题的作品，应由新闻出版法和政府有关管理规章规定，而不由著作权法规定。

——著作权是一种含有人身因素的民事权利。这种权利的行使必然受到其他法律（刑法、新闻出版法、保密法等）与客观条件（作品的质量和文化市场的需求等）的限制。不必担心不规定某些作品"不享有著作权"就会造成舆论失控。

——如果作这种规定，被保密法、档案法等规定禁止出版或以其他方式传播的作品，例如，党和国家领导人的手稿、书信等就不能享有著作权保护了，其作者的署名权、修改权、保护作品完整权等可听任他人侵犯。

——规定某些作品"不享有著作权"，有可能被解释为这些作品可以随意抄袭、复制与传播，而不必经过任何人的许可，这样反而有可能助长这些作品的传播。

——几乎世界上所有国家的著作权法都规定，著作权的享有不以作品内容为条件，而以创作事实为依据。例如，苏联 1928 年著作权法规定："各种文学、科学或艺术作品，不论采用何种表现方法或表现形式，具有何种价值或目的，一律享有著作权。"到目前为止，我们仅发现我国台湾地区 1985 年的所谓的"著作权法"中有关于依"法"禁止出售或散布的作品的规定，但也只限于不得申请著作权注册（我国台湾地区实行注册保护制），而未规定不享有著作权。要求著作权法中规定"依法禁止出版或以其他方式传播的作品，不享有著作权"，实际上是要求解决不该由著作权法解决而且著作权法也解决不了的问题。在著作权法中作出这种规定，不仅没有任何实际意义，而且可能产生"剥夺公民民事权利"的不良政治影响。权衡利弊，我们认为这一条不写为好。如果一定要本法与有关法律有一个照应，应当采纳全国人大教科文卫委员会的建议，改成"著作权的行使不得违反宪法、法律和法规，不得损害公共利益"。

国务院法制局、国家版权局对"修改稿"的意见，是有说服力和影响力的。在七届全国人大常委会第十四次会议审议法工委"修改稿"时，虽然仍有委员赞成被禁止出版的作品不享有著作权，但发言的多位委员均表示应从"修改稿"中删去"没有著作权"的规定。因为，"经审查认定是违法的作品，不是作者无著作权，而是国家不准许他的著作出版。"

根据委员们讨论的意见，全国人大法律委员会提请七届全国人大常委会第十五次会议表决的著作权法草案，以第 4 条作出规定："依法禁止出版、传播的作品，不受本法保护。著作权人行使著作权，不得违反宪法和法律，不得损害公共利益。"

我和沈仁干（版权司前司长）作为政府主管部门负责人列席会议时，曾建议不写入本不应由著作权法管辖的"不受本法保护"，只保留"不得违反宪法和法律，不得损害公共利益"。但在那时也很难得到认同。不过，在 20 年后，即 2010 年 2 月 26 日，全国人大常委会作出决定，将《著作权法》第 4 条中的"依法禁止出版、传播的作品，不受本法保护"删除。修改后的这一条成为："著作权人行使著作权不得违反宪法和法律，不得损害公共利益。国家对作品的出版、传播依法进行监督管理。"

对这次修改，我写了一篇回顾兼评论文章：《依法禁止出版传播的作品不受著作权法保护的由来与归宿》。以下是我这篇文章的其他部分：

（三）"不受本法保护"遭质疑

关于"不受本法保护"，在法学界、知识产权界，不断受到专家和学者的质疑。带有认同倾向的，是说"不受本法保护"就是承认有著作权，但不保护，即著作权利主张既得不到行政机关的支持，也得不到司法机关的支持。也有学者持反对意见，认为这一说法不符合法理逻辑，在法学界比较有影响的是郑成思和刘春田的观点。他们都认为：著作权是"依法"而自动产生的；宣布一类作品"不受本法保护"，与宣布它们不享有著作权是一回事。很明显，这是不赞成"不受本法保护"这条规定的。

1995—2001 年讨论和审议修改著作权法的过程中，也常有人提出修改第四条，删除"不受本法保护"的意见。这时我已转岗到全国人大任职，参与著作权法的修改和审议。我深知，这条学术理论上争议很大的政治性特别规定在法律审议层面有着重大敏感性，而法律的实际意义又极其有限，就劝阻建议提出者不要由此引发新一轮争议而又不得其果。得不偿失啊！

（四）来自美国当局的指控

我没有想到，美国政府有关当局竟会对我国《著作权法》第 4 条发起攻击。2007 年 4 月，美国向世界贸易组织（WTO）提出三项指控，其中之一就是中国著作权法不保护"禁止出版、传播的作品"，意味着尚未获准在中国出版或传播的作品不享有著作权和邻接权保护，中国采取的对进口外国作品事先审查的措施违背了中国基于《与贸易有关的知识产权协议》（TRIPS）有关条款所承担的义务。

此被称为中美知识产权 WTO 第一案，各方经过反复多次谈判。我方代表坚决捍卫国家利益，谈判是艰苦的，有成效的。2009 年 3 月，WTO 争端机构会议（DSB）审议通过的专家组裁决报告驳回了美方大部分主张，该裁决也未影响中国对进口作品的审查权，但认定我国《著作权法》第 4 条第 1 款对未能通过审查的作品、通过审查的作品中被删除的部分不提供著作权保护同

WTO 规则不一致，需对著作权法相关规定进行修改。这是法律条文本身酿成的苦果，而非谈判者努力就能避免的。

我以为，解决这个问题的关键在于，要把著作权保护同国家是否允许一部作品出版区分开来。禁止一部作品出版，是因其内容不符合国家的相关规定，而不是否定其著作权。著作权是依法自动产生的。在著作权法里规定什么作品"不受本法保护"，是"门户不对"，也没有多少实际意义，还可能产生负面政治影响。在出版管理上，我和我的同事，在处理违法出版物时，从未考虑要援引这条特别规定，而主要是依据已有的相关法律和规章。1955 年全国人大常委会就作出了相当全面和行之有效的关于处理违法图书、杂志的规定，还有刑法，以及当时的治安管理处罚条例等有关规定，后来更有《出版管理条例》《音像制品管理条例》等。我不相信美国有关当局竟会不明了这一点。值得重视的是，"美国未能证明中国的做法不符合 TRIPS"（语出专家组裁决报告），却指控中国法律的相关规定，所图为何？法理原则上的较劲，是为了利益的争夺。探究此案，专家组的裁决显然是基于国际公约"不准出版的作品或作品在审查中被删除部分仍有著作权，仍要受到保护"，而美国则要依据这个"通行的著作权原则"冲破中国的审查制度，使美国作品不受阻碍地进入中国，以维护和扩张美国的政治、经济利益。由此可见，法理逻辑上的不严谨，或与国际准则不相符合，也能引发出利益与原则上的冲突。当我听说中美代表正在为这条"不保护"交锋不止，终又以我方败诉告终时不禁发出感叹：这个"不保护"的实际意义极其有限，却招来很多麻烦！

（五）恰当的归宿

怎样评价 2010 年 2 月 26 日全国人大常委会对《著作权法》第 4 条的修改呢？

我认为，此次的修改是必要的，是一次明智之举，并且是一举多得的。

这次修改表明我国接受 WTO 专家组的建议和"入世"承诺，从而消除了我国著作权法与国际相关公约著作权保护原则的不一致，也终止了美方的纠缠和就此再生事端。

这次修改消除了我国学术理论界长期以来对这一条款的争论，使学术理论与执法实践相统一，有利于实施著作权保护工作。

此次对《著作权法》第 4 条的修改，有点儿像当年修改第 43 条，国人强烈要求遭拒绝，世贸谈判做承诺才修改。政府向全国人大通报时我在场。我曾说，对主要来自外力推动感到不是滋味，但又为实现了国人的多年愿望而欣慰。这次删除本来无写入必要又遭强烈质疑的"不保护"条款，主要来自美国施压并在 WTO 组织裁决下作出的。我虽远离职场，却仍有一些心理触动。我要说的是，删除"不保护"规定，是使该特别条款有了恰当的归宿。对外承诺或妥协，只要符合国家利益，就会得到理解和认同。

著作权是依法自动产生的民事权利。在著作权法中按政治标准规定不保护条款，是不必要也是不妥的。不同的法律有不同的管辖内容。在著作权法中不作此种政治性特别规定，政府主管部门仍然可以依据其他法律查禁违法作品。因此，尽管可以说制定时我国尚无关于对作品出版传播进行监督管理的具体规定，或者说修改时我国对禁止出版传播的作品已有了明确的规定，也许各有其写入与删除所持的某种合理性，仍难以说服反对这项规定的法律界和其他学术界人士。在本文中，我以亲历的事实，介绍了这条规定的由来、争论、遭遇及其恰当的归宿（"恰当的归宿"即本来就不应有这项特别规定之谓也）。

此次对《著作权法》第 4 条的修改，只有个别大报发了极简短消息，未见有任何评论。我首发此文，说法又有所不同。特在发表前送给我的老同事、著作权法起草小组组长刘杲帮我把关。他阅后于 2010 年 10 月 4 日认真地给我写了回信："大作收到，当即拜读。你是当事人，又查阅了相关资料，所以情况真实可信。加以你的深入分析和清楚表达，使本文更具有说服力。没有第二人能写出这篇文章。这是一段宝贵史料，对于研究版权理论和版权历史都很有价值。"

此文以《依法禁止出版传播的作品不受著作权法保护的由来与归宿》为题，先在《中国新闻出版报》（2010 年 10 月 29 日）发表；又蒙《中国版权》杂志厚爱，在 2010 年第 6 期（双月刊，即 12 月号）发表，用题《著作权法政治性不保护条款的由来与归宿》。

（六） 关于著作权法与出版法关系的争论与统一

同政治上反动、内容淫秽的作品有无著作权，是否受著作权法保护问题相联系，全国人大常委会在审议时提出著作权法与出版法的关系问题。全国人大教科文卫委员会 1990 年 6 月 6 日向全国人大常委会报送的关于《中华人民共和国著作权法》（草案）的审议意见认为："凡是法律禁止的作品，著作权法不应予以保护，而具体鉴定一部作品是否合法，应是出版法的任务。因此，从切实巩固社会主义制度，保持国家稳定的根本大局出发，出版法应抓紧制定，与著作权法同时施行。"在随后举行的全国人大常委会第十四次会议上，有的委员说："我不赞成在制定出版法之前，先制定著作权法。在社会主义的中国，应该先定出版法，把保护什么、反对什么的是非界限划清，然后再定著作权法。至少应该是两个法同时出台。"有的委员说："出版法还没有出台，如果这个著作权法先出台，在程序上有些颠倒。"有的委员进一步表示："同意先制定出版法，后通过著作权法。《宪法》第三十五条规定公民有出版自由。所以出版法是大法，著作权法附属于出版法。"有的委员还举例对比说："应先制定出版法，再制定著作权法。不要重复工业方面先定'破产法'，后定'企业法'的做法。"先出版法后著作权法，或者两法同时出台，成为 1990 年 8 月下旬全国人大常委会第十四次会议审议著作权法草案时相当强烈的意见。

制定著作权法，首先是顺应加强我国著作权保护，促进我国科学技术和文化发展的需要；同时也是适应对外开放、加强中外科技文化交流的需要，并且又同对外经贸、科技谈判所作承诺相联系。因此，不宜久拖不决。关于著作权法与出版法孰先孰后或同时出台的问题，必须及时决断。为此，全国人大法律委员会经同国务院法制局、国家版权局研究后，在 1990 年 8 月 21 日提请全国人大常委会第十五次会议表决稿所作汇报的附件中，关于著作权法是否必须与出版法同时制定问题作了如下说明：

（1） 我们赞成尽快制定出版法，新闻出版署正在抓紧拟订。

（2） 在出版法没有制定前，对解决哪些作品是禁止出版传播的，还是有法可依的，全国人大常委会 1955 年通过的关于处理违法图书杂志的决定（这个法律现仍有效）规定：反对人民民主专政的；破坏国内各民族团结的；宣扬盗窃、淫秽、凶杀、纵火及其他犯罪行为的；其他违反宪法、法律的图书、杂志都是违法的，按照违法情节，分别作停止发行、停止出卖、停止出租或者没收等处理。同时，根据刑法、治安管理处罚条例的有关规定，对反革命宣传和制作、贩卖、传播淫秽物品的违法犯罪行为，可以依法给予刑事处罚或治安管理处罚。

（3）著作权法是保护知识产权的民事法律，出版法是对出版书刊进行行政管理的法律，两个法律虽有联系，但是调整对象和适用范围不同，是各自独立的法律，同企业破产法和企业法的关系有所不同。因此，不一定必须先制定出版法，再制定著作权法。

全国人大常委会组成人员接受了法律委员会的意见，但同时强调要加快制定出版法进程，适时提交全国人大常委会审议。

按照全国人大立法程序，全国人大常委会组成人员、有关专门委员会以及有关方面对著作权法的意见，都要集中到法律委员会进行综合和研究，由其提出建议，报请全国人大常委会审议。1990年6月23日、25日和8月21日，全国人大法律委员会连续召开会议，根据委员们的意见进行审议，对原修改稿提出修改意见。我和沈仁干列席会议，协助审议工作。这时，著作权法草案中的多数主要问题已在修改稿中得到妥善解决，但还有一些问题在全国人大常委会和法律委员会组成人员以及政府有关部门和文艺界知名人士中存在争议。主要是：法律名称是著作权法还是版权法；广播电台、电视台"非营业性播放已经出版的录音制品"可否不经许可，又不支付报酬；计算机软件和民间文学如何保护；职务作品的范围和权利的归属；著作权集体管理机构是否写入法律等。对这些问题，持不同意见的部门和个人各持己见，一时难以统一。这时，主持会议的全国人大法律委员会副主任委员宋汝棻给我写条子："勿因小而失大，勿求全而拖延。"我明白他的意思：出于对外有承诺，对内有需要，应尽快颁布著作权法，这是大局，不可因某些具体问题的争论而影响大局，不可为达到尽善尽美的结果而拖延著作权法的出台。他希望我按照这个意思多做我可能影响的人的工作。我也这样做了。参加讨论的国家版权局的同志，会外与会内相通的同志，都采取了灵活的态度，在有争议的问题上或者得到了比较好的解决，或者放弃了各自认为应该坚持的意见。经过十多年的艰苦努力，30余次易稿，中华人民共和国第一部著作权法终获通过、颁发，虽然留下了若干问题有待今后解决，但仍然是我国版权制度建设取得的跨越历史阶段的重大进展。

四、一部基本符合国际公约又有中国特色的著作权法

七届全国人大常委会第十五次会议通过的著作权法是从中国国情出发的，又同《保护文学和艺术作品伯尔尼公约》（本文以下简称《伯尔尼公约》）、《世界版权公约》的原则基本相一致。主要表现在：

以保护作者因创作作品而产生的正当权益为立法的基本原则，作者是创造作品的人。法律规定："创作作品的公民是作者""著作权属于作者"。在这一点上，如果说与国际版权公约有什么区别的话，即是从中国国情出发，在确立著作权主体为自然人的前提下，还规定了符合规定条件的法人和非法人单位享有著作权。

同国际版权公约相一致，著作权法规定著作权所有者享有人身权（精神权）和财产权（经济权），包括发表权、署名权、修改权、保护作品完整权、作品使用权和获得报酬权。

著作权法对著作权主体和客体的规定同国际版权公约相符合。中国著作权法的适用范围，与世界上大多数国家基本相同，实行国籍原则、地域原则和互惠原则。中国公民、法人或非法人单位的作品，不论是否发表，均享有著作权；外国人的作品若系首次在中国境内发表，可以受到保护，若在其他国家首次发表，则根据其所属国与中国签订的协定或共同参加的国际公约享有保护。

著作权法所保护的作品，按传统的分类方法分为文字作品，口述作品，音乐、戏剧、曲艺和舞蹈作品，美术和摄影作品，电影、电视和录像作品，工程设计、产品设计图纸及其说明，地图、示意图等图形作品，计算机软件，法律、行政法规规定的其他作品九类，是参考国际公约和外国同类法律，从中国的实际需要和可能出发作出的。对多类作品的保护规定符合国际惯例；

对职务作品、合作作品的保护更多地考虑了中国的实际情况；计算机软件虽被列入了九类被保护作品之中，但由于遇到一些特殊问题，著作权法规定，由国务院另定实施细则。此外，民间文学艺术作品的版权保护办法也将另行规定。

对著作权保护期限的规定同《伯尔尼公约》和大多数国家完全一致。

关于权利的限制，在尊重精神权利的前提下，对合理使用和法定许可的规定，根据中国国情对国际公约允许的范围有所超越。但随着中国经济、科技、教育、文化事业的发展，对作者权利的保护会逐渐加强，同国际公约的距离会不断缩小。

关于邻接权，也称与著作权有关的权利，包括图书报纸期刊的出版者，文学、艺术、科学作品的表演者，录音录像的制作和出版者，广播电视节目的制作和播放者，因他们的创造性劳动使作品得以更多和更广泛地传播开来，在履行对作者权利的同时，对他们应享有的权利，著作权法也分别作出规定。

关于著作权的许可使用合同，著作权法规定，著作权人与作品使用者可以通过合同约定使用作品的付酬标准。这一规定突破了自1959年以来政府制定统一付酬标准的传统做法，与国际惯例接近，符合市场经济的社会环境，也有利于开展国际合作。

与许多国家不同，中国著作权法列举了比较常见又典型的侵权行为，以便为著作权人、作品使用者和公众所了解，也为缺乏审判知识产权案件实践经验的司法审判提供了较为具体的判断标准。对侵权行为，国家司法机关和国家版权行政管理机关均可以依法进行查处，这种司法机关与行政机关执法的"双轨制"是从中国国情出发的，也是行之有效的。

我在1993年为纪念中国与世界知识产权组织合作20年而出版的专刊上发表的《中国版权制度的建设及其与世界知识产权组织的关系》一文中，对七届全国人大常委会通过的著作权法作了如下评论：我国著作权法在当前国力允许的情况下，既充分保障了作品创作者与传播者的权益，又适当兼顾了广大公众使用作品的需要；既充分考虑了我国经济发展水平、文化传统与价值观念等实际情况，又适当参照了国际著作权保护的原则与惯例，是我国执行改革开放政策、健全民主与法制的产物，是一部比较好的现代化的著作权法。它不仅是我国法学界、文学艺术界、新闻出版界和国家立法、执法、司法部门众多志士仁人的辛勤劳动的结果，也是我国版权界与国际版权界，特别是世界知识产权组织有效合作的成果。

五、适时加入三个主要国际版权公约

我国版权立法的基础是为了保护我国著作权人以及与著作权有关的权利人的权利，但也与正确处理涉外版权关系相联系。在制定版权法的过程中，我国版权法的起草者和决策者，十分注意研究国际版权公约的基本原则与主要条款，并努力使我国的法律与规定符合国际公约的要求，为加入国际公约减少法律障碍。除在专家层面上交换意见外，刘杲和我曾先后在日内瓦世界知识产权组织总部和北京钓鱼台国宾馆同鲍格胥总干事就版权法草案逐条地进行讨论。鲍格胥后来回忆说："在每次花许多小时进行的讨论中，都对条文草案从几个方面进行审查，特别是要确定：①条文草案是否与中国的文化、社会与经济目标相适应；②条文草案是否与当时知识产权的国际总趋势相适应，如不适应时，其差别是否由于中国本身的目标的原因而合乎道理；③条文草案是否与中国迟早可能参加的知识产权领域的多边国际条约的要求相适应；④条文草案的措辞是否足够清楚，以便相对地易于理解和在实践中应用。"① 由于中国专家及其领导者在工作中重视使版权法律草案与国际版权公约的主要原则相衔接，又得到世界知识产权组织按鲍格胥所讲四条原则给予的帮助，就使我国的版权法基本符合国际公约，又具有中国特色。

加入国际版权公约，要以完成国内立法为前提。七届全国人大常委会通过《中华人民共和国著作权法》，就标志着把涉外版权关系正常化提到议事日程。我应约在世界知识产权组织主办的《版权月刊》1992 年第 2 期发表的《中国版权立法的发展历程和现行法的主要特征》一文，按中央决定的精神，郑重地表示："随着版权保护在国际文化、经济、科技、贸易等领域的重要

---

① 世界知识产权组织、中国国家版权局：《中国与世界知识产权组织合作二十年》，1993 年 9 月出版，第 32 页。

性日益显著，中国政府对同外国的版权关系也越来越重视。版权法的颁布便是为正确处理涉外版权关系迈出的重要一步。""中国政府一贯强调要坚定不移地执行对外开放的政策，在和平共处五项基本原则的基础上继续发展和扩大与外国的文化、科技、经济、贸易和教育交流，而这些领域均与版权密切相关。中国将积极采取措施，克服困难，在各方面创造条件，争取早日成为国际版权公约组织的成员，从而为国际版权的交流和合作做出自己的贡献。"

关于中国准备在时机成熟时参加的国际版权公约主要是三个：一是由联合国世界知识产权组织（总部设在日内瓦）管辖的《伯尔尼公约》；二是由联合国教科文组织（总部设在巴黎）管辖的《世界版权公约》；三是由联合国世界知识产权组织会同联合国教科文组织和国际劳工组织共同管辖的《保护唱片制作者，防止其唱片被擅自复制的公约》（《唱片公约》）。

为加入《伯尔尼公约》和《世界版权公约》做准备，1991年9月，经国务院批准，国家版权局副局长刘杲率中国版权代表团前往日内瓦和巴黎，分别同世界知识产权组织和联合国教科文组织举行会谈。刘杲与鲍格胥的会谈取得了积极的重要成果："中国可以在其1990年9月7日通过的版权法的基础上加入《伯尔尼公约》。因为这个法与《伯尔尼公约》的原则和最重要的条款是协调一致的。对版权法某些细节仍有可能带来的与公约的一些冲突，可以在兼顾公约反映的国际标准和中国具体国情的前提下，通过各种办法避免或消除。……实际上，全部现存的问题，都可以通过对版权法和实施条例作出适当解释来解决。""执行中国版权法和《伯尔尼公约》，有许多可行方案，从而可以选出既符合中国社会、经济、文化具体情况，又符合外国版权所有者利益的方案。"双方达成的协议，就为我国参加国际保护水平最高、美国迟至1989年3月才加入的《伯尔尼公约》作了重要准备。中国版权代表团同联合国教科文组织会谈也是顺利的，对方表示："中国以自己的版权法为基础加入《世界版权公约》没有问题；过渡期可以考虑采取变通的办法。"刘杲在对此次日内瓦和巴黎之行所作回忆中充满信心地说："至此，中国加入两个国际公约的道路已经明朗，没有障碍，就看何时启动了。"

中国的对外版权关系主要是对美国的关系。因为中国使用外国有版权的作品主要来自美国。前已提到，中美在科技、经贸协定中多次涉及版权问题，但因中国尚未完成版权立法，这些协定所涉及的版权条款无法执行。中国完成版权立法后，如何保护美国作品，仍需通过双方谈判来解决。中国加入《伯尔尼公约》的启动时间，也直接同美国的谈判相关联。中方由经贸部牵头、吴仪任团长（刘杲任副团长，另一副团长为时任国家专利局局长高卢麟）的中美知识产权谈判，从 1991 年 2 月开始，1992 年 1 月 17 日在华盛顿举行第 8 轮谈判，双方签署《中国政府与美国政府关于知识产权的谅解备忘录》，中国政府承诺将尽最大努力使加入《伯尔尼公约》的议案尽快提交并获得全国人大常委会通过。刘杲参加中美知识产权谈判后向全国人大教科文卫委员会汇报时说："中国代表团的活动是在党中央和国务院的直接领导下进行的。中方的承诺是中央权衡利弊、统筹全局作出的重大决策。""参加国际著作权公约不仅有利于发展对外科技、文化和经济交流，在推动我国文化产品输出和防止对外国作品使用过滥方面也有积极意义。""内部早已决定，同时加入《伯尔尼公约》和《世界版权公约》，着眼点并不限于中美著作权关系。这次提出的具体时间，既考虑给审议工作留有余地，也与国际组织商定的大致安排相一致。"①

国家版权局同世界知识产权组织、联合国教科文组织的谈判，特别是中美两国政府间知识产权的谈判，加快了中国加入《伯尔尼公约》《世界版权公约》和《唱片公约》的进程。

根据国家版权局的建议，国务院将加入《伯尔尼公约》和《世界版权公约》一并提请全国人大常委会审议。受国务院委托，我于 1992 年 6 月 23 日，向七届全国人大常委会第二十六次会议作提请审议说明。受国务院委托，刘杲于 1992 年 11 月 2 日向七届全国人大常委会第二十八次会议作建议加入《唱片公约》的说明。

《伯尔尼公约》1886 年在瑞士首都伯尔尼签订。曾经两次增补和四次修订。中国加入的是 1971 年在巴黎修订的文本。基本原则包括：保护文学、科

---

① 引自刘杲所写《我国加入国际版权公约的前前后后》。

学和艺术领域内的一切作品；成员方根据各自法律提供不低于公约规定水平的保护；对外国作品的保护与对本国作品的保护一致；保护作者的经济权利和精神权利；保护期一般不短于作者有生之年加死后50年；权利的享有和行使无须履行注册；对权利的限制只适用于作出限制的国家；要求提供一定的追溯保护；允许发展中国家有条件地强制翻译和复制有著作权的作品等。公约成员方组成伯尔尼同盟。《伯尔尼公约》的保护水平高于《世界版权公约》，被普遍认为代表了目前国际版权保护的惯例。

《世界版权公约》1952年在瑞士日内瓦签订，主要目的是加强《伯尔尼公约》成员方与美国等当时不准备参加《伯尔尼公约》的国家间的沟通。现行文本为1971年巴黎修订本。与《伯尔尼公约》不同的主要是《世界版权公约》允许成员方为取得权利规定手续，没有关于精神权利的规定，保护期为最少25年，追溯保护要求低。

《唱片公约》于1971年10月在瑞士日内瓦签订，1973年4月生效。其宗旨是推动录音制品（包括唱片、录音带和唱盘等）的国际保护，防止非法录制录音制品活动的蔓延，在保护录音制作者利益的同时，保护与录音有关的作者和表演者的利益。1961年制定的"罗马公约"也保护录音制作者的权利，但是保护仅限于复制权，对加入国有资格上的限制。在录音技术和录音业有很大发展的情况下，为提高对录音制品的保护并使这一保护具有更大的国际广泛性，有必要制定一个新公约。这便是《唱片公约》。《唱片公约》的主要原则包括：禁止未经录音制作者许可制作其录音制品的复制品以及进口和公开销售此种复制品；对录制品保护的限制与文学和艺术作品相同；无追溯保护等。

我和刘杲对参加三个国际版权公约所作的说明，都讲了加入公约的必要性和我国已经具备加入的条件；我国是联合国承认的发展中国家，在提交批准书时，可以根据《伯尔尼公约》附件第1条和《世界版权公约》第5条之二，声明将在一定条件下享受强制翻译和复制外国作品的权利。

1992年7月1日，七届全国人大常委会第二十六次会议批准了我国加入《伯尔尼公约》和《世界版权公约》的议案。1992年7月10日和30日，我国常驻日内瓦联合国机构代表和常驻巴黎教科文组织代表，分别向世界知识产权组织总干事和教科文组织总干事，递交了我国加入《伯尔尼公约》和《世界版权公约》的申请书。1992 年 7 月 15 日，世界知识产权组织总干事鲍格胥致函我国外交部部长钱其琛，告知《伯尔尼公约》将于 1992 年 10 月 15 日在中国生效；同意中国作为发展中国家，享有该公约附件第 2 条和第 3 条规定的权利。联合国教科文组织总部于 1992 年 10 月 9 日发出通知，宣布《世界版权公约》将于 1992 年 10 月 30 日在中国生效。

1992 年 11 月 7 日，七届全国人大常委会第二十八次会议审议批准了中国加入《唱片公约》的议案，1993 年 4 月 30 日《唱片公约》在中国生效。

为解决我国著作权法同国际版权公约不尽一致之处，国务院于 1992 年 9 月 30 日颁布了《实施国际著作权条约的规定》，使外国作品在中国的保护达到国际公约（主要是《伯尔尼公约》）的保护水平。这样，由于这个特别规定，使著作权法有关规定产生的对外版权关系问题得到了解决，却使外国人及其作品在中国的保护高于中国人及其作品的保护水平（如第 43 条之"广播电台、电视台非营业性播放已经出版的录音制品，可以不经著作权人、表演者、录音制作者许可，不向其支付报酬"，不适用于对外国录音制品的播放），造成被人们称为外国人在中国得到"超国民待遇"的后果。

我国版权立法的历程与我国改革开放的进程同步，版权法的颁布和加入国际版权公约，是执行改革开放政策的重要成果。我国于 1980 年开始起草版权法，1990 年颁布版权法，1992 年即参加了《伯尔尼公约》《世界版权公约》和《唱片公约》三个主要国际版权公约，用十多年的时间走完了西方一些国家用几十年甚至一百多年时间走完的路程，得到国际版权公约组织和国际版权界的高度评价。

1992 年 9 月 14 日至 15 日，在中国颁布实施版权法并参加了国际版权公约的情况下，国家版权局在北京举办了"中国版权制度国际研讨会"。时任世界知识产权组织总干事鲍格胥博士，时任最高人民法院院长、中国知识产权研究会名誉理事长任建新到会致辞。世界知识产权组织和德国、美国、俄罗斯、瑞士、瑞典、芬兰以及香港地区的版权专家，同我国立法机构、执法部门、高等院校、研究单位的专家，就中国版权立法原则、版权法实施、版权集体管理、版权研究与教育等问题进行了讨论。我在会上作了以《中国版权保护制度和〈伯尔尼公约〉》为题的讲话。

鲍格胥为能够亲临中国为庆祝加入《伯尔尼公约》而举行的"中国版权制度国际研讨会"而欣喜，他在致辞中高兴地说：由于《伯尔尼公约》1992年10月15日在中国生效，伯尔尼联盟的"人口"从25亿增为37亿或38亿，"一夜之间增长了50%，这在《伯尔尼公约》106年的历史上还从来未有过"。"这无疑是极为重要的历史事件。""这一历史性成就""对于中国的文化、科学及社会发展，对于希望在全世界实现对文学艺术作品给予合理及有效保护的整个国际社会而言，都是一件好事。"

我对鲍格胥关于中国加入《伯尔尼公约》具有里程碑意义的评价表示感谢。

中国知识产权界与世界知识产权组织有着长期的友好合作关系。鲍格胥总干事1992年9月14日至15日出席在北京召开的中国版权制度国际研讨会时表示，拟出一专刊纪念该组织与中国的友好合作关系。我表示中国国家版权局可资助并承担出版工作。双方达成协议：《中国与世界知识产权组织合作二十年》（1973—1992）由世界知识产权组织和中国国家版权局联合编辑出版，在瑞士制版，由北京新华彩印厂和北京新华印刷厂印刷。1993年9月出版的这本中英文对照大型纪念专刊，由任建新作序，主要内容有：阿伯德·鲍格胥撰写的《中国与世界知识产权组织第一个二十年的关系简史》(1973—1992)，中国国家专利局、商标局和版权局的局长分别撰写论述中国专利、商标、版权制度的建立和发展的专题文章；还有各种活动的大事记和照片。我为撰写本文重读时，更加感到这部纪念册的珍贵及其史料价值的重要。

六、著作权法修改的艰辛历程和重大进展

著作权法从1980年起草到1990年颁发用了10年时间，而从颁发到完成修改也经历了10年。

（一）著作权法修改工作的顺利启动和第一次审议面对的难题

对著作权法修改的要求与推动主要来自三个方面：一是有关社会各界代表人士要求修法，这主要集中反映在全国人大代表、全国政协委员在"两会"期间所提"议案"与"提案"中；二是政府主管部门，如国家版权局；国家司法机关，如最高人民法院。他们从司法实践中感受到法律缺失而要求修改法律；三是国家立法机关的专门委员会，如主管著作权法的全国人大教科文卫委员会，从执法检查中，从听取政府主管部门和国家司法机关的工作汇报中，认定修改法律的必要性和紧迫性。这三个方面对法律的修改是密切合作、相互促进的。特别是国家版权局与全国人大教科文卫委员会的互动极为重要。我从两届十年在全国人大的工作经历中感受到，在对著作权法的修改和审议工作中，八届、九届全国人大教科文卫委员会与国家版权局绝不仅仅是法定意义上的监督与指导的关系，而是建立在相互尊重、信任和沟通基础上越来越密切的合作关系，有许多工作是共同进行的。国家版权局主动向全国人大教科文卫委员会汇报工作，接受指导；委员会对版权局的立法和执法工作给予有力的指导和支持。

在全国人大教科文卫委员会的指导和支持下，国家版权局从 1995 年开始对著作权法进行修改。1995 年前后，全国人大教科文卫委员会 5 次派出有国家版权局干部参加的检查组，对国务院有关部委及北京、云南、海南、黑龙江、广西、宁夏、内蒙古、青海等地的执法情况进行检查，推动版权保护工作，听取修改著作权法的意见；1993 年、1995 年、1997 年、1998 年 4 次听取国家版权局关于著作权法的实施和修订工作情况的汇报；又与国家版权局联合，1995 年 10 月在黄山、1996 年 6 月在武汉、1997 年 9 月在沈阳、1998年 9 月在青岛连续 4 次召开有中央有关部委和社会团体、地方人大和政府、版权行政管理和审判机关、大学和科研院所等单位的领导干部和版权专家参加的专题研讨会，对著作权法修改原则和重点以及主要条款的修改提出了建设性的意见；沈阳和青岛的研讨会还逐章节、逐条文地讨论了国家版权局提出的著作权法修改稿。

1996 年 4 月，全国人大教科文卫委员会向全国人大常委会提出"尽快将修改现行著作权法列入立法规划，使其早日提上日程”的建议。

我在参加全国人大教科文卫委员会对著作权法修改工作的同时，也要履行全国人大代表的职责，推动著作权法的修改进程。

1998年3月10日，九届全国人民代表大会辽宁代表团举行全体会议，我作为辽宁省选出的全国人大代表就著作权法修改问题在会上作了发言，会后联合范敬宜等30位全国人大代表，向九届全国人大一次会议提交了《建议尽快完成著作权法修改工作》的议案。

议案肯定1990年颁布的这部著作权法是一部好的法律，对国内著作权保护和对外开展科技、文化、经贸交流都起了积极作用，但也存在一些问题。主要有：

（1）对中外作者保护水平不平衡。立法时保护水平是按我国当时情况拟定的，与国际公约有差距。我国加入著作权国际保护公约后，以国务院规定的办法，提高了对外国人的保护水平，这就造成对外国人的保护高于中国人的不正常情况。我国加入WTO后，我国香港、台湾地区迟早也将以单独关税区的资格成为WTO的成员，如果不及早修改著作权法，对港台地区作者的保护水平也要高于中国内地作者。这将造成更加不合理的状况，并将加速知识资源的外流。

（2）有些规定不合理，按现行著作权法，广播电台、电视台使用录音制品可以以“非经营性播放”为理由不向作者支付报酬。这在世界各国都是罕见的。

（3）近几年来新技术发展迅速，立法时对计算机软件、各种电子出版物、音像制品等的保护均未规定能够适应今天发展水平和状况的保护条款。这个问题，也迫切需要解决，通过法律来保护、支持出版领域新技术的开发、新媒体的发展，最终也有利于推进我国信息产业的发展和国民经济信息化。

在九届全国人大一次会议上，除我联合辽宁代表团30名人大代表外，还有陕西马大谋（时任中国国民党革命委员会陕西省主任委员）等30名人大代表、山东谷建芬（全国人大常委委员、著名作曲家）等32名人大代表、浙江蒋福弟（时任中国民主建国会浙江省杭州市主任委员）等31名人大代表向大会提交了建议修改著作权法的议案。一次会上有123名全国人大代表联名提出同一议案，这表明修改著作权法已成为普遍性要求，修改的条件和时机业已成熟。

全国人大法律委员会对上述议案进行了审议，在其向全国人大常委会报送的审议结果报告中称："国务院已将该法修正案（草案）提请全国人大常委会审议"。

国务院关于《中华人民共和国著作权法修正案（草案）》（本文以下简称1998年修正案）是1998年12月23日提请九届全国人大常委会第六次会议审议的，常委会全体会议听取时任原新闻出版署署长、国家版权局局长于友先受国务院委托对修正案所作的说明。从常委会分组审议、常委会大会发言和随后召开的专题研讨会、座谈会看，这次提请审议的修正案主要存在两大问题。一是对各方面意见很大的现行著作权法第43条广播电视组织播放已经出版的录音制品可以不经许可，也不支付报酬的规定未作修改，要求作出修改；二是对高新技术条件下的著作权保护重视不够，对发展迅速的数据库、互联网没有作出必要的法律规范，要求作出明确规定。这两个问题在常委会内外引起广泛关注和热烈讨论，形成两大热点。1998年12月28日举行常委会全体会议，听取大会发言，我和谷建芬先后就现行著作权法第43条应该修改作了发言，引起与会者的关注。

（二）造成"超国民待遇"的第43条必须修改

1999年4月13日，全国人大教科文卫委员会在认真研究常委会委员和各方面意见的基础上对1998年修正案进行了审议，并向常委会送交审议报告。

审议报告指出：现行著作权法第43条对录音制品的"合理使用"规定是不妥的。其一，著作权是公民的一项基本民事权利，属于专有权，各国虽然根据本国的实际情况对此加以限制，但至少要保证著作权人的经济权利，如果在社会主义市场经济条件下仍坚持该条规定的"合理使用"，就会影响著作权人的创作积极性；其二，根据国务院颁布的《实施国际著作权条约的规定》，外国人的作品已不再适用于现行著作权法第43条的规定，而对中国人的作品依然要加以限制，这种双重保护制度将有损我国著作权人的民族自尊心，也给我国的国际形象带来消极影响；其三，根据《伯尔尼公约》和《与贸易有关的知识产权协议》等有关著作权限制与例外的规定，现行著作权法第 43 条已超出了国际条约的规定，对我国履行已加入国际版权条约的义务、恢复在世界贸易组织中的合法席位也会产生负面影响；其四，在社会主义市场经济条件下，广播电台、电视台已不再是纯粹的"非营利性"单位，部门利益要服从国家利益，以利于在全社会形成保护知识产权的良好环境。因此，不改变现行著作权法第 43 条的规定是不适当的。

审议报告考虑我国国家广播电台、电视台的性质、任务以及其在我国政治、经济和社会生活中的重要作用和长远发展，建议将现行著作权法第 43 条修改为"广播电台、电视台播放已经出版的录音制品，可以不经著作权人、表演者、录音制作者的许可，但应支付报酬。"

我的大会发言针对"我国的广播电视组织是党的喉舌，是非营利性的，所以不能向作者付酬"的观点，强调指出："这个理由是不成立的，因为不能把作为党的喉舌同保护知识产权对立起来。报纸、期刊等新闻媒介，如《人民日报》、新华社都是党的喉舌，但是都向作者付酬。坚持第 43 条的人想没想过，既然作为党的喉舌，为什么使用广播设备、交通工具、房屋建筑、水电等都要付费，而唯独使用作品是免费的。著作权与机器设备、汽车等一样，同是财产，都应该受到法律保护。在人类进入知识经济的时代，使用知识成果要像使用物质成果一样付酬，甚至更要重视对智力成果的保护，并在全社会形成尊重和保护智力创作的良好风尚，以利于激发人们的发明创造，应该成为国家的一项重要政策。在涉及是否有利于智力创造这一国家发展根本利益的问题方面，作为党的喉舌倒是更应该带头执行党的政策：尊重知识，保护知识产权。"

我进而指出，坚持保留第 43 条的"真正的原因是部门利益驱使。将本部门局部利益的得失一概上升为国家利益的得失，并以此坚持己见"。同时，"观念未及时改变也是重要的原因。由于计划经济的影响，重物质财产、轻知识财产的思想多年来一直占主导地位，甚至影响到国家一些部门的领导。人们已经习惯于对物质财产的承认。为住房、用电、用水支付报酬，好像是天经地义的，还不习惯于对知识财产的承认，好像只有知识是可以免费利用的。如果这只是老百姓的想法，倒是情有可原。但是，如果国家的部门也持这种思想，并且以此来影响制定或修改保护作者权利的法律，则是值得重视的。"

我此次能从理论上阐述尊重和保护知识产权的重要性，是从一次执法检查中所得。1995 年夏天，我以全国人大代表的身份参加著作权执法检查。在一次参加文化部直属艺术院团负责人的座谈会上听到，一位团长申诉他们没有为著作权人付酬，是因为年度预算中没有列入这笔支出。我问他，剧场租金、服装购置、水电费……是否列入了预算？他说那当然要列入预算。我明白了，一个演出单位为演出一台戏，所有的物质消耗用款都有预算，而唯独使用作品——精神产品却可以不用列入预算；像广电组织那样，使用广播摄像器材必须付款，而使用词曲作品却可以不向著作权人支付报酬。对我从直观中之所得，时任国家版权局副司长、版权专家许超却说："很有创见性，在国内还是第一次有人这样说。"许超讲了 20 世纪 50 年代联邦德国的一个判例："德教堂以演唱宗教音乐是为上帝服务，演唱者不取报酬，听众不付门票费为由，拒绝向著作权人付酬，被德音著协（GEMA）告上法庭。经审理，法院判决：如果教堂使用桌椅板凳、乐器设备是无偿取得的，使用音乐作品也可以不用付费，否则，使用音乐作品至少要向音乐家付酬，就像使用砖瓦桌椅一样。宋老的说法，同德国法院的判决不谋而合，异曲同工。"①

全国人大常委委员谷建芬在大会发言中说："我作为一名词曲作者并代表广大词曲作者强烈要求取消第 43 条！国内国外的法律界、文化艺术界，从未听说过有任何人赞成第 43 条的。第一次通过著作权法时，围绕此条曾引起过不小的波澜。十年过去了，我们以为不能仍然为迁就广播电视部门的局部利益而保留这条既不合情更不合理，不得人心的第 43 条。"

我这样想，一个第 43 条的修改问题，受到常委会组成人员和文化界人士如此高度的重视，反映了国人对外国人由此而获得超国民待遇而产生的强烈不满，这是执政者和立法者不能不重视的。

---

① 参见《八秩老局长谈 30 年版权人和事——〈中国版权〉记者采访记》，载《中国版权》2009 年第 1 期。

（三）高新技术的著作权保护要有明确规定

全国人大教科文卫委员会 1999 年 4 月 13 日向常委会报送的审议意见指出，著作权法修正案（草案）中关于高新技术对著作权法的影响体现得不够。作为一部与技术和经济密切相关的法律，要体现对高新技术的推动作用以及由此引起的著作权的保护，立法应有前瞻性。目前，数字化技术在著作权领域的应用越来越广泛，数据库等新的作品形式不断出现，在互联网络上使用作品发展迅猛，而与此相关的侵犯著作权和相关权利的案件越来越多。这些都要求尽快对其作出必要的法律规范，因此，对著作权法的修改应给予充分重视。

审议意见根据《世界知识产权组织版权条约》和《世界知识产权组织表演和录音制品条约》的规定以及我国网络发展的实际情况，建议增加一项新的专有权利，即"信息网络传播权"。

审议意见还建议，考虑到计算机软件与传统作品之间存在着差别，在对著作权法进行修正的同时，宜保留计算机软件保护条例，并对与著作权法修正案不够协调的问题进行修改。

（四）国务院撤回议案与再次提出议案

全国人大教科文卫委员会 1999 年 4 月 13 日对《中华人民共和国著作权法修正案（草案）的审议意见》，受到常委会组成人员的重视，认为应在修正案中予以采纳。

全国人大法律委员会根据常委会组成人员的意见和教科文卫委员会的意见，在准备报请常委会审议的修改稿（二审稿）中，对会议内外广泛关注的第 43 条和新技术著作权保护等热点问题作了适当的修改和补充规定。

1999 年 6 月 13 日，在常委会即将对 1998 年修正案进行二审之前，国务院致函（〔1999〕50 号文）全国人大常委会，因在审议中"至今也还有一些重要的不同意见，虽几经商量，仍一时难以达成一致，需要进一步研究、论证"，依照全国人大常委会议事规则的有关规定，"要求撤回著作权法修正案（草案）的议案，拟根据全国人大常委会组成人员在审议中提出的意见，对修改著作权法作进一步研究，再适时提请全国人大常委会审议"。

说实话，我对撤回议案感到意外，但我相信修改著作权法是当务之急，不应久拖不决。2000年3月9日，我作为议案领衔人联合其他32位全国人大代表，向九届全国人大常委会第三次会议提交了《关于重新启动修改著作权法的议案》。联署此议案的有范敬宜、张丁华、顾金池、聂大江、谢安山、朱相远、张毓茂、柳斌、高运甲、郑成思等。

议案说，去年11月，中美两国政府就中国加入世界贸易组织的问题达成了协议，我国有可能在年内加入世界贸易组织。保护成员方的知识产权是世界贸易组织的重要原则之一，著作权法是知识产权法律中的一部重要法律，现行的著作权法与世界贸易组织的《与贸易有关的知识产权协议》无论在权利的内容还是在保护的措施方面，都有许多不一致的地方，特别是存在双重保护标准，也就是各国都采取国民待遇，对外国人的保护同于本国人，而我国却对外国人的保护高于本国人。同时，对我国台港澳地区的人的保护也高于内地的人。这些问题如果不尽快解决，不利于我国加入世界贸易组织，更会挫伤国内广大知识分子的创作积极性，影响新闻出版、文学艺术、广播影视、电子软件等事业的发展。在专利法、商标法即将修改的情况下，对著作权法的修改就更加紧迫了。因此，我们请求国务院责成有关办事机构和主管部门对著作权法修正案抓紧研究、论证，按前述国务院函〔1999〕50号文即"要求撤回著作权法修正案（草案）"时所作的承诺，"适时提请全国人大常委会审议"。

国务院法制办2000年5月18日就重新启动修改著作权法议案函复全国人大教科文卫委员会，在回顾了提请审议又撤回后表示："目前，正在进行著作权法修改的研究工作，国家版权局将于近期就几个重大问题召开专题研讨会。国务院法制办将积极参加有关问题的研讨，并根据工作情况，适时向国务院提出修改著作权法的建议。"

经2000年12月28日九届全国人大常委会第十九次会议通过的教育、科学、文化、卫生方面代表议案审议结果的报告，对宋木文等代表提出的关于建议重新启动修改著作权法的议案（第681号）给予肯定和支持。审议结果的报告说："1998年12月，九届全国人大常委会第六次会议对国务院提请审议的著作权法修正案草案进行了初步审议，由于在一些问题上存在不同意见，国务院于1999年6月撤回了该项议案。现行著作权法颁布于1990年，10年来随着我国社会主义市场经济和科学技术的迅猛发展，我国现行的著作权保护工作已不能适应当前形势发展的需要，特别是在网络版权、著作权人待遇等方面存在着缺陷和问题。当前，我国即将加入世贸组织，对著作权法的修改工作更加迫切和必要。鉴于此，国务院已重新启动著作权法修改工作，并将于年内提请全国人大常委会审议。"

1999年9月12日《参考消息》发表作为东道主的新西兰政府公布的亚太经合组织一些成员方的单独行动计划要点，其中讲到中国承诺"修改它的版权、专利和商标法，以达到国际标准"。我当即把这个信息通报给全国人大教科文卫委员会有关负责同志。我想，这也许会成为重新启动修改著作权法的契机。2000年10月27日，国务院法制办负责人专程来到全国人大教科文卫委员会，通报我国政府代表在与世界贸易组织谈判中关于修改著作权法的承诺，并带来近期拟就的著作权法修正案草稿听取意见。这个草稿，基本采纳了全国人大常委会初审1998年修正案时提出的意见，包括1999年4月全国人大教科文卫委员会审议报告的意见和1999年6月法律委员会向常委会提请二审的法律修改稿。时任全国人大教科文卫委员会文化室副主任朱兵将国务院法制办修改稿送我时附函称，"此稿将我委上次审议意见基本纳入"。我赞成他的看法。如对原第43条广电组织使用录音制品不经许可也不收费的规定作了修改；增加了新技术条件下网络传播权和解决数据库版权的规定；加强了制止侵权、打击盗版的力度；将代行权利人行使权利的组织改称"著作权集体管理组织"，不再称含义不清的"社会组织"，并作了相关的规定等。我在此次通报会上讲了上述基本看法后还谈了一点感想：对这一次重新启动主要来自外力的推动感到多少有一点不是滋味，但毕竟实现了国内人士多年来的愿望，所以更感到欣慰。其实，对外承诺与采纳国人意见归根结底是一致的，都是为了国家利益。

（五）著作权法第二次修正案的审议顺利完成

2000年11月29日，国务院再次向全国人大常委会正式提交了著作权法第二次修正案（草案）的议案（本文以下简称 2000 年修正案）。12 月 22 日，时任国家新闻出版署署长、国家版权局局长石宗源受国务院委托，向九届全国人大常委会第十九次会议作此项议案的说明，指出："原议案撤回后，国务院法制办、国家版权局对现行著作权法继续抓紧研究修改。目前，我国加入世界贸易组织的谈判已进入最后阶段。现行著作权法的一些规定与世界贸易组织规则主要是《与贸易有关的知识产权协议》（本文以下简称《知识产权协议》）还存在一些差距。我国已对外承诺我国在正式加入世界贸易组织时将全面实施《知识产权协议》。为了进一步完善我国的著作权保护制度，促进经济、科技和文化的发展繁荣，并适应我国加入世界贸易组织的进程，对现行著作权法作适当修改，是迫切需要的。""这次修改，总的考虑：一是以全国人大常委会在审议原议案过程中形成的修改稿为基础，充分吸收全国人大常委会组成人员对原议案的审议意见，意见已一致的，不再改动；二是按照我国对外承诺，对现行著作权法中不符合世界贸易组织规则主要是《知识产权协议》的有关条款作相应修改；三是根据信息技术迅猛发展的新情况，增加关于网络环境下著作权保护的规定。"

2001 年 3 月 21 日，全国人大教科文卫委员会向全国人大常委会报送的《中华人民共和国著作权法修正案（草案）的审议意见》表示，"在这次国务院重新提交的修正案草案中，本委员会前次审议意见中的绝大多数内容也得到了反映""总体上修改得比较好，修订的内容基本可行"。审议意见还建议将"互联网传播权"改为"信息网络传播权"，增加我国传统艺术"杂技"为著作权保护的客体等，均被采纳。

国务院重新启动的著作权法修正案，经 2000 年 12 月召开的九届全国人大常委会第十九次会议初审后，又经过 2001 年 4 月第二十一次常委会、2001 年 10 月第二十四次常委会的二审和三审。每次审议都作了一些修改和调整，大部分问题达成了一致。但在有些问题上仍有分歧，一时难以统一。看来法律的完善也是逐步的，不可能一步两步即可尽善尽美。

这使我想起七届全国人大法律委员会副主任委员宋汝棼在 2000 年 9 月 13 日纪念著作权法颁布十周年座谈会上的发言或许能够帮助我们思考这个问题。他说："我是十年前制定这部法律的参加者，是当时立法工作的一个老兵，老兵只能讲老话。回想十年前，当时制定著作权法的时候，讨论了四次，意见相当不少。我曾在一张纸上写了两行字给宋木文同志："勿因小而失大，勿求全而拖延。"因为立法反映了各方面的意见和要求，不同的角度有不同的看法，这是非常正常的，而且永远如此。现在，形势发展得很快，经过实践，法律需要修改。我估计这次修改，分歧意见也少不了，我还是希望把那个老话重提，还是'勿因小而失大，勿求全而拖延'，也全不了。这次修改之后，也不能永远不变，形势发展这么快，能管上五年、十年，就不简单了，也不可能十全十美、尽善尽美。一些细节问题，完全一致也不可能。一些大问题，只要能做到既有前瞻性，又有可行性，就可以了。如果制定了法律又行不通，行不通又没辙，没辙就算了。法律的严肃性就没有了。"

这位"老兵"说得有理。对这部调整广泛利益关系的法律，一次制定、一次修改，就做到十全十美是不现实的。随着社会的进步，形势的发展，总是会使这部法律更加完善的。

七、完善我国版权保护制度的重要决策

2001年10月27日，九届全国人大常委会第二十四次会议以127票赞成、4票弃权（无反对票）通过了《关于修改中华人民共和国著作权法的决定》。这个修正案的通过，使我国著作权法律进一步完善，标志着我国知识产权保护达到了新的水平，必将在国内外产生良好的反响。

时任委员长李鹏在此次常委会完成各项议程后发表讲话指出："会议通过了修改著作权法和商标法的决定，进一步加强了对著作权和商标专用权的管理和保护。加上去年已经修改的专利法，我们对知识产权的3部主要法律都已进行了修改，使之更加适应改革开放的需要。我国即将加入世界贸易组织，因此我们要继续清理、修订和完善相关法律，建立健全既符合我国实际，又与世贸组织规则相衔接的涉外法律体系。"李鹏委员长从大的背景上讲明了修改这部法律的必要性和紧迫性。

应当说，这次对著作权法的修改是比较全面的（由原56条增至60条，多数条款均有变动，其中涉及实际内容的增、删、改有53处），从保护的客

体、权利的内容、权利的限制、权利的许可使用和转让、法律责任等方面都有较大的改动，对外解决了与世界贸易组织关于知识产权协议不相符合的问题，对内则提高了对我国著作权人的保护水平。

（一）完善权利内容和保证权利实施

修改后的著作权法，对著作权人的各项权利分别作出了规定，以完善权利的内容；与此相联系，又为权利人实现自己的权利，提供了必要的保障。

著作权包括人身权和财产权。可以说，著作权法的核心应该规定著作权人的权利内容，特别是财产权，然而原《著作权法》仅在第10条中规定了发表权、署名权、修改权和保护作品完整权四项人身权，对财产权只是笼统地规定了使用权和获得报酬权，实际上是简单列举了使用作品或者许可他人使用作品的几种方式。著作权中的财产权是著作权人的重要民事权利，法律对此需要作出具体规定。《伯尔尼公约》在规定作者权利内容时，采取一个条款规定一项权利的方法，例如，第9条规定了复制权；第11条规定了公开表演权；第11条之二规定了广播权等。世界上许多国家的著作权法对权利的内容规定非常详细，有的国家的著作权法用几个条款规定一项权利。因此，我国借鉴国际上的通常做法，在修改后的《著作权法》第10条中将每项权利单独列为一款，分别列出16种权利，并对各项权利的内容作了界定，前4种为人身权，后12种为财产权，依次是：复制权、发行权、出租权、展览权、表演权、放映权、广播权、信息网络传播权、摄制权、改编权、翻译权、汇编权。为避免遗漏，又在第17款列出"应当由著作权人享有的其他权利"。这样规定，使权利人比较清楚地了解自己都有哪些权利，便于其行使和维护自己的权利；给行政机关进行管理和司法机关进行审判提供了较为清晰的法律依据；通过对这些权利的解释，确定了各项权利的准确内涵，对于在新情况下需要增加的权利或者需要明确的权利作出了补充规定，如增加信息网络传播权的规定，又如对表演权的解释解决了过去没有解决的机械表演权的问题等。可见，与修改前的著作权法相比有了很大进步。

在《著作权法》第10条规定的权利中，有些权利作者可以自己行使，如复制权、发行权，也就是我们通常所说的出版权，作者自己可以决定是否将作品交给出版社出版，类似的权利还有改编权、翻译权、展览权、摄制权等。但有些权利作者自己无法或者很难控制，如表演权、广播权等，特别是音乐作品，作者很难知道谁在演唱自己的作品，在哪里演唱，或者哪个广播电台、电视台在播放。对此，有些发达国家提供了比较成熟的实践经验，即作者可以授权著作权集体管理组织实现自己的权利，由集体管理组织代表自己去发放许可，收取使用费，这是一种行之有效的代表著作权人管理其权利的手段。因此，修改后的《著作权法》第 8 条增加了集体管理组织的规定："著作权人和与著作权有关的权利人可以授权著作权集体管理组织行使著作权或者与著作权有关的权利。集体管理组织被授权后，可以以自己的名义为著作权人和与著作权有关的权利人主张权利，并可以作为当事人进行涉及著作权或者与著作权有关的权利诉讼、仲裁活动。""著作权集体管理组织是非营利性组织，其设立方式、权利义务、著作权许可使用费的收取和分配，以及对其监督和管理等由国务院另行规定。"1990 年立法时就有专家提出将集体管理组织写进去，但当时许多人对这个组织不够了解，我国又缺少实践经验，因而未能写入，这次在修改中能够作出原则性规定在立法上是个进步，在实践上必将证明该规定为权利人实现自己的权利提供了必要的法律保障。

这次修改还增加著作权的保护客体。例如，我国杂技造型具有独创性，在世界上享有盛誉，在受著作权保护的作品中增加了杂技艺术作品；另外，按照《伯尔尼公约》的规定，建筑作品也被列为受保护的客体。

此外，审议中有些委员提出将这部法律的名称改为版权法，有些委员又认为以著作权法命名已 10 年了，不改为好，而改名的意见也有道理，故在第 56 条规定："本法所称著作权即版权。"

（二）同加入世界贸易组织的要求相符合

我国 1990 年颁布的著作权法同国际条约特别是同世界贸易组织的《与贸易有关的知识产权协议》的差距在著作权保护的客体、权利的内容、作品的保护期和权利的限制等方面都有体现。前三个问题差距不大，意见分歧不大，修改相对简单。例如，在保护的客体上，TRIPS 规定由不受著作权保护的材料汇集成有独创性的汇编作品，特别是数据库，也是著作权的保护客体。而我国 1990 年的著作权法仅保护由作品或者作品的片段汇集成的作品，对不构成作品的数据或者材料汇集成的作品不保护，也就排除了对数据库的保护。新修改的《著作权法》第 14 条规定："汇编若干作品、作品的片段或者不构成作品的数据或者其他材料，对其内容的选择或者编排体现独创性的作品，为汇编作品，其著作权由汇编人享有。"这样，部分数据库也成为著作权法保护的对象。在权利的内容上，《伯尔尼公约》规定的表演权包括通过演唱、演奏等方式的现场表演和通过录音机、录像机等设备公开传播音像制品的机械表演两种方式，而我国原著作权法仅规定了现场表演，没有规定机械表演。按修改后的第 10 条第 9 项的规定，现场与机械两种表演都得到了保护。在保护期上，TRIPS 规定，计算机程序作为文字作品保护，保护期应为作者终生加死亡后 50 年，我国法律规定的保护期略短些，这次修改已同 TRIPS 规定相一致。

修改中争议较多的是关于作者权利限制的问题。这种限制一般有两种，一种是合理使用，使用者在某些特殊情况下使用受著作权法保护的作品时，可以不经过著作权人的许可，不向其支付报酬；另一种是法定许可，使用者在使用受著作权法保护的作品时，可以不经过著作权人的许可，但应当支付报酬。1990 年《著作权法》第 22 条规定了 12 种合理使用的情况，其中的一些款项与国际公约的主要差距是合理使用的范围过宽，在这次修改中有些已经改了，例如，将原定的报刊、电台、电视台转载其他新闻媒体的社论、评论员文章列入合理使用范围，改为仅限于"已经发表的关于政治、经济、宗教问题的时事性文章"；有些可以在将来的实施条例中做一些限制，使之符合国际惯例。

对《著作权法》原第 43 条的"合理使用"的不同意见，成为几年来准备、提出著作权法修改稿和全国人大常委会审议著作权法修正案的热点问题。在此次修改中，由于著作权人的强烈要求和对著作人权益的尊重，也为兑现加入世界贸易组织所做的对外承诺，以及广电组织以国家大局为重，放弃了原来的主张，国务院向全国人大常委会第二次提出的著作权法修正案对这个第 43 条作了修改："广播电台、电视台播放已经出版的录音制品，可以不经著作权人许可，但应当支付报酬。当事人另有约定的除外。具体办法由国务院规定。"这是一大突破，删去了"非营业性播放"，凡使用作品都要向著作权人付酬，解决了多年来争论不休的一大问题。值得一提的是，这里所说的由国务院规定的"具体办法"，已在著作权法修正案通过后的第八年（即2009年）由国务院颁发了，权利人觉得出台晚了，付酬标准也低了，但毕竟迈出了可喜的第一步。不过，也有人说，这种修改仅仅达到了国际公约的最低标准。《伯尔尼公约》允许各国在作者广播权上加以限制，可以根据本国的情况，规定广播权是专有权还是获酬权。事实上，有许多国家规定作者的广播权是专有权，使用作品不仅要付酬，还要经过允许；而且还规定广播电台、电视台在播放录音制品时，不仅要向著作权人支付报酬，还要向表演者、录音制品制作者支付报酬，而按这次修改，我国只向著作权人支付报酬。

关于法定许可问题。我国1990年著作权法规定的法定许可，凡与国际公约冲突的，这次大都作了修改。但增加了一条法定许可，即为实施九年制义务教育而出版教科书在符合规定范围内使用已经发表的作品，可以不经著作权人许可，但应当支付报酬，这当然是必要的。

对著作权法作出的上述修改，其直接的起因之一是为加入WTO对外作出修改知识产权法律的承诺，而其结果主要是提高了对我国著作人的保护水平，使外国人由原来经政府规定特殊享有的"超国民待遇"，改变为同我国公民一样享有的国民待遇，不难理解，这具有更实质性的意义，也是这次修改著作权法应该达到的目的。

（三）网络环境下的著作权保护有法可依

同互联网行业的迅速发展相比，我国这方面的立法，特别是著作权立法工作就显得滞后了。著作权法是1990年颁布的，当时在我国还没有出现计算机网络，因此法律中不可能规定作者的网络传播权，整部法律中也没有出现"网络"二字。由于缺乏必要的法律规定，或者规定不明确，网络传播在著作权方面基本是无序状态。网上的作品中有很多未经过权利人的许可，更谈不上向权利人付酬。从网上擅自下载作品，然后以出版发行方式营利的例子屡见不鲜。擅自将他人软件加密装置解密然后上网传播的情况也时有发生。最常见的是在自己的网页中擅自登载他人作品。作者及表演者、音像业、软件业对网络上的各种侵权行为非常关注。王蒙等 6 位作家状告北京一家网站侵犯其著作权的案件曾引起很大轰动。目前，法院受理的网络纠纷案件越来越多。网络著作权的空白，不仅给著作权人造成损害，也给司法审判带来了难度。法院在审理六作家案件中，由于在著作权法中找不到直接的法律依据，只好采取了变通的办法宣判王蒙等作家胜诉。因此，无论从保护权利人的角度出发，还是从考虑司法审判的法律依据出发，都需要在新修改的著作权法中增加网络传播权规定。

国际上对网络著作权的讨论始于 20 世纪 80 年代末 90 年代初，当时讨论的热点问题主要是在网络环境下，著作权人的权利是否应受到保护；如何保护？是纳入传统权利中，还是规定新的权利？世界知识产权组织召集 100 多个国家和地区的专家学者，经过七八年的研究探讨，最终在 1996 年制定了两个新条约——《世界知识产权组织版权条约》（WCT）、《世界知识产权组织表演、录音制品条约》（WPPT）。这两个新条约确立了作者、表演者、录音制作者的"向公众传播权"，也就是说，将作者的作品、表演者固定下来的表演、录音制作者的录音制品放到网上传播，应该取得他们的许可。在修改我国著作权法的过程中，大家考虑到网络环境下的著作权保护毕竟是一个新课题，实施网络著作权的保护还处于探索阶段，各国在适用这两个新的国际条约时都采取了比较慎重的态度，所以修正案对网络著作权作了比较原则性的规定，主要内容包括权利规定和权利保障两个方面。

一方面，为权利人规定了权利。第 10 条第 12 项规定：著作权人有"信息网络传播权，即以有线或者无线方式向公众提供作品，使公众可以在某个人选定的时间和地点获得作品的权利"。第 37 条第 6 项规定：表演者享有"许可他人通过信息网络向公众传播其表演，并获得报酬"。第 41 条规定："录音录像制作者对其制作的录音录像制品，享有许可他人复制、发行、出租、通过信息网络向公众传播并获得报酬的权利。"表演者和录音录像制作者也享有网络传播权，这项规定是与 WPPT 相一致的。

另一方面，为权利人作出技术措施与权利管理信息的规定，以使权利得到安全保障。按著作权法修正案第 47 条第 6、7 项的规定：著作权人和与著作权有关的权利人（如取得合法授权的网站）在将作品上网时，为防止盗版、擅自下载等行为的发生，利用技术手段如设立密码或者在作品上加上表明自己权利的标志，如电子水印等，对此，任何人未经权利人许可，均不能以浏览、阅读、下载等方式使用权利人的作品。如果规避和破坏权利人为保护著作权而设置的技术措施和权利信息，就应当承担法律责任。世界知识产权组织的两个新条约除增加了向公众传播权外，还规定了制止规避技术措施的义务和删除权利管理信息的义务，因为这是信息网络传播权能够实施的技术保障。

这里需要指出，对如何实施网络传播权，法律授权国务院另行作出规定，以使保护这项权利的原则性与适应我国当前情况的灵活性（主要是是否对这项权利进行必要的和适当的限制）更好地统一起来。

关于权利的名称，有人曾主张采用与国际条约一致的用语，使用"向公众传播权"，但考虑到国际公约使用"向公众传播权"，是与几个公约的权利名称协调一致的，而我国著作权法与国际公约的权利划分不同，使用这一名称可能会造成混乱。国务院提请审议的修正案定为"传播权"，并注明"通过互联网"的传播产生的权利。全国人大常委会审议时改定为"信息网络传播权"，比"互联网"限定的范围更宽些，国内的产业界容易理解，同时与我国整个立法体系也不矛盾。

（四）加强打击侵权盗版行政执法和司法审判的"双轨制"威力

图书、音像电子制品、计算机软件等盗版活动猖獗，虽经多年整治，但仍没有从根本上遏制泛滥势头，亟须通过完善立法和严密执法，进一步加大打击力度。在我国现有法律体系中，规定了侵权盗版行为不仅要承担民事责任，损害社会公共利益的，还可以由著作权行政管理部门给予行政处罚，情节严重的，还要追究刑事责任。这次著作权法的修改，在保留原有法律规定的基础上，又从打击盗版的司法程序、行政和司法的执法范围及手段上，都增加了许多规定，加大了打击盗版的力度。主要有：①增加诉前的禁止令、财产保全和证据保全制度；②增加关于举证责任的规定；③增加法定赔偿数额的规定；④增加行政处罚范围和行政处罚种类。

从实践来看，在打击损害公共利益的侵权盗版活动中，实行司法机关和行政机关执法的"双轨制"是成功的，著作权行政管理部门及时有效的行政执法，在保护权利人的权利和打击盗版活动中显示了强大的生命力。因此，这次修改著作权法在加强人民法院司法审判权威的同时，也强化了行政执法的权威。

八、知识产权保护任重道远

著作权法修正案获得通过，从此我国有了一部比较完善的著作权法，实乃可喜可贺，然而，此时此刻，我更感到任重道远，需要各方面做的工作还很多很多！

这是由包括版权在内的知识产权的特殊性质决定的。

知识产权也是一种民事权利，它也有与其相应的受保护的主体和客体。与其他民事权利不同，知识产权的内容、受保护客体的范围，随着经济、科技和文化的发展，总是以较快的速度发展着。这就需要对不断发展变化的权利内容和保护客体进行调整，法律的制定和修改更不会是一劳永逸的。

版权的涵盖面非常广泛，比同为知识产权的专利、商标涉及的领域、单位和个人更多、更广，使版权保护面临着更为错综复杂的利益关系，不仅要调整作者与传播者、著作权人与各种使用者的利益关系，还要调整版权保护与广大公众的利益关系。这应当就是版权立法、修法、执法时，对众多条款总是各持己见、难以统一，又不断提出新问题的一个重要原因。

知识产权与有形财产都是专有权，但知识产权的客体表现为一定的信息，不像有形财产那样占有相关客体即可得到保护；知识产权客体与专有权往往又是分离着的，对它们的保护要比对有形财产困难得多。在我国，重物质财产保护、轻知识财产保护的观念根深蒂固，绝不是短时期内所能彻底解决的，这无疑又给本来难度很大的知识产权保护带来更多困难。

常有人说，改革开放后的 20 年，我国在知识产权立法方面，走完了西方国家用几十年甚至一二百年才走完的立法路程。这是我们可以引以为豪，也为外国朋友所称道的。但也不必讳言，我国建立比较完备的近现代版权制度比西方晚了两个世纪，中华人民共和国成立后又长期实行计划经济，版权保护又常常受到一些政治事件的冲击。版权保护制度建设的这种"先天不足，后天失调"的历史状况，使我国从完善立法、严格执法，以及相关组织、机制、制度的建设，特别是思想观念的转变和全民族知识产权保护意识的普及与提高等诸多方面都有相当长的路程要走。而不断完善立法、严格执法，是首先要做到的。我高兴地看到，国家版权局正根据国家立法规划，对著作权法进行新一轮的修改。我衷心祝愿此次著作权法修改成功，并带动整个版权事业取得更大发展。

历史的跨越[*]

——我国加入国际版权公约的前前后后

刘　杲^{**}

　　1978 年 12 月，党的十一届三中全会闭幕，中国进入了社会主义现代化建设的新的历史时期。1979 年 4 月，中央指示："尽快着手，组织班子，草拟版权法。"两者在时间上如此接近，是因为两者之间有着紧密的内在联系。现代化建设迫切需要发展科学、教育和文化，需要优秀的科学和文学艺术作品的大量创作和广泛传播。同时，现代化建设迫切需要坚持对外开放的基本国策，需要广泛地开展对外的科技和文化交流。这就明白告诉我们，是国家现代化建设对内和对外的双重需要，提出了制定版权法的历史任务。

　　在长达 10 年的起草过程中，围绕版权法草案有过许许多多的争论，这是不言而喻的。有意思的是，其中最大的一次争论不是关于国内问题的，而是关于涉外问题的。这正好反映了中国作为发展中国家的特点。在版权法草案 1987 年稿征求意见时，有几个部门提出，如果按照 1987 年稿立法和加入国际公约，外国科技书刊的引进将遇到困难，我国科技、教育事业的发展将会受影响，因此"建议推迟制定版权法和暂不参加国际版权公约"。这当然是一条分量很重的意见。为了慎重其事，1988 年 12 月 20 日至 24 日，国务院法制局专门召开了版权立法可行性研讨会。国务院的有关部门和全国人大的有关部门都派人参加。我也参加了这个会。研讨会就我国目前对外国科技书刊的需求和使用情况，正常情况下使用外国科技作品需要支付多少版税进行了

---

　　* 本文首次发表于刘春田主编：《中国知识产权二十年》，专利文献出版社 1998 年版。

　　** 刘杲，国家新闻出版署原副署长、党组副书记，兼国家版权局原副局长。

研究和经济测算，就"合理使用""强制许可"和购买重印权等问题进行了研究并提出了意见。会议纪要写道："研讨会认为，我国版权法1988年稿关于'合理使用'和'强制许可'的规定，较之1987年稿，更有利于保证我国科技、教育界对外国科技书刊的使用，因而是适宜的。在这个基础上，各方面对情况的估价和采取的措施形成了一致意见，对未尽问题的解决表示出了信心和积极态度，并希望在使《草案》更臻完善的基础上，加快版权立法工作，使我国的版权法尽早出台。"争论得到了解决。人们之所以担心，最终原因在于中国是一个发展中国家。这个基本国情，经常影响中国的对外版权关系。

在版权法的起草过程中，需要协调各方面的意见。其中，如何把国际版权公约的原则与中国的实际情况结合起来，始终是一个难度很大的问题。我们希望与国际接轨；同时又觉得，中国是一个发展中国家，版权保护水平不可能一下子提得很高。国际版权公约组织对我们的考虑表示理解，同时提醒我们要区别国内和国外的不同情况，对外的版权关系只能按照《世界版权公约》的规定办。1986年9月，我带领中国版权代表团参加《伯尔尼公约》签订100周年庆祝活动。在日内瓦期间，我们跟世界知识产权组织总干事鲍格胥博士，就《国家版权局关于版权法内容的建议要点》交换了意见。这个建议要点实际上是国家版权局上报国务院的版权法（草案）1986年稿的要点。我和代表团的沈仁干、周水玉、高航同志跟鲍格胥一起逐字逐句谈了大半天。鲍格胥认为建议要点"完整、明确，也很明智""体现了中国的特殊情况"。在涉及外国的问题上，鲍格胥讲了这样一些意见："有些规定可以只适用于中国作者或在中国首次发表的作品，而不适用于外国作品（如对作者行使版权的限制）""对于法律生效前的外国作品，可以不予保护，也可以给予象征性的保护（如规定外国作品在限定的时间内到中国主管当局进行登记方能给予保护）""向外国作者支付版税，国家版权局可以规定在什么情况下支付外汇，在什么情况下不支付外汇而支付人民币"。鲍格胥一方面体谅我们，照顾我们的困难，为我们出主意；另一方面明确维护《伯尔尼公约》的原则，认为不能违反。如何兼顾国际公约原则和中国实际情况，从立法到执法，我们一直在寻找恰当的结合点。

制定版权法，加入国际版权公约，实现对外版权关系正常化，这个思想是明确的。《中华人民共和国著作权法》第 2 条第 2 款、第 3 款："外国人的作品首先在中国境内发表的，依照本法享有著作权。""外国人在中国境外发表的作品，根据其所属国同中国签订的协议或共同参加的国际条约享有的著作权，受本法保护。"这里采取了国际上通用的地域原则和互惠原则，表明了我们对实现对外版权关系正常化的积极态度。其实早在 1985 年中央就作出了相关的决定，那年 6 月 24 日，中共中央书记处会议讨论了中央宣传部关于我国加入《世界版权公约》的请求报告。会议认为，为了有利于我国的社会主义国家形象，有利于加强对外宣传工作，促进中外文化交流和对外开放政策的执行，引进大量的文化教育和科学技术信息，应当加入国际版权公约。我列席了那次会议。我体会中央对这个问题的指导思想是很明确的。中央的决定是一个战略决定。至于什么时间、按什么条件加入国际版权公约，那是还需要具体化的。而作为版权行政部门，我们认为即使在版权法实施之后，也还需要一段时间做好准备工作。1989 年 4 月至 5 月，我参加了国务院法制局组织的考察团赴美考察。在回国后的报告里有这样的话："由于我国一直不具备完整的、正式的著作权保护制度，一旦实施著作权法，广大人民群众和各级各类单位需要一个适应、调整的过程。"报告提出"可以在著作权法实施后有一个调整期"。1990 年 9 月 13 日，《中华人民共和国著作权法》刚刚公布，我在北京主持了新闻发布会。我在会上说："我们非常重视同外国的著作权关系的正常化。著作权法的实施将是向前跨出的重要的一步，为我们逐步实现涉外著作权关系正常化提供了法律依据。中国坚持实行对外开放的基本国策，一贯主张在和平共处五项原则的基础上同世界各国广泛开展经济、技术和文化方面的交流。这是我们处理涉外著作权关系的基础。我们将依照我国同外国签订的协议或者共同参加的国际条约，对外国人在中国境外发表的作品的著作权予以保护。这一点毫无疑问。只是做到这一点需要条件。""涉外著作权关系的正常化，需要一个发展过程。"1991 年 5 月 30 日，《中华人民共和国著作权法》实施前夕，我在中央电视台发表电视讲话，其中有一段："我们要尽快实现涉外著作权关系的正常化。这符合我国对外开放的基本国策。我们即将同有关的国际组织联系，就中国加入《世界著作权公约》的有关的问题进行正式磋商。"加入《世界版权公约》是肯定的，但是要有一个"发展过程"、一个"调整期"。这就是我们当时的想法。

我说的"同有关的国际组织联系",首先是世界知识产权组织,还有联合国教科文组织。这两个国际组织,特别是世界知识产权组织,在我们制定版权法,参加国际版权公约的过程中,给了我们有力的支持和帮助。1985 年 1 月 30 日至 2 月 20 日,我和沈仁干、黄贞同志以观察员的身份,先后出席了世界知识产权组织召开的关于版权和邻接权发展合作常设委员会会议和联合国教科文组织召开的政府间专家会议。这两个组织都是第一次接待中国版权代表团参加会议。两个组织都给了中国代表团很高的礼遇。由于中文不是工作语言,两个组织都特别安排了同声传译,为我在会议上用中文发言提供了方便。在两个会议的发言中,在介绍了中国起草版权法的进展情况之后,我都明确表示:在我国版权法制定以后,我们将会积极考虑加入《世界版权公约》的问题。中国制定版权法的进展情况和中国对加入《世界版权公约》的积极态度,受到了与会各国代表的热烈欢迎。鲍格胥博士说:"中国代表的发言很好,我们已看到了曙光,希望不久会看到太阳。"1986 年 9 月,我带领中国版权代表团参加《伯尔尼公约》100 周年庆典。9 日,在伯尔尼举行的庆祝大会上,鲍格胥博士在致辞中讲到发展前景时特别说,现在世界上还有 3 个大国没有加入《伯尔尼公约》,他们是中国、美国和苏联。在这之后,1989 年 3 月,美国加入了《伯尔尼公约》。1991 年 6 月,中国著作权法开始实施,从而中国加入版权公约的问题自然要提上日程。

1991 年 9 月,经国务院批准,我和裴安曼、高航同志组成中国版权代表团前往日内瓦和巴黎,就中国加入《伯尔尼公约》和《世界版权公约》的问题,分别与世界知识产权组织和联合国教科文组织进行了磋商。在日内瓦,除了世界知识产权组织有关版权的几位司长跟我们具体磋商以外,总干事鲍格胥博士也亲自参与,先后 3 次会见代表团。19 日上午,我们先跟几位司长谈,进展顺利。后来鲍格胥请大家去他的办公室,他直接参加。上午没谈完,下午在鲍格胥的办公室继续谈了一会儿,把主要问题都定下来了。20 日上午,我们跟几位司长谈今后继续合作的问题。下午,鲍格胥第二次会见代表团,归纳了双方磋商一致的要点。我建议,以鲍格胥博士给我信件的形式,把双方磋商一致的各点加以确认,鲍格胥欣然同意。23 日上午,我们跟有关司长讨论信稿。下午，鲍格胥第三次会见代表团，把信件交给了我。我对访问结果表示满意。9月下旬正是世界知识产权组织每年一次的领导机构大会开会期间，也正是鲍格胥一年当中最忙的时候。在这个时候，鲍格胥亲自参与磋商，并且3次会见代表团，可见他对中国加入《伯尔尼公约》多么重视。鲍格胥给我的信件的主要内容如下："我认为我们的讨论极为有益，它使中国准备加入和执行《伯尔尼公约》的所有重要问题得到澄清。我们一致认为：中国加入《伯尔尼公约》是必要的，对中国和国际版权社会都有利；中国可以在其1990年9月7日通过的版权法的基础上加入公约；尽早决定加入和提交加入书是合适的，与其等待采取这些步骤，不如为公约在中国生效确定一个长于3个月的过渡期；公约在中国得到妥善和顺利地实施的条件，能够得到保障；追溯力问题同样不会带来任何困难。"这是总的概括。以下是分条解释。"中国可以在其1990年7月9日通过的版权法的基础上加入《伯尔尼公约》。因为这个法与《伯尔尼公约》的原则和最重要的条款是协调一致的。对版权法某些细节仍有可能带来的与公约的一些冲突，可以在兼顾公约反映的国际标准和中国具体国情的前提下，通过各种办法避免或消除。……实际上，全部现存问题，都可以通过对版权法和实施条例作出适当解释来解决。""中国尽早决定加入《伯尔尼公约》并提交加入书是合适的。与其等待这样做，不如为公约在中国生效确定一个长于通常的3个月的过渡期。……如果1992年3月提交加入书，可以在加入书中声明：根据《伯尔尼公约》第29条（2）（a），公约要在1993年1月1日（或其他更晚的日期）在中国生效。""公约在中国得到妥善和顺利实施的条件，能够得到保障。……执行中国版权法和《伯尔尼公约》，有许多可行方案，从而可以选出既符合中国社会、经济、文化具体情况，又符合外国版权所有者利益的方案。""追溯力的问题同样不会带来任何困难。因为根据《伯尔尼公约》第18条（3），有关国家有权决定如何处理这个问题。暂时将追溯问题搁置起来，任何细节留待以后决定，似乎是适宜的。"我们关心的问题都得到了澄清。随后我们去巴黎。24日，在联合国教科文组织，助理总干事罗佩斯会见了我们。他对中国加入《世界版权公约》表示欢迎。随后我们跟版权处长进行具体磋商。我们提到了法律问题和时间问题。26日，继续跟版权处长具体磋商。对方表示：中国以自己的版权法为基础加入《世界版权公约》没有问题；过渡期可以考虑采取变通办法。至此，中国加入两个国际版权公约的道路已经明朗，没有障碍，就看何时启动了。

中国的对外版权关系主要是对美国的关系。因为中国使用外国有版权的作品主要是美国的作品。我国进入新时期以来，最早对我国提出版权保护问题的便是美国。1980 年 2 月生效的《中美贸易关系协定》第 6 条第 1 款、第 5 款："缔约双方承认在其贸易关系中有效保护专利、商标和版权的重要性。""缔约双方同意应采取适当措施，以保证根据各自的法律和规章并适当考虑国际做法，给予对方法人或自然人的版权保护，应与对方给予自己的此类保护相适应。"在中国版权法实施以前，这一条无法执行。在中国版权法实施以后，这一条是否立即执行？1989 年访美时，美国版权局的人对我们解释，《中美贸易关系协定》的知识产权条款不是自动生效的，需要两国的另外的具体谈判。中美知识产权谈判从 1991 年 2 月开始。中方由经贸部牵头，吴仪同志担任团长，有关部门参加。美方由美国贸易代表处牵头，有关部门参加，谈判几经周折，相持不下。1991 年 12 月下旬，国务院决定增派专利局的高卢麟同志和版权局的我为副团长。1992 年 1 月，第八轮谈判在华盛顿举行。17 日，双方签署了《中国政府与美国政府关于保护知识产权的谅解备忘录》。中国代表团的谈判活动是在党中央和国务院的直接领导下进行的。中方的承诺是中央权衡利弊、统筹全局作出的重大决策。回国后，1992 年 2 月 18 日，我向全国人大教科文卫委员会作了汇报。备忘录确认，中国政府将于 1992 年 4 月 1 日前向立法机关提交加入《伯尔尼公约》的议案，并尽最大努力使该议案于 1992 年 6 月 30 日前获得通过。随后，中国政府将向世界知识产权组织提交加入书，于 1992 年 10 月 15 日前生效。对此我汇报说："中国加入《伯尔尼公约》，将开始与众多外国建立著作权保护关系。参加国际著作权公约不仅有利于发展对外科技、文化和经济交流，在推动我国文化产品输出和防止对外国作品使用过滥方面也有积极意义。党中央、全国人大和国务院领导同志多年来不断指示要积极争取条件加入。1991 年 5 月以来，我国政府有关部门发言人已多次向外界宣布中国将加入《世界版权公约》。1991 年 9 月，中国政府版权代表团还专门就中国加入《世界版权公约》问题与有关国际组织进行了具体磋商。目前，加入的准备工作正在按程序认真进行。这件事内部早已决定，同时加入《伯尔尼公约》和《世界版权公约》，着眼点并不限于中美著作权关系。这次提出的具体时间，既考虑到给审议工作留有余地，也与国际组织商定的大致安排协调一致。"备忘录确认，中国政府将于1992年10月1日前颁布新条例使之与公约和备忘录一致。对此我汇报说："有必要制定一项专门条例，它既可以把公约确实超出我国著作权法的部分转换为国内法律，供司法和行政部门在处理涉外著作权纠纷时具体掌握，也可以防止外国人对公约解释过宽。""由于新条例只适用外国人，会带来对内对外保护程度的差别。……这种情况虽目前难以避免，但不宜久拖。应积极考虑著作权法的修订，把国内保护水平提高到国际标准。"最后我汇报说："总起来讲，这次中美知识产权谈判我方的原则是，多边关系适用国际公约、国际惯例，双边关系平等协商，互谅互让。对备忘录中著作权部分的评价，我们的意见是：作出某些承诺和让步，既是从全局需要出发，也是向国际公约的要求靠拢。在对外开放的形势下，是早晚要办的事，只是比原来设想的提前了。这对我们来说，既有压力，也是把工作促上去的推动力。"总之，签署备忘录以后，中国加入《世界版权公约》的时间比预期的提前了。

1991年6月1日，《中华人民共和国著作权法》及其实施条例生效。1992年5月27日，国务院向全国人大常务委员会递交了关于提请审议决定我国加入《伯尔尼公约》和《世界版权公约》的议案。6月，在七届全国人大常委会第二十六次会议上，国家版权局局长宋木文同志，受国务院的委托，就建议我国加入两个国际版权公约的议案作了说明。宋木文同志分别就"《伯尔尼公约》和《世界版权公约》基本情况""加入《伯尔尼公约》和《世界版权公约》的必要性""加入两个公约的国内条件""与加入《伯尔尼公约》和《世界版权公约》若干有关问题的解决""提交批准书时应作出的声明"等问题作了说明。关于同时加入两个公约，该说明提出："1991年5月以来，我国政府部门发言人已在不同场合宣布中国将参加国际著作权公约。在1992年1月签署的中美关于保护知识产权的谅解备忘录中，我方已经明确承诺政府将争取立法机关在1992年6月底以前同意加入《伯尔尼公约》。因此，加入公约已是我国应履行的双边协定的义务""加入《世界版权公约》

有利于扩大在这个领域与外国特别是发展中国家的协调与合作，有利于更广泛地参与联合国教科文组织的事务，同时也可以表明我国对国际版权保护的重视和积极态度。另外，加入不存在任何法律和技术问题。因此，尽管《世界版权公约》的保护水平低于《伯尔尼公约》，我们仍建议同时加入两个公约。"关于制定新的条例，说明提出："中国可以在现行著作权法的基础上加入公约而不涉及修改法律的问题。由于我国著作权法主要针对国内情况制定，难免在具体规定上与公约有不完全对应之处。这种差异在适用我国著作权法律执行《伯尔尼公约》的过程中，可以根据我国《民法通则》第 142 条规定的原则，通过制定必要的条例加以解决。"1992 年 7 月 1 日，七届全国人大常委会第二十六次会议讨论通过了加入两个国际版权公约的议案。表决的情况是：到会委员 117 人，赞成的 115 人，弃权的 2 人，没有人反对。随后全国人大常委会分别发布了我国加入两个公约的决定。在关于我国加入《伯尔尼公约》的决定中声明，我国根据该公约附件第 1 条的规定，享有附件第 2 条和第 3 条规定的权利。在关于我国加入《世界版权公约》的决定中声明，我国根据该公约第 5 条之二的规定，享有该公约第 5 条之三、之四规定的权利，上述声明确认：作为一个发展中国家，我国将按《伯尔尼公约》和《世界版权公约》的有关条款，实行强制许可证制度。对那些无理拒绝授权我国出版的作品，应国内出版者的要求，在履行了规定的手续后，国家版权局可以颁发强制许可证，允许为教学与科学研究的目的，翻译出版或重印出版外国仍受版权法保护的作品。1992 年 7 月 10 日和 7 月 30 日，我国常驻日内瓦联合国机构代表和常驻巴黎教科文组织代表，分别向世界知识产权组织总干事和联合国教科文组织总干事，递交了我国加入《伯尔尼公约》和《世界版权公约》的申请书。1992 年 7 月 15 日，世界知识产权组织总干事鲍格胥博士致函我国外交部钱其琛部长，告知《伯尔尼公约》将于 1992 年 10 月 15 日在中国生效；同意中国作为发展中国家，享有该公约附件第 2 条和第 3 条规定的权利。世界知识产权组织于同一天发出《伯尔尼公约 140 号通知》，宣布中国已成为《伯尔尼公约》的成员，并享有该公约附件第 2 条和第 3 条规定的权利，该公约将于 1992 年 10 月 15 日在中国生效。联合国教科文组织总部于 1992 年 10 月 9 日发出通知，宣布《世界版权公约》将于 1992 年 10 月

30 日在中国生效。1992 年 10 月 14 日，在《伯尔尼公约》在中国生效的前夕，我在北京主持了新闻发布会。我在会上讲："中国 1990 年 9 月颁布著作权法，1991 年 6 月开始实施。1 年 4 个月之后，国际版权公约在中国开始实施。这表明，改革开放的中国，不仅致力于国内著作权保护制度的建立，也对发展对外著作权关系持十分积极的态度。""中国现行著作权法与国际版权公约的原则和主要条款是一致的。不仅如此，中国国务院于 1992 年 9 月 30 日专门颁布了《实施国际著作权条约的规定》，就中国著作权法中个别与国际版权公约相比不尽一致或不尽明确之处作出进一步规定，以保证有关的外国作品在中国受到充分保护。"中国加入两个国际版权公约，迈出了具有历史意义的一步。

中国是一个发展中国家，又是一个有 12 亿人口的大国。中国加入两个国际版权公约引起了全世界的关注。中国的版权事业起步比较晚。当我们开始起草版权法时，全世界已经有 100 多个国家有了本国的版权法，并且加入了国际版权公约。我们必须迎头赶上。这里要感谢世界知识产权组织、联合国教科文组织和许多国家的版权专家给予我们的支持和帮助。1982 年以来，世界知识产权组织为我们在中国举办的版权培训班达 16 次之多。仅此一项也足以说明他们投入的巨大。在各方面的帮助下，经过艰苦努力，我们终于制定了版权法，随即又加入了国际版权公约。这就是说，中国用十多年的时间走完了一些国家用几十年甚至一百多年的时间走完的路程。对这一点，国际版权公约组织和国际版权界给予了高度评价。1992 年 9 月中旬，在北京中国版权制度国际讨论会开幕式上，鲍格胥博士致辞说，中国加入《伯尔尼公约》，"这无疑是极为重要的历史性事件。这对于中国的文化、科学及社会发展，对于希望在全世界实现对文学艺术作品给予合理及有效保护的整个国际社会而言都是一件好事。"9 月下旬，我参加中国代表团出席了世界知识产权组织所有领导机构第二十三次系列会议。9 月 21 日，鲍格胥博士在大会讲话中宣布了中国加入《伯尔尼公约》的消息，受到与会各国代表的热烈欢迎。9 月 28 日，鲍格胥博士在日内瓦湖边一家古老的饭店里，为庆祝中国加入《伯尔尼公约》举行了晚宴。在宴会上，鲍格胥博士、中国常驻日内瓦联合国机构代表范国祥大使和中国代表团高卢麟团长分别发表了热情洋溢的讲话。鲍格胥说：中国加入《伯尔尼公约》，不仅是中国版权局的努力成果，也是中国领导人的正确决策。当晚应邀出席宴会的有中国代表团全体成员和在世界知识产权组织任职的全体中国官员。世界知识产权组织几乎所有的司长及司长以上的高级官员都出席作陪。这样的礼遇，不仅说明了他们对中国加入《伯尔尼公约》的高度重视，也说明了他们对中国人民的友好情谊。

　　1993 年 9 月，我参加中国代表团出席了世界知识产权组织所有领导机构第二十四次系列会议。我在会议发言时通报：1992 年 11 月 7 日，中国七届全国人大常委会第二十八次会议通过了中国加入《唱片公约》的议案；1993 年 4 月 30 日，《唱片公约》在中国生效。这是中国加入的第一个保护邻接权的国际公约。这样，中国在中美知识产权谅解备忘录中关于加入《伯尔尼公约》和《唱片公约》的承诺都得到了实现。

　　中国是认真履行《世界版权公约》的，为此做出了很大的努力。中国加入《世界版权公约》以来，不仅实现了对外版权关系的正常化，不断地提高了对外国作品依法保护其版权的工作水平；而且切实地推动了国内版权保护制度的建立和完善，有力地打击了盗版和走私的侵权行为。这本是有目共睹的事实，得到了广大国际社会的肯定。可是有的大国总是在版权问题上对我国百般挑剔，横加指责，甚至把版权问题跟贸易问题挂钩，对我国施加压力。这显然是不公正的。1994 年 3 月 23 日，鲍格胥博士第十五次访华期间，国家副主席荣毅仁会见了他。鲍格胥博士说："中国政府是有眼光的。前几年解决了知识产权的立法问题，很快就加入了保护工业产权和版权的国际公约。在中国复关问题上就主动了，所以得到了大多数国家的支持。中国目前的工作除了要进一步完善立法，还要加强著作权法的实施。中国对知识产权已进行了明智的投资，会有光明的未来，我衷心祝愿。"还说："采取不耐心的态度是不好的。知识产权有 200 年历史的国家，不应要求一个国家 15 年时间就达到国际公约的保护水平。我一有机会就劝他们要有耐心。一个国家经济发展与法制建设应当同步。中国的市场经济还不完善，不能期望中国的市场原则和市场经济发达的国家一样有效。我会劝说这些国家在这方面要有耐心。"鲍格胥博士的这番话是客观的、公正的。

　　当然，加入国际版权公约不是事业的终点。更准确地说，这是一个新的起点，其后还有大量的工作要做。我们以自己的版权法为基础加入了国际版权公约。同时，不能不承认我们的版权法与《伯尔尼公约》相比还有差距。依靠《实施国际著作权条约的规定》毕竟不是长久之计。更何况著作权法通过以来，各方面的情况发生了很大的变化。因此，修改著作权法被提上了日程。这既是规范对外版权关系、推进国际版权合作的需要，也是更好地适应社会主义市场经济环境、完善国内版权保护制度的需要。国务院于1996年将修改著作权法列入了立法计划。在全国人大教科文卫委员会、全国人大法律委员会、国务院法制局和知名版权专家的支持下，国家版权局着手修改著作权法。1998年1月，《著作权法修订稿》上报国务院。关于修改著作权法的原因，国家版权局的报告提出：①根据现行的法律、法规，对外国人的版权保护优于对中国人的版权保护。这种双重标准问题需要解决。②现行的著作权法中缺少关于禁止令、法定赔偿等规定，需要增补，以便有力地制止侵权行为。③新技术特别是数字技术的迅速发展，给版权保护带来许多新的问题，需要规范。目前《著作权法修订稿》正在国务院法制局审核修改中。

加入国际版权公约之后，中国以更加积极的姿态参加国际版权领域的各项活动。特别是在重要版权条约的制定上，中国坚持了维护发展中国家利益，积极推动国际版权合作的立场。1996年12月，世界知识产权组织在日内瓦召开了"关于版权和邻接权新条约外交会议"。国家版权局副局长沈仁干同志带领中国版权代表团出席了会议。这次会议讨论通过《世界知识产权组织版权条约》和《世界知识产权组织表演和唱片条约》，主要是为了解决新技术尤其是数字技术和网络环境引起的版权和邻接权保护的新问题。在会议上，中国代表团和其他发展中国家一起，对条约的许多条款作了有利于发展中国家的重要改动。表决时中国代表团没有投反对票。会议结束时中国代表团发表了声明："中国代表团对两个条约中的个别条款和大会关于复制权的声明持保留意见""将对这些条款中涉及的问题作进一步研究"。

讲到国际版权公约，不能不提《与贸易（包括假冒商品贸易在内）有关的知识产权协议》。郑成思教授在《关贸总协定与世界贸易组织中的知识产权》一书中说："在1986年之前，世界知识产权组织可以说是唯一一个在知识产权国际保护方面对各国影响较大的国际组织；它所管理的国际条约，也构成知识产权多边国际保护的主要内容。但在1986年《关税与贸易总协定》的乌拉圭回合谈判之后，这种情况发生了重大变化。乌拉圭回合使知识产权的国际保护直接与国际贸易挂钩，并使后者成为影响前者的重要因素。这样一来，另一个不属于联合国的国际'组织'，在知识产权国际保护上的作用已不容忽视了。"事实正是如此。在签署中美知识产权谅解备忘录的谈判中，涉及版权的部分，我们的考虑是：把中美双边版权关系纳入多边版权条约的框架，而多边版权条约除了《伯尔尼公约》和《唱片公约》之外，一个重要的依据就是《知识产权协议》。例如，对计算机程序的保护问题就是这样考虑的。《知识产权协议》写的是："无论以源代码或以目标代码表达的计算机程序，均应作为伯尔尼公约1971年文本所指的文字作品给予保护""保护期不得少于经许可而出版之年年终起50年"。备忘录写的是："承认并将计算机程序按照伯尔尼公约的文字作品保护。按照公约规定的保护对计算机程序的保护不要求履行手续，并提供50年的保护期。"《实施国际著作权条约的规定》写的是："外国计算机程序作为文字作品保护，可以不履行登记手续，保护期为自该程序发表之年年底起50年。"前后关系，一目了然。

国际版权保护奉行互惠原则。按照多边协议，中国依法保护外国人的版权，外国也要依法保护中国人的版权。由于中国是一个发展中国家，在一个时期之内，中国使用外国的作品多，外国使用中国的作品少。因此，我们研究和处理对外版权关系时，主要的、大量的是解决如何在中国保护外国人的版权问题。如何在外国切实保护中国人的版权，对这个问题，从认识到举措都还非常微弱。这种状况应当逐步改变。随着我国现代化建设的进展，这种状况能够得到逐步改变。我们要努力适应国际版权保护面临的新形势。知识经济的迅速发展，把知识产权保护推到了前所未有的重要地位。全球经济一体化的大趋势，对国际版权保护来说，既开拓了新的空间，也发出了新的挑战。而高新技术的广泛应用，在版权领域，无论是作品的创作还是作品的传播，都出现了与传统大不相同的新的形式、新的概念。作为正在加紧现代化建设的发展中国家，我们只能奋发图强。我们要努力适应新的形势，把对内的版权工作和对外的版权工作结合起来，相互支持，相互促进。在国内，要继续努力完善版权立法，完善版权保护制度，积极推动科学、教育和文化事业的发展，增强综合国力。在世界版权领域里，要维护中国的国家利益，维护发展中国家的利益，积极推动国际版权合作。我深信，人类文明发展的前景终归是光明的；保护人类文明成果的创作者的版权保护事业，前景也终归是光明的。

关于我国版权立法的情况通报[*]

沈仁干^{**}

版权法现在还是一个草案，不可能一条一条地详细介绍，我只能讲一讲整体的概貌，使大家对草案有一个系统的基本的了解。我讲三个问题：第一，我国版权立法的历史；第二，版权法草案的主要内容；第三，我国涉外版权关系的历史、现状与前景。我要介绍的情况是我个人的意见，仅供大家参考。

一、我国版权立法的历史

有些同志有这么个观点：版权法最早产生在中国，因为版权法是印刷技术产生以后才有的。从这个意义上讲，我国毕昇发明印刷术比德国人古登堡要早 400 年，印刷技术之子的版权法应该产生在中国。这有一定的道理。但是，他们所讲的当时由书商向皇室或当地政府申请对某些书的专有印制权、发行权，不过是一种封建特权，而不是现代意义上的版权，因为它与作者的利益毫无关系。它仅仅保护了书商的利益，而且皇室与地方政府利用这种申请制度对书稿内容进行审查，迫害一些进步思想的传播者。因此，我认为这是一种原始的书报检查制度而不是一种版权制度。现代版权制度的出现应该有两个条件：一是印刷技术的普遍使用和商品经济的发展；二是资产阶级思想的启蒙和一定范围的传播。版权是冲破封建专制制度，主张自由、平等、博爱和个人财产神圣不可侵犯的产物。没有新的科学技术，没有资产阶级民

---

  * 本文为作者 1989 年 4 月 14 日在全国版权局局长研讨班上的讲话稿。
  ** 沈仁干，国家版权局原副局长、国家新闻出版署原党组成员，曾任中国版权协会理事长、中华商标协会副会长、国家版权局顾问、中国人民大学法学院教授、中国社会科学院知识产权中心研究员。

主，就谈不到作者个人有什么权利。所以，我认为保护作者利益的版权不是在我国产生的。对这个问题，很多同志有文章论述，在这里我就不讲了。

现代意义的版权制度是从什么时候开始的呢？世界上最早的版权法是英国1709年颁布、1710年实施的《安娜女王法令》，允许作者对自己创作的作品有印刷、发行的垄断权，不过只有14年或21年，时间比较短。我们中国是从1910年清朝政府颁布《大清著作权律》时开始的。把版权改回来叫著作权，也有一定的道理。《大清著作权律》是清朝政府当时主持制定法律的沈家本先生在日本法学家帮助下制定的，所以按日本的叫法，叫著作权法。当时保护的权利主要是两项：反对对印刷物的翻印，反对对美术作品、雕塑作品的仿制。也有反对对作者姓名的隐匿，反对对作品内容的窜改，反对用别人的名字出版自己的作品，等等。这些规定很好。清朝政府垮台后，这部法沿用到1915年，因为与当时民国的政体没有什么矛盾，没有被废止。1915年北洋军阀政府又搞了一部著作权法，1928年国民党政府也搞了一部著作权法，基本上采用《大清著作权律》的内容，稍有一些修改补充。

中华人民共和国成立以后，我国没有制定版权法。1950年召开的出版工作会议作出的五项决议中有一项是《关于改进和发展出版工作的决议》，这个决议中讲："出版业应当尊重著作权与出版权，不得有翻版、抄袭、窜改等行为"，"在版权页上，对初版、再版的时间，印数，著者、译者的姓名及译本的原书名称等，均应作忠实的记载。在再版时，应尽可能与作者联系，进行必要的修订。"在谈到向作者支付报酬的时候说："稿酬办法应在兼顾著作家、读者及出版家三方面利益的原则下与著作家协商决定；为尊重著作家的权益，原则上不应采取卖绝著作权的办法。计算稿酬的标准，原则上应根据著作物的性质、质量字数及印数。"这是中华人民共和国成立后颁布最早的保护版权的行政法规。1951年，成立了一个由胡愈老（胡愈之同志）牵头，包括陈克寒、周建人同志在内的五人小组，草拟了一个出版物著作权条例草案，与1984年草拟《图书、期刊版权保护试行条例》一样，先解决印刷出版物的著作权。草拟这个条例不太容易。后来形势发生变化，这个条例的制定工作只好停止。1958年制定了一个全国统一的稿酬办法。以后所谓版权保护基本上只剩下了一个稿酬办法。"文化大革命"中取消了稿酬，作者权利可以说被剥得干干净净。"文化大革命"以后，1977年恢复了稿酬制度，紧接着就提出了版权立法。1949 年以后我国比较完整的版权保护条例，是文化部 1984 年颁布的《图书、期刊版权保护试行条例》。虽然只适于图书、期刊，但它是我国版权立法的一块基石，它吸收了当时起草的版权法的主要内容。这个条例于 1985 年 1 月 1 日起生效，大家已遵照执行，我们版权机构也基本上依据它来调处一些版权纠纷。1986 年，广电部颁布了《录音录像出版物版权保护暂行条例》，于 1987 年 1 月 1 日起生效。这是国家版权局委托他们制定并由他们进行管理的。在国家大法中，保护版权的法律是 1987 年 1 月 1 日起生效的《民法通则》，《民法通则》第 94 条规定："公民、法人享有著作权（版权），依法有署名、发表、出版、获得报酬等权利"；第 118 条规定，公民与法人的这些权利受到侵害，"有权要求停止侵害、消除影响、赔偿损失"。《民法通则》生效后，法院就不能不受理版权纠纷的案子了，但在具体处理、调解的时候，基本上参照《图书、期刊版权保护试行条例》的规定。《民法通则》对版权的保护只有两条原则规定，具体版权纠纷很难定性和处理。大批的版权纠纷在版权行政机关处理起来比较方便，一到法院，它却很难办。司法实践也要求加速版权立法。

1985 年，国家版权局成立，把起草版权法的任务名正言顺地担当起来了。在这以前，不论是国家出版局，还是文化部，都没有把版权立法作为优先考虑的课题提上议事日程。大家都说要搞，但是怎么搞，上面谁来负责任，下面谁来办，没有认真落实。有一段时间，这件事在国务院、中宣部、文化部三家之间谁来主管也不明确。1982 年国家出版局就起草了版权保护条例，并于 1983 年上报国务院，国务院一位副秘书长召集会议讨论后认为可以作为立法的基础，但因没有一个机构来具体落实，上面没有负责人来领导，版权法起草工作就拖下来了，这个问题直到 1985 年才解决。国家版权局 1985 年 7 月成立，1986 年 5 月第一个版权法草案就报到国务院了。国务院法制局成立以后，和我们一起，对这个版权法草案广泛地征求了意见，然后在这个稿子的基础上，修改成 1987 年 4 月稿，即第一次在全国征求意见的稿子。当时的形势本来是比较好的，在北京召开了十几次征求意见的座谈会，还在青岛召开了第一次全国版权工作会议。可是到下半年，形势就发生了变化。国家教委、国家科委、中国科学院、中国科协四个大部委，以及一批科学家、教育家不同意颁布版权法或要求推迟制定版权法，甚至有人提出版权法不适合中国国情。中国现在需要大量引进外国的东西，不能搞版权法，有些科学家甚至讲，我搞科学研究，就是靠看影印书，有了版权法，不能影印外国书，我的科研就搞不了，将来我们整个事情就要断线，等等，理由好像十分充分。这就涉及版权立法到底是促进科学、教育事业的发展还是妨碍科学、教育事业的发展。这是一个关键问题。经过反复地找他们一起进行调查、研究、论证，在对草案的有些条款进行修改以后，这四家同意了。这又经过了一年。去年发给大家讨论的那个稿子是经过这几家商定才发出来的，现在发到大家手里的，是去年 11 月那个稿子的修改稿。去年 11 月的稿子进行了全国性的第二次征求意见，征求意见的面更广，一共发出 500 多份，向 500 多个单位征求意见，各个省还只算一个单位，如果把省里征求意见的单位算进去就不知道有多少单位。我们感到单靠我们自己的力量还不行，不把一些大的部委拉进来，请他们参加具体起草工作，版权法草案不太容易出台，所以去年 11 月我们报告国务院，建议有关部委出人，再请一些法学专家参加，国家版权局做具体工作，组织一个版权法起草小组。这个报告李铁映同志批了，于是组织了一个包括中央宣传部、国家教委、国家科委、中国科学院、广播电影电视部、文化部、文联、作协等单位参加的版权法起草小组。我们将各地提的意见进行分析以后交给起草小组的同志，包括对哪几条有什么意见；对哪几种有不同观点，我们赞成哪一种意见；是维持原来的条文还是进行修改，版权法起草小组逐章逐条地进行讨论。全国人大法律委员会、全国人大教科文卫委员会、国务院法制局等单位的一些同志和一些高等院校法学系的教授参加了讨论。讨论了 3 天以后，形成了现在发给大家的这个稿子，这个稿子还将请我们的法律顾问推敲一遍，然后再送国务院法制局。后来根据国务院的决定，加进了保护计算机程序的内容。这个稿子估计基本上不会再有太大的改动，因为是经版权法起草小组逐章逐条讨论的，如有大的改动，可能是出于行政管理的需要。版权法起草小组讨论时，有部分同志主张行政机关尽量少管，因为参加讨论的法学界和教育界的人多一些，他们对实际情况不太了解。应当说，在相当长的时期内，我国实施法律，不是要削弱地方行政机关的管理，而是要加强这种管理。实践中，大家在这个问题上还有点儿分歧。

　　以上是简单的历史回顾。

二、版权法草案的主要内容

在这里，我准备讲 12 个小问题。

（一）立法的原则

我们国家版权立法的原则、目的体现在总则的第 1 条保护文学、艺术、科学作品的作者和其他著作权人的权利，是立法的中心点。因为没有这一条，其他都谈不上。但是只有创作者而没有传播者、使用者也不行。保护作者的正当权益，调整作品的作者、传播者和公众之间因使用作品而发生的利益关系，鼓励作品的创作和传播，促进科学文化的繁荣和发展，是我们版权立法的原则和目的。形象地说，就是以创作者为中心，以社会利益为半径，画一个大圆圈，把作品的创作者、传播者和使用者都包括在里面了。在起草过程中，有这么几项具体原则贯穿在整部版权法的草案之中。

第一项具体原则是保护智力成果。我们的立法原则与西方资本主义国家不一样。我们保护作者权益的出发点，基本上是为了保护智力成果，我们的理论是保护智力成果权。所谓保护智力成果权，就不是一般地谈人权。联合国大会 1948 年通过的《世界人权宣言》把版权作为人权的一项内容。英国、美国等英美法系国家把作者作为一个小生产者、一个私有财产者来保护。我们不是从抽象的人权观念出发，也不是从私有财产神圣不可侵犯这个资产阶级的信条出发，我们的出发点是保护智力劳动者劳动神圣，我们与资本主义国家在版权立法方面的原则或本质区别就在这里。

第二项具体原则是尽可能地符合中国的实际情况。什么是中国的实际情况，1986 年我在昆明讲过这个问题，后来又作了一些新的补充。《光明日报》1986 年 8 月发表了我的关于我国的版权立法与建立版权制度的一篇文章，什么叫中国的国情，从版权角度讲应当考虑哪些因素，那篇文章讲得比较清楚，我不准备复述一遍，在这里简单地说几点。

首先，要考虑我国经济发展的水平。因为不把我们整个经济水平处于什么阶段考虑进去，那么授予作者的权利、对作者权利的限制就会作出或者过多或者过少的规定。我国现在处于怎样一个经济发展水平呢？人均国民收入还不到300美元，在世界上排名是100位之后，经济基础太薄弱。我们想充分保护作者的权益，希望能让智力创造者得到更多的实惠，但这要与整个国民经济发展水平保持同步，不能超前。所以我们起草的版权法对作者经济权利的保护水平，相对来说，还是比较低的，不可能达到发达国家甚至某些发展中国家的水平。

其次，要考虑我国民族的文化传统，照顾到我国多民族的特点。我们有些传统、观念与西方不一样。例如，在西方，名誉损失可以用钱来赔偿，用中国的话来说，"有钱能使鬼推磨"，我们的准则就不是这样，不是什么都可以用钱来解决。例如，我们有些知识分子爱面子，不大愿意打官司，怎么予以照顾呢？有些事情可以通过协商解决，例如，对侵权事件的处理有一条叫赔礼道歉，赔了礼，道了歉，这事就算了。没有任何一个国家有这么一条，而这一条就能够体现我国的民族文化传统、我们的道德观念。你承认了错误，道了歉，登了报，下不为例也就算了，也不要你的经济赔偿。还有我们的民族文化财富，我们是多民族的国家，我们要开发各种民族文化艺术，所以对民间文学就不好保护，否则就不利于开发，也不利于各民族之间的文化交流。但是在一些国家，像非洲、西亚的一部分发展中国家，他们靠民间文学来同国外进行版权贸易，所以就必须保护民间文学。

最后，要考虑与我国当前整个改革相适应。体制改革主要有两条，一条是社会主义民主政治，另一条是社会主义商品经济。我们的版权立法应当对社会主义民主政治和社会主义商品经济的发展、完善起促进作用。我们不能固守原有的道德观念，对一些封建的东西还是要剔除它，对一些不合理的东西不能以存在就是合理而承认它。这里讲两个例子。第一个例子是我们对职务作品版权的归属，过去想划一些界限，方案一个又一个，反反复复，最后还是划不大清楚，这次作了大的调整，规定职务作品的版权归作者，但作者所在单位在其正常的业务活动范围内有权使用。这就有利于克服以长官意志控制作品的使用，妨碍作品传播的不正常现象，有利于解除作者对其上级绝对服从的关系、人身依附的关系。第二个例子是对合作作品所作的规定。合作作品必须是共同创作，没有创作行为就不能成为合作作者，有了创作行为，即使不署名也是合作作者。这可能会对我们出版事业的体制产生影响。按我们的现行制度，有些编辑做了大量的工作，有的甚至替作者从事创作却不能享有作者的权利，这要逐步转向。作者与编辑要么是作者与编辑的关系，要么是共同创作的合作作者的关系，对这个问题应有个清楚的界限。对于促进商品经济的发展，就是要把文学、艺术、科学作品作为一种特殊的商品来对待。有一些同志不同意将文学、艺术、科学作品作为商品来对待，我们基本上否定了他们的意见。首先承认作品是一种商品，是作者通过劳动使其具有价值和使用价值的特殊商品。既然它是一种商品，可以与别的商品进行交换，就可以出售获利。因此，草案规定作者对其作品可以有不同的使用形式，可以获得不同的报酬。当然报酬标准与付酬办法要根据我们的国力而定，不能像西方资本主义国家那样，实行契约自由，一个愿打，一个愿挨。我们主张按政府规定的标准支付适当的报酬。知识分子为社会创造财富、创造价值，如果社会不予承认，那么知识分子就可能得不到应有的地位，脑体倒挂就会成为一种合法现象长期存在下去。所以，有些东西尽管它普遍存在，也不一定就是合理的。

这都是我们起草时考虑了的，当然还有其他的因素，这里不再讲了。

第三项具体原则是与国际上的版权立法原则、国际公约、国际上通用的一些原则尽可能相协调。我们讲的是尽可能协调而不是一定要一致，完全一致是不可能的。人家搞了二百多年，生产力发展的速度比我们快得多，经济水平、文化水平、教育水平比我们高得多，我们不可能与他们完全一致，只能一步一步地来。但是一些基本原则还应当一致，这些基本原则主要是两条：一条是要保护创作者的基本权益，为他们继续从事创作创造条件，鼓励他们为人类社会的进步创作、积累更多的知识；另一条是要使作品得到广泛的传播，使知识能够造福于全人类，使所有的人都有机会参加各种文化活动，分享这些创作者的创作成果，分享整个科学技术进步的成果。这两条原则我们要尽可能保持一致，但也不能要求过高，作者的利益要同整个社会的利益保持一致。至于规定给作者多少权利，怎么个限制法，应当按我们的国情来办，按我们的经济发展水平、文化教育水平、民族文化传统的特点和我们国家现在的承受能力来确定。

第四项具体原则是尽量照顾到原有的法律规章。原来的规定行之有效的要保留下来，不行的将它改过来。《图书、期刊版权保护试行条例》中行之有效的，我们把它保留下来了，有些实际上办不到或者基本上不适用的都取消了。例如，作者精神权利就少了两条，一条是修改已经发表的作品，另一条是收回已经发表的作品。又如，原来规定音像出版单位对已经发表的作品，可以不经版权所有者同意，只要向其支付报酬就可录制，在目前版权关系混乱的情况下可能产生不利，也已取消，将来由专门的版权集体管理机构与使用者签订合同来解决。

（二）法的名称

以前十几稿都用版权法，第十八稿以后改为著作权法。这样改的理由是：第一，著作权比较容易为作者所接受，而版权容易被认为首先是出版社的权利。把版权解释为出版权的，不仅仅是我们出版部门，国家立法机关的领导也有同志这么解释。从上到下都有这么个误解。第二，考虑到我们立法的传统和法律的连续性。我国第一部保护作者权利的法律就叫著作权法，国民党时期也用著作权法，尽管这个词不怎么确切，把它改为版权法，法学界阻力比较大。第三，中国现在还处于一个国家适用四种不同的"法律"，目前祖国大陆同台湾地区的关系缓和多了，进行文化、科技交流，主要的对象是我国台湾地区。台湾地区一直沿用著作权，一谈到著作权，他们认为是指作者的权利，一谈到版权，他们认为是指出版者的权利。在对台版权贸易时，往往因用词不同，双方理解不同，发生纠纷的时候比较多。为有利于海峡两岸的交流，也可以考虑用著作权。当然用版权的理由也很多，我就一直主张用版权。版权既包括作者的权利，也包括出版者和其他传播作品的人的权利，包括著作权，也包括邻接权。我觉得名称不是一个根本问题，根本问题在于法律对著作权作什么解释，在于作者享有哪些权利以及对权利作哪些限制，实质问题规定清楚就行。将来全国人大法律委员会审议时是否改回来，现在还很难说。因为在立法机关就有两种不同的看法。

（三）关于作者的正当权益

这是版权法的中心点。要调动作者的创作积极性，就要明确他的法律地位和正当权益。文学、艺术、科学作品的作者，是民族文化的承袭者、社会精神财富的创造者，他们创造性的脑力劳动，应当和其他劳动者所进行的创造价值的劳动一样受到社会的重视；他们的劳动产品——精神产品，应当和其他劳动者的劳动产品——物质产品一样得到承认；他们因创作作品而产生的权益，应当和其他劳动者因为劳动创造了价值所产生的权益一样受到保护。作者作为脑力劳动者的法律地位已在宪法和其他法律中得到了确认。知识分子作为劳动者，作为工人阶级的一部分，已在宪法中确定。关键是仅仅确立法律地位不行，还有他对其劳动产品究竟享有什么权利的问题，解决这个问题就靠版权法，版权法是专门解决智力劳动者或者说所有智力产品的创作者的具体权益问题的。我们的版权法草案对此作了比较明确的规定。

第一，作者、真正从事智力创造性劳动的人是版权所有者——原始版权所有者。

第二，对作者的权利保护得比较充分，既保护作者的精神权利，也保护作者的经济权利（财产权利）。在现阶段，要巩固宪法赋予智力劳动者的法律地位。草案对精神权利的规定比国际公约的规定还要高一点，这也符合我们民族文化的传统。我们中国知识分子比较重名，当然也不怎么轻利，但是名与利比较起来，从封建社会一直到现在，严肃的、正直的知识分子对自己的名要比金钱看得重一些。所以我们草案中对精神权利的保护要比国际公约，比包括法国、西德、苏联在内的国家都要充分一些。草案规定作者的精神权利有四项：决定作品是否发表的权利，要求确认作者身份的权利，在作品上署名或不署名的权利，保护作品完整的权利。对作者的经济利益，比其他国家少一些，不过也有一个基本的保障。一些发展中国家作者享有的经济权利，我们版权法草案中都有，但发达国家有的而发展中国家没有的，如公共借阅权、家庭录制权等我们也都没有，根据国家目前的经济发展水平和广大群众迫切需要学习文化科学的状况，只能保障作者基本的经济权利。

第三，对作者权利免受侵犯方面，规定得比较详细具体。草案中列举的十项侵权行为一般在比较先进的发达国家是不列的，因为侵权行为列举不尽。但是我们要列，因为在我们国家，广大公众版权的观念非常淡薄，公民的权利观念非常淡薄。我们把最常见的侵权行为列出来，使大家知道作者有这些权利，在使用作品时怎么做才不算侵犯作者的权利；也使作者知道，怎么做是侵犯其权利，怎么做就不能算侵犯其权利。有一个基本的界限，既有利于作者意识到自己的权利，也有利于全社会尊重和保护作者的权利。

对于侵权行为的处理，按现在草案将采取三种办法：第一种办法是仲裁。

之所以把仲裁作为第一种办法,也是照顾到我们的民族特点和文化传统。我们很多人愿意仲裁而不愿意上法院,特别是有些老知识分子根本不愿意跟法院打交道,总觉得跟法院打交道是不光彩的事。我们考虑将来首先在国家一级设仲裁委员会,不要求每个省也设。因为版权官司比较复杂,在目前条件下所有省设仲裁机构比较困难,对文化比较发达、法学界人士比较多、搞得比较活跃的地方,将来也可考虑设分委员会。第二种办法是在地方设行政管理机关,由行政管理机关作出行政处理。第三种办法才是法院处理。这三种办法,可由当事人选择。

如果上述规定全部都能实现,我们就可以比较完整地、有效地保护作者的权利。

(四)关于鼓励优秀作品的传播

我们国家版权立法不仅仅是为保护作者的权益;作者创作作品也不是为了自我欣赏,主要还是为了传播,使人家了解自己对周围事物的看法,接受他的理论、观点。保护作者正当权益,鼓励创作的目的在于广泛传播作品,促进知识的积累和交流,丰富人们的精神文化生活,提高全民族的科学文化素质。对我们社会主义国家来讲,就是有利于社会主义精神文明和物质文明的建设,推动生产力的发展和整个人类社会的进步。因此,版权法规定作者的权利不可能是一种垄断的、没有限制的权利。所以,我们的草案既规定了作者享有的正当权益,对他的劳动和他对社会的贡献,给予与国家经济状况基本相适应的补偿;也从有利于作品的传播出发,对作者的权利作适当限制。这种限制,不能说只有利于传播者与广大的公众,对作者本人也是有利的。因为作者不是一生下来就会创作,他要不断地从社会得到知识,他也要利用别人的作品。他的创作也是在前人劳动成果的基础上加进自己的创造性劳动。

对作者权利的限制主要是讲对作者行使经济权利的限制。对作者权利的限制可分为三个方面:一是时间的限制;二是地域的限制;三是作者行使权利的限制。对作者行使权利的限制,草案规定了三种:

一是"合理使用",就是按规定的条件,不经作者或其他著作权人同意,不向其支付报酬而使用已经发表的作品。草案第41条列举了12项,是比较多的。是否属于"合理使用",应当注意以下几点:第一,必须是已经发表过的作品，没有发表过的作品不存在合理使用的问题，因为没有发表过的作品，作者首先要享有他的发表权；第二，必须注明作者姓名、作品名称和出处；第三，必须尊重作者依法享有的其他权利，最重要的是不能无故侵害作者的经济权利；第四，使用的目的应是教育性或社会福利性，而非营利性，也就是说，合理使用不能超出规定的范围，不能为商业目的服务，不能给作者带来无故的损害，否则，就不合理了。

二是"法定许可"，就是按规定的条件，不经作者或其他著作权人同意而使用已经发表的作品，但应向其支付报酬。一般法定许可支付报酬的标准、办法，由国家制定。这种法定许可主要是为了简化手续，从而使作品能较快地传播，但不能影响作者获得经济报酬。

三是"强制许可"，或者叫"强制使用"。这也只能适用已发表的作品，没有发表的作品不能强制许可。草案规定作品发表一年后，如果作者或其他著作权所有人无正当理由拒绝授权他人出版或以其他方式传播，为了科学研究或学校教学，经出版者或其他传播者向政府主管部门申请，国家版权管理机关可以批准使用（这里不是授权而是批准），使用者只需按国家规定向作者支付报酬。这里规定的作品发表一年后可以强制许可不怎么符合国际公约的规定，比国际上规定的水平要低。这是因为当时我们经济、文化发展水平低。两个国际公约都有强制许可的规定，对翻译作品，像我们中国这样的情况，将外国作品翻译成中文应是作品发表 1 年之后。如果是翻印，科学作品必须 3 年之后，一般的文艺作品要 7 年之后。我们规定为 1 年之后，是从我们的国情出发的，社会主义初级阶段，就这么个低水平。当然我们这样做也不是完全没有道理。最近美国和我国台湾地区在搞谈判，已经谈了 1 年多，最近达成的协议就有美国出版的作品发表 1 年以后，台湾地区可以翻译。

（五）关于版权保护的对象

受版权法保护的是从事各种文学、艺术、科学作品创作的作者以及他们创作的作品。对于保护的作品，昨天马晓刚同志已经讲了，主要内容是：版权保护的作品必须具备两个条件：一是作品必须具有独创性；二是能够以某种物质形式复制下来，包含作品必须以一定的形式表现出来、必须能够被感知和必须能够复制下来三层意思。受版权法保护的作品有 11 类：文字作品；

口述作品；音乐作品；戏剧、曲艺作品；舞蹈、哑剧作品；美术作品；摄影作品；电影、电视作品；地图、示意图、设计图和模型作品；计算机程序；其他作品。

版权保护的对象，即我国版权法的适用范围，采取了国际上通行的做法，同时实行国籍原则、地域原则和互惠原则。草案第2条："中国公民和法人对其文学、艺术和科学作品，不论是否发表，不论在何地发表，均依本法享有著作权"，这是作者的国籍原则；"凡在中国境内首次发表的作品，其作者不论国籍，均依本法享有著作权"这是对作品而言，而不是对人，不是对主体而是对客体，凡是第一次在中国境内发表的作品，中国人的受保护，外国人的也受保护，这是地域原则；"外国人对其在中国境外发表的作品，依照其所属国同中国签订的协议或共同参加的国际公约享有的著作权，亦受本法保护"，这是互惠原则，这就是说，外国人要求保护作品，那么，你们国家同我们国家应当签订协定，没有协定不予保护，或者我们两个国家都参加国际公约，我们才互相保护。

（六）作品自动产生版权的原则

作者对作品享有的版权，是公民民事权利的一部分，同其他民事权利一样，由法律予以规定。有些国家的法学家主张作品开始创作便产生版权，不过用法律确认一下。我们认为应当先有法，任何权利都由法来规定，法不规定那就没有，不能把一些自然现象与法的观念混同起来。

对于作者享有版权，版权法草案规定了作品自动产生版权的原则，不搞登记制度。作品具有独创性便受保护。独创性与新颖性不同。独创性是作者运用自己的思想、方法，遣词造句，运用自己的创作手法创作出作品来，即使是在前人创作的基础上吸收已有的知识、材料进行再创作获得的作品也具有独创性。例如，这里的一幅画，我看了之后模仿着画了一幅，只要写上仿某某人之作，我模仿的画同原画一样，也受版权保护。因为模仿也具有符合版权法要求的独创性。如果我看了这幅画，受了它的启发，把它吸收为自己的东西，把画面重新布置一下，那么就不是复制、仿制，而是原作。版权法中讲的作品应当具有独创性同专利法中技术发明的新颖性是完全不一样的。专利法也讲保护思想的表现形式，而实质上是保护一种思想方法的垄断权，而且这种思想方法必须是过去所没有的，具有新颖性。如果两个人对同一种方法有同样的发明，那么谁先登记谁就享有发明的专利权，后去登记的就不能享有。版权对客观存在的事物以及阐述的观点是不保护的，版权保护的是你的思想或客观事物的表现形式，是你的艺术表现形式。一部科学作品怎么叫艺术表现形式呢？虽然内容是科学作品，但把几万个中国方块字组织起来，阐述科学道理就是艺术的表现形式。

部分同志主张像中华人民共和国成立前那样，作品要取得版权须进行登记。我看按我国的情况是难以实行的，因为我国人口太多，搞创作的人太多。美国两亿多人口，他们用电子计算机登记还用了 650 个人。1985 年去美国，美国版权局长问我们搞不搞登记，我回答他，你们有这么先进的设备还用了 650 个人，我们版权局一台电子计算机也没有，如果搞登记，就要在你们 650 的后面加两个"0"才有可能。搞登记在我国很难办，既不方便，又要占用大量的人力、物力。搞登记制度的好处，第一，作者比较放心，我已经登记了；第二，政府部门还可安排一部分人就业。美国政府搞登记所收的登记费根本不够开支，其唯一的好处在于为国家收集了版本。这个问题我们已经解决，我国向来就有收藏版本的规定，现在出版社都向北京图书馆、版本图书馆送样书，《图书、期刊版权保护试行条例》和文化部、国家出版局发的文件都加以肯定了，这也是我们的优良传统。这个问题，将来由出版法去作规定。现在麻烦的是录音带、录像带没有收藏，大量地散失了。我们向广电部建议过，他们还没有搞起来。因为录音带、录像带的收藏，像收藏电影拷贝一样，需要相当好的设备和条件。我们希望音像出版单位自己先保存起来。总之，我们不可能设立庞大的机构，花费很大的人力、物力来实行登记制度，而且我们这么一个大国，实行版权登记制度对作者也很不方便。现在美国实行登记所起的作用，一个是收集版本，另一个是法院在判决是否侵权时可作为一个原始证据。就是在美国，登记制度也已不是版权保护的必要条件了。

（七）关于作品版权的归属问题

作者的创造性劳动，是作品产生版权的源泉。所以版权法规定作品的版权首先属于作者，这是一条基本原则。但是，在我国相当一批作者是其领取工资机关、团体和企业、事业单位的工作人员，从事文学、艺术和科学作品的创作活动是他们的本职工作或工作任务，他们创作的作品属于职务作品。妥善解决职务作品版权的归属和合理使用，既有利于调动作者的积极性，又有利于调动作者所在单位支持和帮助作者从事创作的积极性，如解决得不好，对两方面都没有好处，对国家也没有好处。在现实生活中容易走极端，要么对作者照顾得比较多而对作者所在单位照顾得比较少，单位的积极性调动不起来；要么作者所在单位的控制很多，作者的积极性调动不起来。有的科研机关对作者照顾得比较多，研究人员每月领国家的工资，给他一个研究课题，给他科研经费，专门写书。作品出版之后，版权归作者，稿费全部归作者。这就影响了其他从事辅助性劳动、从事后勤工作等各方面人员的积极性，他们很有意见，甚至食堂大师傅都有意见：你领取了工资，创作了作品，稿酬你全拿了，我领取了工资，我蒸的馒头是不是应该每个加一分钱呢？这就造成一种对立情绪。所以，有时在分配房子、用车等生活方面，科研人员就遇到困难。也有另一种情况，作者所在单位控制得很死，你领了工资，你对创作的作品还有什么权利?! 这样，作者就没有积极性，你叫我写我就写，写出来能不能用我就不管了。

对职务作品的版权归属讨论时间相当长，反反复复地不知调整了多少个方案。现在参照苏联、东欧的解决办法定下了这么个方案："作为本职工作或者工作任务所创作的作品，除合同另有约定外，著作权归作者享有，但作者所在单位在其正常业务活动范围内使用，无须作者同意；作品完成一年之内，未经单位同意，作者不得许可第三人以与该单位使用作品的相同方式使用。"这样规定，既保证作者作为著作权所有者的地位，又可满足作者所在单位开展正常业务活动使用作品的需要，可能双方都能接受。有的使用单位可能还会有点儿意见，他可能想从第三者再次使用作品的报酬中得到分成。其理由是我投了资，为你提供了创作条件，你从第三者使用作品中得到的报酬，我也应分到一份。这种做法不妥。你投了资，给他发了工资、奖金，他从事创作，已为你做了工作。例如，一个剧团的创作人员写出了剧本，你可以演出，他的责任已经尽到了。作为一个记者，我为你报社写了报道，作为本职工作，我已完成了。报纸发表以后，我把报道汇辑成集子再去出版，与你报社就没有什么关系了。我写的剧本，本剧团上演了，我要把它改编成一部小说，这与你剧团没有关系，你又不是一个出版社，你剧团没有出书的职能与任务。作为单位来讲，应该支持作者，使他能安心在你这里工作，他受到你的鼓励，可以创作出更好的作品来为你所用。对单位的永久使用权也有一点限制，就是必须在作品完成一年之内开始使用，否则，作者就可请他人使用，你单位就丧失了一年的专有使用权。这个办法到底行得通行不通，要由实践来检验，将来如果有更好的方案可再作修改。苏联、东欧对这个问题的解决比我们可能差一点，他们要订合同，规定单位可以使用 3 年或 5 年，在这期间第三人使用，单位可以分得报酬；3 年或 5 年之后单位再要使用，作者以一个自由撰稿人的身份与你签订合同。草案保证了单位享有永久使用权，又保证了第三者使用时作者可以获得报酬。我们认为这样做比较合理，双方的矛盾可以少一点儿。

（八）关于版权保护期

版权保护期是指版权中的财产权利的保护期，精神权利是没有时间限制的。规定作者对他人使用自己的作品在一定期限内有权获得经济报酬，是对作者创造性劳动的合理补偿，符合社会主义的按劳分配原则。

中华人民共和国成立前的几个版权法及台湾地区现在的所谓的"版权法"规定的保护期是作者有生之年加死后 30 年。国外谈到保护期也是讲一代人生命有多长，就规定多长的保护期限。20 世纪初一代人的生命也就是 50 年，所以那时许多国家规定的版权保护期为作者有生之年加死后 50 年。西德 70 年代立法定为 70 年，他们说现在寿命长了，所以延长版权有效期。有的国家保护期定得很长，有一个国家叫科特迪瓦，他们规定保护期为作者有生之年加死后 99 年，他们那样的气候怎么会活到 99 岁？为什么搞得这么长我还没有找到满意的答案。《图书、期刊版权保护试行条例》规定保护到作者死后 30 年，版权法草案规定到作者死后 50 年。保护期长对我们有利，还是短有利？经过反反复复地研究，觉得还是长一点对我们有利，短不一定有利。这主要是从国家涉外版权关系来考虑的。我们需要大量引进的是科学技术作品，而科学技术作品的寿命是很短的，一般只有 5 年、10 年。我们能向外输出的主要不是科学技术作品，除一部分数学、医药等方面的科研作品外，科学技术作品不是我们的"拳头产品"，在版权贸易方面我们并不占优势。我们可以输出的大量是文学、艺术、音乐等作品，这是我们的优势。把保护期延长到作者有生之年加死后50年，可能对我们有利。我们有一批三四十年代就很出名的作家，现在已经去世了，如只保护到死后30年，大批作品就会丧失版权，对我们不利。保护期短会在国内造成作品出版的重复、混乱，还会在涉外版权贸易方面吃亏。适当延长保护期，从总体上、从长远发展来讲对我们有利，也与世界上大多数国家的保护期一致。现在有版权法的国家，保护期在作者死后50年或50年以上的占85%，只有苏联（它也要改为50年了）、古巴、阿尔及利亚等少数国家是25年、30年。我们与之打交道的主要国家都是50年。这就是版权法草案为什么延长版权保护期的原因。

（九）关于版权的继承、转让和授权行使的问题

这里讲的版权的继承、转让和授权行使，都是讲财产权利，不包括精神权利，精神权利只有一种发表权可以由继承人行使，其他的精神权利，继承人只有保护其不受侵犯的义务。

继承，可以由法定继承人继承，也可以按遗嘱继承，完全按继承法办理，版权法简化了。

财产权利能不能转让，是我们争论较多的一个问题。以前的稿子明确地写上转让，去年这一稿又把转让去掉了，没有写可以转让，也没有写不可以转让，没有明确规定，就意味着可以转让，但不提倡，提倡的是授权使用。相当一部分同志主张所有权不能转让，使作者永远处于所有者的地位，有利于保护作者的权利。去年宋木文同志到匈牙利访问时，匈牙利版权局长讲，不允许转让是社会主义国家版权立法的一条原则。1986年我跟他讨论时，他说这条原则是列宁定下来的。我说，列宁1918年定下这条原则时的背景是世界上第一个苏维埃政权刚刚建立，当时的文化、出版工业都操纵在私人手里，当然可以废除作者与出版资本家、剧场老板签订的合同，把版权全部收到作者手里。社会主义国家经过这几十年的变化，过去为文化资本家所控制的文化企业基本上都是国营的，出版社、剧团等作品的传播者与作者、公众的利益是一致的，他们能够更好地使用作品，而且可使作者有更多的精力从事创作而不必为版权的转让、授权使用浪费精力。他就是不同意，认为版权转让

就有可能使受让者把作者的权利都剥夺了。苏联也有变化，原来规定不允许转让，而现在对国外允许转让。这样做使国内使用者与国外出版者处在一种不对等的地位，本来对外国人采取国民原则，让外国人享受与本国公民同等的保护是优惠待遇。因此，有一些法学家认为允许向国外转让而不允许向国内转让的规定不对，这是歧视本国公民。我们的版权法草案没有明确地写允许或者不允许转让，实际上是可以转让，但现阶段我们主张多采用授权行使。

授权行使有两种，一种是专有使用权，另一种是非专有使用权。使用者要求专有使用权还是非专有使用权，由双方签订合同决定。一般使用者要求专有使用权，对出版者来说，不是专有使用权，出版权就分散了，市场就混乱了。现在有这样的情况，一部好销的作品，你也抢，我也抢，有些作家与出版者签订合同，南北两家各出一个版本，以长江为界，长江以北你去发行，长江以南我去发行。党校出版社与江苏一家出版社就发生过这样的事，党校出版社在北方发行，江苏那家出版社在南方发行。最近要出一本《溥仪的后半生》，群众出版社和解放军出版社都要出这部稿子，最后怎么分工还不清楚。我们主张授权专有使用，是为了集中利用我们有限的人力、物力、财力。在其他社会主义国家和资本主义国家，权利人授权专有使用的占多数，只有报刊发表、电台播放作品，授权非专有使用得比较多。非专有使用也得有个前提，就是要明确由谁首次发表。这里有个一稿多投与一稿多用的界限问题。一稿多用，是在作品首次发表后的再次使用。一稿多投，出版者都以为自己是作品的首次发表者，因为编辑加工不一样，同一作者的同一部作品就可能变成几部作品，也就是我们通称的"双胞胎"与"多胞胎"。这在我们的版权保护法规中是不允许的。我们处理过一起一稿多投的纠纷。有个作者写了一本名人传记，最早是河北人民出版社向他约的稿，他却让宁夏一家杂志发表了，随后又有北京、天津等地好几家准备出版，最后天津百花出了一个版本，文联出版公司出了一个版本。多家告状，我们作了处理。

对外转让目前比较混乱。现在没有版权法，《民法通则》没有规定怎么办。国务院过去发了一些文件，如国务院国发〔1979〕27 号文件《批转国家科委、中国科学院、外交部关于科学技术人员对外通讯联系和交换书刊资料两个规定的请示》附件一《科学技术人员对外通讯联系和与外国科学技术人员接触的规定》，就规定可以向国外投稿，而且是受到鼓励的，作者就纷纷往国外投稿。这样，我们自己的出版社拿不到好的作品出版。既然我们把作品作为一种特殊商品，就有必要纳入国家外贸统制的轨道。今后版权法颁布后，对外转让或授权外国人使用就要按国家规定的程序进行，而不能像现在这样谁都可以把作品向外抛。作为本国的公民，首先应当为本国服务。我们不反对国际交流，但这两方面都要兼顾。对广大的文学、艺术和科学作品的作者来说，本民族养育了你，国家养育了你，你首先应当是一个爱国者，你的作品应当首先为本国人民服务。有时候，作者本人并没意识到作品首先在外国发表会产生什么后果。对外转让或许可使用要由国家来统一安排，从国家文化政策整体来考虑，对作者个人、对国家都有好处。规定向外转让或授权外国人行使版权须经过规定的程序，在某种程度上可限制智力资源的外流。我们不能一方面引进外国的智力资源，另一方面自己的智力资源纷纷外流。现在智力资源（一是作品，二是人员）外流是我国近年来出现的非常严重的问题。当然单靠版权法解决不了这个问题，但总可以为解决这个问题帮一点儿忙。

（十）关于表演者、书刊出版者、唱片制作者和广播电视组织的权利

作品的传播者有很多，而艺术表演者、书刊出版者、唱片制作者（包括录音带制作者）、广播电视组织是文学、艺术和科学作品的主要传播者。他们不是机械地、简单地向公众传播作品，而是在传播作品时付出了创造性劳动，从而使被传播的作品以一种新的方式表现出来。所以他们的创造性劳动也应当受到法律的确认和保护，他们对自己的劳动成果也应享有正当权益。所以草案规定，表演者享有精神方面和物质方面的权利，有权要求表演者的身份得到尊重，保护表演形象不受歪曲，授权他人从现场直播、摄影或录音、录像以及复制这些录音录像，并因此获得经济报酬。书刊出版者对其出版的书刊，享有版式设计、装帧设计的版权——版本权或版式权。台湾地区对这方面限制得比较严，他们不承认出版者对所有的印刷出版物有这个权利，只承认对编排出版没有版权的作品才享有版本权。按我们的草案规定，不管你出版的是有版权的还是没有版权的作品，出版者都享受版本权。我们认为这样规定比较合理。唱片制作者主要是指音像出版单位，他们对自己录制的原版唱片和录音带享有一定的复制权。电台、电视台对自己播放的节目可以享有权利，防止别人进行商业性的利用，如商业性的转播、录制和复制等。传播者权利的保护期草案规定 50 年。出版者与作者签订的合同可能是 10 年，10 年之后，如果没有新的合同约束，作者可以拿到另一家出版社去出版，但他只能带走作品而不能把版本也带走，不能把你出版的书转到另一家出版社重印，必须重新设计封面，重新进行版式设计，而且要说明第一版是谁出版的。当然出版者愿意的话，也可以将纸型租给别的出版者，并取得报酬。出版社对版本权的控制，主要就在于此。对出版者来说，当你行使权利的时候，允许别人重印你出版的书，要根据你与作者签订的合同，作者授予你的是专有使用还是非专有使用，如果是非专有使用，你授权别人重新利用你的版本，还必须征得作者的同意，否则，你就不能授权他人按你的版本进行重印。作者与出版社互相都有制约。此外，版权法草案还规定，对传播者权利的侵犯，也同侵犯版权行为一样进行处理。

（十一） 关于版权法的追溯效力

法律一般没有追溯效力，因为不能按现在的法来追究过去所发生的行为。但版权法有个情况特殊，所以草案有些特殊的规定。为了切实保护作者的利益，凡是在版权法施行之前发表或尚未发表的作品，其经济权利没有超过法定保护期的，一律给予保护，不能说从版权法施行之日起创作的作品才受保护，从这一点讲，版权法有追溯效力。但版权法施行之前所发生的版权纠纷，不能按它去追究要按当时的法律规定或政策文件来处理。如 1985 年以后发生的书刊版权纠纷可按《图书、期刊版权保护试行条例》处理，1987 年以后发生的版权纠纷可按《民法通则》来处理。比如职务作品，按版权法规定，版权属于作者。如果过去第三者使用后单位平分了作者的报酬，版权法实施以后不能要求单位退还给作者；又如"文化大革命"中，作者既不署名，也不拿稿酬，版权法实施后，作品再次使用应当署名和付酬，但过去出版没有付酬，不能要求补付报酬。以前发生的纠纷都不以版权法的规定进行追究，这样可以避免纠缠历史旧账。版权行政机关不可能一一处理过去发生的纠纷。从这一点讲，版权法又没有追溯效力。

（十二）关于版权工作的管理

版权涉及文化艺术、新闻出版、广播电视、科学技术、宣传教育、建筑设计、工艺美术、电子工业等部门，因此版权工作的管理，不同于行业管理，也不同于部门管理，而是一种非常特殊的知识产权的管理，我认为，版权的行政管理是带有一种准司法性质的管理。它是一种社会管理，而不是行业管理。正因为版权管理不能依附在哪一个行业上，它必须超越各个行业，所以有的国家设置有像我们这样的带准司法性质的行政管理机构，即有权处理版权纠纷的一种机构。根据我国的实际情况，版权法草案规定设两层行政管理机构，一层是国家版权局，另一层是地方的版权行政管理机构。我觉得我们这种做法是适宜的。在还没有颁布版权法之前，仅仅有《图书、期刊版权保护试行条例》《录音、录像出版物版权保护暂行条例》，已经把这两层机构建立起来了。现在的问题是怎么使这套机构完善起来。同志们提了很多好的建议，我希望将来全国人大审议版权法的时候，作说明的同志能够强调一下管理机构的问题。版权法草案已规定："国家著作权行政管理机关主管全国的著作权工作；各省、自治区、直辖市人民政府的著作权行政管理机关主管本行政区域的著作权工作。"版权法公布后，向政府要求建机构也好，要编制也好，就更有力量。现在单凭国家版权局的文件，单凭《图书、期刊版权保护试行条例》，事情就不那么好办，碰到比较明白的人，觉得这是件大事，非抓不行，支持就多一些；有些领导同志对版权不了解，可能还没有引起重视，所以我们要争取。现在要把机构搞得很健全，一下子还办不到，只有等版权法颁布以后才有过硬的法律依据。地方版权管理机构能有现在的规模，要感谢在座的各位，你们做了贡献。我们要争取版权法早日颁布，争取版权管理机构逐步完善。

三、我国涉外版权关系的历史、现状与前景

在版权法颁布之前，外国不承认、不保护我们的版权，我们也不承认、不保护外国的版权。我国与外国发生版权关系，最早是在 1903 年，当时清朝

政府与美国政府签订了《中美续议通商行船条约》，与日本政府签订了《中日续议通商行船条约》。在这两个条约中，就有中国政府保护对方版权的条款，大意是：对方对中国的版权保护没有任何限制，即给予它本国公民和中国公民同等的版权保护，但中国政府对他们实行版权保护有三个条件，一是必须用中文专为中国人写的，二是作品必须向中国当局登记，三是只保护10年，而且只禁止翻印，不禁止翻译。当时中国没有多少作品值得美国、日本保护，有识之士希望从西方引进一些东西来救中国。1946年，国民党政府也与美国政府签订了"通商航海条约"，也有保护版权的条款，保护的权利多了一些，但翻译权还是不保护。对《世界版权公约》，从清朝政府到国民党政府都拒绝参加，因为中国太落后，要大量引进国外的作品，需要翻印、翻译。当时教育部门、工商部门都不同意参加《世界版权公约》，反对得最激烈的是出版界。晚清与民国时期的出版中心在上海，有一个联合组织叫书业商会，它一再向当局提出，不能参加《世界版权公约》。所以，中华人民共和国成立以前没有解决这个问题。到现在我国也一直没有参加《世界版权公约》。中华人民共和国成立初期，对国外的版权保护大体上实行三种政策：第一，对苏联、东欧社会主义国家，有一个协议，互相可以翻译，只要提供书目、版本，向对方通报一下，但不与他们签订双边协定；第二，对资本主义国家一概不予理睬，我们要怎么使用其作品就怎么使用；第三，对个别有影响的国际友人，对资本主义国家共产党办的刊物、出版社和共产党作家，对第二世界的某些头面人物，出版其作品时是付酬的，因为支持他们就不能无偿使用他们的作品，而且稿酬还比较高。当时国际书店有一个付酬标准，版税率为5%—10%，由国际书店用外汇转交给他们。对外国的电影，我国一直是购买其资料片，不公开发行放映，仅在内部放映，不像图书那样，公开翻译、翻印并进行销售。

现在与我国有涉及版权关系协议的是两个国家：美国和菲律宾。与美国1979年签订的《中美贸易关系协定》中有一条规定，双方根据各自的法律，适当参照国际惯例，给对方的版权所有者以版权保护，这种保护要与给本国版权所有者的保护相适应。与菲律宾1979年签订的中菲文化协定中没有用版权而用文学产权，但实质是一样的，因为有些国家称版权为文学产权，称专利权、商标权为工业产权。这两个协定并不是真正的双边版权协定，而是意向性的协议，因为我们承担的义务是根据各自的法律进行版权保护，而我们没有版权法，只有不公开的《图书、期刊版权保护试行条例》和《录音录像出版物版权保护暂行条例》，是内部文件，所以外国人没有办法拿这两个条例要我们给予版权保护。他能利用的就是我们公开对外的稿酬办法，外国人到中国来洽谈版权贸易的时候，他之所以不按国际标准付酬而只给比较低的报酬，就是因为看了我们的书籍稿酬办法。你本国付酬标准就这么高，给你翻一番就不错了。其实这是两回事，国内是国内的标准，国际贸易就得考虑按国际惯例。按照稿酬办法，外国人的作品只有首次在我们国内发表的才能按中国人的作品来对待，否则就不付稿酬。除上面提到的两个协定外，后来与美国人签订的一系列科学技术协定也有保护版权的条款，规定在执行协定中科研成果的版权，双方按各自的法律或者按国际公约进行保护。

国内没有版权法，不参加国际版权公约，对我国是有利还是有弊，有不同的看法，有争论。为什么看法不一样呢？原因之一是有一个部门利益关系的问题。从立法来讲，任何一个国家，除殖民地外，不可能首先考虑外国人的利益，我们国家立法当然首先考虑我国人民的利益，利用法律来保护自己，来从国外获利，而不可能先立法保护外国人。我看可以分"两步走"：第一步先颁布版权法，进行大量的版权专业人员培训工作。第二步可以考虑，或者先搞双边协定，或者有条件地参加国际版权公约。关键是我们的条件成熟与否，有没有熟悉版权的专业人员和有效的管理机构（包括司法的、行政的和社会的管理机构）。为什么从 1979 年以来，我们大办版权人员培训班，请一些主要国家的不同法系的人来讲课呢？就是使大家有版权意识。现在情况怎么样、发展趋势怎么样、我们能不能绕开涉外版权关系，不给外国人版权保护呢？现在，知识产权不仅涉及文化、新闻、宣传、教育部门，而且涉及其他各个部门，涉及整个国家的国际交流问题；不是仅仅停留在文化的范围之内，也不是一般的对外交流与合作，而是已经列入国际贸易范围内的重要问题。因此，想绕开是不行的。《关税与贸易总协定》（GATT）缔约方大会就为协定中增加保护知识产权的内容开了好几次会，发展中国家与发达国家斗争得很激烈。看来这个问题最终还得解决，只是保护水平高与低的问题。

美国宣布将根据其综合贸易法案，对其知识产权不提供保护或者保护不充分的国家进行贸易制裁。像南朝鲜、新加坡等不愿意对美国进行版权保护的国家，现在基本上都与美国达成了双边的版权协定，到目前为止，东南亚大概只剩下一个泰国，美国对它压得很厉害，所以它对我们中国是否保护美国人的版权很注意。现在世界上没有版权法、没有参加国际版权组织的只有 35 个国家，社会主义国家有中国、蒙古国、朝鲜、越南。这 35 个国家中只有我们一个大国，我们不能回避要求保护知识产权这一国际潮流。我们继续坚持对外开放的政策，希望引进国外的技术，希望进行国际文化科学交流，需要广泛地进行国际贸易，所以现在不是要不要实行国际版权保护而是要准备怎么保护的问题。我们有责任在维护国家整体利益的前提下，采取切实的步骤逐步实现我国涉外版权关系的正常化。对外国的作品，我们可以利用版权不保护思想、内容、事实而只保护其表现形式的原则，把外国作品当资料使用，组织专业人员、翻译人员将其翻译出来，重新进行创作，加以利用。根据版权保护的原则，根据文字的特点，只要我们想办法，这个问题是可以解决的。

在我介绍情况快要结束时，我呼吁各位领导同志重视对版权专业人员的培养。最近，我们与人民大学联合举办一个培训班，有的省派了人，有的省还没派。希望尽量派人去，利用这个难得的学习机会。你有了这么一个专业人员，不仅可解决版权方面的法律问题，也可帮你解决其他方面的法律问题。与其聘请一个常年法律顾问，不如花一点力量，花一点时间，花一点钱自己培养两个法律专业人员。版权管理机关要利用版权法公布前的这一点点时间，抓紧学习和培训，把队伍搞精干一些。

今天就讲这么多，不对的地方，请批评指正。我讲的都是个人意见，有的是情况介绍，仅供地方版权机关的领导同志参考，请不要公开发表和引用。

（本文根据录音整理，并经作者审阅修改，整理者为浙江省版权局刘耀彰。）

《著作权法》实施三十年：历史、经验与反思*

阎晓宏**

30 年前的 9 月 7 日，《中华人民共和国著作权法》（本文以下简称《著作权法》）正式颁布，拉开了中国特色社会主义版权事业新的帷幕。30 年间，中国著作权法律制度从无到有，逐步完善，取得了举世瞩目的成就。如今《著作权法修正案（草案二次审议稿）》（本文以下简称《二审稿》）正在向社会公开征求意见，社会期盼已久的《著作权法》第三次修订稿预计 2020 年年底出台，中国版权事业必将在新时代开启新的篇章。

自 2004 年 4 月出任国家版权局专职副局长，到 2017 年卸任，我有幸亲历了这 30 年中的"半程"，回顾参与版权管理工作的点滴往事，回顾《著作权法》在立法、修法、执法与实施过程中所经历的筚路蓝缕，深知其中艰辛与不易，更为中国版权事业取得的长足进步感到骄傲和自豪。

一、历史回顾与总体评价

评价 30 年来《著作权法》的发展，著名作曲家、中国音乐著作权协会终身荣誉主席王立平跟我讲过这样一句颇为中肯、到位的话，他说："30 年，我们干了一件大家都不熟悉的事情。"

1979 年 1 月，在时任国务院副总理邓小平同志率领下，中国政府高级代表团访问美国。在双方签订的《中美高能物理协议》中提到了相互保护著作

---

* 本文写作于 2020 年 9 月。

** 阎晓宏，现任中国版权协会理事长，曾任原国家新闻出版广电总局党组成员、副局长，国家版权局专职副局长，并担任《视听表演北京条约》首届缔约方会议主席。

权问题。此后不久，在中美双方商谈经贸合作过程中，美方又一次提出希望在中国著作权法立法之前，双方按《世界版权公约》规定保护对方的版权。

为履行中美双方科技与经贸有关磋商及协议作出的承诺，中方访美代表团回国后立即向中央反映了版权保护的问题。同年 4 月，国家出版局将一份关于起草版权法并逐步加入《世界版权公约》的报告，呈递给时任国务院副总理耿飚，并转送给时任中宣部部长胡耀邦。胡耀邦同志批复："同意报告，请你们赶快动手，组织班子，草拟版权法。"《著作权法》起草工作由此启动，拉开了中国建立现代著作权法律制度的帷幕。

事实上，对于什么是版权？不仅代表团是陌生的，在很长一段时间里，对国内管理者、从业者来说也是陌生的。我对两件事印象很深：一个是在国家出版局被誉为"小百科"式的人物汪衡，也不清楚什么是版权；另一个是我到国家版权局工作以后，曾出席在南京市举办的一个版权培训班，接受培训的都是各出版社社长，当讲到版权是作者的权利时，全场哗然。对于出版社而言，这与其长期以来的观念是相悖的。

这两个例子从一个侧面反映了当时社会对版权的普遍认知。1910 年，清政府曾颁布中国第一部著作权法《大清著作权律》，中华民国北洋政府和中华民国国民政府也分别于 1915 年和 1928 年颁布了《北洋政府著作权法》和《中华民国著作权法》，但上述法律并没有得到有效实施。我国版权事业是从"一无所知""摸着石头过河"一步步发展起来的，我国著作权法律体系建设也是伴随着改革开放开始起步的。

由于著作权保护牵涉利益主体众多，社会关系复杂，起草过程中不可避免地伴随着分歧与争议，《著作权法》制定自 1980 年开始历经十余年的漫长过程。经过不懈努力，《著作权法》于 1990 年由七届全国人大常委会第十五次会议审议通过，并于 1991 年 6 月 1 日施行。我国版权事业自此迎来了一个新时代。

《著作权法》从起草到颁布实施，很多工作是前所未有的、开创性的，这是在党中央、国务院高度重视和强力支持下，在司法部门、行政部门、科研院校和众多版权产业实体从业者的共同努力下取得的成果。

中国版权事业 30 年风雨兼程，值得铭记的先后还有很多领导或参与过版权工作的老领导、老前辈：十四届中共中央书记处书记、九届全国政协副主席、中央政法委员会前书记、最高人民法院前院长任建新，九届、十届全国人大常委会副委员长许嘉璐，国务院前副总理吴仪，十八届中央政治局常委、中央纪委前书记、国家副主席王岐山，十九届中央政治局常委、十三届全国政协主席汪洋，以及版权部门老领导宋木文、刘杲、沈仁干、石宗源、龙新民、柳斌杰、蔡赴朝……以及我国第一代知识产权学者、著名法学家、知识产权专家郑成思，中国知识产权法学科奠基人之一、中国人民大学教授郭寿康，中国知识产权高等教育与研究的先行者、中国人民大学教授刘春田，著名音乐家王立平、谷建芬，著名作家陈建功，等等。他们见证了中国版权事业的起步与发展，在推动版权法律制度建设方面发挥了重要作用。

二、重要成果与发展经验

《著作权法》制定之初，我国尚处于计划经济时代，这部法律不可避免地带有计划经济的烙印，但我们应该看到：《著作权法》颁布实施 30 年来，我国版权面貌发生了根本性转变，版权意识从一无所知到人人皆知；版权制度从无到有、逐步完善；版权产业从小到大，成为国民经济支柱；版权贸易从弱变强，实现较快发展。

因此，我们首先要总结和肯定的是，《著作权法》在保护著作权人合法权益、推动文化繁荣发展、创造社会财富、提升国家核心竞争力等方面所取得的重要成果。

（一）立法方面，构建了较为完备的著作权法律体系

我国用不到 20 年的时间，构建了一套较为完备的版权法律体系，为版权事业发展奠定了坚实的法律基础。其基本内容，可以概括为"一法六条例"（一部法律、六部行政法规）。

"一法"即《著作权法》。作为我国著作权法律制度中最重要和最基本的法律，《著作权法》在规范著作权行为中起着统领作用。

"六条例"是国务院根据《著作权法》相关规定，先后制修订的管理条

例，包括《实施国际著作权条约的规定》（1992 年 9 月 25 日发布，1992 年 9 月 30 日施行）、《计算机软件保护条例》（2001 年 12 月 20 日发布，2002 年 1 月 1 日施行）、《中华人民共和国著作权法实施条例》（2002 年 8 月 2 日发布，2002 年 9 月 15 日施行）、《著作权集体管理条例》（2004 年 12 月 28 日发布，2005 年 3 月 1 日施行）、《信息网络传播权保护条例》（2006 年 5 月 18 日发布，2006 年 7 月 1 日施行）、《广播电台电视台播放录音制品支付报酬暂行办法》（2009 年 11 月 10 日发布，2010 年 1 月 1 日施行）。

同时，为了与国际衔接，我国先后加入了 6 部国际著作权条约，包括《保护文学和艺术作品伯尔尼公约》《世界版权公约》《保护录音制品制作者防止未经许可复制其录音制品公约》《与贸易有关的知识产权协议》《世界知识产权组织版权条约》以及《世界知识产权组织表演和录音制品条约》。

值得一提的是，2020 年 4 月 28 日正式生效的《视听表演北京条约》（本文以下简称《北京条约》），在 9 月 21 日，刚刚迎来该条约生效后的首届《北京条约》缔约国大会，我本人也有幸当选大会主席。

《北京条约》于 2012 年 6 月 26 日，在北京召开的世界知识产权组织保护音像表演外交会议上成功缔结。《北京条约》作为中华人民共和国成立以后，首个在中国签署并且以我国城市命名的国际条约，意义重大。它不仅首次明确了对影视演员、音乐家、舞蹈家等视听表演者的保护，同时打破了由美国、欧盟等发达国家和地区制定国际规则的惯例，中国和发展中国家在参与条约制定中发挥了重要作用，这是国际知识产权保护的一个重要里程碑。

应该说，中国用短短 30 年，完成了发达国家数百年走过的制度变迁之路。中国在版权保护领域形成了集"一法六条例"以及地方性法规、部门规章、司法解释等于一体的，既符合中国国情又与国际规则相衔接的法律体系，为保护中外著作权人的合法权益提供了法律依据。这是一个了不起的成就。

（二）执法方面，营造了良好的国内国际环境

从 20 世纪 90 年代中期起，我国打击侵权盗版等违法犯罪行为的力度不断加大，我国版权工作的重点也从法律制定逐步发展到法律执行，版权司法保护与行政保护并行的新阶段。

2005 年，我到国家版权局工作前后，国内受侵权盗版问题困扰，盗版书刊、盗版光盘影碟一度猖獗。当时的美国电影协会（MPAA）主席丹·格里克曼每次来北京，第一件事就是在路边摊儿买盗版光盘，然后到国家版权局投诉。

那时社会公众的版权意识也很薄弱。国家版权局 2005 年举办的一场公益活动上，作为嘉宾的冯小刚与主持人张国立有过一段关于正版与盗版的经典对话。冯小刚谈道，尽管他尽可能压低了价格，但人们在 8 元一张的正版光盘与 5 元一张的盗版光盘之间，往往还是会选择盗版。张国立紧接着向台下观众提问，买正版还是买盗版？现场出现了戏剧性的一幕："买盗版"的声音远远高过"买正版"的声音。

这就是当时国内版权环境的真实写照。这时，我国已加入世界贸易组织，中美商贸联合委员会谈判，乃至中美两国首脑会谈，知识产权特别是著作权保护问题都是一项重要议题。我国面临着内外部的双重压力，既关系到要全面履行在知识产权领域中所承担的权利与义务，又关系到我国版权产业自身的健康发展。

中国政府是负责任的政府，坚决履行国际承诺，对非法侵权盗版活动予以坚决打击。作为行政管理部门，国家版权局更是责无旁贷，真查、严打，坚持对侵权盗版保持高压态势，坚决保护权利人合法权益、维护市场秩序。

2006 年年初在全国开展的查处违规光盘复制企业专项行动，就是一次重要成果。为了贯彻党中央、国务院关于打击侵权盗版、保护知识产权的一系列指示，新闻出版总署高度重视、态度坚决，与各地公安等有关部门形成合力，精心部署了此次行动。最终，18 个省区市的 48 家光盘复制企业被清查，14 家确有违规复制行为的企业依法受到行政处罚，6 家企业被吊销复制经营许可证，8 家光盘复制单位被责令停业整顿。由于执法有力，当时负责此次专项治理行动的印刷发行司王岩镔司长，破例成为当年 4 月举行的第十七届中美商贸联委会代表团的一员，带着具有中国特色的版权执法治理经验踏上赴美磋商之旅。

在版权保护问题上，美方最为关注的，还有软件著作权的保护。对此，党中央和国务院高度重视。2005—2017 年，吴仪、王岐山、汪洋三位领导同志先后多次听取推进软件正版化工作汇报，亲自督办推进软件正版化相关工作。针对版权工作经费紧张的情况，吴仪同志特别协调财政部予以支持和解决；针对软件正版化工作进展缓慢的问题，王岐山同志曾专门抽出时间与 12 个省的省长直接通话，对推进软件正版化工作提出明确要求；汪洋同志在一年之内 4 次召开打击侵权盗版和假冒伪劣领导小组会议，每一次都专门安排听取软件正版化的工作汇报。

软件正版化工作取得显著成效，一组数字是有力的证明。我国软件著作权的登记总量从 2005 年的不到 3 万件，到 2017 年突破 50 万件；我国软件产业总产值从 2005 年仅有 750 亿元，到 2017 年年底突破 5 万亿元。至 2019 年，我国软件著作权登记量已达到 148.44 万件，同比增长 34.36%，软件业务收入达到 7.18 万亿元，同比增长 15.4%。

快捷有效的版权执法，为软件企业提供了健康的发展环境，对软件产业的推动作用也是巨大的。一个典型案例是江苏国泰新点公司由于盗版泛滥，利润曾一度降到谷底，2013 年犯罪团伙被打掉后，公司盈利一下子上升到 4000 多万元，现在该企业的纯利润过亿元。

不得不提的是，还有已经连续开展 16 年的打击网络侵权盗版专项行动——"剑网行动"。针对网络环境下的侵权盗版现象，"剑网行动"不仅查办了境外权利人和权利人组织投诉的案件，也查办了一大批侵犯国内权利人的侵权盗版案件。譬如番茄花园软件网络盗版案，追究了侵权者的刑事责任，起到很大的震慑作用，在规范网络秩序方面发挥了重要作用。

此外，通过探索建立知识产权法院，实现知识产权专门化审判也成为一大特色。以最高人民法院知识产权法庭为首，北京、上海、广州知识产权法院和 2017 年以来成立的江苏南京、苏州，湖北武汉，四川成都，浙江杭州等 21 家知识产权法庭，每年审理数十万起各类知识产权案件，其中 70% 左右都是著作权案件。一批具有社会影响力的案件成为范例和标杆，充分展示了我国对知识产权保护的重视。

（三）市场层面，版权运营和管理产生重大变化

版权作为内容产业的基础，给人们带来精神文化享受的同时，也给经济

发展带来贡献。

2007年开始，中国国家版权局与世界知识产权组织合作、委托中国新闻出版研究院开展"中国版权产业经济贡献调研"。调研结果显示：2006—2014年，中国版权产业取得较快发展，对国民经济的贡献持续增长。版权产业行业增加值从2006年的13 489.33亿元增长至2014年的46 287.81亿元，翻了一番多；对中国GDP贡献的比重从6.39%增长到7.28%，9年间提高了0.89个百分点。到2018年，中国版权产业的行业增加值已达到6.63万亿元人民币，占GDP比重达到7.37%，中国版权产业在国民经济中的比重稳步提升，总体规模进一步壮大，版权的经济价值进一步凸显。

日本学者梅田久曾说："20世纪是专利的时代，21世纪是版权的时代。"认识版权的价值，就是要认识到版权在文化传播发展中的地位是基础性的、战略性的。

在这一点上，党中央、国务院高瞻远瞩。党的十八大以来，以习近平同志为核心的党中央把创新摆在国家发展全局的核心位置，围绕实施创新驱动发展战略，并且高度重视知识产权工作，将知识产权作为创新驱动发展的关键支撑。习近平总书记强调，要完善知识产权运用和保护机制，让各类人才的创新智慧竞相迸发。党的十九大报告指出要"倡导创新文化，强化知识产权创造、保护、运用"，版权资源的创新、使用、保护、管理进入新阶段。

2020年是《国家知识产权战略纲要》（本文以下简称《纲要》）收官之年。《纲要》自2005年启动、2008年正式发布实施，迄今为止已经15年，到2020年"把我国建设成为知识产权创造、运用、保护和管理水平较高的国家"这一目标，已基本实现。

作为《纲要》实施10年评估工作的专家组成员，我深切感受到，国家知识产权战略实施的效果是显著的。作为市场主体的文化企业在观念上发生了巨大转变，普遍将版权作为最重要的资产，通过版权资源的保护、管理和运营获得收益。我们也进行了很多前所未有的尝试，比如建设全国版权示范城市，建立版权研究基地和版权贸易基地，创办中国国际版权交易博览会，联合世界知识产权组织共同开展中国版权金奖评选活动，等等。从被动、薄弱到主动、强大，我国版权工作在一些领域已经由"跟跑者"变为"领跑者"。

过去 30 年，是《著作权法》从无到有、逐步完善的 30 年，也是版权事业蓬勃发展、取得重大进步的 30 年。成绩取得，实属不易。如果看不到这一点，只看到版权工作存在的问题，我认为第一是不客观的，第二也无助于版权事业的进一步发展。

三、直面问题与挑战

党的十九届四中全会审议通过了《中共中央关于坚持和完善中国特色社会主义制度、推进国家治理体系和治理能力现代化若干重大问题的决定》（本文以下简称《决定》），从 13 个方面总结了我国国家制度和国家治理体系的显著优势，为我们战胜前进道路上的各种风险挑战奠定了坚实基础。此次抗击新冠肺炎疫情斗争取得重大胜利，就充分展现了党的领导和我国社会主义制度的显著优势。

如何在中国特色社会主义制度框架内，推进国家治理体系和治理能力现代化，值得每个行业去思考。

就版权工作而言，在看到成绩的同时，也要清醒地认识到，我们与新形势下的发展要求、与人民的期待还有不小差距。版权工作要直面技术发展带来的新情况、新挑战，立足于我国实际，作出及时和必要的调整，在下一步工作中对差距和不足加以改进。

（一）关于当前形势的认识和判断

第一，要处理好保护与创新的关系。《著作权法》出台后，经历了以立法为主的版权法律制度建立阶段和以执法为主的版权法律实施阶段。这两个阶段的工作重点都是加强版权保护，这是由当时的主要矛盾——侵权盗版泛滥、版权保护不足所决定的。

进入新时代，版权工作的重点发生了一个很大转变：文化领域不断涌现出优秀创作、优秀作品，尊重版权成为社会风尚。我国的版权制度发展已经从以版权保护为主过渡到保护与创新并重的新阶段。那么，一提到版权首先想到的还是保护，这种惯性思维就是一个很大的问题。应该看到，保护与创新是版权工作的一体两面，在加强版权保护的同时，又能将创新成果加以推广和运用，才能形成一个良性的发展环境。

第二，要处理好与国际衔接和立足我国实际的关系。客观上讲，在《北京条约》之前，我国加入与著作权相关的国际条约大都是被动的。最具代表性的就是《与贸易有关的知识产权协议》，不签署这个协议，中国就加入不了世界贸易组织。因此，与国际规则衔接，是我们在改革开放进程中必须跨越的门槛。

在经济全球化背景下，与国际规则相衔仍然是一种必然选择。但同时应该看到，经过 30 年发展，我们在某些领域已经超越国际平均水平甚至处于领先地位，比如互联网应用、大数据等，这为我们参与国际规则的制定提供了有力支撑。我们既要坚持与国际规则相衔接，也不能甘于人后，要立足我国实际、立足新时代去思考，我们在哪些领域可以实现超越和引领，积极主动地参与国际规则的制定。

第三，要厘清版权"轻"与"重"的关系。对于"轻"与"重"，针对美国国会部分议员指责中美贸易逆差，全国人大常委会原副委员长成思危有过这样一个形象的对比：中国一船一船的货物拉到美国卸下来，其价值之"重"抵不过一个装有美国微软操作系统的"轻轻"的手提袋。

尽管人们的版权意识有了很大提高，但对于版权价值的认识还不够科学和充分。如版权对于出版社而言很重要，但是很少有人把版权当成一种"重"资产去看待，对于哪些版权在专有出版期之内，哪些还有再版价值并没有进行深入的研究和思考。以前我们讲版权就与"轻资产"联系在一起，现在不能这么看。版权作为文化产业发展最核心的资源，我们的从业者在这个问题的认识上还要再提高一步。

（二）关于版权立法的审视

《二审稿》正在向社会公开征求意见，《著作权法》第三次修改进程已进入全国人大常委会审议的最后收官阶段。

我国曾经分别于 2001 年和 2010 年对《著作权法》进行过两次修改。从立法进程上看，已经滞后于时代发展变化；并且这两次修改基于特定时期的特殊背景，难免具有局限性，适应我国实际发展需要对《著作权法》作出主动、全面、系统的调整，势在必行。

因此，业界对于《著作权法》第三次修改的呼声很高。这就要求我们面对我国版权法律制度存在的局限与不足，不能抽象地讲"大修中修小修"，不能简单地讲"可修可不修的不修"，这样的观念会让法律与实践脱节。

此次修法是在《著作权法》实施 30 年，以及我国进一步扩大对外开放的背景下进行的，其核心问题是如何平衡权利人和权利使用者的意见。"利益平衡"是《著作权法》的基本精神，《著作权法》第三次修改不应回避问题和矛盾，而要从实际出发，着眼于解决现实中遇到的突出问题。在立法中把握好"度"，妥善处理好创作者、传播者、使用者以及社会公众利益之间的基本平衡，就是一部良法。

《著作权法》第三次修改工作是令人期待的，从目前的进展来看有两个突出亮点：一是在指导思想上突出法律要"管用"；二是着眼于抓住主要矛盾，如在作品界定问题上强调它是智力成果，这也是很大的突破。

（三）关于版权执法的思考

进入新时代，版权工作整体上进入"鼓励创造、有效运用、依法保护、科学管理"的新阶段，版权保护已经不再是版权工作唯一的主要矛盾。但保护知识产权作为我国一项长期的战略任务，仍然需要版权执法工作进一步完善体制机制，进一步提升专业化水平，在保护创新、创造良好的发展环境方面有所作为。

加强版权执法，包括行政执法与司法保护两个层面。司法保护是我国版权保护最基本，也是最强有力的法律救济手段，在版权保护中发挥着主导性作用；行政执法作为中国特色版权保护制度的一个显著特点，优势在于便捷及时、成本低、见效快。

特别是在我们加入世界贸易组织之初，版权保护力度不够，行政执法可以最大限度地发挥作用。2006 年查处违规光盘复制企业专项行动在很短时间内清查了 18 个省区市的近 50 家光盘复制企业，这种效率只有行政执法能实现。当时的做法也符合我国作为发展中国家尚处于转型期、市场经济又不完善的实际情况。

随着市场经济越来越完善，司法保护与行政保护并行的双轨执法体制如何更好地作用于当下，我认为应该倡导刑事司法优先，因为其威慑力更大，执法效能更高。特别是在当前环境下，很多网络侵权把服务器设在境外，网络版权执法难度较大，虽然罚款数额提高了，但行政执法力度远远不如追究刑事责任。在加强知识产权（包括版权）刑事司法方面，应当有专门的执法队伍。

无论行政执法案件还是刑事案件，都应注重案件量刑标准的平衡问题。同等情况，不能有的判得轻，有的判得重，这需要在法律的基础上建立一种平衡机制，建立案件的信息共享数据库。

此外，鉴于作品数量巨大，各类作品在使用中矛盾纠纷层出不穷，在今后相当长的一段时期内，著作权案件将是数量最大的。在这样的背景下，一方面要加强知识产权法院的建设，另一方面要加强民事纠纷调解。大量的案子在事实认定清楚的基础上，可以在法院、行政管理部门或行业组织及第三方机构的指导下进行调解。这样的做法有两个好处：一个是可以有效降低诉讼的时间和经济成本；另一个是可以最大限度地化解矛盾，对于构建和谐社会具有重要意义。

（四）关于作品的再定义

2020 年《中华人民共和国民法典》（本文以下简称《民法典》）的颁布，是中国法治进程中具有里程碑意义的事件，将对我国经济社会发展产生深远影响。民法典系统地将知识产权纳入其中，著作权在其中主要体现为"作品"两个字。对著作权而言，作品的界定极其重要，我想专门再讲一下这个问题。

1709 年英国女王颁发了《为鼓励知识创作而授予作者及购买者就其已印刷成册的图书在一定时期内之权利的法令》，该法案第一次明确了著作权保护的主体是作者，客体是作品。这个概念非常重要，因为没有作品就没有著作权，著作权的各种权利都由此延伸而来。

随着技术的发展和时代的变迁，作品数量呈井喷式增长。以文学作品为例，20 年前，我国每年出版的小说只有不到 600 种，而今天仅在阅文平台上生产的网络小说每年就高达 600 万部。再比如，现在普通公众用手机拍摄出来的作品，可以媲美以前用专业相机和胶卷拍摄的摄影作品。

相比以前作品的稀缺性，现在的作品无论从数量还是种类上看都大大超出想象。怎样定义作品？什么样的作品应该被纳入著作权保护的范畴之内？这是进入新时代，我们需要面对的一个重要问题。

目前《二审稿》对作品的界定有了新的表述："具有独创性并能以一定形式表现的智力成果"。这一定义强调了三个特点：具有独创性；以一定形式为载体；并且是一种智力成果。

按照这三个标准，《二审稿》对作品有了质的规定，其意义在于可以厘清海量的各类作品中，哪些能够构成著作权法意义上的作品，从而把最优质的作品纳入著作权保护的客体之中。

同时这样区分的好处是，可以将纳入著作权保护的作品基于自愿原则分成两种类型：一种是需要得到许可并支付报酬的作品；另一种是不需要得到许可和支付报酬，鼓励广泛传播的作品。这种法律设定既符合权利人的诉求，也可以减少纠纷、诉讼，降低社会成本，可以说充分体现了人文精神，非常有意义。

对于创作者而言，对作品的再定义所带来的质的变化是，强调质量是最重要的。一个作品能否成为著作权法意义上的作品，最核心的问题不是它的篇幅多长或规模多大，而是与其他同类作品相比，是否具有独到性，是否称得上智力成果。

对于文化单位来讲，这也意味着，未来最核心的工作、最需要重视的问题是怎样获取和掌握优质作品，因为优质作品才是文化产业与事业发展的基础。这里需要注意的一个倾向是，不要盲目去追逐所谓的大 IP，作品的价值并不是价格越高越好，成本过高是无法实现投入再生产的。应该着力关注的是如何掌握那些有潜力的新作品，就像找到"冒尖儿"的竹笋一样，挖掘到优质版权。

（五）关于新技术带来的新问题

《著作权法》诞生之时，作品只有图书一种形态。1877 年，爱迪生发明了一台能录制声音并回放的机器——留声机，通过震动原理将声音固定在留声机上，从而产生了一种新的作品形式。之后随着技术的发展，声、光、电、磁为介质的作品日益增多，丰富了作品的形式与内容。互联网的出现，又催生了无介质但可以在网络中重复使用与阅读、观看、收听的网络作品，发展势头汹涌澎湃。

从作品的产生来看，技术始终推动着《著作权法》向前发展。著作权保护的主体是创作者，但是客体一直在发生变化，不仅包括影视、图书、音乐、计算机软件等版权产业的核心领域，还包括建筑外观设计、装饰品设计甚至地毯图案等，可以说今天的著作权已经无处不在。

只要技术发展没有终止，创造没有终止，版权的法律制度就会一直处于不断创新和突破之中。因此，对待新技术带来的新问题，应该用开放的、发展的眼光去看待，而不是轻易地去否定或下结论。从这个角度审视社会公众比较关注的话题，比如人工智能、体育赛事算不算作品，应不应该受到版权保护，我觉得一方面要遵循现行法律法规，另一方面又不能被现有的思维所局限。

社会需求与数字技术发展催生了现行的著作权的多种权利，今后也必然会催生其他的权利。如果一个作品本身是稀缺的、创新的，凝聚了人类智慧，同时又有很高的经济价值，即便不是《著作权法》，也肯定会有别的法律对其加以保护，否则鼓励创新就是一句空话。

2021 年，我国即将开启"十四五"新征程，向第二个"百年目标"进发。伟大的时代，呼唤一部与时俱进的良法。期待《著作权法》第三次修改工作尽早完成，中国版权事业将会在新的起点之上，开创新局面，取得新成就。

著作权法立法史记画卷[*]

河 山[**]

　　《中华人民共和国著作权法》于 1990 年 9 月 7 日由七届全国人大常委会第十五次会议制定。制定著作权法的时候，我任全国人大常委会法制工作委员会民法室一处副处长。国家版权局起草著作权法时，我是著作权法起草小组的成员。国务院将《中华人民共和国著作权法（草案)》提请全国人大常委会审议后，我在法工委民法室做著作权法制定的具体工作。而今 30 年过去了，当年的一些立法情形依然历历在目。

一、《中华人民共和国著作权法》的制定历程

（一）著作权法制定的前期准备

　　中华人民共和国成立后，我国著作权制度的建立经历了曲折的过程。著作权制度始建于稿酬办法。早在 1950 年 9 月，全国第一次出版工作会议通过的《关于改进和发展出版工作的决议》指出，出版业应当尊重著作权与出版权，不得有翻版、抄袭、窜改等行为。随后，人民出版社、人民文学出版社、人民美术出版社、工人出版社、机械工业出版社、财政经济出版社、时代出版社等单位制定了书稿报酬办法。文化部为了统一稿酬办法，于 1958 年 7 月

---

　　[*] 本文写作于 2020 年 6 月 25 日。

　　[**] 河山，著名民法学专家。参加了我国民法通则、著作权法、合同法、反不正当竞争法、侵权责任法等法律的制定工作。任中国法学会消费者权益保护法学研究会会长，兼任中国人民大学知识产权学院教授，国家知识产权战略专家，国家商标评审委员会专家顾问组顾问，北京市、上海市、福建省高级人民法院知识产权审判咨询专家。

14 日颁发了《关于文学和社会科学书籍稿酬的暂行规定》，在北京和上海两地的一些出版社试实行基本稿酬加印数稿酬的办法。文化部还于 1956 年颁布了关于剧本上演报酬的规定。这些，使作者的权益得到一定的保护。然而，1961 年 5 月 5 日文化部做了《各地出版社应贯彻执行中央关于废除版税制，彻底改革稿酬制度的批示》，按照这个批示，出版书籍一律按作品的字数和质量付一次稿费，废除了印数稿酬。1962 年 12 月 11 日，文化部还颁发了关于故事片各类稿酬的暂行办法。到"文化大革命"时，稿酬制度又横遭批判，作者发表文章，没有稿费，得不到报酬。"文化大革命"之后，恢复了稿酬制度。1977 年 9 月国家出版事业管理局制定了《新闻出版稿酬及补贴试行办法》，实行低稿酬制度，一次支付基本稿酬。1980 年国家出版事业管理局又制定了《关于书籍稿酬的暂行规定》，对基本稿酬做了适当提高，并恢复了印数稿酬。1984 年 9 月 20 日文化部又发布了《关于故事片各类稿酬的规定》，1984 年 10 月 19 日文化部批准实施了《书籍稿酬试行规定》，1985 年 1 月 5 日文化部出版局发布了《美术出版物稿酬试行办法》。在稿酬制度的促进下，著作权保护的其他工作逐步开展起来。1955 年 10 月 6 日文化部就发出了《关于我国处理国际著作权问题的通知》，1984 年 6 月 15 日文化部颁布了内部执行的《图书、期刊版权保护试行条例》，该条例自 1985 年 1 月 1 日起内部试行。1985 年 1 月 1 日文化部又颁布了《图书、期刊版权保护试行条例实施细则》。1985 年 9 月 15 日广播电影电视部发布了《录音录像出版物版权保护暂行条例》。这些规章的颁布，又推动了著作权法的制定。

著作权法的起草工作，可以追溯到 1955 年。当时成立了以出版总署署长胡愈之为首的著作权法起草小组，筹备制定著作权法工作，1957 年写出了《保障出版物著作权暂行规定（草案）》，后便搁置下来。

20 世纪 60 年代我国第二次起草民法时，写了著作权的条款。1964 年 7 月 1 日全国人民代表大会常务委员会办公厅印发《中华人民共和国民法草案（试拟稿）》，第三编第 15 章第四节"著译、创作的报酬和发明、技术改进的奖励"，第 259 条："国家鼓励公民从事科学、文学、艺术的著译、创作和发明、技术改进的积极性。有关单位应当根据需要与可能，对从事著译、创作和发明、技术改进的集体或者个人提供便利条件。"第 260 条："发表或者采用科学、文学、艺术作品的有关单位，应当按照规定，根据作品的数量和质量，对从事著译、创作的集体或者个人付给合理的报酬。"

20 世纪 80 年代我国第三次起草民法时，专章写了著作权。全国人大常委会法制委员会民法起草小组 1980 年 8 月 15 日拟出《中华人民共和国民法草案（征求意见稿）》，第四编"劳动的报酬和奖励"第三章"著作的报酬和奖励"，第 409 条至第 424 条，计 16 个条文。如下：

第四百零九条　公民和法人对自己的科研成果、文学创造和其它著作，享有著作权。

第四百一十条　适用著作权的作品包括：一、文字作品：论著、创作、翻译、记述、改编、选编、译注等。二、口头作品：讲演、报告、说唱等。三、其它作品：乐谱、绘画、书法、雕塑、舞蹈、电影、摄影、录音、录像、地图、图表等。

第四百一十一条　著作人对自己的作品有权决定署真名、笔名或者不署名；有权保护自己作品的完整性，或者对它修改、收回。

第四百一十二条　作品被出版发行、排演、制片或者以其它方式加以采用的，有关单位应当给予作者相应的报酬。有重大价值的优秀作品，有关单位可以发给奖金。

第四百一十三条　两人或两人以上合著作品的著作权，归合著人共同享有。合著人之间因著作权产生的相互关系由他们自行商定。

第四百一十四条　学校、科学研究机构、出版单位或其它单位集体写作、编纂的教材、辞书、丛书、参考读物等著作，著作权归写作、编纂单位享有。报纸、杂志的著作权，归编辑单位享有。以上两款所列著作的各个著作人，如果没有别的协议，对自己独立写作的那部分作品享有著作权。

第四百一十五条　著作权归著作人终身享有。著作人死亡后，著作权归国家所有。但是，作品在著作人死亡后出版的，作品的报酬归著作人的继承人享有。写作、编撰单位享有的著作权，有效期限为三十年。超过有效期限的，归国家所有。

第四百一十六条　已经出版的作品译成其它文字，必须保持作品的原意。译著人对完成的翻译作品享有著作权。对同一作品的不同译著人，都享有独立的著作权。翻译著作的出版，应标明原著人和译著人的真名或笔名，并分别给予相应的报酬。

第四百一十七条　下列行为是对著作权的侵害：一、剽窃他人作品，以自己的名义发表的；二、作品已经出版、上演、放映或以其它方式采用，拒不付给报酬的；三、未经著作人同意将他的作品首次出版上映放映或以其它方式采用的；四、未经著作人同意，将他的作品删节、修改出版发表的；五、未经著作人同意，将他在书报杂志上发表的作品编辑成册出版的；六、公开曲解作品内容，并不让著作人申辩的。著作权受到侵害的时候，著作权所有人有权向人民法院请求排除侵害、恢复名誉和责令侵害人赔偿损失。

第四百一十八条　下列使用作品的情况，如果注明原著名称和原著人姓名的，不是对著作权的侵害：一、将作品改编、转载、广播或载入教科书的；二、将作品影印、复制、摘译，供单位内部使用的；三、不以营利为目的演出戏剧、音乐、舞蹈、曲艺或者其他文艺作品的；四、公开举办绘画、雕塑、书法或其他美术作品展览的；五、在自己作品中少量引用他人著作中的文字、地图、乐谱、绘画、书法、照片、图表或其他材料供说明参考之用，并注明出处的。

第四百一十九条　作品有下列情形之一的，不给予著作权并根据具体情况予以取缔，或追究法律责任：一、有煽动推翻无产阶级专政政权和社会主义制度内容的；二、有淫秽的、败坏社会主义道德内容的；三、有泄露国家机密内容的。

第四百二十条　被判处徒刑的公民，对自己在服刑期间创作的有利于国家、人民的作品，享有著作权；任何人不得歧视。

第四百二十一条　公民的遗著，经国家机关、团体审查，认为有益于国家、人民并加以利用的，适用本法第四百一十五条第一款的规定。如果遗著没有完成，有关国家机关认为有必要时应当组织适当人员帮助完成；出版后分给继承人相应的一部分报酬。

第四百二十二条　国家在必要的情况下，可以向著作人征购作品的著作权。

第四百二十三条　中华人民共和国公民对自己在国外首次发表的作品或

存放在国外的作品享有著作权。

第四百二十四条 外国公民对自己在中华人民共和国首次发表的作品或存放的作品，依法享有与中国公民同等的著作权。这 16 个条文阐明了著作权关系，是我国最早的著作权法草案。

1981 年 4 月 10 日拟出《中华人民共和国民法草案（征求意见稿二稿）》，第五编"智力成果权"第二章"著作权"，第 371 条至第 385 条，计 15 个条文。1981 年 7 月 31 日拟出《中华人民共和国民法草案（第三稿）》，第五编"智力成果权"第二章"著作权"，第 383 条至第 397 条，计 15 个条文。1982 年 5 月 1 日拟出《中华人民共和国民法草案（第四稿）》，第五编"智力成果权"第二章"著作权"，第 367 条至第 376 条，计 10 个条文。后三稿的民法草案延续了第一稿《中华人民共和国民法草案（征求意见稿）》阐述的著作权关系。

1979 年后，中国出版工作者协会版权研究小组、国家出版局版权处、文化部版权处亦依次开始了著作权法起草的准备工作。1985 年 7 月国家版权局成立，继续承担草拟著作权法的任务。

（二）著作权法的制定

改革开放后，我国制定的宪法、继承法、民法通则中都有著作权条款。1982 年 12 月 4 日五届全国人民代表大会第五次会议通过的《中华人民共和国宪法》第 47 条规定："中华人民共和国公民有进行科学研究、文学艺术创作和其他文化活动的自由。国家对于从事教育、科学、技术、文学、艺术和其他文化事业的公民的有益于人民的创造性工作，给以鼓励和帮助。"第 22 条第一款规定："国家发展为人民服务、为社会主义服务的文学艺术事业、新闻广播电视事业、出版发行事业、图书馆博物馆文化馆和其他文化事业，开展群众性的文化活动。"1985 年 4 月 10 日六届全国人大三次会议通过的《中华人民共和国继承法》第 3 条规定，著作权中的财产权利属于遗产范围。时任全国人大常委会秘书长、法制工作委员会主任王汉斌在《关于〈中华人民共和国继承法（草案）的说明〉》中指出："民法牵涉面广、很复杂，我国经济体制还在进行改革的过程中，目前还难以制定完整的民法。这几年，对其中比较成熟的部分，先作为单行法提请全国人大和人大常委会审议，现已制定了婚姻法、经济合同法、涉外经济合同法、专利法和商标法，还有民法总则和版权法正在起草。"这是我国在法律文件中首次提出制定著作权法。1986 年 4 月 12 日，六届全国人大四次会议通过了《中华人民共和国民法通则》，其中第 94 条规定："公民、法人享有著作权（版权），依法有署名、发表、出版、获得报酬等权利。"第 118 条规定："公民、法人的著作权（版权）、专利权、商标专用权、发现权、发明权和其他科技成果权受到剽窃、窜改、假冒等侵害的，有权要求停止侵害，消除影响，赔偿损失。"这些规定，为著作权法的制定提供了法律依据。

1986 年 5 月，国家版权局向国务院呈报了《中华人民共和国版权法（草案）》。1987 年 4 月，国家版权局将修改后的版权法草案再次呈报国务院。国务院法制局用了 3 年多的时间，对版权法草案做了大量的调查研究、论证修改工作，并专门组织有关部门对我国使用外国科技书刊问题进行了研究和经济测算。国务院法制局会同有关部门五易其稿，并将版权法草案易名为《中华人民共和国著作权法（草案）》，经国务院常务会议讨论通过，于 1989 年12 月 20 日提请七届全国人大常委会第十一次会议审议。

七届全国人大常委会第十一次、十二次、十四次、十五次会议对著作权法草案进行了认真的审议。以 9 个月的时间，在第四次常委会会议上审议，使著作权法成为当时我国审议时间最长的一部法律。在审议中，委员们先后就著作权法应当保护什么作品、不保护什么作品，如何保护作曲家等作者的权益，广播电台、电视台播放节目的付酬等问题进行了热烈的讨论。全国人大法律委员会、全国人大常委会法制工作委员会根据委员们审议意见及各方面的好意见，反复修改条文，协调各方面的意见。在委员们就著作权法主要问题的看法趋于一致的基础上，七届全国人大常委会第十五次会议于 1990 年9 月 7 日通过了《中华人民共和国著作权法》，并由中华人民共和国主席发布第 31 号令予以公布，自 1991 年 6 月 1 日起施行。《中华人民共和国著作权法》的制定，标志着著作权制度在我国全面确立。

1990 年制定的《中华人民共和国著作权法》共 6 章，第一章"总则"，第二章"著作权"，第三章"著作权许可使用合同"，第四章"出版、表演、录音录像、播放",第五章"法律责任",第六章"附则",共计 56 条。

《著作权法》第 1 条规定:"为保护文学、艺术和科学作品作者的著作权,以及与著作权有关的权益,鼓励有益于社会主义精神文明、物质文明建设的作品的创作和传播,促进社会主义文化和科学事业的发展与繁荣,根据宪法制定本法。"著作权法的制定,对于保护作者的著作权,鼓励优秀作品的创作与传播,繁荣科学文化事业,促进社会主义精神文明、物质文明的建设,都具有重要意义。著作权法的制定,还有利于进行国际著作权交流,为我国加入《伯尔尼公约》《世界版权公约》《录音制品公约》等国际著作权公约奠定了基础。

(三) 著作权法的修订

著作权法制定后,我国很快加入了《伯尔尼公约》《世界版权公约》,又加入了《录音制品公约》。在改革开放的进程中,我国还需要加入世界贸易组织。在加入世界贸易组织的谈判中,我国对外承诺在加入世界贸易组织时将全面实行《与贸易有关的知识产权协议》,而我国的著作权法与该协议尚有一些差距,因此著作权法的修订被提上议事日程。

1998 年 11 月 28 日国务院提请全国人大常委会审议《中华人民共和国著作权法修正案(草案)》议案,12 月下旬召开的九届全国人大常委会第六次会议审议了该议案。由于对《著作权法》第 43 条是否修改存在不同意见,国务院于 1999 年 6 月经全国人大常委会委员长会议同意,撤回了议案。议案撤回后,国务院法制办会同有关部门进一步论证、协商,重新修订了《中华人民共和国著作权法修正案(草案)》。该草案经国务院第 33 次常务会议通过,2000 年 11 月 29 日,时任国务院总理朱镕基向全国人大常委会提请再次审议《国务院关于提请审议〈中华人民共和国著作权法修正案(草案)〉的议案》。2000 年 12 月 22 日国家版权局局长石宗源在九届全国人大常委会第十九次会议上做了《关于〈中华人民共和国著作权法修正案(草案)〉的说明》,九届全国人大常委会第十九次会议初步审议了《中华人民共和国著作权法修正案(草案)》。2001 年 4 月 24 日至 28 日举行的九届全国人大常委会第二十一次会议再次审议了《中华人民共和国著作权法修正案(草案)》。由于某些国家对我国加入世贸组织的阻挠，著作权法修正案第二次审议后没有立即进行第三次审议，而是搁置了一段时间，待我国即将加入世贸组织时，在 2001 年 10 月 22 日举行的九届全国人大常委会第二十四次会议时对著作权法修正案进行了第三次审议。2001 年 10 月 27 日，九届全国人大常委会第二十四次会议表决通过了《全国人民代表大会常务委员会关于修改〈中华人民共和国著作权法〉的决定》。同日，时任国家主席江泽民发布第五十八号中华人民共和国主席令，公布了《全国人民代表大会常务委员会关于修改〈中华人民共和国著作权法〉的决定》。根据全国人大常委会关于修改《中华人民共和国著作权法》的决定，重新公布了《中华人民共和国著作权法》，修订后的著作权法自 2001 年 10 月 27 日起施行。

修订后的著作权法计 6 章 60 条。这次著作权法的修订，参照国际著作权公约提高了我国的著作权保护水平，如保护"机械"表演、扩大对复制的解释，使我国的著作权制度进一步与国际接轨，这必将有力促进我国著作权制度的发展。

法律要与时俱进，会不断地修订，著作权法也是这样，2020 年著作权法的再次修订被提到全国人大常委会议事日程。

以上回首了著作权法的立法历程，下文再追忆其中的二三事。

二、著作权法与版权法的称谓之争

在著作权立法中，著作权与版权二语之间的称谓有过激烈之争。

著作权一词，在中华人民共和国法律首端于 1985 年的《中华人民共和国继承法》，笔者有幸参加这部法律的制定。继承法第 3 条将著作权中的财产权利列属遗产范围。法律是使用著作权一词还是使用版权一词，当时就有争论，张友渔时任全国人大法律委员会副主任委员，他就主张用著作权。为了协调两种意见，时任全国人大常委会秘书长、法制工作委员会主任王汉斌在六届全国人大三次会议上作的《关于〈中华人民共和国继承法〉（草案）的说明》中采用了"著作权（版权）"的字样。1985 年我的首部专著《继承法概要》中也有"著作权亦称版权"一段话，这些字样反映立法中对此的争议。

我在《继承法概要》第四章遗产中全面阐述了著作权原理，可能是基于此，以及我在《民法通则概要》中对著作权的论述，1990年郑成思老师在为我的《著作权法概要》一书作序中写道："该书的作者是我国较早涉足于著作权（版权）研究的为数不多的人中的一员，并较多地接触过与著作权有关的、我国的许多实际领域。"

当年的立法者将著作权一词写入继承法，这对我国著作权制度的建立，应当说具有重大意义。立法者对著作权采取了二元论，认为其含财产权和人身权。记得提交常委会审议的继承法草案曾有一稿将第三条（六）印为"公民的著作权、专利权的财产权利"，我即找了时任全国人大常委会法制工作委员会民法室顾昂然主任，说少一个"中"字。顾主任一看，说是，并说咱们加上就行了，别在修改说明里提，在说明里说加个"中"字，还可能让人不明白。

完成继承法后，就草拟《民法通则》。《民法通则》列知识产权一节，第94条干脆就写"著作权（版权）"，调和两种观点。笔者在1988年的《民法通则概要》一书有这样记载："著作权亦称版权，指著作权人对作品所享有的权利。关于著作权一词的称谓，英国、美国等国家称为版权，《伯尔尼公约》和《世界版权公约》也称为版权，苏联、日本等国家和我国台湾地区称为著作权。民法通则规定'著作权（版权）'，即赋予著作权与版权相同的法律内涵。"并用专节描绘了著作权。

《民法通则》制定后，就参加著作权法的起草工作。草拟著作权法，著作权与版权之争白热化。1990年我的《著作权法概要》开篇第一节即是"著作权与版权"，对这场争论做了详细记录，曰：

著作权亦称版权，指著作权人对作品所享有的权利。

关于著作权的称谓，各国尚不一致，主要有版权和作者权两种叫法。版权一词是英文Copyright的中文译语，其直译为复制权，强调复制的权利。英国1709年通过的《安娜女王法令》率先对版权加以保护，当今英美法系国家均使用版权一词。法国在大革命后，将"天赋人权"的思想注入著作权制度。1791年表演法令的报告中指出：在所有的财产之中，最神圣和最赋有人格的就是著作，即一作家思想的成果。他们认为著作权是人格权和财产权的统一体，故权利术语取 Droit d'auteur 一词，直译为作者权，不采版权用语，以突出作者的权利。受其影响，德国用 Urheberrecht，俄国取 Авторское право，词的直译都是作者权。日本的立法体系取德国式，其 19 世纪末制定的著作权法采用了"著作权"一词，旨在著作人的权利。

在我国，著作权和版权这两个法律术语都是舶来品。鸦片战争中，西方的大炮轰开了我国封建的国门，著作权和版权亦随西方的入侵步入中华。"著作权"一词引于日本，可溯至制定《大清著作权律》之时。清末变法修律，设立修订法律馆，在修律大臣沈家本主持下制定法律。沈家本聘请日本法学家为顾问，制定著作权律自然会引进"著作权"一词。"版权"一词，汉文始于何时？较早可见于清末资产阶级改良派思想家严复先生的论著。官方使用，较早见于光绪二十九年八月十八日即 1903 年 10 月 8 日在上海签订的《中美续议通商行船条约》。该条约第 11 款规定：无论何国若以所给本国人民版权之利益一律施诸美国人民者，美国政府亦允将美国版权律例之利益给予该国之人民。中国政府今欲中国人民在美国境内得获版权之利益，是以允许凡专备为中国人民所用之书籍地图印件或镌件者或译成华文之书籍，系经美国人民所著作或为美国人民之物业者，由中国政府援照所允许保护商标之办法及章程极力保护十年外，以注册之日为始，俾其在中国境内有印售此等书籍地图镌件或译本之专利，除以上所指明各书籍地图等件，不准照样翻印外，其余均不得享此版权之利益。又彼此言明不论美国人所著何项书籍地图可听华人任便自行翻译华文刊印售卖。由于日本和英美的双重影响，著作权和版权这两个法律术语均在我国沿袭下来，如有的出版商在书中标"有著作权，翻印必究"，有的则声明"版权所有，翻印必究"。

由著作权和版权的字体不同，我国学者在解释上往往各赋其义。较流行的一种观点认为著作权中的财产权利叫作版权，还有的人把版权误为出版权。为了澄清混淆，我国法律赋予著作权与版权相同的内涵。《中华人民共和国继承法》在法条中使用了"著作权"一词，王汉斌同志在《关于〈中华人民共和国继承法（草案）〉的说明》中采取了"著作权（版权）"的用法。《中华人民共和国民法通则》将"著作权（版权）"这一用法写入了律文。这就是说，著作权即是版权，版权也是著作权，二者的法律意义相同。但以使用"著作权"一词为正宗，"版权"居于括号之中。

制定著作权法的过程中，关于权利术语的称谓，争议再次迭起，有著作权、版权、作品权三种主张。

主张用著作权的理由是：①《民法通则》和《继承法》均用著作权，称著作权符合我国现行法律已固定下来的用法。②我国历史上在正式场合均称著作权，如清王朝的著作权律、中华民国北洋政府的著作权法、中华民国国民政府的著作权法。③从"版权"一词原仅指对作品出版印刷的专有权这一起源情况来看，使用版权容易产生歧义，被误解为出版权。如有人在解释《民法通则》时就将版权说成是出版者的权利。④一个词的使用往往随时代的发展而发生变化，如"版权"一词，早已不是出版商的专有词汇了。著作权也在不断被赋予新意，远远超出了著书立说之权，但出于传统习惯，人们还称之为著作权。如同"火车"一语，当今已由蒸汽机车发展到电力机车，但人们还叫它火车。此乃中国社科院法学所谢怀栻老先生之语。"著作权"一词在我国的使用已有较深影响，制定著作权法取著作权术语是大势所趋，若取他名，谈何容易。

另一种主张是使用"版权"一词。著作权法草案起初若干稿均称为版权法草案。持这种主张的同志认为：著作权易被理解为著书立说的权利，而当今著作权法的客体广泛，美术作品、音像作品、软件不宜称为著作。版权的核心是复制的权利，英文 Copyright 恰是 Copy（复版、复制）与 Right（权利）两个词的组合，反映了这种权利的本质。目前有关国家机关的名称也用版权一词，如版权局。

还有的同志提出用"作品权"一词，中国政法大学张沛霖教授持此主张。理由是：①"作品"一词，内涵外延丰富，著作权客体的种类再繁多，均可为"作品"二字所囊括。使用作品权，可以避免"著作权""版权"二词使用中易产生的误解。②知识产权的法律多以其客体命名，如专利法、商标法。著作权法的客体是作品，故应称作品权法。③《伯尔尼公约》的全称为《保护文学和艺术作品伯尔尼公约》，也是称作品公约。因此，使用作品权不仅含义科学准确，且通俗易懂，一目了然。

　　我国立法机关考虑"著作权""版权"二词在我国沿用的实际情况，特在《著作权法》第51条中明确"本法所称的著作权与版权系同义语"，即著作权与版权是词异义同。"著作权"与"版权"二词在我国均可继续使用，著作权行政管理机关的名称也可维持现状，无须更名。

　　著作权法草稿最初是《中华人民共和国版权法草案》，何时改为著作权法草案？那是一次版权法起草小组的工作会议。时间大致在1987年，地点在国家版权局。参加那次修改会议的人员，有时任国家版权局版权司司长沈仁干、时任国家版权局版权司副司长裘安曼、时任国务院法制局教科文卫司司长贾明如、时任国务院法制局教科文卫司副司长李建、时任中国社科院法学所研究员郑成思、中国人民大学法学院教授刘春田和我。

　　过完版权法草案的条文后，又议起法名。这时，刘春田十分严肃地说："《大清著作权律》究竟好不好！"会场的气氛一下变得紧张起来，他力主用著作权法，贾明如、李建也持这种观点。郑成思、沈仁干、裘安曼主张用版权法。我做了发言，我说："是用版权法，还是用著作权法？讨论那么多次，我从未发表过意见，看来都各有道理，以前都用版权法草案，用了好几年，不妨改为著作权法草案试试，看看反映。"最后沈仁干拍板，他说："那就试一试吧。"这一试，一发不可收拾，就再没能改回来，直到颁布的《中华人民共和国著作权法》。国务院法制局在《中华人民共和国著作权法（草案）》送审稿的说明中，专门阐述了为什么取名著作权法的四点理由。李建曾对我说："你们在继承法、民法通则中用著作权，这成为我们用著作权法的重要理由。"裘安曼说："版权法起草那么多年，是老姑娘了，只要能嫁出去，叫什么都行。"

　　著作权法为什么会有第51条"本法所称的著作权与版权系同义语"？这与郑成思老师有很大关系，他写信给王汉斌同志："王汉斌叔叔：您好。我自己从1979年起研究版权，后在英国进修两年版权法课程。我国最新的一稿《著作权法》草案的保护范围，已不限于文字著作，而延及音像制品、影视产品及计算机软件产品；保护主体也不限于著作者，而延及表演者、出版者等，故再称'著作权法'显得文不对题，还是以称'版权法'更恰当。'版权'（Copyright）在当代国际社会已不仅仅包含出版权，而且包含了一切复制权，'Copy'的中文直译，即是'复制'。复制权则能够概括上述扩大的客体与主体享有的权利。台湾地区（所谓的）'著作权法'很久以来即被国际上认为'文不对题'，我们似不必求与台湾相同。这点看法仅供参考。祝您一切好。郑成思 1990 年 4 月 8 日"。汉斌同志在信上作了批示："请项、顾考虑 14/4"。后，著作权法专门增加"本法所称的著作权与版权系同义语"一条。"系同义语"，文乎乎几字，绝非一般人用词。

郑成思老师英年早逝，他走后我写了《思成思》一文，记述了这段事："著作权法制定中，我们都是起草小组的成员，经常一起开会，研究法律条文。成思同志认准的事，都执着地去努力。如著作权法的名称，成思同志始终认为应叫版权法。著作权法草案开始时叫版权法，后来改为著作权法，即将通过时仍是著作权法，未提'版权'二字。成思同志急了，写信给汉斌同志。因成思的父亲郑伯克与汉斌同志抗战期间都曾在西南联大现又都在法律委员会等原因，成思同志信的抬头为'王汉斌叔叔'。后著作权法在附则中增加一条：著作权与版权系同义语。事后听成思同志讲，'当时心里实在是别扭，学者就是好认死理。'郑成思老师后来也成为全国人大法律委员会委员。父子两代人均是法律委员会委员，后无来者。"

《中华人民共和国著作权法》颁布 10 年后，全国人大常委会对它进行了第一次修订。关于著作权法与版权法法名之争，2001 年我在《著作权法修订与实务》一书作了这样的记述："这次修改著作权法，又有不少人提出将著作权法改为版权法。但更多的同志认为：著作即作品之意，著作权法以其客体命名是恰当的，核心是保护著作人，即作者的权利。日本当年制定著作权法取汉字'著作'二字，以及我国沿用著作权一语更符合大陆法系对著作权采人格权与财产权结合的二元论之说，而版权侧重的是财产复制权一元论之说。为了平和争议，著作权法将原第五十一条改为第五十六条，文字改作：'本法所称的著作权即版权'"。

搬出上述文字，回忆当时立法，是使更多的人对段历史有所了解。从《大清著作权律》到中华民国北洋政府的著作权法、中华民国国民政府的著作权法，再到《中华人民共和国著作权法》，中国的这种文化一脉传承。同时，著作权（版权）、著作权与版权系同义语、著作权即版权，立法中的这些表述，反映出中华文化的包容和博大胸怀。

三、过条文

过条文是说王汉斌同志带领我们过著作权法草案的条文。

王汉斌同志是老一辈无产阶级革命家，"文化大革命"前就任北京市委副秘书长，行政级别 10 级，这在同龄干部中是罕见的。"文化大革命"结束后，他第一个到任全国人大常委会法制工作委员会，先后担任全国人大常委会法制工作委员会办公室主任、全国人大常委会法制工作委员会副主任兼秘书长、全国人大常委会法制工作委员会主任、全国人大常委会秘书长、全国人大法律委员会主任委员、全国人大常委会副委员长，在党内任中共中央政治局候补委员，是我国新时期社会主义民主与法制建设的重要领导人。

改革开放后的 20 年间，汉斌同志参与或主持起草制定和修订了 231 部法律，为建立社会主义法律体系做出卓越贡献。这 231 部法律，囊括了宪法、民法通则、民事诉讼法、刑法、刑事诉讼法、行政诉讼法、国家赔偿法等国家基本大法。231 部法律，前无古人，后无来者。

汉斌同志对法律条文的制定一丝不苟，他参与或主持起草制定和修订了 231 部法律，这 231 部法律，每部他都召集相关人员过条文，即从法的名称、第一条到最后一条，逐条念，一条一条地研究，一句一字一个标点符号地推敲，让每个法条都立得住、行得通、不出纰漏。过条文是个苦差事，一过就是半天、一天、几天，有时候年轻人都盯不住，但汉斌同志始终精神焕发、斗志昂扬。

我参加过汉斌同志召集的著作权法、收养法的过条文。那是 1990 年，在人民大会堂他的办公室。当时汉斌同志任全国人大常委会副委员长，但他还坐班，天天都来人民大会堂上班。当时参与著作权法草案过条文的，有时任全国人大常委会法制工作委员会主任顾昂然、时任副主任胡康生，有时任国家版权局局长宋木文、时任副局长刘杲、时任司长沈仁干，我也算一个。会上，宋木文、刘杲都对即将通过的著作权法草案条文提出了修改意见，特别是沈仁干，提出许多不同意见。汉斌同志认真听取，吸收了不少他们的好主意，当即改了相应条款。例如，著作权法草案曾规定："在作品上署名的公民、法人或者非法人单位为作者。"沈仁干提出后，汉斌同志按照他的意见，将这条改为："如无相反证明，在作品上署名的公民、法人或者非法人单位为作者。"著作权法草案的过条文过了两个半天。过完条文，国家版权局同志离开后，汉斌同志对我们说："他们怎么那么多意见，是不是你们事先没协调好？"

著作权法确实是一部比较复杂的法律，在机关，时任全国人大常委会法制工作委员会副主任、党组书记宋汝棼碰到我时，总念叨那句"著作权法把我绕糊涂了。"

四、将北京市新闻出版局版权处首创的著作权纠纷仲裁引入著作权法

《民法通则》颁布后，人们的著作权意识增强，著作权纠纷亦随之渐多。著作权、邻接权纠纷属民事纠纷，解决民事争端，有和解、调解、仲裁、诉讼四大民事争讼程序。

为了适应版权争夺日益增多的状况，北京市新闻出版局版权处在全国首创了著作权纠纷仲裁。得知这一情况，我和民法室一处年轻干部李文阁遂到北京版权处，与刘东威、张赤军等座谈，了解他们的实际做法，听取经验介绍。调研后，我写下《北京市新闻出版局版权处实施版权仲裁的实践和设想》。1987年11月2日，全国人大常委会法制工作委员会民法室印发《北京市新闻出版局版权处实施版权仲裁的实践和设想》简报［法工民字（87）43号］。该简报介绍：

"北京市新闻出版局版权处根据文化部颁发的《图书、期刊版权保护试行条例》，从1985年开始处理著作权纠纷，至1986年11月，版权处受理版权案件31起。版权处在总结这段工作时，认为：版权是一项民事权利，解决版权纠纷，适用调解、仲裁、诉讼这一套解决民事纠纷的制度是切实可行的。1986年10月版权处起草了《北京市版权仲裁条例（草案）》，当年12月开始尝试以仲裁的方法来处理版权纠纷。1986年12月至1987年9月，版权处受理了33起版权纠纷，连同1986年11月前已经受理但未结案的18起，共51

起，均以仲裁方式解决。具体做法如下：①由版权处内设仲裁机构，处理版权案件。②仲裁机构由主任1人、副主任2人和委员若干人组成。仲裁员分为专职、兼职，专职仲裁员由版权处干部担任，兼职仲裁员聘请社会知名人士、专业技术人员和法律工作者担任。现已聘请专职仲裁员10人。③仲裁管辖由两个条件共同确定：一是违约或侵权行为地在北京；二是被诉人的住所在北京。④坚持自愿原则。发生版权纠纷，当事人可以申请仲裁，也可以直接投诉于人民法院。⑤既受理版权合同纠纷，又受理版权侵权纠纷。受理的51起案件中，有48起侵权纠纷、3起合同纠纷。⑥调解与裁决相结合。仲裁庭在仲裁版权案件时，可先行调解。现在他们成功地调解了10起版权纠纷。调解不成再做裁决，共2起。⑦版权仲裁，实行一次裁决制度。当事人不服仲裁，应在收到仲裁书后15日内向人民法院起诉。逾期未起诉，又不执行裁决的，仲裁委员会可应一方当事人的请求，提请对方当事人所属单位或上级行政领导机关协助执行。"

为了进一步搞好版权仲裁工作，北京市新闻出版局版权处的刘东威、张赤军等同志有以下设想：①把仲裁委员会办成民间性质的机构。我国现有经济合同、对外贸易、海事、劳动、版权、房地产、消费纠纷等仲裁，仲裁委员会的性质不尽相同。版权处的同志们认为，仲裁就是公断，是靠第三人的威信解决双方的民事争议，从仲裁的起源和大多数国家的做法来看，仲裁机构都应是民间性质，版权仲裁委员会不能内设于版权处，或为版权行政管理机关的附属机构。他们拟成立版权工作者协会，将版权仲裁委员会设在协会之下。②仲裁的民间性质，决定了版权仲裁必须坚持自愿原则。只有双方当时都自愿申请仲裁，仲裁委员会才能受理案件。也可以在发生纠纷之后达成共同申请仲裁的协议，这样才能仲裁。绝不能只是在一方当事人递交了仲裁申请书后，仲裁机构就受理案件，强行要求对方当事人答辩。③实行"一裁两审"制度。由于版权仲裁刚开始试行，尚不能做到"或裁或审"。仲裁机构裁决后，当事人不服的，允许诉讼到人民法院。当事人逾期不起诉，又不履行仲裁裁决的，对方当事人可以请求人民法院强制执行。

北京市新闻出版局版权处的做法得到立法机关的肯定。1987年11月26日，《北京市新闻出版局版权处实施版权仲裁的实践和设想》简报，由全国人大常委会法制工作委员会《法制工作简报》132 期刊登。红头的《法制工作简报》，可发至中共中央政治局委员。

著作权法总结著作权纠纷仲裁的经验，第 49 条作出规定："著作权合同纠纷可以调解，也可以依据合同中的仲裁条款或者事后达成的书面仲裁协议，向著作权仲裁机构申请仲裁。对于仲裁裁决，当事人应当履行。当事人一方不履行仲裁裁决的，另一方可以申请人民法院执行。受申请的人民法院发现仲裁裁决违法的，有权不予执行。人民法院不予执行的，当事人可以就合同纠纷向人民法院起诉。当事人没有在合同中订立仲裁条款，事后又没有书面仲裁协议的，可以直接向人民法院起诉。"《仲裁法》颁布后，2001 年修订的《著作权法》第 54 条对著作权纠纷的仲裁简要规定为："著作权纠纷可以调解，也可以根据当事人达成的书面仲裁协议或者著作权合同中的仲裁条款，向仲裁机构申请仲裁。当事人没有书面仲裁协议，也没有在著作权合同中订立仲裁条款的，可以直接向人民法院起诉。"

我在 1991 年出版的《著作权法概要》一书中，对著作权纠纷仲裁作了较为概括的 12 点介绍。

著作权、邻接权纠纷仲裁作为一种法律制度，具有以下特征：

（1）仲裁是解决著作权、邻接权民事争端的一种手段。当事人与著作权行政管理机关发生行政争端，不适用仲裁方式解决。

（2）仲裁机构为著作权仲裁委员会。著作权仲裁委员会由主任 1 人，副主任 1—2 人和委员若干人组成。著作权仲裁委员会设专职仲裁员办理著作权、邻接权纠纷案件。仲裁员除专职的外，著作权仲裁委员会可以聘请有关人士担任兼职仲裁员，兼职仲裁员在执行仲裁职务时与专职仲裁员享有同等的权利。

（3）著作权仲裁委员会应办成民间性质的机构。仲裁就是公断，主要靠第三人的威信来解决双方当事人的著作权、邻接权纠纷。从仲裁的起源、发展和大多数国家的做法来看，仲裁机构是民间性质，不是行政机关。

2002 年，我在《中华人民共和国著作权法实务问答》中将此项写为：仲裁委员会应办成公权力性质的机构。仲裁就是公断，主要靠第三人的威信和国家强制力来解决双方当事人的著作权、邻接权纠纷。从仲裁的起源、发展和大多数国家的做法来看，仲裁机构是公权力性质，不是行政机关，也不是民间机构。

（4）仲裁委员会可以受理著作权合同纠纷、邻接权合同纠纷。大家对仲裁委员会能否仲裁著作权、邻接权侵权纠纷，有不同的看法。一种意见认为，仲裁只能是合同仲裁，不能仲裁侵权纠纷。另一种意见认为，被侵权人与侵权人达成仲裁协议，仲裁委员会也可以仲裁侵权行为。在实践中，仲裁委员会也裁决侵权纠纷。

（5）著作权、邻接权仲裁应当坚持自愿原则，只有双方当事人都自愿仲裁，仲裁委员会才受理案件。双方当事人可以在著作权合同中订立仲裁条款，也可以在发生纠纷之后达成仲裁协议，共同申请仲裁。著作权仲裁委员会不能因一方当事人递交了仲裁申请书，就受理案件，强行要求对方当事人答辩。

（6）仲裁机构审理著作权、邻接权纠纷案件，应当由3名仲裁员组成仲裁庭，其中1人为首席仲裁员。简单的著作权、邻接权纠纷，双方当事人也可以约定由1名仲裁员独任审理。

（7）著作权仲裁委员会审理著作权、邻接权纠纷，可以调解，当事人达成调解协议，应当制作调解书，调解书的效力同裁决书。调解不成，或者当事人不愿调解，仲裁庭可以径行裁决。

（8）当事人应当交纳仲裁费。

（9）对于著作权仲裁委员会的调解书、裁决书，当事人应当履行。一方不履行的，另一方可以申请人民法院执行。

（10）受申请执行的人民法院发现仲裁调解书、裁决书违法的，有权不予执行。人民法院不予执行后，著作权、邻接权纠纷未得以解决，故著作权法特允许当事人在人民法院不予执行时，可以向人民法院提起诉讼。这是对我国仲裁制度的重大发展。

（11）著作权仲裁机构审理著作权、邻接权案件，实行"一次裁决"制度。

（12）对著作权、邻接权案件，实行"或裁或审"制度。我国对经济合同纠纷曾实行"一裁两审"制度，即一次裁决后，当事人若对仲裁不服，还可以向人民法院提起诉讼。这种制度使案件的审理时间拖得很长，不利于商品的流转。著作权、邻接权纠纷实行"或裁或审"制度，当事人达成仲裁协议，就不能提起诉讼。

《著作权法》第 49 条对著作权纠纷仲裁作出的规定，为《中华人民共和国仲裁法》奠定了原则性基础。

五、王立平的一封信使《中华人民共和国著作权法（草案）》推迟两个半月表决

王立平是著名作曲家，记得 20 世纪 80 年代，他还获得金唱片奖。影视圈有人想再拍《红楼梦》，社会上有人议论：拍可以，但王熙凤的表演比不了邓婕，《红楼梦》的作曲不可能超越王立平。王立平老师说他眼含热泪弹奏钢琴曲用心创作《金陵十二钗》，一曲《枉凝眉》把《红楼梦》唱出绝响；王立平的《在太阳岛上》把人们带向哈尔滨。20 世纪 80 年代我慕名登上松花江太阳岛，感觉到的是王立平的作曲真美，那时太阳岛远非如今繁茂。

在著作权法制定中，自然少不了王立平，他不仅是作曲家，且时任七届全国政协常委会委员，参政议政。

王立平委员是我国音乐著作权的先声人。一次著作权法草案的座谈会，乔羽先生说："王立平是法国的音乐著作权协会会员，法国凡使用王立平的歌曲就付酬，就像每月发工资一样，王立平总能收到法国音乐著作权协会寄来的法郎，王立平对音乐著作权是先知先觉。"

王立平委员多次参加著作权立法的研究。一次谈及稿酬制度时，他说，他给《少林寺》谱曲：《牧羊女》虽然听起来很美，但刊登的稿费只有几元钱；《少林》是男声四重唱，反复重复，音节多，稿酬有 20 多元，是《牧羊女》的几倍。稿酬应当优质优价，以鼓励优秀作品的创作。

王立平委员始终强调建立音乐著作权制度，使用音乐作品要经许可并付酬，使用一次付一次酬。对此，国家广电总局、广播电台、电视台有的同志持不同意见，认为音乐无时不在，反复播唱，付不起天文数字的报酬。这场争论十分激烈。

1990 年 6 月 20 日至 28 日召开的七届全国人大常委会第十四次会议拟审

议通过《中华人民共和国著作权法（草案）》。王立平委员在会前得到拟提会审议的《中华人民共和国著作权法（草案）》，他认为对音乐作品的著作权保护不够有力，很着急。王立平委员给我打电话，说要谈对《中华人民共和国著作权法（草案）》的意见。我们如约到了王立平委员家中，听取意见。王立平委员家在东城和平里的一个单元宿舍。进门过道墙上挂着一幅范曾的画，画很小，镶嵌在镜框里，那刚劲柔美的画骨，一看就是真迹。入座后，王立平委员谈及对《中华人民共和国著作权法（草案）》的意见，他说："使用音乐作品必须要经词曲作者的同意，还得支付报酬，哪怕只给一分钱，也要先把音乐著作权制度建立起来。"说罢，他当即提笔给全国人大常委会写了一封信。这封信用毛笔，从上往下竖排写，一气呵成。王立平委员不仅是音乐大家，书法也相当潇洒。写完后，王立平委员折好装进一竖版信封，封面写"呈全国人大常委会"，交给我。我回机关后随即上交。

七届全国人大常委会第十四次会议由时任委员长万里主持，6月28日在人民大会堂的闭幕会上，关于这次会议审议的《中华人民共和国著作权法（草案）》，万里委员长说："这次常委会议对法律委员会审议修改的著作权法草案进行了认真的审议。委员们认为，制定著作权法，对于保护作者的合法权益，调动知识分子的积极性，鼓励有益于社会主义精神文明、物质文明建设的作品的创作和传播，促进对外开放，繁荣、发展社会主义文化和科学事业，都具有重要意义。大家都赞成制定著作权法，并认为早日制定是有利的。法律委员会提出的修改稿，综合了委员们的审议意见和各方面好的意见，有较大改进。同时，这次会上有些委员对有些问题还有不同意见，来不及充分研究、修改，6月25日委员长会议研究，建议本次会议对著作权法暂不交付表决，会后进一步研究修改后，再提请下次常委会审议。"

七届全国人大常委会第十四次会议之后，《中华人民共和国著作权法（草案）》在保护音乐作品作者的著作权方面加强了相关条款。《中华人民共和国著作权法（草案）》第34条第2款规定："表演者使用他人已发表的作品进行营业性演出，可以不经著作权人许可，但应当按照规定支付报酬。"第36条第1款规定："录音制作者使用他人未发表的作品制作录音制品出版，应当取得著作权人的许可，并支付报酬；使用他人已发表的作品制作录音制品出版，可以不经著作权人许可，但应当按照规定支付报酬。"第 39 条规定："广播电台、电视台使用他人未发表的作品制作广播、电视节目，应当取得著作权人的许可，并支付报酬；使用他人已发表的作品制作广播、电视节目，可以不经著作权人许可，但应当按照规定支付报酬。"《中华人民共和国著作权法（草案）》修改稿对这几个条文做了补充，第 35 条第 2 款规定："表演者使用他人已发表的作品进行营业性演出，可以不经著作权人许可，但应当按照规定支付报酬；著作权人声明不许使用的不得使用。"第 37 条第 1 款规定："录音制作者使用他人未发表的作品制作录音制品，应当取得著作权人的许可，并支付报酬；使用他人已发表的作品制作录音制品，可以不经著作权人许可，但应当按照规定支付报酬；著作权人声明不许使用的不得使用。"第 40 条第 2 款规定："广播电台、电视台使用他人已发表的作品制作广播、电视节目，可以不经著作权人许可，但著作权人声明不许使用的不得使用；并且除本法规定可以不支付报酬的以外，应当按照规定支付报酬。"3 处增加"著作权人声明不许使用的不得使用"。王立平委员对此满意，说："有了这句话，做个声明，不许他使用，他就不能使用，作者就掌握了主动权。"1990 年 9 月七届全国人大常委会第十五次会议第四次审议著作权法草案，7 日以 102 票赞成、3 票反对、4 票弃权、3 票未按表决器的表决结果通过了《中华人民共和国著作权法》。

王立平委员的这封信使《中华人民共和国著作权法（草案）》推迟两个半月表决，为著作权法草案的进一步完善赢得了时间，这在我国立法上是前所未有的，王立平委员做出重要贡献。前几年，《中国人大》记者谢丽娜写王立平"人物"，向我了解情况。我提到这封信，谢丽娜到处找，最后也没找到。我对她说："肯定有这封信，我上交了，否则万里委员长不会那么讲，《中华人民共和国著作权法（草案）》也不会推迟一次常委会表决。"

《中华人民共和国著作权法》制定后，我国成立了中国音乐著作权协会，王立平出任中国音乐著作权协会主席。

1993 年换届后，王立平不再担任全国政协常委会委员，改任八届全国人大常委会委员。王立平是满族人，被分在全国人大民族委员会。民族委员会是全国人大最早设立的专门委员会之一。到任后，王立平委员问我：

到了人大，做哪些事好？我说《著作权法》第 6 条规定"民间文学艺术作品的著作权保护办法由国务院另行规定"，用法律保护民间文学艺术是很前卫的，向他建议抓民间传统文化的立法。他还两趟自驾车把我从京西宾馆接回全国人大机关研究此事。我们还向国家社科基金申报课题，王立平委员做牵头人，填写表格，交了材料。无奈 20 世纪 90 年代初民间传统文化还没到那个分儿上，申报的课题乏人搭理。王立平委员遂带全国人大民族委员会的同志到吉林等地进行民间传统文化的立法调研，推动民族民间传统文化立法的向前。

2003 年，联合国教科文组织制定了《保护非物质文化遗产公约》，2004 年我国加入《保护非物质文化遗产公约》。2010 年 8 月，国务院将《中华人民共和国非物质文化遗产保护法（草案）》提请十一届全国人大常委会第十六次会议审议；2010 年 12 月，十一届全国人大常委会第十八次会议第二次审议《中华人民共和国非物质文化遗产法（草案）》；2011 年 2 月 25 日，十一届全国人大常委会第十九次会议通过了《中华人民共和国非物质文化遗产法》。非物质文化遗产法即是保护民间传统文化的法律。

六、国际友人豪依赛尔

中国著作权法与国际接轨，自然少不了对外交流。联合国教科文卫委员会、世界版权公约组织与中国国家版权局在北京联合举办版权培训班，时任世界版权公约组织总干事阿帕德·鲍格胥曾到班讲演，时任国家主席江泽民接见了鲍格胥先生。

时任德国专利局局长埃利希·豪依赛尔自中国制定专利法、商标法时就多次来华进行知识产权交流。德国的专利局，还管商标、版权，专利局局长，实为知识产权局局长。豪依赛尔到访中国十多次。豪依赛尔在德国慕尼黑专利局的办公室挂有一幅中国地图，凡是他到过的地方就插上一面小红旗，中国的省会差不多都插上了旗帜。

中国制定著作权法，豪依赛尔更是频繁到北京。国家版权局举办中德版权研讨会，我见到豪依赛尔。会间茶歇，我上前就著作权与专利权、商标权的交叉，向豪依赛尔讨教。我举一例，发明人创造出金鱼造型的玻璃水杯，他享有这款玻璃水杯的著作权；某工厂经发明人许可，申请专利，获得金鱼造型玻璃水杯的外观设计专利权；第三人若生产同样的金鱼造型玻璃水杯，除经专利权人的授权外，还需不需要经著作权人的授权？金鱼造型玻璃水杯的外观设计专利权届满，金鱼造型玻璃水杯的造型进入公有领域，第三人生产这款玻璃水杯，是否还需经发明金鱼造型玻璃水杯的著作权人许可？某工厂经发明人许可，生产金鱼造型玻璃水杯，其未申请外观设计专利，在没有专利权保护的情况下，第三人能否仿照某工厂生产同样的金鱼造型玻璃水杯？第三人生产这种金鱼造型玻璃水杯，还需不需要经著作权人的授权？国家版权局许超精通德语，请他翻译。听了豪依赛尔的回答，我总觉得是所答非所问。于是，请郑成思老师翻译。

我又举一例，画家画《武松打虎》，他对此画享有著作权；酒厂经画家非独占使用许可，用《武松打虎》画作为商标，取得商标权；第三人若使用《武松打虎》画作为商标，除取得酒厂许可外，是否还需取得画家的许可？酒厂注册《武松打虎》商标，注册商标期限届满，酒厂未续展，《武松打虎》注册商标不再受保护，第三人使用《武松打虎》画作为商标，是否还需取得画家的许可？酒厂使用《武松打虎》画作为商标，未申请注册商标也未构成知名商品，第三人可否照酒厂《武松打虎》商标作为本厂酒的商标？第三人照《武松打虎》画作为本厂酒的商标，是否需经画家的许可？郑成思老师用英语翻译，豪依赛尔这回听懂了，他一脸惊讶，中国的官员怎么能提出这样的问题？他除介绍德国对艺术价值高的工艺美术品双重保护外，当即邀请我访问德国。

著作权的特征是权利绕权利，不断演绎出新的权利，且演绎的权利与原权利息息相关，使著作权成为最复杂的民事权利。随后，我和郑成思老师又与豪依赛尔探讨使用演绎作品的付酬问题，是"给一头"，还是"给两头"，还是"层层给"？我再举一例，A作家创作一部小说，他对小说享有著作权；B将小说改编成电影剧本，改编者对电影剧本享有著作权；C电影制片厂根据电影剧本拍成电影，电影制片厂对电影享有著作权；D将电影拷贝剪辑成连环画，剪辑者对连环画享有著作权；E出版社出版连环画，上述环节，除一系列许可外，怎样支付报酬？"给一头"是说，出版社 E，只向连环画的剪辑者 D 支付报酬；"给两头"是说，出版社 E，除向连环画剪辑者 D 付酬外，还要向作家 A 支付报酬；"层层给"是说，出版社 E，除向剪辑者 D 和作家 A 付酬外，还要向中间层的电影制片厂 C、电影剧本编剧者 B 支付报酬。豪依赛尔对这个话题也很感兴趣，他认为"层层给"合理，最体现著作权。

在豪依赛尔的安排下，1990 年 7 月，我与全国人大法律委员会的肖峋、郑冲去了德国考察。到德国的当晚，德国赢得世界杯足球赛冠军，人们涌上街头，通宵达旦地欢呼庆贺。那时间，东西德统一，人们拆除柏林墙，德国热闹非凡。

我们在德国，了解到德国的著作权法被直译为作者权法，可追溯至 1837 年普鲁士颁发的《抵制复制和伪造行为的保护科学、艺术作品所有权的法令》。1871 年德国颁布了《文学、美术、音乐和戏剧作品的作者权法令》，1876 年颁布了《艺术作品作者权法令》。德国作者权法于 1965 年 9 月 9 日制定，称为《作者权及有关保护权的法律》。该法颁布后在 1972 年、1974 年、1985 年又几经修订。

我们经法兰克福转机到慕尼黑，走访了德国专利局和著名的马克斯·普朗克创新与竞争研究所（本文以下简称马普所）。与豪依赛尔局长、默茨部长、迪茨研究员、迈尔先生等德国专家探讨著作权的难点，分析中国著作权法草案暂未通过的缘由，寻找完善方案，以期促使中国著作权法早日出台。

在柏林、汉堡等地，我们访问德国作者权集体管理机构，探索中国著作权法制定后的实施。德国有 9 家作者权利用联合会，即音乐表演权利用联合会（GEMA）、音乐出版利用联合会、文字作品利用联合会、造型艺术利用联合会、邻接权利用有限责任公司、电影电视制作人联合会、电影作品使用权联合会、电影电视权代理公司、电影上演权承担和代理公司。作者权利用联合会的费用来源很多。以音乐表演权利用联合会为例，1989 年该会收入为 7.179 亿马克。其中广播电台、电视台使用音乐作品付酬占 27.71%，表演者使用音乐作品付酬占 9.09%，音乐作品在国外使用，外国音乐作品著作权代理机构付酬占 7.69%，还有营业性播放音乐、生产唱片、磁带提税等多种收入。扣除联合会自身开支 1.084 亿马克外，分配给作曲家、作词家等作者权人的费用总额为 6.094 亿马克。德国正是通过这些作者权利用联合会的运转，协调了作者与传播者、公众之间的利益冲突，使社会分配趋于公平。

关于作者权与工业产权的关系，德国造型艺术作者权利用联合会玛雅先生介绍：在德国，对美术作品实行作者权与工业产权的双重保护。例如，一幅画用在咖啡壶上，另一个厂家仿制这个壶，就需征得画家的同意。倘若这个壶取得外观设计专利，还需取得专利权人的许可。

我们再了解德国作者权纠纷的仲裁，作者权仲裁处蔡斯先生介绍：作者权仲裁处是一个准司法机构，有权裁决作者权合同案件和侵权案件。发生作者权合同纠纷，当事人双方可以请求仲裁。一方的作者权被侵犯，该当事人亦有权向仲裁处控告另一方当事人。例如，商店使用音乐作品不付酬，音乐作品的权利人就可以到仲裁处控告这个商店。

之后，我们又沿多瑙河乘火车到联邦最高法院，旁听一起著作权纠纷案件审理，虽然听不懂，但案后与大法官冯·加姆等人座谈作品的认定、侵犯著作权的刑事责任、打击盗版，受益匪浅。

告别晚宴，有一位在德国著作权界很有身份的老人参加，西餐是分餐制，吃完盘中饭菜，又见他弯曲示指，刮净盘中残余，放入口中。见此情景，丝毫没有寒碜感觉，而是由衷敬佩日耳曼人的勤劳不息。

以后又去过德国几次，美丽的德意志令人永生不忘。

著作权法颁布后，豪依赛尔来华，到全国人大常委会法制工作委员会访问。时任法工委主任顾昂然在人民大会堂富丽堂皇的西藏厅设午宴，豪依赛尔对西藏厅内满墙壁的藏族风情画赞不绝口。

七、宋木文、刘杲、沈仁干同志"前十年业余搞版权，后十年专业搞版权"

制定著作权法的时候，宋木文任国家新闻出版署署长、国家版权局局长，刘杲任国家新闻出版署副署长、国家版权局副局长，沈仁干任国家版权局版权司司长，著作权法的起草、制定、修订，以及贯彻执行，这其中诸多环节，他们都直接参与，是实际工作的领导。

1989 年 12 月 14 日，国务院向全国人民代表大会常务委员会提请审议《中华人民共和国著作权法（草案）》，宋木文同志作《关于〈中华人民共和国著作权法（草案）〉的说明》。刘杲副局长还任国家新闻出版署党组书记，我国知识产权界多位专家赞刘杲同志具有副总理般的魄力。刘杲同志 80 周岁时，版权界同人在北京同和居祝他生日快乐，宋木文携夫人翟丽凤前来祝寿。沈仁干后任国家版权局副局长、中国版权协会会长。沈仁干同志为版权事业尽瘁，劳累染恙，我到北京协和医院、海南琼海看望他，愿他早日康复。

《中华人民共和国著作权法（草案）》由国家版权局起草。1986 年 5 月国家版权局向国务院呈报了《中华人民共和国版权法（草案）》，1987 年 4 月国家版权局将修改后的版权法草案再次呈报国务院。宋木文、刘杲、沈仁干同志在起草版权法的这一阶段，遇到的最大阻力是影印境外国出版物问题。

我国于 1964 年成立了光华出版社，影印有实用参考价值的境外国出版物，涵盖自然科学、社会科学的图书、期刊、会议论文集等，门类齐全。二十多年来，影印的境外资料对于我国科技界了解、掌握境外最新科学技术成果起到不小作用。

我也是影印的受益者。20 世纪 80 年代初，我到海淀，见一书店在库房卖旧书，便进去。旧书摆了一地，很凌乱。我看到几本影印的民法书，作者叫史尚宽。这是第一次见到这个名字，以前根本不知史尚宽其人。他的书每本都很厚，每本都有几十万字。当时很惊奇，心想别说写了，就是抄一遍都得花多少时间呀！影印的史尚宽的书很便宜，厚的 5 元，薄的 2 元，不薄不厚的 3 元。我一样买了一本，有《民法总论》《物权法论》《债法总论》《亲属法论》《继承法论》《劳动法论》，用自行车驮走的。以后又复印了史尚宽的《债法各论》。

沈家本、史尚宽是中国近代法制史上两位璀璨的法学大家。我此后逐渐了解到，史尚宽，1898 年元旦出生，故字旦生，安徽省桐城县南乡史家湾人，今属枞阳县，1970 年 11 月 12 日在我国台湾地区病逝，享年 73 岁。史尚宽早年留学日本、德国、法国 13 年，打下了坚实的大陆法学基础。回国后，作为立法委员，参加"中华民国立法院法制委员会民法"起草5人小组，制定"民法"。在国民党政府中，史尚宽担任过"立法院法制委员会委员长""考试院秘书长""法院大法官"等要职。史尚宽著作颇丰，除我购买的那几本书外，他还著有《立法程序及立法技术》《法制》《法学概论》《民法原论总则》《民法总则释义》《信托法论》《行政法要旨》《行政法论》《土地法原论》《宪法论丛》《民刑法论丛》，计4000万字。我国民法界研讨的诸多问题，史尚宽书中早有论述。史尚宽精通德语、日语、法语，书中常用比较法介绍国外法条规定。史尚宽著作的这种比较法对我颇有影响，我的第一本著作《继承法概要》在论述继承的每一关节，都介绍、对比多国的相关法律规定。以后所著的《民法通则概要》《著作权法概要》《行政诉讼法概要》《仲裁法概要》《中国亲属法概要》《收养法概要》《反不正当竞争法概要》《消费者权益保护法概要》《婚姻法修订与实务》《合同法概要》《物权原理的解析与批判》《非物质文化遗产法概要》，也时常采取这种对比方式。中国民法学，无人能超越史尚宽。

制定版权法，对于影印境外出版物无疑带来影响。光华出版社认为，此举涉及美国、英国、德国、日本、苏联等主要科技出版大国和境外500家重要出版社。境外出版物价格昂贵，且购买版权困难，如果不能影印出版，改为向境外购买原版，进口出版物，估计每年得花6亿美元，国家、单位个人都难以支付这笔巨额费用。且中国和美国已订有保护版权的双边贸易协定，给予对方，人或自然人的版权保护应以对方给予自己的此类保护相适应。美国的出版物在中国享有版权，而影印的外国图书、期刊，多来自美国，制定版权法后，若再影印美国图书、期刊，极易发生版权纠纷。1987年8月8日，国家科委、国家教委、中国科学院、中国科协四部门以（87）国科发办字0573号文向国务院打报告，建议暂缓制定版权法。

6亿美元，可不是个小数目。使用境外科技书刊，究竟得花多少钱？

宋木文、刘杲、沈仁干同志组织人员算细账，进行经济测算，并组团去美国，造访美国版权机构、出版商。算的结果是要花钱，但花不了那么多钱。中国改革开放，走向世界，还将加入《保护文学和艺术作品伯尔尼公约》《世界版权公约》《保护表演者、录音制品制作者和广播组织的国际公约》，出版境外科学技术图书、期刊，须经授权，必要的版权费是要支付的，不能盗版。

解决了算账等问题，1989 年 12 月 14 日时任国务院总理李鹏签署《国务院关于提请审议〈中华人民共和国著作权法（草案）〉的议案》，将国家版权局草拟的《中华人民共和国著作权法（草案）》提请全国人大常务委员会审议。

《中华人民共和国著作权法（草案）》在全国人大常委会审议期间，全国人大常委会委员分组讨论的时候，宋木文、刘杲、沈仁干同志分别到各组听取委员审议意见，并应委员要求解答相关问题。全国人大法律委员会审议《中华人民共和国著作权法（草案）》，宋木文、刘杲、沈仁干同志列席会议，协助著作权法草案的审议工作。

《中华人民共和国著作权法（草案）》在全国人大常委会审议中，一个突出问题是反动、淫秽作品是否也有著作权？沈仁干同志回答："著作权只管形式，不管内容。铁路警察各管一段，反动、淫秽作品，由出版法管。"一些委员强调，著作权法要讲政治，应体现社会主义精神文明。著作权法不说反动、淫秽作品是否也有著作权，增加第 4 条，规定："依法禁止出版、传播的作品，不受本法保护。著作权人行使著作权不得违反宪法和法律，不得损害社会公共利益。"

前文提到，在时任全国人大常委会副委员长、法律委员会主任委员、全国人大常委会法制工作委员会主任王汉斌的办公室，宋木文、刘杲、沈仁干同志与汉斌同志逐字逐句地过著作权法草案条文，他们关键时刻抓住机会，当场对若干条文提出了修改意见，许多都被汉斌同志采纳，使草案更加完善。

2000 年修改著作权法时，宋木文同志在全国人大法律委员会上也献计献策，许多为会议所接受。例如，艺术作品未包括杂技，宋木文同志会上大声激情地说："杂技艺术是国粹，我国的许多杂技项目在国际上都获大奖，著作权法应当把它增列进去，这有利于杂技艺术事业的发展。"法律委员会采纳了他的建议，艺术作品中增加了"杂技"二字。会后，宋木文同志玩笑地说："看！提了就写上了吧。"

著作权法颁布后，我与曹三明主编了《中国著作权法手册》一书，郑成思研究员也是该书作者，宋木文同志欣然为这本书作序。老一辈革命家薄一波也题了书名，法学泰斗张友渔还书写了寄语。宋木文同志在序中说："《著作权法》的颁布与实施，是改革开放和社会主义法制建设的一项重要成果，它也必将为加快改革开放和经济建设服务，为建设有中国特色的社会主义服务。"宋木文同志对著作权法的制定做了具有中国特色的恰如其分的评介。

1990年9月17日《中华人民共和国著作权法》通过，当日，国家版权局给我发一信函。

河山同志：

《中华人民共和国著作权法》业经七届人大第十五次会议审议通过。这是各有关方面共同努力的结果。作为著作权法起草成员，您倾注了大量的心血和汗水。特送上我局翻印的《中华人民共和国著作权法》一份，并向您表示衷心的感谢。

著作权法的公布只是完成了第一步的工作，法的完善、著作权保护制度的完善将会遇到更多的问题和复杂情况，将要花费更长的时间。作为著作权管理机关，我们深感担子的沉重。我们希望继续得到您的关心、支持和合作。

国家版权局

1990年9月17日

著作权法的制定凝聚着千百人的劳动，我只是其中的一员，是尽职尽责的一员，尽心竭力，不负历史使命。

著作权法制定后，时任国家新闻出版署副署长、党组书记刘杲给时任全国人大常委会法制工作委员会主任顾昂然打电话：请调河山同志到新闻出版署，任法规司副司长。顾昂然主任找我谈话，说"中国要不要搞民法，要搞，你就不能走。"这一晃，就到了退休年龄。

人不能到新闻出版署，但版权的社会活动还是可以适当参加。著作权法制定后，我国成立中国版权研究会。任建新任名誉理事长，宋木文任理事长，刘杲在副理事长中排首位，沈仁干任秘书长，刘春田、陈昭宽任副秘书长。经单位支持，我作为理事参加，出任版权鉴定中心副主任。中国版权研究会后更名为中国版权协会，沈仁干任会长，我任副秘书长。

宋木文同志著《亲历出版 30 年》，出版后亲笔签名送我拜读。书中有篇《建立和完善中国版权制度二十年》。宋木文同志直接参与制定著作权法和修订著作权法，他是这一进程的当事人，是这一历史的见证人。他了解其中的每一环节，掌握翔实的史料，以纪实的笔法，用鲜为人知的细节，将 20 年中每一件大事、每一场争论都记叙得栩栩如生，向人们展示出一幅著作权法诞生与修订波澜壮阔的历史画卷。

《建立和完善中国版权制度二十年》文中有句："前十年业余搞版权，后十年专业搞版权。"早也听到过宋木文同志"前十年业余搞版权，后十年专业搞版权"的笑谈，更愿今后 20 年，宋木文、刘杲、沈仁干同志"专业加业余搞版权"。2020 年著作权法又将修改，长江后浪推前浪，就是这一代代版权人的奉献、努力，才让著作权制度在中华大地生根、开花。

顺应时代发展趋势　完善版权法律制度[*]

——《著作权法》颁布三十年有感

王自强[**]

今年，是《中华人民共和国著作权法》颁布 30 年的纪念年。本人作为一名曾经从事版权保护工作 30 余年的老版权工作者，见证了我国版权法律制度不断完善的历史过程，也目睹了我国版权保护事业不断发展的时代变迁。回顾过往百感交集，面对未来充满希望，特撰此文以表对版权的眷念和憧憬。

一、《著作权法》的历史地位

2020 年 9 月 7 日，对中国版权界而言，是一个特殊的日子。30 年前的今天，七届全国人大常委会第十五次会议审议通过了《中华人民共和国著作权法》（本文以下简称《著作权法》）。该法是中国历史上，继 1910 年《大清著作权律》、1915 年《北洋政府著作权法》、1928 年《中华民国著作权法》之后的第四部版权法律。《大清著作权律》的颁布，改写了中国这个拥有五千年文明史和"四大发明"的古老国度没有现代意义上版权法律制度的历史，开创了中国版权立法的先河，在中国版权法律史上具有开创性的里程碑地位。但是，由于国家政权更替、战争连续不断、社会动荡不安等原因，前三部版权法律没有在中国得到有效施行。《著作权法》的颁布，结束了中华人民共

---

[*] 本文写作于 2020 年 9 月。

[**] 王自强，曾任国家版权局版权司司长、法规司司长、新闻发言人，兼任中国版权协会副理事长、中国知识产权研究会副理事长、中国电影版权协会名誉会长，主要从事版权行政管理和立法工作。

和国成立以来长期没有版权保护法律制度的历史，并在 960 万平方千米的华夏大地得以有效施行，开启中国版权保护事业的新纪元，同样在中国版权法律史上具有现实的里程碑意义。《大清著作权律》开创了版权法律制度在中国立起来的先河，《著作权法》实现了版权法律制度在中国用起来的现实。

二、《著作权法》的现实作用

《著作权法》颁布 30 年来，我国版权保护生态环境发生了根本性的变化，版权保护的各项事业取得了丰硕成果。

第一，版权保护法律制度不断完善，建立了以宪法为指导，以《著作权法》与国际公约为基础，以行政法规为配套，以司法解释和部门规章为补充的较为完备的版权保护法律体系，为保护创作、促进运用提供了坚实的法律制度保障。第二，版权保护社会环境不断改善，尊重知识、尊重人才、尊重创造的良好社会氛围逐步形成，版权所有者的维权意识和版权企业的守法意识明显增强，反盗维权已经成为全社会的基本共识。第三，版权保护救济机制逐步完善，司法审判在化解版权纷争、制裁盗版犯罪方面发挥了主导作用，行政执法有效震慑了各种损害公共利益的侵权盗版行为，版权保护市场环境和法律救济措施不断改善。第四，版权教学科研机构蓬勃发展，人才培养机制逐步形成，版权领军人才辈出，版权学术交流日益频繁，理论学术研究成果不断涌现。第五，版权社会服务体系基本建立，集体管理、法律救济、版权贸易、行业组织等社会组织不断成长，在激励创作、反盗维权、促进运用等方面发挥了不可替代的积极作用。我国的版权事业和版权产业实现了由小到大的发展飞跃。版权保护法律制度在促进我国经济发展、文化繁荣、科技进步方面的作用日益显现。

三、《著作权法》的局限与不足

客观地讲，《著作权法》的制定借鉴了国际社会的成功经验，符合我国 20 世纪 80 年代末 90 年代初的基本国情，是一部较好的法律，为鼓励作品创作、促进作品运用、打击侵权盗版、推动产业发展提供了重要的法律保障，其历史地位和现实作用是毋庸置疑的。但是在充分肯定《著作权法》的同时，也要客观地看到其历史局限与不足。从《著作权法》的实施效果看，本人认为其存在两个比较突出的问题。其一，版权保护的措施不够到位，难以有效遏制侵权盗版行为，不足以激励文学、艺术和科学作品创作者的积极性。比如，该法设定的"法定许可"制度，即在特定情况下不经作者授权使用其已发表的作品，但应向作者支付报酬，其立法本意没有问题，是符合当时中国历史现状的。但是，该制度设计缺乏基本的法律救济措施，如果在现实生活中，作品使用者依据法定许可的规定使用作品，却不依法向作者履行付酬义务，则是对作者权利中财产权的剥夺。而实践证明，绝大多数使用者在法定许可条件使用作品，并未向作者支付报酬，作者的法定获酬权益没有得到有效的保障。其二，版权授权机制和交易规则不畅，难以保障使用者合法、便捷、有效地取得使用作品授权和许可，不足以促进版权产业的健康发展。比如，该法缺乏科学的对权利人财产权非专使用的授权交易规则（集体管理制度）设计，特别是在数字网络条件下，缺乏非点对点的海量使用作品授权交易机制，从而导致数字和网络版权企业随时会陷入侵权盗版的困境中，不利于版权产业健康有序发展。

我认为《著作权法》产生上述局限与不足的主要原因，有以下两个方面：

第一，现行《著作权法》的立法条件存在先天基础准备不足。该法是在我国处于计划经济体制的特定环境，缺乏基本的版权法律保护社会实践、成熟的版权保护理论学术支持、相应的版权保护立法经验的条件下产生的。客观讲，在不承认私权的单一计划经济环境中，是不完全具备具有私权性质的版权保护法律关系调整的社会基础的，由此产生的版权法律规范，必然带有一定行政色彩，以及权利自治不足、市场导向不充分等计划经济的烙印。其存在一定的历史局限性和不足是可以预见的，也是正常的。

第二，现行《著作权法》的内容规范存在后天养分补充不足。《著作权法》颁布30年来，我国面临的国际国内形势发生了深刻变化：一是我国成功实现了经济转型和社会转轨，确立了市场经济制度，社会利益格局发生了根本变化，版权作为私权得到了进一步的确认和尊重，尊重作品创作者权利自治，以及按照市场规律来规范作品的运用已经成为历史之必然。二是全球科学技术迅猛发展，特别是数字网络技术的发展运用对版权保护制度产生了深远影响，深刻地改变了作品创作、运用和保护的方式，同时也给传统的版权保护制度带来了巨大的冲击和挑战。三是经济全球化不断深化，知识产权已经成为国际经贸交流的重要载体，世界各国、各地区都将提高包括版权在内的知识产权创造和运用能力，作为抢占经济发展制高点的重要抓手，其在国际竞争中的极端重要性日益突出。四是国家发展理念发生根本变化，"创新驱动"已经成为时代发展的主旋律，在竞争日趋激烈的知识经济时代，包括版权在内的知识产权已经成为国民经济发展的重要战略资源，谁拥有更多、更好的知识产权和智力成果，谁就会占据经济、文化和科技发展的主动权，"创新驱动"不仅是一个理念问题，它更需要变为全体中国人的行为自觉，这个行为自觉需要包括版权在内的知识产权法律制度强有力的保驾护航。

以上国际国内形势的发展变化，必然将对我国版权法律制度的进一步完善产生深刻影响。为适应不断变化的国际国内发展形势，《著作权法》应该作出及时和必要的调整。

面对我国版权法律制度存在的局限与不足，特别是针对时代的发展变迁，我国曾经分别于2001年和2010年对《著作权法》进行过两次修改。但是这两次修改，其动因是被动的，结果是局部的。两次修改都是在特定的时期、针对特定的事项，作出的特定性调整。这部脱胎于计划经济时代的《著作权法》，从体例结构到内容规范尚未发生根本性的变化。客观地讲，近三十年来我国尚未根据不断变化的国际国内形势，对现行《著作权法》进行很好的系统深刻总结，更缺少一次主动、全面、系统的调整。因此，近些年来，为适应时代发展变化，打造一部现代化的《著作权法》，版权界要求加快修法的呼声一直不断。

四、顺应时代发展趋势，完善版权法律制度

版权是市场经济与科学技术相结合的产物，其相应的法律制度具有突出

的实践性和动态性特征。市场是实现社会需求的重要载体。进入人类社会以来，就有包括作品在内的智力创作活动，同时产生相应的社会需求。然而，在自耕自足的封闭农耕社会，智力创作成果与社会需求是脱节的。没有需求，作品创作就会窒息。市场的出现为智力成果与社会需求之间架起了一座桥梁，将智力创造与社会需求有机地连接在一起，只要有市场需求，作品创造就永远不会停步。因此，市场需求是作品创作永续的根本动力。科学技术的创新运用，则是作品创作和版权保护的重要技术支持和物质保障，其发展和运用，不断改变着作品的创作方式、表现形态和传播方式，丰富着作品的权利体系和保护手段。回顾历史，300年前在印刷术条件下产生英国的第一部现代意义的版权法律——《安娜女王法令》，其保护的客体仅限于图书小册子（文字作品），传播手段只针对纸质出版，权利内容仅有单一的重印权（复制权）。再看300多年后的今天，随着声光电技术的发明运用，作品的创作与传播的方式发生了深刻的变化，作品形态更加多样，权利内容不断丰富，权利保护制度更加完善，没有科学技术的不断创新和运用，版权保护制度就会停滞不前，只要科学技术不停息，版权法律制度的完善就永远在路上。因此，科学技术是推进版权保护制度不断完善的根本动因。

当今世界已经进入百年未有之大变局的时代，新一轮科技革命和工业革命不但加速对世界和中国的重塑，同样加快对中国版权法律制度的重塑。科学技术的发展，特别是数字技术的发展运用，对版权保护制度产生了革命性的影响和重大挑战。

其影响表现为：一是作品创作的平民化，数字网络技术的发展和运用，改变了过去作品的创作通常专属于所谓的文学家、剧作家、画家、摄影家等专业人士的状况，人人都可以成为创作者。二是作品传播的自由化，数字网络技术的发展和运用，改变了过去作品传播只能通过出版社、广播电视组织、演出团体等专门机构的状况，人人都可以通过网络传播自己创作的作品。三是版权产业的一体化，数字网络技术的发展和运用，改变了过去文字、音乐、声像、舞蹈等作品的传播分别由出版、广播、影视、演艺等不同行业运作的状况，所有不同类型的作品、不同形态的版权产业都可以在网络平台上同时运行，实现了版权产业发展的大融合。数字网络技术发展的上述深刻影响，必然带来版权法律制度的相应调整。

其挑战表现为：一是打破了作品创作者与传播者的传统分工。在数字网络环境下，人人都可以是作品的创作者或传播者，人人都可能成为作品的权利人或使用者，人人都可能成为权利的受益者或加害人，权利人和使用者的界限呈现模糊状态，维权与侵权相互交织。二是打破了作品传播手段清晰明了的状态。在传统条件下，分别受出版、表演、广播等传播手段控制的文字、音乐、美术、摄影、影视等作品，可以在数字网络一个平台上实现传播，这一格局的打破，如果不能有效解决数字网络环境下的侵权盗版问题，不但作者的权利受到侵害，而且对传统的出版、表演、广播、影视产业将形成毁灭性打击。三是打破了内容提供者与技术服务者的界限。数字网络技术的快速发展模糊了内容提供者和技术服务者的边界，单纯的技术服务者基本不存在，这就使在法律意义上完全不同的两个独立概念，在实践中相互交织，难以辨别，特别是在法律救济过程中，在司法审判和行政执法的具体实践中会造成极大的困惑。四是打破了"点对点"作品交易传统的授权方式。"海量性"是数字网络环境下使用作品的重要特点，"点对点"的传统授权方式已经不能满足数字网络海量使用作品的需求，如何破解数字网络条件下"点对点"授权使用作品的困境，已经成为世界各国、各地区关注的焦点。面对挑战，现行版权法律制度同样应该给出相应的应对之策。

面对时代的变迁，特别是科学技术的快速发展，对《著作权法》进行相应的调整已经成为中国版权保护事业的当务之急。为回应版权界强烈的修法呼声，2011年，国务院决定启动《著作权法》第三次修改。国家版权局作为国务院主管版权事务的主管部门，承担了第三次修法初始草案的起草任务，并于当年7月13日正式拉开了修法帷幕。当时，本人就职于国家版权局的法制部门，有幸参与了《著作权法》第三次修改的起草工作，与国家版权局的同事和版权界的朋友们一道共谋修法大计。实事求是地讲，版权界对《著作权法》的第三次修改是抱有极大期待的。希望这次修法：其过程是科学、民主、开放、包容，反映民意、集中民智、凝聚共识的；其结果是面向世界、面向未来、面向现代化，高质量、高水平的制度完善，而非因循守旧、不思进取，更不是抱残守缺、无所作为的文字过场。

　　面对版权界的期待，当时国家版权局提出了"坚持一个理念、遵循三个原则、追求三个效果"的修法思路。坚持一个理念，是指坚持"集思广益、解决问题"的理念。就是坚持开门立法、民主立法，秉承"听取民意、集中民智、凝聚共识"的科学态度，充分听取社会各界意见，坚持在沟通和交流中形成共识，在争论与碰撞中认识真理，使修法工作在阳光下进行；就是坚持问题导向，避免学说争议，立足中国版权保护的实际，找准影响我国版权保护存在的突出问题，并提出切实可行的解决方案。所谓遵循三个原则：一是遵循独立性原则，在修法过程中，坚持国家主权独立，不受外部环境的干扰，更不接受外部强者下指导棋。二是遵循平衡性原则，面对版权法律调整主体多元化的实际，要在保护作者权利前提下，合理调整作者、作品使用者和社会公众之间的利益，实现鼓励作品创作、促进作品传播、满足公众精神文化需求的目的。三是遵循国际性原则，版权保护需要跨国界的国际合作，遵守共同的行为准则，我国作为国际版权大家庭的成员，在修法过程中应信守国际承诺、履行国际义务，做一个负责任的发展中大国。所谓追求三个效果：一是追求高效率，为适应我国政治、经济、文化、科技和社会事业的快速发展，及时弥补必要的法律空白，修法工作要以只争朝夕的精神加快进程，提高修法效率。二是追求高质量，修法工作要找准突出矛盾，分析问题原因，提出解决方案，既要充分有效地保护作者权益，又要保障作品的合法传播，既要促进文化产业的繁荣发展，又要满足社会公众的精神文化需求，切实提高修法质量。三是追求高水平，版权法律制度的完善，要解决好法律制度的相对稳定性与社会发展动态性的矛盾，提高版权立法的前瞻性和预见性，使经修改的《著作权法》成为一部面向世界、面向未来、面向现代化高水平的法律规范。

　　国家版权局在明确修法基本思路的前提下，集中版权界各方力量和智慧，经过广泛深入的互动沟通，甚至激烈的火花碰撞，用一年左右的时间内完成了《著作权法》修改初始草案的起草工作，并于2012年12月向国务院提交了《著作权法》修订草案送审稿。

　　8年后的今天，《著作权法》第三次修改的进程，已经进入全国人大常委会审议的最后收官阶段。版权界已经看到久已期盼的进一步完善《著作权法》的曙光。本人作为曾经的版权工作者衷心地祝福和真诚地期盼《著作权法》第三次修法圆满成功，其最终修法结果能够取得：不负伟大时代，顺应发展趋势，立足中国国情，反映版权本质，符合版权规律，惠及所有文学、艺术和科学作品的创作者，激励创造、保护有力、运用通畅，面向世界、面向未来、面向现代化，高质量、高水平的全新版权保护法律制度。

参与著作权法立法之回顾[*]

朱 兵[**]

一、最初的起草与立法

著作权法于 1990 年制定，2001 年进行了第一次修改，2010 年又修改了两条。2011 年 7 月第三次修法工作启动，著作权法将进行再次修改，从十二届全国人大一直到十三届的当下，第三次修改起草和调研工作一直在进行。可以说从著作权法制定一直到今天的修改，前后已逾 30 年。回想起来，这一漫长的立法过程我都亲身经历过，一些重要的过程、人物和事件至今历历在目，难以忘怀。

我是 1987 年从大学研究生毕业到全国人大教科文卫委员会从事文化立法工作。当时是文化组，后来改为文化室，我一直没有脱离这个岗位，到今年应该是 32 年了。在我国文化立法方面，我可以说是一个亲历者和见证者。文化立法除了著作权法外，还涉及新闻出版、广播影视、公共文化、文化产业、网络文化、文化遗产，等等，这是一个非常大的领域和范围。一直以来这个领域的法律都不健全，几乎是空白，我刚到全国人大的时候该领域只有一个文物保护法。那时是六届全国人大末期，委员会开展的一个主要立法工作就是著作权法立法。坦率地说，我当时对著作权法完全没有了解。为什么？因为我学中文出身。当时全国人大为了提高工作人员素质，从全国高校选要了

---

* 本文首次发表于《中国版权》杂志 2019 年第 4 期。

** 朱兵，全国人大教科文卫委员会文化室原主任、中南大学中国文化法研究中心教授，长期从事文化领域的立法工作和执法检查工作。为中共中央党校（国家行政学院）和地方人大常委会讲授文化立法等讲座，主持完成多项国家社科基金文化立法研究项目，发表相关文章、论著和译文多篇。

· 135 ·

一些研究生，除法律专业外，还有学财经、经济、政治、中文的。著作权在行政管理上归属出版系统，所以委员会承担的立法具体工作划归文化组负责。我学中文，虽然对文化的问题比较了解，但对著作权和知识产权的问题，除在学校因写文章涉及稿酬那一星半点儿的知识外，刚来的时候基本上是一个"门外汉"，脑子里完全没有这个概念。

　　我们委员会工作人员很少，文化组就几个人，大都四五十岁，我 20 多岁，算是唯一的年轻人。当时参加著作权立法工作，交给我办的第一件事我印象特别深，回想起来挺有意思。当时委员会领导把我找去说，你去搞一个调研，找税务总局去调研，听听他们的意见。我当时有点儿蒙，为什么到税务总局去调研呢？后来我才知道，这是因为当时的著作权法在起草过程中间有一个争论非常大的问题，也就是认定作品是职务作品，还是个人作品？这涉及作者权利认定也是立法的最基础性问题。当时不少人不接受著作权是民事权利或个人私权！有人就说保护著作权！你这个作家、作者还有著作权吗？他们为什么不接受呢？理由你人都是国家的，你拿的笔、用的墨，包括你住的房、工资全都是国家给的，最后你还有个人著作权，还要立法保护，凭什么？不像现在都是合同解决，比较清楚，那时候没有合同关系。我们委员会的主任和委员来自方方面面，有原任的省委书记、省长、部长，有专家学者，还有部队的将军，大家对这个问题讨论比较激烈，其中有些同志也不能接受，所以要多听听意见。然后我就自个儿跑到税务总局问他们意见，没有想到的是，税务局的意见也是一样，凭什么他们（作家）拿，我们都一样的工作，我们为什么没有这个权利，你作家写书与大家都一样属于职务工作，怎么还要有自己的著作权？不理解也不接受。这就是当年立法遇见的第一个问题。后来大家逐渐理解尊重知识的创造、知识的价值和立法保护知识成果的重要意义，这是后话。

　　现在回想起来，著作权法整个立法进程，实际上从一开始就是被改革开放推动的，无论在委员会讨论的时候，还是在审议过程中，相关的立法问题都与改革开放的发展紧密相关。从某种角度上说，知识产权的理论和法治是从国外引进来的。有一个比较典型的说法，在知识产权包括著作权的法律体系建设方面，中国用短短的几十年走过了西方近代工业革命后的 200 年的历史。虽然我们还有不小差距，但这一说法是基本符合客观实际的。现在知识产权保护已成为国内各行业普遍共识和内需要求，但在当时，几乎对全社会来说，著作权或知识产权保护都是一个完全陌生的事情，既缺乏常识更缺乏共识。所以当年的立法可以说主要是一个被动的、被外在环境推动的立法。党的十一届三中全会确定了改革开放路线，1979 年年初邓小平率团访问美国，国家科委主任方毅与美国能源部部长签署高能物理合作协议时，美国就提出保护版权的问题，那时我们完全没有这方面的准备。其后国家版权局给中央报告，建议立即着手组织专门班子起草版权法，胡耀邦同志明确批示同意。

国家版权局对立法特别积极主动，那时局长是宋木文，副局长兼版权法起草小组组长是刘杲，凡是委员会开会听汇报和后来的讨论审议，他们都亲自到会作说明。实际上起草工作从 1980 年就开始了，由国家版权局组织起草，因为当时社会各界缺乏共识，不是太顺利，草案直到 1986 年才提交国务院，准备翌年提交全国人大常委会审议。但国家科委、教育部、科学院、科协等提出推迟立法的意见，认为出台版权法或参加国际版权公约会给我国科技、教育界使用国际科技书刊带来很大经济负担，造成科研和教学的严重困难。他们当时估算了一下，每年至少要增加外汇额度 1.2 亿美元，配套人民币 4.5 亿元，如果要全部购买原版书刊需用汇 6 亿美元。这在当年可是一个天文数字，那时刚刚改革开放，我们国家整个外汇充其量就几百亿美元，不像今天有几万亿美元，所以这个事情争论和影响特别大。这一意见导致国务院延后向全国人大常委会提请审议，再次听取各方意见。所以我到全国人大教科文卫委员会的 1987 年，正好碰上各方意见纷争，立法陷于胶着。由于委员会权威较大且又相对中立，各方都把意见反映到委员会来，包括科委、教育部的意见，我记得我们为此还专门去出版科技书刊的相关出版社包括光华出版社调研，召开座谈会了解情况，请各方参加算账，国家版权局的同志还专门走访科学家听取意见，最后向中央提出报告，据对 1983 年使用外国书刊情况的初步统计，每年需付版税人民币 1200 万元左右，约 300 万美元，仅占国家每年进口外文原版书刊所用外汇 6000 万美元的 5%，所谓 6 亿美元的支出是一种极端情况的假设，现实中不可能发生。① 大家普遍认为，虽然我国

---

① 参见宋木文：《出版是我一生的事业》，中国书籍出版社 2015 年版，第 348—349 页。

是发展中国家，亟须引进发达国家先进科技知识，但无论从现实还是长远来看，制定版权法都是很有必要的，在立法中既要保护作者的权益，也应当考虑知识的传播问题。全国人大教科文卫委员会随即听取国家版权局和国务院法制局关于版权法起草情况的汇报，明确表示版权法的起草工作要抓紧进行。

1989 年 12 月 14 日，时任国务院总理李鹏向全国人大常委会提请审议著作权法（草案），12 月 24 日，七届全国人大常委会第十一次会议进行一审，时任国家新闻出版署署长、国家版权局局长宋木文代表国务院向大会作说明。他的说明将近 6000 字，在现在立法起草说明中算很长的了，除了说明立法的重要性、必要性和过程外，花了绝大部分篇幅讲了立法的主要问题，包括关于保护作者的正当权益，鼓励优秀作品的传播，著作权保护的对象，作品自动产生著作权的原则，著作权特别是职务作品著作权的归属，著作权保护期，著作权的继承和授权行使，关于表演者、书刊出版者、唱片制作者和广播组织的权利，著作权的追溯效力，著作权工作的管理等十个方面。坦率地说，这些问题在今天看来，不少都是著作权保护的常识性问题，但在当时，无论是对立法机关还是全社会，都是非常具有针对性的。尤其是前两个问题，一是明确阐述了立法的基本原则就是"保护作者因创作作品而产生的正当权益"，目的就是"要调动作者的创作积极性"，因为"精神产品应当和物质产品一样得到承认"。二是明确指出为鼓励知识的传播，"在承认和保护作者专有权利的同时，要求作者为社会承担一定的义务是必要的、合理的"。通过规定"合理使用"解决科技界、教育界关注的问题。同时，草案对职务作品确立了"除法律法规另有规定或合同约定外，著作权由作者享有"的原则，"妥善解决职务作品著作权的归属和合理行使，既有利于调动作者的积极性，又有利于调动作者所在单位支持和帮助作者从事创作的积极性"。这些说明立场鲜明，直面问题，理据充分，没有空话套话，有效回应了立法起草中存在的一些疑问和担心。这篇起草说明虽然长，但反响很好，对当时各界可以说都是一篇很好的普法材料。

按照全国人大常委会立法程序，常委会一审后，草案交由专门委员会研究审议，并要在常委会二次审议时提交审议意见。由于时间紧，任务重，全国人大教科文卫委员会全力以赴开展相关调研、座谈、听汇报等，连续召开了 5 次座谈会，除听取国务院法制局和国家版权局对有关问题的说明外，还听取文艺界、出版界、科技界、广播影视界、法律界以及著作权纠纷较多的省市人大常委会、政府版权部门、法院等对草案的意见，文化室整理归纳了 10 个问题的意见综述，针对著作权法的保护范围、职务作品、计算机软件、著作权使用费支付、法律名称等，起草了审议意见，召开委员会全体会议审议通过，这一套程序下来，前后花去了半年时间。记得那时总是把国家版权局请来汇报，谁来汇报呢？就是局长宋木文，一起来的还有沈仁干，沈当时是版权司司长，后来是版权局专职副局长。宋木文和沈仁干既是领导，也是老版权人，热情坦诚，专业素养深，责任心极强。应该说，国务院提出的草案前后历经将近 10 年，很多工作我们委员会都有参与其间，对一些基本问题反复研究达成共识。但由于著作权法的复杂性，各界对草案中的一些规定仍争议不断，另有一些问题又冒了出来。我至今印象特别深，在我们委员会审议听取意见的时候，除了原有的问题外，又冒出的两个问题成为讨论焦点，一个是非法作品的著作权问题，另一个是法律名称问题（当然还有其他问题），其实这两个问题也是老问题，从立法起草工作开始时就被争论不休，只不过当时被职务作品和科技书刊问题给掩盖了。1990 年 6 月，教科文卫委员会向常委会报送的审议意见中，在综合各方意见基础上归纳了"关于法律禁止的作品的著作权问题""关于职务作品""关于计算机软件""关于著作权使用费的支付""关于第六章第四十二条第三款""关于本法的名称" 6 个问题，提出了极具针对性和建设性的审议意见，基本被常委会采纳。

审议中一个焦点问题就是非法作品的著作权问题，也就是法律禁止出版的作品究竟有没有著作权，是否属于著作权法保护的范围？当时两种观点对立鲜明，一种观点认为非法作品不符合社会主义方向，不利于社会主义精神文明建设，因此不应当享有著作权，不应当受到著作权法保护。另一种观点认为，著作权法不管作品内容，只规范作品创作传播的民事法律关系，对作品违禁内容的管制应由新闻出版行政法负责。在开会的时候，有人就直接提出来，反动作品也有著作权吗？"黄色"作品也有著作权吗？沈仁干在场就解释说，我们著作权法只管形式，不管内容，内容由其他法律如出版法管。他还举了一个后来业界传遍的例子，叫作"铁路警察各管一段"，我著作权就管这一段，那一段是人家管。我记得当时有人就反驳说，形式和内容能分开吗？什么各管一段，都是统一领导。当时就僵在那里。仔细想想，这一问题的确比较复杂，不能简单处理。从著作权的角度说，著作权是民事权利，依照著作权原理和国际公约，无论什么内容的作品一旦生成，就自动产生包括署名权等精神权利和财产权利的著作权。但另一方面，我国是社会主义国家，鼓励创作和传播的必然是符合社会主义两个文明建设要求的作品，从这个意义上讲作者行使著作权这一民事权利也不是绝对的，应当受到一定的限制。其实，当时争论的核心是非法作品究竟是否应当享有著作权、还是如何限制其著作权的行使，这是两个不同的问题。由于著作权与整个经济社会发展紧密相关联，在当时背景下，人们对著作权、知识产权基本理念存在着不少模糊的认识，在正确认识和理解著作权的本源和要义以及与作品内容管理之间的区别上有很大的分歧，这导致了各方对立法中的具体表述和规定的争论。当时有一种观点，强烈坚持在法律中明确写上非法作品"不享有著作权"，在今天看来这种表述是缺乏著作权常识的。我们委员会的成员有不少专家学者，理论水平也很高，虽然在会上对这个问题也有争论，但经过木文等同志反复解释，大家普遍认为法律中规定某一类作品"不享有著作权"是很不合适的，而应当采取限制其著作权行使的方式。教科文卫委员会在向常委会提交的审议意见的第 1 条意见就是"关于法律禁止作品的著作权的问题"，可见这一问题在当时的重要性。委员会对此态度非常明确，审议意见明确指出："著作权是一项民事权利。我国是社会主义国家，民事权利的行使又与言论、出版等政治权利的行使相联系。因此，著作权的行使，必须遵守宪法、遵守四项基本原则，维护安定团结，维护社会公德和公共利益"。因此建议在草案第 2 条规定公民、法人和外国人作品"依照本法享有著作权"后面，增加一条规定："著作权的行使不得违反宪法、法律和法规，不得损害公共利益。"显然，这一建议就是从限制著作权行使的角度去规定的。但是，由于当时坚持规定非法作品"不享有著作权"的意见占据上风，经过法律委员会的反复协商，1990 年版的著作权法最后综合两方面意见将其在第 4 条中分两款规定如下：一是"依法禁止出版、传播的作品，不受本法保护"；二是"著作权人行使著作权，不得违反宪法和法律，不得损害公共利益。"显然，第 1 款虽然将非法作品"不享有著作权"换为"不受本法保护"的表述，但在本质上二者没有根本区别，这从法理上埋下了后来引发国内学界纷争和国际纠纷的口实。第 2 款直接采纳了教科文卫委员会的审议意见，这一限制性规定一直延续至今，这说明这一意见是既符合法理，也符合客观实际的。

另一个焦点问题就是法律名称问题，当时也是争论不休，这一争论主要源自于学界，涉及著作权法学界的两位代表性人物，一位是中国社会科学院的郑成思，另一位是中国人民大学的刘春田，前者身形清瘦，后者高大壮硕，他们两人对我国版权立法和版权理论建设都做出了重大贡献。我从 20 世纪 80 年代末就结识了他俩，也是我在版权方面的启蒙老师。1988 年 10 月在杭州召开著作权立法座谈会时，我们三人还有北京中院的王范武在西湖边留下一张珍贵合影，当年我们都很年轻。郑成思是国内第一个被派到英国学知识产权法的，特别是学版权法的，回国后他在社科院专门成立知识产权中心，他当第一届主任，被称为我国知识产权第一人；刘春田一直在人民大学工作，长期研究著作权法，后来人民大学成立了知识产权学院，他任院长。两人都是学界的翘楚，学养深厚，著作等身，但在法律名称这一问题上，观点往往针锋相对，互不相让，郑成思力主叫"版权法"，刘春田力主叫"著作权法"，由此两人在学界成了两派。我们委员会在立法讨论时也是争执不下，委领导让我分别找他们两人，各写一篇文章把理由详细阐述一下，作为立法资料参阅。记得郑先生解释了版权的概念、来龙去脉和世界近代以来版权的沿革，包括未来的发展，他认为著作权限于文字作品为代表的著作之权利，而版权较之著作权对权利对象的涵盖范围更广，尤其是工业版权出现后更是如此，而且，我国历史上和现行相关管理机构和行业协会都采用版权的概念，如国家版权局等，国际上也通行"版权"一词，法名应符合国家的语言规范和语言习惯等。刘教授的文章则强调使用著作权，我印象比较深的理由有三点：一是著作权在我国通常被理解为出版社的权利，跟作者没太大关系，所以立法要正本清源，强调的是著作人的权利而不是其他的权利；二是我国历史上最早由清朝制定的版权法就叫《大清著作权律》，民国政府也制定过《中华民国著作权法》，在名称上应延续历史传统；三是我国台湾地区现在还叫"著作权法"，从两岸统一关系的角度应保持一致性。我当时觉得他们的分析都很有道理，不过我认为刘教授的观点更符合中国特色。后来经过反复研究讨论，多数人倾向接受"著作权法"的概念，有历史和现实的延续性。当时审议时还有一种观点主张将法名改为"著作权（版权）法"，以此调解两派争执，遭到我委员会的反对。我委员会的审议意见明确写道："我们主张称'著作权法'或'版权法'，而不宜称'著作权（版权）法'，以免再造成不必要的混乱和麻烦。"从实际情况看，著作权与版权虽然名称不同，但本质上是一致的。鉴于此，1990年9月7日七届全国人大常委会第十五次会议审议通过著作权法的正式文本中，在附则一章中专辟一条规定："本法所称的著作权与版权系同义语。"自此，这一著名争论暂时画上了句号。

这场争论以刘春田教授胜利而告终，郑成思先生则为此有些郁郁寡欢。九届全国人大会议时期，郑先生在法律委员会做委员，2000年前后要修改著作权法，他再次提出建议把著作权法恢复为版权法，为此他以"国家的立法应首先符合语言规范与语言习惯"为题上书中央阐述理由，他还专门上我办公室说，"朱兵，这次应当把这个名称改过来。"很可惜，由于当时修改的条文比较多，涉及不少尖锐问题，各方争执不下，为避免增加新的矛盾，名称问题就被搁置了，常委会审议时对此关注度也不太高，有人支持改名也有人反对改名。我当时也担心名称的问题引起更多争议，冲击到修正案的通过，因此我于2001年1月向委员会提交"关于此次著作权法修正案的几个主要争议问题"专项报告，其中对该法名称的问题这样写道："此次修改中有意见认为，应将著作权法的名称改为版权法。名称的问题自该法起草以来就一直有两派观点。当年有过一场争论。一是以社科院郑成思为代表，认为世界上通行版权法概念，且所有有关国际组织和条约都用版权为名称，我国也是如此。另一是以人民大学知识产权中心刘春田为代表，认为版权在我国社会中曾被误认为是出版社的权利，而且在大清律中就是著作权法，台湾地区现在也称为'著作权法'，为了明确著作权人的权利，保持名称的连续性，故应用著作权法。从现在情况看，名称的问题已不是一个实质性问题，且十多年来该法逐渐深入人心，对版权的误解也淡化。如果考虑与国际上和使用上的统一，改为版权法未尝不可。不过是否就在此次修改中改名，仍可斟酌。"

这一意见的实质是建议将名称问题予以搁置，委员会在讨论中采纳了这一建议。2001 年常委会审议通过的修正案仍维持原法名称，只是将原法的"本法所称的著作权与版权系同义语"修改为"本法所称的著作权即版权。"

坦率地说，我今天深刻认识到还是应该叫版权法。为什么呢？就是因为随着经济社会的发展，随着我们科技知识和创新创造的突飞猛进，你会发现，原来所讲的著作权这个概念是比较狭窄的概念，它至少在语义上局限于文字作品，局限于出版行业，这实际上束缚了整个版权事业的发展。包括现行知识产权管理体制也并不完全适应，著作权、专利和商标分属不同管理部门，尚未形成一个统筹协调的机制。在这三个领域里面，现在最为蓬勃发展的是著作权，登记数量急剧上升，2018 年全国著作权登记总量达到 345.73 万件，比上年增长 25.83%；软件著作权登记 110.48 万件，同比增长 48%。这一速度是惊人的，反映出我国社会创意创新创造活动的蓬勃发展。为什么是著作权呢？这是因为该权利的特点是自动生成，而非专利权或商标权需由行政审核授权，因此在实现保护的便捷性、时效性上有极大优势，它更符合一切创意活动的特点和发展，适用于包括计算机、互联网、软件以及一切以数字技术为载体的新技术环境下的创意创造产品。最典型的就是计算机软件的保护，虽然当年我国计算机技术和数字技术尚在萌发状态，最初著作权立法时就考虑到这一问题，将其纳入了保护范围，草案第 50 条规定："计算机软件根据本法予以保护，保护的期限和方法由国务院另行规定。"我委员会在审议意见中对此明确赞成，并指出："由于未对计算机软件实行有效保护，已经严重阻碍我国计算机软件产业的形成和发展，尽快建立计算机软件保护制度，是发展我国软件产业的迫切需要和必要条件，也与继续发展中外科技交流和贸易往来密切相关。实行软件保护，从长远看，必将有利于我国高技术产业的兴起及其对外贸易的发展。"可见当时的立法走在了我国科技发展的前沿。不过应该看到，尽管国务院随后出台了计算机软件条例，但整个工业版权仍没有完全涵盖在版权范畴之内，第二次修法时注意了这个问题，将保护对象的范围进行了一定扩大，除软件外，还包括建筑作品、工程设计图形作品和模型作品等。但碍于种种原因包括管理体制，这一保护范围仍然有限，例如，实用艺术作品的问题，在数字技术时代，创新设计大发展所产生的大量实用艺术作品对版权保护的要求极为迫切，但它又是多部门、多行业的交叉融合，原来的以文字作品为主要对象的管理方式显然不能完全适应，因此需要改革和促进，以使它满足数字技术数字经济时代知识产权发展浪潮的需求。以此观之，当年郑先生的思路还是对的，可能是因为太超前，曲高和寡。欣慰的是现在我国著作权无论在立法上还是在实践中都在沿着这样一个道路不断前行。

2006年郑先生因病不幸离世。我参加了知识产权界在商务印书馆举办的追思会，追思会真挚而情深，低调而隆重。会上我也作了发言怀念他，会后以《学者的风范、实践的楷模——追忆郑成思同志》为题发表在《中国版权》杂志。文中写道："我与郑老师相识是在上个世纪80年代末起草著作权法的时候，那时我还只是一个刚到全国人大教科文卫委员会工作不久的年轻人。可以说这是我直接参与的第一项立法工作。记得当时我国的版权立法工作刚刚起步，基本上是一块处女地，无论是在理论上还是在实践上都没有太多经验。许多人包括我自己对什么是版权或著作权、为什么要保护版权或著作权弄不清楚。那时在立法过程中也存在着不少争议，有些争议现在看起来是那么的粗浅可笑。正是在当时那种背景下，郑老师实际上不仅承担了知识产权理论的开拓工作，也承担了知识产权的普及工作。当时教科文卫委员会召开了一系列立法研讨会和座谈会，郑老师那严谨的学风、渊博的学识和对问题深入浅出的认识分析，给我们留下了极为深刻的印象。在他担任九届、十届全国人大代表和法律委员会委员后，我作为全国人大常委会的工作人员与他接触的机会就更多了。2001年九届全国人大常委会修订著作权法时，我们经常有许多问题向他请教，他也总是不厌其烦地为我们进行讲解。对修订过程中出现的一些新问题如网络著作权等，他总是有着深刻而富有远见的认识和见解。

……

在与他接触的过程中，我们心中的钦佩之情不断增加。这不仅是因为郑老师往往对许多问题有独到的见解，还因为他朴实谦逊的作风和对知识产权法制建设的忘我投入，更因为他作为一个知识分子为国为民的思想境界。他经常讲：'不保护好知识产权，中国就难以再有四大发明''不创自己的核心技术和品牌，永远只能给别人打工'' '要牵动知识产权这个牛鼻子，使中国经济这头牛跑起来，才能实现民族复兴'，这些朴实的话语无不反映了一位有着拳拳报国之心的学者对国家发展和民族振兴的热忱期望。他的言行影响了整整一代知识产权领域的法制建设工作者，也为后来者树立了一个学习的榜样。"①

二、第一次修改著作权法

2001 年 10 月，九届全国人大常委会对著作权法进行了修改，这是在新形势下对著作权法的第一次全面修订，距 1990 年的立法已过去 10 年之久。之所以历时之久，既反映了著作权法本身的复杂性，也反映出与国内经济社会发展和国外环境的变化。1992 年党的十四大提出建立社会主义市场经济体制，同年，经七届全国人大常委会批准，我国加入了《世界版权公约》《伯尔尼公约》和《唱片公约》，国务院颁布了《实施国际著作权条约的规定》，以解决国内著作权法与国际公约之间的衔接。随着改革开放的深化，国内对著作权保护制度的需求进一步提升，同时在与国际经贸科技的融合下，加入WTO 的需求和国际公约实施中的差距出现，原有的著作权法已不完全适应形势需要，修改著作权法的必要性和紧迫性日益增加。时任全国人大代表的宋木文在九届全国人大常委会第一次会议上提出《建议尽快完成著作权法修改工作》。议案提出了三点理由：一是对中外作者保护水平不平衡；二是有些规定如第 43 条广播电视组织对录音制品的"非营业性播放"等不合理；三是对计算机软件等新技术保护不适应。1998 年 9 月，全国人大教科文卫委员会召开会议，听取了国家版权局修法工作汇报，汇报总结了著作权法实施 7年来的成就，阐述了形势发展的深刻变化对著作权法所产生的三大影响：一是我国正在由社会主义计划经济体制向社会主义市场经济体制转变，原著作权法带有计划经济的烙印，一些规定与公民权利平等、市场公平竞争的原则相悖；二是我国已加入三大公约，著作权法中有些规定与公约不相协调，还

① 朱兵：《学者的风范、实践的楷模——追忆郑成思同志》，载《中国版权》2007 年第 1 期。

存在着对外国作者的保护水平高于中国作者的规定；三是计算机、数码化、光纤通信等新技术的迅速发展及其在作品的创作与传播方面的广泛使用，现行著作权法不适应。因此认为，"作为国家文化经济政策的基本法律，著作权应当适应这些变化，并为这些可喜的变化提供必要的法律规范。"

全国人大教科文卫委员会自出台著作权法后，一直高度关注该法的实施情况，积极推动修法工作。根据七届全国人大常委会的决定，1992 年以时任委员会副主任委员刘冰为检查组组长开展了全国范围著作权法实施一年多来情况的检查，重点检查了北京、上海、天津等 9 省（区）市，其他 21 个省（区）市进行了自查。这是全国人大历史上第一次著作权法执法检查，执法检查报告于 1993 年 2 月 8 日经委员会全体会议审议通过，正式报送七届全国人大常委会。报告在总结实施成绩和问题基础上，率先敏锐地提出了修法建议，指出："不少同志对著作权法的修改十分关心。著作权法颁布二年，实施一年多，就提出修改问题，是有原因的。党的十四大提出实行社会主义市场经济的战略决策。修改著作权法的某些条款，以适应社会主义市场经济体制和社会主义精神文明建设的发展，更有效地保护作者权利，是必要的。另外，我国已加入国际版权公约，在有些种类作品的保护上，出现了对外国作者保护水平高于对中国作者保护水平的情况。这既不符合国际惯例，也不利于调动我国作者的积极性，不利于繁荣我国的创作事业。通过修改法律，给我国作者以同等保护水平，势在必行。因此建议有关部门考虑着手著作权法的修改。"1995 年，时任全国人大教科文卫委员会副主任委员聂大江牵头组成检查组对北京等 5 个省（区）市著作权法实施 4 年来的情况进行检查，同年还与中国版权协会召开了全国著作权理论研讨会，并于 1996 年 5 月向全国人大常委会提交报告。报告详细列出了八个方面突出问题，包括著作权保护意识在全社会尚未普遍确立；许多著作权人如音乐作品作者的权益难以实现，音像制品的盗版相当普遍，激光唱盘、视盘等的非法复制和销售仍然大量存在；影视节目盗播盗映现象相当严重；盗版软件涌现来势汹涌；图书侵权现象仍很普遍；著作权行政机构薄弱，行政保护职权不清；司法赔偿额过低，举证责任不明；对外关系尤其是对美关系的影响等。报告指出："事实表明，我国著作权保护的现状是令人担忧的，许多著作权人的权益至今还难以依法实现，侵权现象相当普遍，而且凭借现有的法律、行政手段难以有效制止。"
"目前著作权保护中存在的许多问题，是与现行著作权法及相关法律、法规
中的不当和疏漏之处密切相关的。……因此本委员会建议常委会尽快将修改
现行著作权法列入立法规划，使其及早提上日程。"

1998 年全国人大教科文卫委员会组成后，在时任主任委员朱开轩、副主
任委员范敬宜、委员聂大江、宋木文等人的领导和积极推动下，修法步伐迅
速加快。由于著作权法的专业性和复杂性，整个修改过程相当困难，当时我
委成员大多对著作权法情况并不熟悉，对修改什么，如何修改也了解不深，
宋木文曾担任国家版权局局长，又是我委八届、九届的委员，他对著作权法
来龙去脉非常清楚，而且很有理论水平，对启动修法工作起到了最为核心的
作用。从 1995 年到 1998 年，委员会连续召开各类专题研讨会，参加者包括
中央有关部委、地方人大和政府、版权行政管理和司法审判机关、社会团体、
大学和科研院所专家学者等，对著作权法修改及草案进行了研讨，范围之广，
讨论之深，在当年是较为少见的。朱开轩主任委员严谨认真，思想敏锐，他
在 1998 年 9 月在青岛召开的著作权法有关问题研讨会上总结说："这次讨论
会对国务院法制办即将对修订稿进行修改有着积极意义，是很及时的。希望
国务院法制办的同志尽快拿出修改草案，保证提交今年 12 月全国人大常委会
第六次会议进行审议。"1998 年 12 月，国务院向九届全国人大常委会第六次
会议提交著作权法修正案，时任国家新闻出版署署长、国家版权局局长于友
先代表国务院向会议作说明，提出完善著作权中的财产权利、增加数据库等
汇编作品、增加版式设计和装帧设计的保护、增加编写出版教科书使用他人
作品的法定许可、增加著作权的转让、增加权利人可以通过依法成立的社会
组织行使其著作权、增加权利人可以在起诉前向人民法院申请停止侵权、增
加侵权赔偿的法定数额及侵权人的举证责任、强化对损害社会公共利益的侵
权行为的行政处罚。常委会进行了一审，审议中一些委员对草案未涉及高科
技环境下的著作权保护和对第 43 条广播组织播放录音制品可以不经许可、不
支付报酬的规定未作修改表示了不同意见，认为修正案未涉及这两大问题是
不合适的。宋木文、谷建芬在大会上还作了专项发言，呼吁修改 43 条的不合
理规定，尤其谷建芬的发言相当尖锐，引起各方强烈反应。为此，我委先后

在北京和江西分别召开部分省（区）市座谈会及各方参加的座谈会等，特别是在北京专门召开"高新技术对著作权法的影响"研讨会，会后形成《全国人大教科文卫委员会著作权法有关问题研讨会综述》《关于高新技术对著作权法影响研讨会情况综述》等参阅材料。1999 年 4 月，全国人大教科文卫委员会向全国人大常委会提交了审议报告，报告认为：该修正案"基础是比较好的，其修正案的内容基本可行，"同时指出"还有一些方面需要进一步修改、补充"，主要有两个问题：一是关于现行著作权法第 43 条的修改，认为鉴于著作权基本原则、社会主义市场经济条件、国内外作者权利平等、国际公约义务等因素，该条规定"可以不经许可不支付报酬"是不妥的，同时考虑到我国作为社会主义制度国家广播电台电视台的性质、任务、作用和需要，建议将该条修改为"广播电台、电视台播放已经出版的录音制品，可规定不经著作权人和相关权利人的许可，但应适当支付报酬，付酬办法由国务院规定"。二是关于高新技术对著作权法的影响，报告认为："目前，数字化技术在著作权领域的应用越来越广泛，数据库等新的作品形式不断出现，在互联网上使用作品发展迅猛，而与此相关的侵犯著作权和相关权利的案件越来越多。这些都要求尽快对其作出必要的法律规范，因此，著作权法的修改应给予充分重视。"报告对作品数字化、数据库和多媒体、作品的网络传输等著作权问题进行了分析和建议，并明确建议"在著作权法修正案的第十条财产权中的第（六）项之后增加一项'（七）信息网络传播权，即以有线或无线的方式向公众提供作品，使公众中的成员在其选定的地点和时间获得这些作品的权利'"。这些审议意见和建议受到全国人大常委会高度重视。由于上述问题影响广泛，准备不足，国务院认为需要进一步研究论证，因此于 1999 年 6 月正式致函全国人大常委会撤回了议案。

然而，随着 1999 年 11 月中美两国政府就中国加入世界贸易组织的问题达成了协议，我国有望尽快加入世贸组织，修改著作权法再次成为各方关注的议题。2000 年 3 月九届全国人大常务委员会第三次会议上，宋木文联合范敬宜、聂大江、郑成思等代表提交了《关于重新启动修改著作权法的议案》，认为"保护成员方的知识产权是世界贸易组织的重要原则之一，著作权法是知识产权法律中的一部重要法律，现行著作权法与世贸组织的《与贸易有关的知识产权协议》无论在权利内容还是保护措施方面，都有许多不一致的地方，特别是存在双重标准……这些问题如果不尽快解决，不利于我国加入世贸组织，更会挫伤国内广大知识分子的创作积极性，影响新闻出版、文学艺术、广播电视、电子软件等事业的发展"。议案请求国务院责成有关办事机构和主管部门对著作权法修正案抓紧研究论证，"适时提请全国人大常委会审议"。我委在议案办理意见中明确支持加快修法的建议。当年 10 月，国务院法制办负责人专程来我委，就新草拟的修正案草稿征求意见，此草案基本采纳了我委对原草案的审议意见特别是增加网络环境下的著作权保护和对第43 条的修改。宋木文曾在书中回忆说："时任教科文卫委员会文化室副主任朱兵在会前将国务院法制办修改稿送我时附函称，'此稿将我委上次审议意见基本纳入'，我赞成他的看法。"① 2000 年 11 月 19 日，国务院再次向全国人大常委会正式提交著作权法修正案（草案），九届全国人大常委会第十九次会议进行初审，时任国家新闻出版总署署长、国家版权局局长石宗源代表国务院向会议作说明，指出："为了进一步完善我国的著作权保护制度，促进经济、科技和文化的发展繁荣，并适应我国加入世界贸易组织的进程，对现行著作权法作适当修改，是迫切需要的。"由于新草案对第 43 条进行了修改，为加强委员们对此条的关注，我在给委员会的参阅意见中特别介绍了来龙去脉："原著作权法第 43 条规定：'广播电视、电视台非营业性播放已经出版的录音制品，可以不经著作权人、表演者、录音制作者许可，不向其支付报酬。'此条 1990 年制定时就一直争论不休。争论的焦点是广播电视机构在播放的已出版的录音录像制品时，是否应经著作权人许可并付费。赞成此条的意见认为，我国广播电视机构是党和国家的宣传机构，经费来源是国家财政拨款，因而是非营利性机构；如果付费，广播电视机构的性质发生改变，而且费用巨大也无法承担。反对意见认为（以谷建芬为代表），此条违背国际公约如《伯尔尼公约》的规定，作者享有作品的播放权，任何情况下都至少不应该损害作者获得合理报酬的权利；而且我国电视广播机构特别是电视台，在市场经济条件下，广告收入巨大，已不是完全意义上的非营利机构。

---

① 宋木文：《出版是我一生的事业》，中国书籍出版社 2015 年版，第 382 页。

此次草案修改综合了各方面意见，为了进一步与国际公约相衔接，将此条修改为：'广播电台、电视台播放已出版的录音制品，可以不经著作权人许可，但应当向其支付报酬。当事人另有约定的除外。具体办法由国务院规定。'这一修改是合适的。此条的制定与修改从一个侧面反映出我国十多年来社会主义市场经济和进一步改革开放的发展变化，反映了人们对保障公民权利的认识和深化，反映了社会主义法制建设的深入发展。"委员会在对草案基本内容赞成的情况下开展了审议工作，召开各方参加的座谈会，一些与会者对草案提出了进一步修改要求，有的建议一步修改到位，如表演者和录音制作者的权利、广播组织的权利、法定赔偿标准、信息网络传播权的限定、法律名称等问题等，相关方都提出了不同诉求，争执较大，为平衡协调矛盾，避免影响立法进程，我撰写了《关于此次著作权法修正案的几个主要争议问题》报送委员会参阅。

（一）关于表演者、录音制作者的播放权问题

原稿第 43 条将著作权人、表演者、录音制作者并列对待，而修正案第 45 条只规定了向著作权人付酬，有意见认为也应规定后二者的权利。从国际公约、罗马公约的规定看，允许各国根据实际情况来决定是否保护表演者、录音制作者的播放权，主要目的是促进发展中国家广播电视事业的发展。从我国的实际情况看，广播电视的宣传教育功能仍是一个主要特点，各地广播电视发展也极不平衡。此次修改规定向著作权人付酬已是一个大的突破，如果一下就把我国的保护水平提得很高，恐怕也不符合我国的实际。目前这种规定初步满足了国际公约的保护水平，以后可以随着社会经济的发展对此不断加以修改提高。

（二）关于第 44 条广播电视机构对其制作节目权利的规定问题

新旧修正案对此条款一直未作修改。有意见认为此条规定与上述规定不平衡，或建议删去此条。从理论上说，此条规定没有太大的实质意义，且有重复规定之嫌。但从实际情况看，由于广播电视部门对第 43 条已基本接受了修改意见，作了让步，如果此次再删去此条，估计相关部门的反弹会很大，

而且本委员会上次修改意见中对此也未提出异议。故此次修改不宜对此操之过急，以免引起新的争端。

（三）关于法定赔偿标准的问题

此次修正案第 50 条规定在无法确定被侵权人损失额的情况下，法院可确定赔偿额最高为 50 万元。有意见认为规定的额度偏低。从了解情况看，国务院是在与最高人民法院几经协商后确定这个标准的。主要基于各地经济情况不平衡，定得太高难以执行。最高人民法院在 2000 年 12 月 19 日公布了《关于审理涉及计算机网络著作权纠纷案件适用法律若干问题的解释》，规定对损失额不能确定的，赔偿额为 500 元以上 30 万元以下，最多不得超过人民币 50 万元。此规定的另一个问题是突破了既有的民法原则，民法强调按实际损失赔偿，而非法定赔偿。由于著作权侵权中的一个突出特点是取证困难，这是该规定的主要原因。但如何协调二者关系，仍需考虑。

（四）关于信息网络传播权的限制问题

此次修正案对信息网络传播权的规定是一个大的进步，但图书馆方面对此意见较大。现在北图正在搞数字图书馆，面临着侵权的问题。类似的情况在一些地方和部门都存在。有意见认为应对信息网络传播权加以限制，或在法定许可的规定中增加一款。从了解情况看，这个问题比较复杂。目前相关的国际条约对此都采取慎重态度，未作明确规定。国务院法制办的意见是将此问题暂时搁置，留待以后修改时再作考虑。如实际中遇见纠纷，具体问题具体处理。

（五）关于该法名称的问题

2001 年 3 月，全国人大教科文卫委员会向全国人大常委会报送审议意见，对草案给予了积极评价，意见称："在这次国务院重新提交的修正草案中，本委员会前次审议意见中的绝大多数内容也得到了反映，如'关于著作权集体管理机构的名称''关于著作权行政执法部门的确认''关于广播电视组织播放录音制品''关于作品数字化行为的界定''关于作品的网络传播'等，总体上修改得比较好，修订内容基本可行。"同时还提出了其他一些修改建议，如建议将"互联网传播权"改为"信息网络传播权"、保护客体增加"杂技"以突出中国特色等，均被修正案采纳。2001年10月27日九届全国人大常委会第二十四次会议高票通过著作权法修正案。这次修改是进一步完善我国著作权法律制度的重大进展，标志着我国知识产权保护达到新的水平，获得了各方一致好评。时任委员长李鹏在会议结束时发表重要讲话，指出："本次会议通过了修改著作权法和商标法的决定，进一步加强了对著作权和商标专用权的管理和保护。加上去年已经修改的专利法，我们对知识产权的三部主要法律都已进行了修改，使之更加适应改革开放的需要。我国即将加入世界贸易组织，因此我们要继续清理、修订和完善相关法律，建立健全既符合我国实际，又与世贸组织规则相衔接的涉外法律体系。"

这时，有一件事情令我至今难忘。会议结束当天下午5点多，我正在收拾东西准备下班，范敬宜匆匆叫住我，说"这次修改著作权法在国内外都产生了很大影响，刚才委员长也作了重要讲话，《人民日报》应当发一个评论员文章，你抓紧起草一下，明天一大早塞我办公室门缝里，马上见报"。范敬宜是老报人，儒雅质朴，才华横溢。他从《人民日报》总编辑岗位上转任委员会负责文化立法的副主任委员，是我的直接领导。他为了扩大人大立法监督工作的影响，首次在《人民日报》开辟"民主法制建设"专栏，意义深远。每当重要的法律出台，《人民日报》都发表评论员文章。这是我第一次受命起草这种文章，没有经验，要得这么快、这么急，我就没下班把自己关在办公室里面，思来想去，文章既要有内容、有高度，要充分反映出这次修法的重要意义，又要凝练精要不能太长。好在我立法前后亲身经历和体会深刻，到晚上8点前后起草完了塞进他的办公室门缝里。他次日一早看后很满意，基本上没怎么改，便交给了《人民日报》，发表后得到了各方好评。文章全文如下。

历史性的进步*

——写在《著作权法》（修正案）审议通过之时

《人民日报》评论员

九届全国人大常委会第二十四次会议审议通过了《中华人民共和国著作权法》（修正案）。此次修改历时数年，经历了曲折、反复的过程，终于在本次常委会上达成了一致。这是一件值得庆贺的事情。

《著作权法》是公民知识产权方面的一部极为重要的法律。自从1990年颁布以来，它对保护著作权人的合法权益，激发他们的创作才智，促进科技、经济的发展和文化艺术的繁荣，发挥了重要作用。但是，它毕竟制定于十多年前，当时不可能预见到后来发生的许多新情况、新问题。随着全球科技经济的迅猛发展，我国社会主义市场经济日益深化，原有的《著作权法》在很多方面已不适应今天新的形势。这次修改特别是在进一步具体完善著作权的权利内容、解决高新技术的发展为著作权保护所提出的新问题、解决我国加入世界贸易组织后与有关国际公约的衔接问题，以及加大对著作权侵权行为行政处罚等方面，取得了重大进展。这既是我国知识产权法律保护制度日益完善的重要体现，更是我国社会主义民主法制建设深入发展的具体实践。

此次修改，全国人大常委会广泛听取意见，充分讨论，集思广益。根据国际国内形势的发展，坚持从实际出发，正确处理权利人、传播者和公众的关系，正确处理履行国际义务与国内著作权保护的关系，正确处理高新技术发展与著作权保护的关系，使修正案得以进一步完善。此次修正案的通过，充分体现了我国政府对加强知识产权保护的高度重视，标志着我国著作权保护水平从此迈进了一个新的阶段。

《著作权法》从九十年代初的制定到今天的修改，其间正处于我国进一步改革开放的重要时期。正是在这样一个历史时期中，它由一部人们陌生的法律，变成了一部社会公众普遍关注的法律；由一部曾被视为仅为作家艺术家服务的法律，变成了一部为所有公民确认和保障自身权利的法律；由一部封闭的、曾打着鲜明的计划经济烙印的法律，变成了一部开放的、既与社会主义市场经济发

---

* 载于《人民日报》2001年10月31日。

展和科技进步相适应，同时又逐步与世界规范相衔接的法律。这不仅仅只是一种法律上的变化。正是通过这样的变化，我们可以深深地感受到我们社会的日新月异和对知识的日益尊重，感受到社会主义民主与法制建设步伐的坚实有力。这就是历史的进步，这就是改革开放的进步。

2001年11月9日，全国人大教科文卫委员会会同全国人大法律委员会、全国人大常委会法制工作委员会在人民大会堂联合召开"宣传贯彻著作权法座谈会"，来自中央部门、司法机关、社会团体、作者、专家学者代表等参加会议，朱开轩主任委员主持会议，许嘉璐副委员长出席并发表讲话。范敬宜、宋木文在会上都作了发言。范敬宜的发言激情洋溢，他说："2001年10月27日，对于我们所有曾经参与著作权法制定、修改工作的人来说，是一个值得欢欣鼓舞的重大节日。这天下午三点零五分，九届全国人大常委会第二十四次会议以无一反对票通过了著作权法修正案。这时，我立刻把视线投向坐在第四排的著名作曲家谷建芬同志，只见她脸上露出欣慰的笑意，我也长长地舒了一口气："大家近十年的努力终于有了圆满的结果。"对这次修法的重要意义，他直接引用道："正如人民日报评论员文章指出的那样，'《著作权法》从九十年代初的制定到今天的修改，其间正处于我国进一步改革开放的重要时期。正是在这样一个历史时期中，它由一部人们陌生的法律，变成了一部社会公众普遍关注的法律；由一部曾被视为仅为作家艺术家服务的法律，变成了一部为所有公民确认和保障自身权利的法律；由一部封闭的、曾打着鲜明的计划经济烙印的法律，变成了一部开放的、既与社会主义市场经济发展和科技进步相适应，又逐步与世界规范相衔接的法律。这不仅仅只是一种法律上的变化。正是通过这样的变化，我们可以深深地感受到我们社会的日新月异和对知识的日益尊重，感受到社会主义民主与法制建设步伐的坚实有力。这就是历史的进步，这就是改革开放的进步。'"对此他评价说："这番话确实说得相当深刻。"

三、第二次修改著作权法（以及第三次修改）

2010年2月26日，十一届全国人大常委会第十三次会议通过了修改著作权法的决定，这是著作权法的第二次修改，距上次修改恰好又过去了10

年。这次修改只涉及两条，一是上文提及的第 4 条，二是新增著作权质押条款。实质上，本次修改带有强烈的指向性，针对的就是第 4 条第 1 款所规定的"依法禁止出版、传播的作品，不受本法保护"这一不合理规定。正如上文所说，此条在立法初始就一直争论不休，因与著作权的基本原理和国际公约准则相冲突不断引起诟病，第一次修法时有不少人呼吁修改此条，但终因担心影响其他重要的实质性条款的修改通过，将其与法律名称问题一并搁置起来暂不修改。未料到的是，2007 年 4 月，美国向世贸组织提出三项指控，其中一项就是指控此条规定违背了《与贸易有关的知识产权协议》。这是中美知识产权在世贸组织的第一案，引发各方高度关注。2009 年 3 月，世贸组织争端机构会议专家组裁决虽驳回美方其他大多指控，但认定此条与世贸规则不一致，应当予以修改，修改期限为一年，中美双方最后都接受了这一裁决。从某种意义上说，正是因为这次裁决，推动了著作权法第二次修改进入了快车道。同年，十一届全国人大教科文卫委员会在主任委员白克明的主持下，听取了时任新闻出版总署副署长、国家版权局副局长阎晓宏关于修法工作及草案起草的汇报，委员会对修改工作表示原则赞同。2010 年 2 月 24 日，时任国家新闻出版总署署长、国家版权局局长柳斌杰代表国务院向十一届全国人大常委会作修改说明，修改内容共三项，一是设立作品登记制度，规定权利人可以向国务院著作权行政管理部门认定的登记机构办理登记作品，以为法院审判、海关确权提供有效证据；二是根据物权法规定，设立著作权质押登记制度，规定以著作权出质的，由出质人和质权人向国务院著作权行政管理部门办理出质登记；三是删除第 4 条第 1 款"依法禁止出版、传播的作品，不受本法保护"，理由是对禁止出版、传播的作品已有相关法规规定，如音像制品管理条例、电影管理条例、出版管理条例、广播电视管理条例等，此条规定已无必要。常委会审议时，一些委员认为著作权登记是民事行为，不宜通过法律规定强制进行，且登记机构实行收费制，通过行政管理机关来认定不甚妥当，否则有行政强制收费之嫌，建议深入研究，暂不予规定。①

---

① 为此，全国人大教科文卫委员会随后组成调研组专程赴中国版权保护中心进行调研，中心主任段桂鉴作了全面汇报，调研组对著作权登记制度在著作权保护中的重要作用和登记工作成就表示充分肯定。

对第 2 项修改即增加著作权质押的规定，因其实践中一直是国家版权行政管理机关的规范性做法，将其上升为法律规定并无不妥；审议认为对第 4 条第 1 款删除是必要的，因为作品内容与著作权无涉，可由其他相关法律管辖，同时为了进一步明确国家对作品出版、传播的监管职责，加强著作权法与其他法律的衔接性，增加第 2 款："国家对作品的出版、传播依法进行监督管理。"修正案最后获得常委会一致通过。此次修正，其核心内容是对第 4 条的修改，将原法长期引起争议的第 1 款"依法禁止出版、传播的作品，不受本法保护"予以删除，将原法第 2 款"著作权人行使著作权，不得违反宪法和法律，不得损害公共利益"上升为第 1 款，正本清源回归了著作权法原意，反映了全社会对知识产权保护认识的不断深化。第 4 条第 1 款从当年的立法一直到这次的删除，足足花去了 20 年光阴，又重新回到我委员会在最初立法时提出的审议意见上来，联想到当年沈仁干的名言"铁路警察各管一段"，不禁令人感慨万千。依照宋木文的说法，这一"本来无写入必要又遭强烈质疑的'不保护'条款"，理应删除，因为"著作权是依法自动产生的民事权利。在著作权法中按政治标准规定不保护条款，是不必要也是不妥的。不同的法律有不同的管辖内容。在著作权法中不作此种政治性特别规定，政府主管部门仍然可以依据其他法律查禁违法作品"。[①]

著作权法第三次修改工作始于 2011 年，至今仍在进行中。由于上述两次修改都与世贸组织有关，第一次修改主要是为了满足加入世贸组织的直接需要，第二次修改是为了履行世贸组织关于中美知识产权争端裁决的现实需要，在某种意义上，这两次修改都是在外部力量推动下完成的，具有被动型和局部性特点。进入 21 世纪后，知识经济深入发展，知识产权成为国家发展的战略性资源和国际竞争力的核心要素，提高自主创新，建设创新型国家成为国家战略目标，2008 年 6 月，国务院颁布《国家知识产权战略纲要》。为适应我国经济社会发生的深刻变化，回应社会转型经济转轨、数字和网络技术迅猛发展、建设创新型国家的新挑战、新要求，这是一次立足我国发展实际需要主动开展的修法，以进一步充实完善我国著作权法律制度回应各界要求。

[①] 宋木文：《出版是我一生的事业》，中国书籍出版社 2015 年版，第 360 页。

为此，国务院将修改著作权法列入 2011 年立法工作计划，国家版权局当年成立了修订工作领导小组和专家委员会，时任国家新闻出版总署署长、国家版权局局长柳斌杰亲自挂帅担任领导小组组长，我以全国人大教科文卫委员会文化室主任的身份成为领导小组成员。柳斌杰知识渊博、思维敏捷，是我国文化体制改革的推动者。他要求起草工作坚持开门立法，坚持以问题为导向，要遵循独立性、平衡性和国际性原则，立足我国国情，处理好创作者、传播者和社会公共利益的关系，处理好国内法与国际法之间的关系。这一立法思路和原则无疑是正确的。其后，刘春田、李明德、吴汉东教授领衔分别提供了 3 份专家建议稿，以此为基础，起草小组在国家版权局版权司司长王自强的牵头下初步形成了修改草案，经专家委员会和领导小组讨论，2012 年 12 月国家版权局将送审稿上报国务院。送审稿对现行著作权法作了较大改动，从现行法的 6 章 61 条修订为 8 章 90 条。国务院 2014 年 6 月通过中国政府法治信息网向社会公开征求意见，各方反应强烈，共收集意见数十万字。由于修正草案中涉及多个问题如实用艺术作品、追续权、孤儿作品、集体管理组织的延伸管理、"三振出局"、保护对象与权利的重新划分、广播组织的信息网络传播权等，都存在不同程度的争议，导致起草工作一度停滞不前。2013年 3 月，十二届全国人大教科文卫委员会组成，柳斌杰转任委员会主任委员。在本届委员会工作的数年中，他一直高度关注著作权法的修改进程，采取措施积极推进。为了加快立法步伐，在委员会建议下，2017 年 6 月，十二届全国人大常委会组成执法检查组对著作权法的实施情况进行检查，张德江委员长作出重要批示，王晨、吉炳轩、张宝文、陈竺副委员长和柳斌杰分别带队赴青海、北京、广东、福建和上海 5 个省（区）市进行检查，还委托天津等10 个省（区）市人大常委会在本行政区域内检查。这是著作权法自立法以来第一次由全国人大常委会开展的执法检查，范围之广，影响之大，前所未有。2017 年 8 月 26 日，时任全国人大常委会副委员长兼秘书长王晨向十二届全国人大常委会第二十九次会议作了检查著作权法实施情况的报告，报告总结了著作权法实施以来的工作和成效，明确指出"存在一些亟待研究解决的问题"，包括著作权意识需要进一步加强、著作权作品质量和运用能力有待提升、行政执法存在薄弱环节、司法保护需要进一步加强、著作权服务工作存在短板等，提出了有针对性的建议，尤其是报告明确要求："要在确保立法质量的前提下，积极推进著作权法修改工作，尽快形成较为完善的法律草案提请全国人大常委会审议。"为了整改落实执法检查报告提出的意见要求，国务院有关部门积极行动，抓紧工作，求同存异，着力解决突出问题，加快立法进程。十三届全国人大常委会组成后，已将著作权法修改列为本届全国人大常委会立法规划第一类项目，这表明本届全国人大常委会将会完成这一立法任务。

四、民间文艺作品著作权保护问题

1990 年著作权法制定出台时作出了一项重要规定，即"民间文学艺术作品的著作权保护办法由国务院另行规定。（第 6 条）"此条规定反响强烈，影响深远，在法理和实践中争议不断，以致相关法规至今尚未出台。当年之所以在法律中写入此条，有着深刻复杂的国际国内原因。二十世纪七八十年代以来，随着经济科技全球化发展和西方发达国家的文化倾销，坚持文化多样性，保护各国各民族民间传统文化逐渐成为一个浪潮。当时国际上有两种思路，一是知识产权保护，以世界知识产权组织（WIPO）为代表，积极研究推动包括遗传资源、传统知识和民间文学艺术在内的知识产权保护。由于现代知识产权保护制度是西方工业化时代形成的，强调的是现代知识体系和工业技术产生的知识产权，这使现代知识体系和工业技术相对落后但历史文化悠久、资源丰富的发展中国家产生了很大不平衡，后者强烈要求在知识产权体系中对传统知识体系给予同等保护。2000 年 WIPO 成员成立了政府间委员会，推动形成国际条约对传统知识、遗传资源和传统文化表现形式予以知识产权保护。二是联合国教科文组织（UNESCO）在文化多样性背景下大力推动非物质文化遗产保护，1982 年制定《保护民间文学表达形式、防止不正当利用及其他侵害行为的国内法示范法条》，2001 年发布《世界文化多样性宣言》，2003 年出台《保护非物质文化遗产公约》，2005 年出台《保护和促进文化表现形式多样性公约》，鼓励支持各国政府制定国内法强化行政保护措施。前者属民事保护，后者属行政保护。当年国内的立法思路也是沿着这两种保护方式进行的。郑成思先生是国内最早提出我国知识产权立法应重视此问题的学者，他对西方知识产权发展有着深刻研究，在国际知识产权领域享有很高威望。他认为在西方发达国家主导的知识产权环境下，发展中国家传统文化资源的知识产权保护应该提上议事日程，尤其是中国是有着悠久历史文明的最大发展中国家，更应该高度重视。因此 1990 年在著作权立法时，他力主将民间文艺作品著作权的保护作为单独条款写入，从民事法律上确立其性质和地位，具体交由国务院制定相关条例。后来他当九届全国人大法律委员会委员时，正值我委员会在时任副主任委员聂大江的牵头下，积极推动非物质文化遗产立法，开展了大量调研和起草工作，郑先生与我们有较多的交流，对立法工作影响很大。为此起草小组还组团访问突尼斯，了解 WIPO 支持其制定的保护民间文艺的《突尼斯样板著作权法》，也访问了联合国教科文组织并交流了传统文化保护立法情况。2011 年我国出台非物质文化遗产法，起草过程历经周折，其中一个反复研究的问题就是要不要规定、如何规定民事保护条款，确立政府行政保护法定职责。

关于郑成思的影响，我曾在回忆文章中写道：

近几年来，随着国际上保护文化多样性浪潮的出现，我国也开展了非物质文化遗产保护工作。全国人大教科文卫委员会和文化部也一直在开展这方面的立法调研工作。在这过程中，郑老师多次向我们提出要特别重视我国传统文化的知识产权保护问题。其实早在九届全国人大常委会法制讲座中，他就专门把这一问题作为我国知识产权法律制度要解决的一个重要问题提了出来，明确强调在国际知识产权保护运动中要扬长避短。他指出："在'入世'之后，要考虑以可行的建议促使我国代表在多边谈判中不断增加有利于我国经济发展的内容。立法机关通过立法先在国内开始自行保护属于我们长项的知识产权客体，是一种积极的促进方式。多年来，亚非一批国家为争取把民间文学艺术的保护纳入国际公约，都是自己首先在国内法中开始保护的。"他进一步指出："世贸组织在下一轮多边谈判中，即将讨论把'生物多品种'的保护与'传统知识'的保护纳入知识产权范围的问题，这应引起我们的关注。大量我国独有而外国没有的动植物品种（包括濒临灭绝的动植物）的保护，就属于前者；我国的中医药及中医疗法的保护，我国几乎各地均有的民间文学艺术的保护等，则属于后者。这些，应当说是我国的长项，不像专利、驰名商标等在国际上目前显然还是我国的短项。我们关注这些问题的目的，一是要争取把它们纳入知识产权国际保护的范围；二是一旦纳入之后，应考虑我们的立法如何立即跟上。这有利于我们在知识产权的国际保护中扬长避短，使我国在国际市场上的知识产权产品也有可能不断增加。"这些话在今天看来，仍然是那样的深刻、精辟和具有前瞻性。对我国知识产权保护制度的深入发展和立法实践，无疑具有重要的指导意义。①

这些年来，我国在传统文化资源法律制度建设和司法实践上都取得长足进展，2008年国务院发布《国家知识产权战略纲要》，我作为特邀专家参与了纲要的研讨论证工作。纲要提出："到2020年，把我国建设成为知识产权创造、运用、保护和管理水平较高的国家。"全面提出："（33）完善遗传资源保护、开发和利用制度，防止遗传资源流失和无序利用。协调遗传资源保护、开发利用的利益关系，构建合理的遗传资源获取与利益分享机制。保障遗传资源提供者知情同意权。（34）建立健全传统知识保护制度。扶持传统知识的整理和传承，促进传统知识发展。完善传统医药知识产权管理、保护和利用协调机制，加强对传统工艺的保护、开发和利用。（35）加强民间文艺保护，促进民间文艺发展。深入发掘民间文艺作品，建立民间文艺保存人与后续创作人之间合理分享利益的机制，维护相关个人、群体的合法权益。"

2008年12月，十一届全国人大常委会第三次修改专利法，增加了对遗传资源的保护性条款，明确规定："依赖遗传资源完成的发明创造，申请人应当在专利申请文件中说明该遗传资源的直接来源和原始来源；申请人无法说明原始来源的，应当陈述理由。（第26条）"这一修改是知识产权立法实践的一大突破。在司法实践中，民间文艺作品著作权的保护出现了一些案例，其中最经典、影响最广泛的当属2001年饶河县四排赫哲族乡政府诉郭颂等侵犯民间文学艺术作品著作权纠纷案（"乌苏里江船歌案"）。该案由北京市中级人民法院审理，审判长便是王范武，他和罗东川等人都是最早参与著作权立法的法官。案由主要是郭颂称"乌苏里江船歌"是他创作而非改编自赫哲

---

① 朱兵：《学者的风范、实践的楷模——追忆郑成思同志》，载《中国版权》2007年第1期。

族民歌，赫哲族乡则认为是郭颂侵权进而提起诉讼。由于这是民间文艺作品著作权第一案，缺乏法律具体规定，诉讼主体、权利关系等引起很大争论。为此北京市中级人民法院召开专门研讨会，北京市高级人民法院、最高人民法院都派员参加，我应邀参会并介绍了我国相关法律起草工作和国际有关背景情况，强调我国优秀民族民间文化受保护的宪法原则。北京市中级人民法院受理此案并审理认定乌苏里江船歌属改编作品而非郭颂创作作品，维护了赫哲族民歌的权益。此案判决后，得到社会各界一致好评，成为全国知识产权经典案例。其后，又陆续出现了"安顺地戏"等案例。这些司法实践为民间文艺作品著作权的立法提供了价值参考。

总体来说，民间文艺作品著作权仍是一个相当复杂的问题，国务院相关条例仍在深入研究之中。由于在保护对象、保护期限、权利归属、权利行使等方面尚存在不小争议，超出了现有著作权法律制度架构，处理不当也容易引发混乱。对此我曾撰文写道："目前理论界存在两种保护模式之争，即著作权保护模式和特殊权利保护模式。前者主张将民间文艺纳入著作权法所定义的'作品'中，以著作权保护模式来进行规范。后者则主张将'民间文艺表达形式'与'作品'区别开来，在传统著作权法之外建立某种特殊权利保护制度，以解决其主体、保护期以及多样性等问题。笔者以为，无论采取何种模式，在理论上亟须解决两个难点问题：一是权利的内容，二是权利的归属。对此，目前仍缺乏足够的理论支撑。例如，民间文艺或非物质文化遗产的权利主体究竟应是国家、族群、还是地域、社区或某个传承者？抑或兼而有之？这涉及相当复杂的权利关系，并不能简单化之。又例如，一种较普遍的观点认为，他人使用民间文艺或非物质文化遗产应当表明来源，这在知识产权理论上确实具有一定的正当性和合理性。但从文化人类学、遗产学以及具体实践看，'来源'的问题也并非全然是一个简单明了的问题。一些民间文艺或非物质文化遗产项目可能较易明确其来源，但相当一些则难以明确。由于它们是千百年来世代流传下来的文化形态，具有流变性和跨地域、跨民族性，绝不能简单将现今它们所处的地域直接等同于文化人类学、遗产学上的来源地。同样，也绝不能简单把各级政府通过行政手段确认的非遗项目所在地混同于该项目的来源地。这是完全性质不同的两回事。目前我国各级政府颁布的非遗项目多达 8 万余项，有的是数省、多地共有项目，如梁祝传说等。依照非物质文化遗产法，这种行政确认不过是对项目所在地政府履行保护职责的一种法律确认，而绝非是从民事关系上对项目所在地是否具有该文化形态所独占、独享的'来源地'的一种法律确认。三是私权主张与传统文化传承发展的关系问题。如何妥善、正确处理知识产权保护与传统文化的传承发展关系，也是建立有关民事保护制度的一个难点问题。作为私权的知识产权在本质上体现的是权利的独占性、排他性，这与作为遗产的传统文化的共有、共享性产生了很大冲突。由于非物质文化遗产的繁杂和广泛，从行政保护的角度看，法律上和实践上的一个有效手段就是采取确认具有代表性的名录项目和传承人的方法来予以保护。就是说，某个项目或传承人都只是该传统文化表现形态的'代表者'之一，而不是'独占者'或'独享者'。如果因为代表性名录项目和传承人的行政确认，就将某种世代广泛流传的传统文化形态归之于某个人、某个所在地对其权利的独占、独享，从而使之拥有排他性，这显然是极为不妥的。此问题若处理不当，势必出现各地争权诉讼遍起，引发地域间、民族间的纷争和冲突。不仅对传统文化的广泛继承、弘扬和传播产生相当障碍和不利影响，而且与传统文化作为'遗产'的本质、精神和价值相背离。"① 民间文艺作品著作权理论性强、涉及面广、复杂程度深，既关系到民族民间文化权益的尊重，更关系到国家文化权益的维护，也关系到国际文化交流与合作，因此正确妥善处理好相互关系，对立法和司法无疑都是十分重要的。

---

① 朱兵：《关于非物质文化遗产法中的民事保护问题》，载《中国版权》2011 年第 6 期。

关于书籍稿酬制度[*]

高凌瀚^{**}

中华人民共和国第一部著作权法颁布已经 30 年了。该法当时在全国人大常委会审议时，就有不少反对的声音。在颁布之初，也是如此，甚至有人认为该法是保护外国人利益的，损害了国家的利益。然而，30 年的实践证明，这部法律在鼓励我国文化、科技、娱乐、数字技术等许多领域的发展方面，起着极为重要的作用。那些轻视著作权保护，或将著作权保护限制在狭窄领域的认识是违背历史潮流的。

在纪念著作权法颁布 30 周年之际，在此重新发表笔者 20 多年前发表在《著作权》1997 年第 3 期的《关于书籍稿酬制度》一文，意在说明保护作者的经济权益的意义。除了保护作者的精神权利外，获得经济报酬不仅是合理的，也是必不可少的。从本文引述的文件中可以看到，即使是在没有著作权法的时代，国家还是从文化发展的角度，关心文字创作者的权益，从而推动了许多优秀作品的产生。

必须说明的另一点是，关于书籍稿酬的演变，国家版权局、国家发展和改革委员会 2014 年 9 月 23 日发布的《使用文字作品支付报酬办法》中，对此问题做以了结。稿酬制度由国家规定转向了契约规定，由创作者和使用者协商确定付酬方式和数额，国家规定仅适用于当事人无约定或约定不明确的例外情况。

---

* 本文发表于《著作权》1997 年第 3 期。

** 高凌瀚，1951 年参军，1964 年从北京外国语学院高级翻译班毕业后在外交部中国国际问题研究院以及原文化部工作，先后在我国驻瑞士大使馆、常驻联合国教科文组织、国家版权局等机构任职。

第一部分　1949 年以后的书籍稿酬制度概况

1949 年以后，稿酬制度在不断变化。这种变化同政治因素紧密结合。概括地说，当政治的钟摆向"左"时，稿酬标准的趋势是向下。当政治的钟摆回摆时，稿酬标准的趋势是向上。

最早关于稿酬的官方文件大概是 1950 年 9 月 25 日的第一届全国出版会议《关于改进和发展出版工作的决议》。决议指出："稿酬办法应在兼顾作家、读者及出版家三方面利益的原则下与著作家协商决定；为尊重著作家的权益，原则上应不采取卖绝著作权的办法。计算稿酬的标准，原则上应根据著作物的性质、质量、字数及印数。"

上述决议提到的稿酬办法是十分原则性的。更具体的办法体现在 1958 年文化部颁发的书籍稿酬暂行规定草案的通知中。

该文说，到发文时，全国各地出版社实行的办法是"参照苏联稿酬办法的精神拟订的，按照质量（每千字若干元）和印数（每印若干册付酬一次）计算稿酬。这个办法与解放前出版商采用的买版权或付版税办法有本质上的不同。那些办法都是以牟利为目的，仅仅有利于出版商而不利于作者。现行稿酬办法，基本上符合按劳付酬原则，一般地说凡是质量高、字数多、印数大的著译都会得到较多的报酬，作者的物质权益基本上有了保障，稿费收入比中华人民共和国成立前有了显著的提高，对鼓励创作起了积极的作用。"

但是，该文接着指出："现行书籍稿酬办法也存在着许多不合理的地方，主要也是许多书籍稿酬偏高，特别是印数大的书籍稿酬太高，少数销数不大但确有学术价值的著作相对地稿酬偏低；著作与翻译的稿酬相差无几，销数大的翻译往往比著作得到更多的报酬。这种不合理状态，近两年来，由于哄抬稿酬，而更有了发展。产生这种不合理的现象，除思想作风上的原因外，现行稿酬办法本身也有缺点，即按印数定额付酬，印得越多，稿酬越高，稿件质量对于稿费总额不起作用。"①

---

①　见文化部《颁发"关于文学和社会科学书籍稿酬的暂行规定草案"，请北京、上海两地有关出版社试行》，1958 年 7 月 14 日。转引自《中国著作权实用全书》，辽宁人民出版社 1996 年版，第 51 页。

这个文件表达了三个方面的认识。第一，文件认为中华人民共和国成立后的稿酬高于解放前，体现了新制度的优越。第二，中华人民共和国成立后的新稿酬制度体现了按劳付酬的原则。第三，新稿酬制度不是没有缺点，特别体现在印数稿酬上。因此，对制度进行了修改，既保障作者和译者有一定的收入，要相当于大学教授的水平，鼓励创作，又防止稿酬偏高，"滋长"作者追求物质享受的倾向，轻视劳动、轻视工农、脱离实际、脱离政治。

当时的稿酬标准是：著作稿为每千字 4 元、6 元、8 元、10 元、12 元、15 元。翻译稿为每千字 3 元、4 元、5 元、6 元、8 元、10 元。

印数稿酬的标准如表 1 所示。

表1　印数稿酬标准参照

累计印数/册	著作稿版税率/每千册	翻译稿版税率/每千册
1—5 000	8%	6%
5 001—10 000	5%	4%
10 001—30 000	3%	2%
30 001—50 000	2%	2%
50 001 以上	1%	1%

1958 年是"大跃进"的年代。"左"的思潮不断发展。文化部这个限制作者稿酬的文件 7 月出台，而到了 10 月，就被否定。文化部发了《关于北京各报刊、出版社降低稿酬标准的通报》，指出"目前的稿酬标准，已不能适应"大跃进"的新形势。大家认为，过高的稿酬标准，使一部分人的生活特殊化，脱离工农群众，对于繁荣创作并不有利。而由于现在稿费优厚，已造成一部分青年著译者不安心本身的工作和学习，追逐稿费，发展了资产阶级的个人名利思想。大家指出，目前稿酬过高，加深了脑力劳动与体力劳动的人为差别，与目前空前高涨的共产主义觉悟的形势不相称……"① 于是，建议将著作稿基本稿酬降为每千字 3 元至 8 元，翻译稿酬降为每千字 2 元至 5

---

① 见文化部《关于北京各报刊、出版社降低稿酬标准的通报》，1958 年 10 月 10 日。转引自《中国著作权实用全书》，辽宁人民出版社 1996 年版，第 57 页。

元；印数稿酬版税率降至 5000 册以内 5%，3 万册以内 3%，3 万册以上 1%。

1959 年 10 月，在"大跃进"失败的情况下，文化部再发文否定了一年前的降低标准的文件，恢复了原来的标准，只在印数稿酬版税率中增加了超过 10 万册的版税率为 0.5% 的标准①。

1960 年，阶级斗争开始成为主要矛盾，于是，稿酬问题再度被提出。1960 年 10 月，中央批转了《文化部党组、中国作家协会党组关于废除版税制彻底改革稿酬制度的请示报告》，认为"稿酬问题，是关系到作家、艺术家、知识分子的生活方式和世界观的改造的一个重要问题。为了加强知识分子同工农群众的结合，鼓励文艺工作者的创作积极性，同时又尽可能防止产生特殊阶层的危险，目前亟须对我国现行的稿酬制度加以改革。"报告的中心是废除印数稿酬。这是因为印数越多，稿费就越多。而印数的增长并不一定反映作品的价值和质量。结果，"实质上同资本主义国家的版税制没有什么原则区别，即把作品当成作者的私有财产。一个作家，只要写出了一本比较畅销的书，所得的稿费，就常常足以供他长期使用，甚至他的后人或亲友还可以继承版税。"现行制度有许多危害："不仅不能起鼓励作家刻苦写作，提高作品质量，繁荣文艺创作和学术研究的作用，反而助长争名逐利，粗制滥造的作风。尤其有害的是它妨碍作家艺术家生活方式和世界观的无产阶级化，妨碍知识分子的劳动化。"整风反右"以来的许多事实证明，过高的稿酬成了文艺界、知识分子中某些人腐化变质和'一本书主义'等资产阶级思想的物质基础。目前我国完全依靠稿费收入生活的作家和翻译家虽然只是少数（约 100 人），但是，业余写作的，即一方面在各自的工作岗位上领取国家工资，另一方面由于从事创作享受这种过高的稿费的作家、艺术家、国家机关干部、资产阶级知识分子以至若干工农知识分子，却数量极大。如果不对现行的稿酬制度进行改革，不但对文艺学术的健康发展不利，对逐步消除资产阶级法权残余首先是脑力劳动和体力劳动的差别，也是极为不利，甚至还有形成一种脱离工农群众的特殊阶层的危险。因此，正确地解决稿酬制度

---

① 《关于在北京、上海两地出版社继续试行"关于文学和社会科学书籍稿酬的暂行规定"的通知》，1959 年 10 月 19 日。转引自《中国著作权实用全书》，辽宁人民出版社 1996 年版，第 61 页。

具有极大的意义。"改革的基本思路是：首先废除版税制，同时对目前一部分完全依靠稿费维持生活的作家一律实行工资制，稿费只作为生活的补助和鼓励创作的一种次要因素。于是，只付一次稿费，办法极其简单①。

1962 年，钟摆又一次回摆，中央批转文化部党组建议恢复 1959 年的请示报告②。1964 年 5 月，文化部通知重申恢复实行 1959 年的稿酬暂行规定，然而，到了同年 7 月，另一次急转弯再度停止了实行印数稿酬③。稿酬维持在著作稿每千字 4 元至 15 元，翻译稿每千字 3 元至 10 元。1966 年 1 月，文化部认为虽然取消了印数稿酬，但稿酬标准依然过高，又决定降低基本稿酬标准：著作稿每千字 2 元至 8 元，翻译稿每千字 1 元至 5 元④。

"文化大革命"期间，连一次性稿酬也取消了。

1977 年，国家出版局恢复执行相当于 1964 年规定的稿酬⑤，即著作稿每千字 2 元至 7 元，翻译稿每千字 1 元至 5 元。1980 年，国家出版局党组制定了新的稿酬标准，对基本稿酬做了适当的提高，著作稿提高到 3 元至 10 元，翻译稿提高到 1 元至 7 元，恢复了印数稿酬，但印数稿酬的数额不大，印数超过 100 万册时，才能多拿一个基本稿酬。印数稿酬是按万册，而不是过去按千册为单位计算的如表 2 所示。

表 2　印数稿酬标准参照

累计印数/册	著作稿版税率/每万册	翻译稿版税率/每万册
1—50 000	3%	2%
50 001—100 000	2%	1%

① 《中央批转文化部党组、中国作家协会党组关于废除版税制、彻底改革稿酬制度的报告》，1960 年 10 月 11 日。转引自《中国著作权实用全书》，辽宁人民出版社 1996 年版，第 69 页。

② 《中央批转文化部党组建议恢复 1959 年颁发施行的稿酬办法的请示报告》，1962 年 5 月 4 日。转引自《中国著作权实用全书》，辽宁人民出版社 1996 年版，第 83 页。

③ 《关于暂行停付印数稿酬的通知》，1964 年 10 月 27 日。转引自《中国著作权实用全书》，辽宁人民出版社 1996 年版，第 91 页。

④ 《中央批转文化部党委关于进一步降低图书稿酬的请示报告》，1966 年 1 月 3 日。转引自《中国著作权实用全书》，辽宁人民出版社 1996 年版，第 98 页。

⑤ 《关于试行新闻出版稿酬及补贴办法的通知》，1977 年 10 月 12 日。转引自《中国著作权实用全书》，辽宁人民出版社 1996 年版，第 101 页。

续表

累计印数/册	著作稿版税率/每万册	翻译稿版税率/每万册
100 001—200 000	1%	0.5%
200 001—500 000	0.5%	0.3%
500 001—1 000 000	0.4%	0.2%
1 000 001 以上	0.2%	0.1%

1984 年，文化部出版局决定修改书籍稿酬①，认为其存在三个方面的问题：①基本稿酬偏低；②体现优质优酬的精神不够；③印数稿酬太少。解决的办法是：①将基本稿酬提高一倍，著作稿由每千字 3 元至 10 元提高到 3 元至 20 元，翻译稿由 2 元至 7 元提高到 4 元至 14 元；②印数稿酬提高后，印数 50 万册的书，作者所得的印数稿酬由原来相当于基本稿酬的 50% 上升到 97%；③对确有重要学术理论研究价值而印数较少的专著，规定了较高的计酬比例。例如，印数 1 万册，按基本稿酬的 20% 付酬；印数 2 万册，按基本稿酬的 10% 付酬；印数 2 万册以上按一般书籍的印数稿酬付酬。

一般书籍的印数稿酬的标准如表 3 所示。

表 3　一般书籍印数稿酬参照标准

累计印数/册	著作稿版税率/每万册	翻译稿版税率/每万册
1—20 000	5%	4%
20 001—50 000	4%	3%
50 001—150 000	3%	2%
150 001—250 000	2%	1%
250 001—500 000	1%	0.8%
500 000—1 000 000	0.8%	0.5%
1 000 001 以上	0.5%	0.4%

确有重要学术理论研究价值而印数较少的专著，印数稿酬如表 4 所示。

① 《文化部关于转发"书籍稿酬试行规定"的通知》，1984 年 10 月 19 日。转引自《中国著作权实用全书》，辽宁人民出版社 1996 年版，第 145 页。

表 4　有重要学术理论研究价值的专著印数稿酬标准参照

累计印数/册	著作稿版税率/每万册
1—10 000	20%
10 001—20 000	10%
20 001 以上按表 3 规定支付	

1990 年 6 月，国家版权局发出《关于适当提高书籍稿酬的通知》①，考虑到物价上涨等因素，对稿酬标准进行了调整。基本稿酬中，著作稿由每千字6 元至 20 元提高到 10 元至 30 元；对确有重要学术价值的科学著作，必须从优付酬者，可以再适当提高标准，但每千字不得超过 40 元。翻译稿每千字由4 元至 14 元提高到 8 元至 24 元，特殊的不得超过 35 元。印数稿酬改为每万册按基本稿酬的 8% 付酬。对确有重要学术理论研究价值而印数较少的专著，印数 1—10 000 册，由原来的按基本稿酬的 20% 付酬提高到按基本稿酬的30% 付酬。

1990 年 9 月 7 日由全国人大常务委员会通过的《中华人民共和国著作权法》第 27 条规定，"使用作品的付酬标准由国务院著作权行政管理部门会同有关部门制定。合同另有约定的，也可以按照合同支付报酬。"著作权法实施后，国家版权局并没有发布新的稿酬规定。当时的认识是，既然法律已经规定可以在签订合同时由双方确定付酬标准，国家不应再干预。事实上也有许多出版社突破了 1990 年的规定。

国家版权局于 1992 年 1 月发出了《关于颁发著作权许可使用合同标准式样的通知》②。通知所附的合同式样第 9 条规定可在三种付酬方式中进行选择。第一种是基本稿酬加印数稿酬，第二种是一次性付酬，第三种是版税（图书定价×版税率×销售数或印数）。

以上只是对稿酬沿革情况的简单介绍。有关管理部门对于图书中的美术、

---

① 《国家版权局关于适当提高书籍稿酬的通知》，1990 年 6 月 15 日。转引自《中国著作权实用全书》，辽宁人民出版社 1996 年版，第 249 页。

② 《关于颁发著作权许可使用合同标准式样的通知》，1992 年 1 月 24 日。转引自《中国著作权实用全书》，辽宁人民出版社 1996 年版，第 289 页。

诗歌、整理作品等情况有规定，对于翻译中的中翻外应作为创作稿付酬也有规定，还对剧本的演出付酬，电影剧本的创作等有规定。这里不一一介绍，有兴趣者请查阅国家版权局办公室编辑的《中国著作权实用全书》。

第二部分　稿酬标准变化引起的思考

1. 稿酬标准是个大问题。从劳动的角度看，稿酬是衡量一个作者的劳动成果的标准。从著作权的角度看，是作者财产权利的体现。著作权的经济部分是十分重要的。如果创作者的生活没有起码的保证，创作的积极性就得不到鼓励。这个道理无论在稿酬标准制定前 29 年和后 17 年中都是适用的。但是，同时还有一个如何考虑脑力劳动者的生活标准问题。改革开放前，一个重要的考虑是稿酬制度应当有利于知识分子的思想改造，有利于他们与工农劳动群众的结合。结果是创作报酬不断降低，最后到了零。在新时期，这种不合理的现象自然不能被容忍了，于是我们重新建立稿酬制度，大体上恢复到"文化大革命"以前的水平，但由于在思想上受到环境的制约，继续反映了过去的某些条条框框。

2. 47 年来稿酬标准变化的曲线是一个马鞍形。从 1949 年以后逐步降低到"文化大革命"时期的零，然后又逐步提高，提高后的顶点是 1990 年国家版权局制定的标准。在前 17 年中，发展的基本趋势是逐步降低稿酬标准。大概有几方面认识上的原因。基本的认识是稿酬过高将发生许多副作用，待遇过高导致作者脱离群众，写不出好东西，助长一本书主义，甚至腐化变质。第二个认识是，稿酬是劳动报酬，不是版权。版权的基础是知识私有，而知识私有与社会主义制度格格不入，既然是劳动报酬，应当按照劳动成果即书稿的质量付酬。那么印数的多少是否是衡量质量的标准呢？这是有争议的。第三个认识是，创作者都拿工资，稿酬是额外收入，因此，应实行低稿酬制度。

稿酬的降低与对知识分子的政策是分不开的。稿酬标准有很大的起伏，反映了政策的起伏。但稿酬变化的基本倾向是朝着平均主义前进，不希望作者的收入高于一般干部。有的观点认为稿费超过万元的现象是不能容忍的，对于业余作者更认为他们只能拿低稿酬。总而言之是千方百计地防止出现两极分化，将一切都统一到知识分子工农化的目标上来。

"文化大革命"结束后，拨乱反正工作开始了。在稿酬标准上，步伐是谨慎的。首先恢复了 1966 年的低稿酬，接着进行了提高。不过，在原则上，并没有脱离低稿酬的窠臼。特别在印数稿酬上将基数由千变为万，低于"文化大革命"前实行的印数稿酬标准。即使是 1990 年的规定，将印数稿酬的版税率提到每万册 8%，也低得可怜。有趣的是前几年还有对于版税制的争论，按照有些想法，似乎实行版税就是恢复了中华人民共和国成立前执行的制度，在方向上有问题。因此，稿酬制度的改革是有阻力的。

目前各出版社实行的稿酬制度仍然以基本稿酬加印数稿酬为主。在标准上出现了多样化的趋势。但大部分出版社执行的还是国家版权局在 1990 年制定的标准。从 1990 年到现在，物价究竟翻了多少番，计算起来并不容易，而且还会发生争议。但从 1990 年到现在，书价涨了多少，还是有案可查的。1996 年第 8 期《中国出版》所刊的《市场大潮中图书馆的困境与出路》一文指出，据《经济日报》报道，1995 年全国书价上涨幅度高达 35.4%。原国家计划经济委员会的资料表明，"在全国 14 大类商品中，书报价格的增幅已排到第二位，仅次于食品的上涨率"。《中华读书报》的一则评论说："同样 20 万字左右的一本书，1982 年定价在 1 元以下，1992 年涨到 9 元，1995 年已经高达 20 元。"① 再如《现代汉语词典》，1991 年的售价为 16.9 元，现在已经涨到 53 元。从 1991 年或 1992 年到现在，书价提高了一倍以上，主要原因是工价大幅度提高，特别是纸价，到 1995 年翻了一番多。不过我们也不要忘记，出版社职工的工资在这期间也得到了相应的提高。唯一的遗憾是稿酬虽有提高，但提高额太少。

第三部分　今后的稿酬制度

有几个问题应当弄清楚：怎样看待稿酬？对目前的稿酬情况和标准应如

---

① 参见《中国出版》1996 年第 8 期，第 12 页。

何看待？什么是适度的稿酬？作者的劳动在图书的成本中应占多少？

1. 怎样看待稿酬？按照现行的著作权法，著作权是属于创作者的。作者拥有支配其作品的权利。这些权利有两个方面，一是人身权利，二是财产权利。人身权利涉及作者和作品两个方面。作者的身份只能是创作者，他人不得冒名顶替。作品的内容只有作者能够修改，他人不得随意更改。第二方面是财产权利。作品是作者的财产。有人说，承认了著作权是财产权，等于承认了著作的私有。如果不承认，那就没有必要谈什么著作权。既然作者有权支配其财产的使用，似乎这就是民法中的一般财产了，为什么还要有专门的法律？那是因为著作权与一般的财产不同，它是一种知识产权，一种无形的权利。正因为是无形的权利，许多问题也就产生了。最大的问题是，与有形财产不同，知识产权是所有者很难控制的。而对知识产权，特别是对著作权的承认，历史并不悠久。知识分子应当将自己的智慧贡献给人民的思想至今依然根深蒂固。这种看法并没有错。自古以来，多少文人认为自己所做的就是传播知识，传播真理，就是要以知识教育广大的群众，提高他们的觉悟。他们并没有考虑要从中得到报酬。但这是以他们个人生活有保障为前提的。在现代社会中，已经很少有人这样做了。所以著作权是市场经济发展的产物。从事创作的人需要从创作的成果中得到回报，才能鼓励他们的创作积极性。因此，稿酬体现的是作者的权利的使用费，而不是简单的劳动报酬。

实行低稿酬的一个主要论据是大部分作者是业余作者，他们已经有了基本的收入，所以不能给得太多。在力图制造平均主义社会的时代，这个论点具有压倒一切的优势，但是，业余作者是在工作之外，完成了基本工作之后进行创作的，而其创作带来的价值同专业作者无区别，所以稿酬不应当分专业作者和业余作者，而应以其能够创造的价值为依据。

2. 实行什么样的稿酬制度？目前按字计算的稿酬制度有其历史的作用。现在许多出版社还乐于用之。首先在于习惯，同时也大概是因为这种制度对出版社比较有利。实行版税的只有少数出版社。但是我们应当认真考虑为什么国外出版业比较普遍采用版税制支付作者报酬。实行版税制意味着作者得到报酬的多少与所参与写作的书籍的销售紧密联系。实行这种办法的好处是显而易见的。作者必须关心所创作的作品的质量，使其适合市场的需要，使读者乐于接受。作者不再关心书的长短，不会为了多得稿酬而拉长作品。版税制带来的问题，也在于要讨好读者，而读者的要求并非总是那么理想的。有一批读者需要格调低下，对自己身心有害的读物，也是事实。难免有出版者和作者去迎合。但是，如果不实行版税制，如我们今天的情况，实际上仍然有一些出版者和作者在那里迎合低级趣味。这就是说，实行哪一种报酬制度，并不是产生坏作品的根源。稿酬制度的目的无非是鼓励创作。版税制的不合理性并不在于鼓励迎合读者的低级趣味，而在于对花费很大精力创作，但读者面有限的作品的创作者，不能付给像样的报酬。许多学术著作的作者面临这种情况。因此，如果要推行版税制，需要对这方面的情况有所考虑。但是，学术著作的创作情况与大多数图书的创作情况有区别。学术著作的作者不是靠写作为生的，只要作品能够出版、流传，主要目的就达到了。

3. 什么是适度的稿酬？稿酬应在作品的成本中占据多少份额才合适？这是出版界需要讨论清楚的问题。稿酬太高，将提高成本，不利于作品的传播；稿酬太低，不利于调动写作的积极性。目前的稿酬办法由于长期未修改，实际上已经妨碍了出版事业的繁荣。我们看到，许多发行量大的期刊，其稿酬早已突破了 1990 年的标准，而且不是一般的突破，有的达到了每千字 100元、200 元的水平。由于能吸收高质量的稿子，这些刊物的发行量不断上升，其经济效益也十分显著。所以，在计算稿酬时需要考虑的是整体效应。在竞争优秀书稿的时候，如果稿酬过低，作者会感到他的劳动没有得到应有的报偿，可能转向别的出版社。而拥有大批的优秀作者是出版社最大的财富，因此，不要以为提高稿酬仅是为了作者。

从出版社的利益看，稿酬的确定是极为重要的。最近国家版权局正在修改稿酬标准，提高早已落伍的 1990 年的稿酬标准。相信新标准的出台将有助于出版事业的繁荣。

著作权法三十年杂记[*]

许 超^{**}

今年是中华人民共和国第一部《著作权法》（本文以下简称 1990 年《著作权法》）颁布 30 周年。受刘春田教授之命，写文纪念。思索良久，不知如何下笔。一是因年代较远，30 年前的事，很多都记不起来了；二是纪念著作权立法的文章已有很多，好像该说的都说得差不多了，我又是个不愿重复别人文章的人；三是最重要的，还是本人腹内空空，书念的不够的缘故。基于此，本文试图以漫谈形式，尽量回忆 30 年前发生的事，并做必要的解释及感想，虽不成体系，毫无连贯，但都是亲身经历，真实教训，以资对 1990 年《著作权法》颁布 30 年的纪念。

说到著作权立法，就离不开党的十一届三中全会确立的改革开放国策。可以说，没有改革开放，便没有著作权法。关于 1990 年《著作权法》与改革开放的关系，已有不少专著介绍①，本文不再赘述。同样，也可以说，没有著作权法等一系列彰显市场经济的法律，改革开放也无法落实。两者的关系，就像纲与目的关系，有纲无目，或者有目无纲，都是不完整的。

记得 1989 年著作权法起草小组在征求社会各界意见时，北京一家音像出版社说了一件事。该社出版了一盒介绍烹调的录像带，市场反响良好。不久，一男子拿着该社出版的录像带找到出版社，说这盘录像带已磨烂，市场上买不到，不知出版社有无存货，想再买一盒。出版社的销售人员好奇地问录像带何以磨损得如此厉害？男子答，这盘录像带的画面和音质好，他以此为母

---

* 本文写作于 2020 年 6 月。

** 许超，曾任国家版权局巡视员。

① 沈仁干：《中华人民共和国著作权法讲话》，法律出版社 1991 年版，"绪论"第20—23页。

带，同时转录到 8 台录像机，转录后的复制品销路很好，现在母带已磨烂，于是想买盘新的继续干下去。

该例表明，第一，当时社会上对著作权理解的真实状态。按照当时的观念（现在也不一定完全改变了），转录录像带并销售，并不伤害出版社的任何利益，因此没有什么不对之处。第二，该男子的行为在改革开放前是不可能发生的（原因在下文将谈到）。改革开放放开了经济，激活了潜在的社会生产力，但是，与改革开放配套的法律没有跟上。著作权法的本质是反不正当竞争。改革开放就是鼓励公平竞争，制止不正当竞争。此案正好说明著作权法已到了非制定不可的地步了。

该例还说明一点，著作权制度只有在市场经济环境下才有意义。在计划经济环境下，著作权法则可有可无。原因是，计划经济环境下，所有的社会经济行为都必须按照国家制订的计划进行，超过计划范围的任何行为，都被认为是违法的。这就是为什么农民在房前屋后栽种些蔬菜自用，将多余的拿到集市上出售，也被认为是资本主义的尾巴。因此，在计划经济环境下，不可能出现该例发生的情况。中国的国情说明，在计划经济环境下，即使没有著作权法，也不会发生盗版行为。苏联东欧国家的情况则从另一角度说明著作权制度在计划经济环境下的可有可无境地。1920 年列宁就制定颁布了苏维埃政权的著作权法。苏联解体前的东欧国家的著作权立法更是没有中断过。但是，著作权制度在这些国家没有任何作用，可以用"形同虚设"一词形容。

在市场经济环境下，除了涉及国防安全等重大事项外，政府不再过问经济生活的其他方面。按照最基本的经济规律，任何生产和服务都有成本和利润。有了利润空间，就会产生竞争，并出现不正当的竞争。如果不维护公平竞争人的权益，不制止不公平竞争人的行为，社会经济秩序便出现混乱。这时规范社会经济秩序主要靠各种反不正当竞争和反垄断性质的法律（著作权法便是其中之一），以及法律的有效执行。

1990 年我国尚未正式提出搞市场经济，但是，无论立法人是否意识到这一点，著作权立法实际上就是朝着市场经济的路在走，因为著作权制度产生于市场经济，各国著作权法和国际著作权条约都渗透并反映市场经济环境下著作权领域行为规范的规律。我国著作权立法并非凭空想象，而是参阅并吸收各国著作权法和国际著作权条约的实质内容后形成的。基于此，本人斗胆提出一个观点，只有在市场经济环境下，著作权法才能发挥作用。

如上所述，30 年前尚未正式提出搞市场经济。同时实行了近 30 年的计划经济仍具有强大的惯性。当时，计划经济为主，商品经济为辅，已是最大胆的提法。但是，那是一个真正的探索年代。正式提出搞市场经济，是 1992 年邓公南方谈话之后的事。受此局限，1990 年《著作权法》不可避免地带有计划经济的烙印。

众所周知，外国和国际著作权制度主要有英美法系和欧洲大陆法系两大体系的模式。有人提出还有苏联东欧模式。不管怎样，这些法系和模式对我国著作权立法都有巨大的影响。而苏联东欧模式主要来自欧洲大陆法系，或者说不过是欧洲大陆法系模式的变种。因此，对我国著作权立法产生影响的主要是英美法系和欧洲大陆法系。

从具体内容看，相比之下，英美法系的思想更易被计划经济思想吸收。具体而言，这主要反映在著作权法关于法人作品、电影作品、著作权属于单位的职务作品，以及执法人员的思维模式等方面。

就法人作品和著作权属于单位的职务作品而言，1990 年《著作权法》第 11 条规定"由法人或者其他组织主持，代表法人或者其他组织意志创作，并由法人或者其他组织承担责任的作品，法人或者其他组织视为作者"。这条规定即所谓"法人作品"的由来。该法第 16 条第 2 款规定"有下列情形之一的职务作品，作者享有署名权，著作权的其他权利由法人或者其他组织享有，法人或者其他组织可以给予作者奖励：（一）主要是利用法人或者其他组织的物质技术条件创作，并由法人或者其他组织承担责任的工程设计、产品设计图纸及其说明、计算机软件、地图等职务作品；（二）法律、行政法规规定或者合同约定著作权由法人或者其他组织享有的职务作品。"首先，这两条规定的"法人或者其他组织"的区别何在？如果是同一概念，为何分别在两条予以规定？说实话，30 年来这个问题一直困扰着学人、执法人和业界，各种说法莫衷一是，已成为妨碍著作权法顺利执行的一个障碍。其次，如果某部作品的著作权宜属于"法人或者其他组织"，在保护著作人身权的国家，是通过合同约定的方式解决，而不是由法律直接规定权利归属。这是因为著作人身权中的确认作者身份权使得只有自然人具备成为作者的生理能力。另外，用法律规定代替合同约定的做法，是不符合市场经济规则的。

关于电影作品，1990年及现行《著作权法》第15条规定"电影、电视、录像作品的导演、编剧、作词、作曲、摄影等作者享有署名权，著作权的其他权利由制作电影、电视、录像作品的制片者享有"。

关于电影作品规定的问题，为清楚起见，本文不得不费些笔墨。

2012年6月，在我国著作权立法史上发生一起重要大事：在北京世界知识产权组织（WIPO）召开的外交会议通过了《保护视听表演条约》。[1] 由于通过该条约的外交会议在北京召开，其也被称为《北京条约》。这是我国加入WIPO和世界贸易组织（WTO）以来，第一个以我国城市命名的知识产权国际条约。其意义之重要，恕不在此赘言，本文只想引用该条约，说明1990年及现行《著作权法》关于电影作品规定存在的问题。

《北京条约》第12条第1款规定了表演者与制片者之间的权利转让关系。条约向缔约国建议了三种国内立法模式：①权利归视听录制品的制作者所有；②权利由视听录制品的制作者行使；③权利转让给视听录制品的制作者——但表演者与视听录制品制作者另有约定者不在此限。然而不论哪一种情况，表演者均有事先约定的权利，也就是说有约定的依约定，没有约定或者约定不明的，适用三种法律推定中的一种。[2]

《北京条约》的这条规定对我国著作权立法的影响主要表现在，为包括电影作品和录像制品在内的视听录制品的创作与表演做出贡献的权利人，例如，作者和表演者与视听作品制片人及录像制品制作人的法律关系应当厘清。如果根据《北京条约》，我国著作权法赋予表演者事先约定的权利，那么不可避免地要联想到1990年及现行《著作权法》第15条关于电影作品的规定

---

① 该条约起初被称为《世界知识产权组织保护音像表演条约》，2012年北京外交会议通过后被称为《视听表演北京条约》，本文简称为《北京条约》。

② 《北京条约》第12条权利的转让（1）缔约方可以在其国内法中规定，表演者一旦同意将其表演录制于视听录制品中，本条约第7条至第11条所规定的进行授权的专有权应归该视听录制品的制作者所有，或应由其行使，或应向其转让，但表演者与视听录制品制作者之间按国内法的规定订立任何相反合同者除外。

是否也要为电影作者增加"契约自由，约定优先"的权利内容？依照邻接权（如表演者的权利）一般不得高于作者权利的通常做法，答案好像只有一个，即电影作品著作权归属不得低于表演者权利的规定，也就是说，电影作品著作权的归属，也应当有约定的依约定，没有约定或者约定不明的，适用法律规定。

其实，《北京条约》并不是第一个赋予权利人约定优先权利的国际条约。几十年前，国际著作权界就讨论过电影作品权利归属的问题，并已形成共识。换句话，《北京条约》关于视听录制品权利归属的三种模式，其实是电影作品权利归属基础上的延伸。

电影作品的法律概念首次出现于国际条约是在 1908 年《保护文学和艺术作品伯尔尼公约》的柏林修订大会。① 当时，电影作品在公约第 2 条列举的作品种类中尚无一席之地，而属于"文学作品或艺术作品的改编作品"。对于电影作品的普遍观点是：电影只是一种改编现有作品（如文学作品或艺术作品）的技术产品，因此，只有"作者通过对表演形式的安排，或对所叙事件的汇集，使作品具有个性和独创性，则该电影产品应当作为文学或艺术作品受到保护。在不损害原作作者的权利的情况下，对文学、科学或艺术作品以摄制电影的方法进行的复制品应作为原作受到保护。"② 这种观点直到 1948 年《伯尔尼公约》的布鲁塞尔修订大会才得以改变，电影作品在此次修订中首次与文字作品、音乐作品、美术作品等平起平坐，在第 2 条被列为单独的作品种类。③

数十年后，《伯尔尼公约》1967 年斯德哥尔摩文本终于将电影作品的法

---

① 《保护文学和艺术作品伯尔尼公约》，简称《伯尔尼公约》，是关于著作权保护的国际条约，1886 年制定于瑞士伯尔尼。截至 2019 年 7 月 4 日，缔约方总数为 177 个国家和地区，1992 年 10 月 15 日中国成为该公约成员方。

② 《伯尔尼公约》1908 年柏林文本第 14 条。见 http://www.oup.com/uk/booksites/content/9780198259466/15550017。

③ 《伯尔尼公约》1948 年布鲁塞尔修改本第 14 条："版权保护作品包括：……电影作品和以类似摄制电影的方法制作的作品"；见 http://www.oup.com/uk/booksites/content/9780198259466/15550020。

律概念及权利予以明确规定，且沿用至今。① 根据《伯尔尼公约》1967 年斯德哥尔摩文本，电影作品的概念是"电影作品和以类似摄制电影方式表现的作品"。② 第 14 条之二规定："在不损害经改编或复制之作品的作者的权利的情况下，电影作品应作为原作受到保护。电影作品的著作权人享有与原作作者同等的权利。"③ 至于电影作品的著作权归属，1967 年斯德哥尔摩文本并未作任何具体规定（留待各成员方通过国内立法自行决定）。④

《伯尔尼公约》关于电影作品的规定主要是第 14 条和第 14 条之二⑤。

根据 WIPO 对《伯尔尼公约》的解释，在电影作品著作权归属方面，各国规定不一，大体分为三种制度：①"电影版权"制度，即制片人（而非导演、摄影等人）是电影作品原始著作权人；②"推定许可或转让"制度，指电影被看作若干艺术创作者（如编剧、导演、作词作曲、摄影等）的共同作品，著作权亦属于作者，但推定作者在参与电影制作时就向制片人许可或者

---

① 《伯尔尼公约》1967 年斯德哥尔摩修改本第 14 条，详见 http：//www. oup. com/uk/booksites/content/9780198259466/15550021。

② 《伯尔尼公约》1967 年斯德哥尔摩修改本，第 2 条 "…cinematographic works to which are assimilated works expressed by a process analogous to cinematography"。值得注意的是，1948 年布鲁塞尔修改本中有关电影作品的定义"获得（obtained）"一词在此次修改中改为"表现（expressed）"。

③ 同上。

④ 同上。

⑤ 《伯尔尼公约》第 14 条规定：1. 文学艺术作品的作者享有下列专有权利：（1）授权将这类作品改编和复制成电影以及发行经过如此改编或复制的作品；（2）授权公开表演、演奏以及向公众有线传播经过如此改编或复制的作品。2. 根据文学或艺术作品制作的电影作品以任何其他艺术形式改编，在不妨碍电影作品作者授权的情况下，仍须经原作者授权。3. 第 13 条第一款［有关音乐作品作者（及该音乐作品歌词作者）录音专有权的强制许可、上述作者的获酬权］的规定应不适用（于电影）。第 14 条之二规定：1. 在不损害已被改编或复制的作品的版权的情况下，电影作品应作为原作受到保护。电影作品版权所有者享有与原作作者同等的权利，包括前一条提到的权利。2. （a）确定电影作品版权的所有者，属于被要求给予保护的国家法律规定的范围。（b）然而，在其法律承认参加电影作品制作的作者应属于版权所有者的本同盟成员方内，这些作者，如果应允参加此项工作，除非有相反或特别的规定，不能反对对电影作品的复制、发行、公开表演、演奏、向公众有线传播、广播、公开传播、配制字幕和配音。（c）为适用本款 b 项，上面提到的应允形式是否应是一项书面合同或一项相当的文书，这一问题应由电影制片人总部或惯常住所所在的本同盟成员方的法律加以规定。然而被要求给予保护的本同盟成员方的法律得规定这一应允应以书面合同或相当的文书的形式。法律作出此种规定的国家应以书面声明通知总干事，并由后者将这一声明立即通知本同盟所有其他成员方。（d）"相反或特别的规定"指与上述应允有关的任何限制性条件。3. 除非本国法律另有规定，本条第二款 b 项之规定不适用于为电影作品创作的剧本、台词和音乐作品的作者，也不适用于电影作品的主要导演。但本同盟成员方中其法律并未规定对电影导演适用本条第二款 b 项者，应以书面声明通知总干事，总干事应将此声明立即转达本同盟所有其他成员方。"

转让其权利（但这样一种推定也可能是可推翻的）；③"法定转让"制度，即电影虽为共同作品，但法律推定作者将权利转让给制片人的制度。① 虽然《伯尔尼公约》规定由各国自己选择使用哪种制度，但根据某些专家的理解，"《伯尔尼公约》第14条之二的规定赞成那些把著作权赋予为电影带来创作性贡献的作者之国家，而不是那些把著作权赋予或者推定赋予电影制片人的国家"②。

纵观第14条和第14条之二，《伯尔尼公约》关于电影作品的规定至少提供以下有益的启发。

第一，原作者——即被利用拍摄电影的作品作者——与电影作品之间的法律关系。不管是将原作者已有作品改编拍摄成电影以及发行其复制品，还是公开表演、演奏以及向公众有线传播拍摄成的电影，还是以艺术形式改编该电影，都应当经原作者的许可。另外，关于音乐作品的录音非自愿许可的规定应不适用于电影。

我国《著作权法》关于原作者与电影作品之间的法律关系，虽然原则上与《伯尔尼公约》相同，但只能从《著作权法》的原则中推定，在保护电影作品的专门条款（《著作权法》第15条），特别是关于音乐作品法定许可的规定不适用于电影的规定，则未明确提及。

第二，编剧、导演、作词作曲、摄影等电影作者与电影制片人的法律关系。根据《伯尔尼公约》的规定，即使是"电影版权"制度，"那些用来制作电影并能脱离电影而独立存在的作品（文学剧本、分镜头剧本、乐曲等），其著作权则不受限制地属于其各自的作者，电影制片人必须通过合同（明示或默示）从他们那里取得这些权利。换句话讲，这些作者对他们各自的创作部分享有著作权，并授权电影制片人使用它们。"③ 这段解释表明，根据《伯尔尼公约》的精神，编剧（文学剧本的作者）、导演（分镜头剧本的作者）、

---

① 《保护文学和艺术作品伯尔尼公约（1971年巴黎文本）指南》，刘波林译，中国人民大学出版社2002年版，第66页。

② Manfred Rehbinder, *Urheberrecht 10. Auflage*, Verlag C. H. Beck Muenchen 1998, P. 123, ［德］M. 雷炳德《著作权法》，张恩民译，法律出版社2005年版，第197页。

③ Manfred Rehbinder, *Urheberrecht 10. Auflage*, Verlag C. H. Beck Muenchen 1998, P. 123, ［德］M. 雷炳德《著作权法》，张恩民译，法律出版社2005年版，第66页。

作词作曲（乐曲的作者）等人的作品是先于电影作品就产生的。即使法律规定电影作品的著作权属于制片人，制片人也应通过合同方式取得这些作者的权利。所谓通过合同，就存在约定的空间。对此，《北京条约》第12条的关于表演者无论哪一种情况均有权事先约定的规定，比《伯尔尼公约》更加明确。

无疑，1990年及现行《著作权法》关于电影作品的规定，应当与"电影版权"制度，或者"法定转让"制度最为接近。为完善我国电影作品著作权保护制度，至少有两点值得考虑：第一，在权利归属方面，引入约定优先的内容。第二，在谁是电影作品作者方面，区分原作者与电影作者，前者不是电影作品作者，但对于原作品改编拍摄成电影以及发行其复制品，或者公开表演、演奏以及向公众有线传播拍摄成的电影，或者以艺术形式改编该电影，都有许可和禁止的权利；后者是参与电影作品制作的人，他们与制片者的关系依照双方的合同约定，没有约定或者约定不明的，适用法律规定。

以上论述说明1990年及现行《著作权法》的某些规定受计划经济的影响。计划经济的一大弊端是只承认公有制经济，而著作权的特点是大量的文学艺术作品来自个人的创作。承认个人所有制，即私有制经济是否会侵害公有制经济的利益？这是立法人，不仅是中国立法人，也是各国立法人必须考虑的问题。对此，各国著作权立法基本都给出了答案，即便是向投资人利益倾斜的美国，也在这个问题上划出一条底线。此外，不应忽视的国情是，20世纪80—90年代我国几乎所有的作者都有工作单位。如果过分考虑公有制经济的利益，就会使大量本应属于个人的权利成为法人或者单位的财产。这与《著作权法》第1条"保护文学、艺术和科学作品作者的著作权""鼓励有益于社会主义精神文明、物质文明建设的作品的创作和传播，促进社会主义文化和科学事业的发展与繁荣"的立法精神是相悖的。

2000年，朱镕基总理会见WIPO总干事时说，我国知识产权立法包括版权立法时间短，经验少，执法也需要向世界学习（大意）。朱总理讲这段话的背景是当时有一家无过错第三人的企业被一审法院裁定巨额赔偿的案件，最后得到最高人民法院的纠正。著作权虽已是法律的末梢，但内藏玄机，并非儿戏。这是我几十年工作的体会。

1990 年《著作权法》颁布后，国家版权局曾邀请 WIPO 专家予以评论。时任 WIPO 国际局局长的菲彻尔博士代表 WIPO 提出中肯意见。这些意见主要是就 1990 年《著作权法》与《伯尔尼公约》，而非《世界版权公约》（UCC）对照后提出的。根据 WIPO 的意见，1990 年《著作权法》有 20 多处规定与《伯尔尼公约》不符。出现这种情况的原因是立法之初，基于国情，我国没有打算立法后立即加入《伯尔尼公约》，而是只考虑加入 UCC。因此，1990 年《著作权法》与 UCC 并无不符。但是，国家的改革开放步伐大大快于著作权立法的速度。这也说明立法人，包括本人思想不够解放。在 1990 年《著作权法》颁布后不久，我国就决定加入《伯尔尼公约》，和后来成立的 WTO 及《贸易有关的知识产权协议》（TRIPS）。由于 1990 年《著作权法》颁布不久，启动修法程序时间漫长，在此情况下，1992 年上半年国务院制定并颁布了《实施国际著作权条约的规定》，作为执行《伯尔尼公约》和 TRIPS 的临时措施。这个问题直到 2001 年在中国加入 WTO 前夕才得到解决。全国人大常委会按照国际条约的规定修改了 1990 年《著作权法》。

对于著作权这样一个百分之百的舶来品，欲使之结合国情本地化，要花费的心血是无法用言语描述的，对于立法人表现出的智慧与勇气，本人表示由衷的钦佩。但是，毋庸讳言，立法机构也是由一个个活生生的人组成的，他们也受时代的局限。本人本着知无不言、言无不尽精神提出一己之见，但有些许用处，将不胜荣幸。

中国对国际知识产权事业的重要贡献[*]

——关于《视听表演北京条约》

汤兆志^{**}

2020 年 4 月 28 日，随着第 30 个成员方印度尼西亚批准后的 3 个月期满，世界知识产权组织管理的《视听表演北京条约》（本文以下简称《北京条约》）正式生效。虽然受到全球新冠肺炎疫情的影响，世界知识产权组织和中国国家版权局还是通过各种形式庆祝这一历史时刻的到来，世界知识产权组织总干事高锐先生为北京和日内瓦的云庆典发表视频讲话，称疫情使人们再次意识到文化作品对我们生活重大深远的影响。文化创意作品丰富着人们的生活，即便处于隔离期间，也依然扮演着非同寻常的角色，是我们维持生存、稳定情绪、保持健康的基础。要想文化创意产业充满活力，要想有文化内容丰富我们的生活，就必须有一种基础业务模式，来奖励创意作品的作者、录制者和表演者，这就是版权的功能所在。高锐认为，2012 年，国际版权制度取得了里程碑式的发展，那就是《北京条约》的生效。讲话中，他再次对中国政府为《北京条约》的缔结和生效付出的艰辛努力和出色贡献表达了诚挚的谢意。

《北京条约》跨世纪地从磋商到生效，是人类进入新千年诞生的第一部邻接权国际条约，也是第一部以中国城市命名的国际知识产权条约。它的缔结与生效，标志着长久以来无法为表演者权利提供全面国际保护的缺憾终成历史，也标志着国际社会对中国版权事业取得巨大成就以及中国在国际知识

---

　* 本文写作于 2020 年 8 月。

　** 汤兆志，中共中央宣传部版权管理局副局长、国家知识产权专家咨询委员会委员。毕业于北京大学法律系，法学硕士。先后在中华版权代理总公司、中国版权保护中心、国家新闻出版总署、原国家新闻出版广电总局（国家版权局）工作。长期从事版权代理、版权贸易、版权法律实务及版权行政管理工作。

产权领域影响和作用的高度重视与认可，具有里程碑式的意义。

一、"北京精神"——为长久以来充满纷争的国际知识产权领域奉献的东方大国智慧

2013 年 6 月的摩洛哥马拉喀什，一项旨在为阅读障碍者和印刷品阅读障碍者获取已发表的作品提供便利的外交会议正在紧张进行中。会议虽已进行了一个星期，但条约谈判仍进展不大，陷于僵局。为此，大会主席不止一次笑称将建议本国政府关闭马拉喀什机场所有国际航班，以便滞留各国代表直至条约签署完成。其后近一个星期，笔者除继续参加起草委员会的专门会议外，作为中国代表团团长、大会副主席，每日都要出席由世界知识产权组织总干事临时召集并主持的早间会，印象中被提及最多的词汇是要求各成员方要大力发扬"北京精神"，求同存异、弥补分歧，以尽快缔结条约。其实，不仅在《马拉喀什条约》磋商中，其后在许多国际知识产权议事框架中，诸如在世界知识产权组织"版权与相关权常设委员会"关于广播组织条约、图书馆与档案馆的限制与例外、方便教学与科研机构使用作品限制与例外的国际文书等的多年谈判中，"北京精神"也是一直为世界知识产权组织和各成员方反复强调和极力倡导的一项磋商谈判倡议。

"北京精神"是世界知识产权组织总干事高锐先生在中国政府成功承办世界知识产权组织保护音像表演外交会议并成功缔结《北京条约》过程中，对各成员方展现出的合作、务实、包容、灵活精神的高度概括，也是对我们这个古老东方大国在这一过程中体现出的高效地组织协调能力及外交政治智慧的高度认可。

2012 年，除中国为外交会议提供了周到完备的后勤保障服务外，中国代表团全体成员在会议期间积极工作，充分利用东道主优势，同世界知识产权组织和各成员代表团进行了广泛的接触和交流，参加了会议几乎所有的活动。大会主席、中国代表团团长柳斌杰对会议进程进行了积极引导和有效把控，展现出出色的专业水准和灵活的外交风格，保证了会议的顺利进行，受到世界知识产权组织和各国参会代表的一致认可与好评。中国代表团副团长刘振

民利用其时任驻日内瓦使团大使的身份，积极与参会的有关成员方驻日内瓦使团的官员接触，交流意见、沟通协调，为增进共识做了大量工作。正是由于中国政府各相关部门的出色工作，才为外交会议的成功举办和《北京条约》的顺利缔结打下了坚实基础。高锐总干事在外交会议闭幕时盛赞中国政府杰出的组织工作，称《北京条约》的缔结是国际版权史上的重大进展，充分体现了多边工作的协作性质，归功于良好的意愿和承诺以及建设性的参与和合作，并希望世界知识产权组织成员方要继续将优良的"北京精神"发扬光大，推广到本组织其他重要领域的工作中去。

也正是本着这一精神，外交会议后，中国政府积极开展条约批准工作，2014 年 4 月 24 日，十二届全国人大常务委员会第八次会议通过决定，批准《北京条约》。2014 年 7 月 10 日，时任国家版权局局长蔡赴朝代表中国政府向世界知识产权组织总干事高锐递交了关于批准《北京条约》的政府声明，中国成为《北京条约》第 5 个缔约方。同时，国家版权局、北京市和相关部门积极配合世界知识产权组织开展了一系列卓有成效的宣传和推动条约早日生效的实际工作，如联合举办大量研讨会、论坛、研修班，利用出访会见外国政要和相关政府机构以及通过拜访相关国家驻华大使等各种方式，为促使更多的国家批准《北京条约》进行了长期不懈的努力。

二、《北京条约》——外交大会硕果、彰显中国力量

2011 年 6 月，世界知识产权组织版权与相关权常设委员会第 22 次会议将是否举办视听表演外交会议列入磋商议程，时任世界知识产权组织副总干事王彬颖女士与中国政府代表团接触，就中国是否有意承办外交会议进行了初步意见交换。会后，国家版权局组织各方面专家，会同全国人大法工委、原国务院法制办、外交部、我国驻日内瓦使团、商务部、原工商总局、国家知识产权局等多个部门进行了细致的分析和研判。2011 年 9 月，世界知识产权成员方大会决定于 2012 年召开保护音像表演外交会议。当时有意承办此次外交会议的国家有墨西哥、摩洛哥等。2011 年 11 月 30 日，中国政府正式向世界知识产权组织提交承办外交会议的申请，12 月 1 日，经世界知识产权组

织成员方会议表决一致同意外交会议在中国北京举办。

从世界知识产权组织作出决定到正式召开外交会议一共不到 9 个月的时间，其间会议的筹备工作难度之大可想而知。但即日回头看，中国集中力量办大事的制度体制优势却是得以完美体现：一是坚强的组织保障。外交会议由原新闻出版总署（国家版权局）、北京市人民政府共同承办。经国务院批准，成立了由时任国务院副总理王岐山为主任、16 个部门为成员单位的外交会议组委会，负责外交会议总体筹备和组织的决策领导、审定会议总体方案和各分方案、组织协调各项重大活动、研究决定组织工作中的重大事项、安排部署各阶段筹备工作、监督考核各项筹备工作的进度和质量等。二是分工负责的协作精神。中宣部、外交部、公安部、安全部、财政部、商务部、原文化部、海关总署、原工商总局、广电总局、国家知识产权局、原旅游局、国务院新闻办等成员单位各司其职、分工协作。三是出色的组织动员能力。国家版权局和北京市人民政府作为外交会议的主要承办方，负责统筹协调外交会议的各项筹备工作。成立了由时任新闻出版总署副署长、国家版权局副局长阎晓宏为主任的组委会办公室，下设重大活动、综合服务、会议、展览、财务、文艺演出、新闻宣传、法律专家、安保等工作小组及项目专班，开展了全方位的筹备工作。重点负责与世界知识产权组织的联系沟通、前期协议谈判磋商，共在北京和日内瓦召开了 4 次筹备工作会议和数次视频会议，就主办方和承办方的职责、权利和义务、经费分摊、会议场址、设施设备、会期、礼宾及外交、住宿、安保、交通、媒体资格认证、网播、配套活动、志愿者、宣传等各项筹备工作计划进行密集磋商和讨论；与组委会各成员单位的沟通协调、制定落实外交会议重大活动方案，相关经费预算的编制和申请；组织专家对条约内容进行研究，组织中国代表团参加会议、参与条约磋商；负责会议材料的准备及翻译、新闻稿件审核等相关工作。同时，北京市人民政府具体负责会议的海量具体会务工作。仅就会议设备保障一项工作，就涉及视频、音频、灯光、即席发言、同传、录音、摄像、网络直播、网络架设、电源十大系统。诸多解决方案在当年都实属首次采用，且各系统和板块需统一规划，集中管理，实现自动化控制，资源共享。其中，单是同传系统就包含 22 个流动译员间、46 台全数字翻译单元、1500 只数字红外同传接收机，保证为参会代表提供 6 种语言的同声传译等，均体现了无数规范严谨的细节要求和安排。为了保障会议的万无一失，设备项目组不仅在执行前期制订了的工作计划，包括进场卸车计划、搭建施工进度、搭建人员分工与排班、会议期间的保障方案等，还认真进行了各项重点设备的实战演练，如在会场中国大饭店与日内瓦连线进行了多次网络直播测试、在首都经贸大学计算机仿真实验室进行了网络设备预搭建、在顺义进行了主会场全系统半数设备的预搭建。正是这些事无巨细的周到准备工作才确保了会议的圆满、顺利。中国政府的精心组织和扎实工作，得到了世界知识产权组织和所有参会代表的一致认可和高度评价，也兑现了东道国对国际知识产权界的庄严承诺，即保证承办了一次圆满、精彩、平安、成功的外交会议。

2012 年 6 月 20 日至 26 日，世界知识产权组织保护音像表演外交会议在中国北京隆重举办，来自 156 个成员方、6 个政府间组织以及 45 个非政府组织的代表近千人参加了为期一周的会议，顺利缔结了《北京条约》。

三、《北京条约》产生的背景

国际上，一般而言，有别于录音制品制作者权和广播组织权等邻接权，表演者权利不但包含众多经济权利，如现场直播权、首次录制权、复制权、发行权和公开传播权等，同时还包含精神权利，即表明表演者身份权和禁止歪曲、窜改权。

在《北京条约》缔结前，相关国际条约对表演者均规定了一定保护条款，但却均留有未能提供全面国际保护的缺憾。诞生于 1961 年的"罗马公约"第 7 条规定了一系列表演者的专有权利，包括禁止他人未经许可对其表演进行现场直播、录制其尚未被录制的表演和复制其表演的录制品的权利。但该条约第 19 条又同时规定，一旦表演者同意将其表演纳入视觉或视听录制品中，将不再适用第 7 条规定。也就是说，表演者一旦许可他人将其表演以影像形式录制形成"视听录制品"，该公约并不要求缔约方提供保护。如此规定，对于以纯音频方式和以视听方式利用表演给予待遇是不同的，从而导致对"视听表演"保护不充分的问题至此出现。

应当说，"罗马公约"关于表演者权利的规定有其历史条件局限性。随着传播技术和应用的飞速发展，视听录制品的利用方式也日益多元和丰富，表演者利益得不到全面保护的矛盾日益凸显。1994年世界贸易组织《与贸易有关的知识产权协议》对表演者的保护同样基本沿用了"罗马公约"的规定，即该协议第14条1款只规定表演者有权阻止未经许可对其表演进行现场直播，以及未经许可将其现场表演录制在录音制品中，以及对录音制品进行复制。从上述规定中可以看出，《与贸易有关的知识产权协议》对表演者的保护水平甚至比"罗马公约"还要低，同样对"视听表演"未能提供全面保护。

1996年在日内瓦召开的世界知识产权组织外交会议缔结了《世界知识产权组织表演和录音制品条约》，该条约为表演者规定了精神权利，即表明表演者身份权和禁止歪曲、窜改权，以及"对其尚未录制的表演的"经济权利，即现场直播权和首次录制权，复制权、发行权、出租权、提供已录制表演的权利、对广播和向公众传播的获酬权。但同时规定，精神权利只针对现场有声表演和以录音制品录制的表演。而且经济权利中除了针对现场表演的现场直播权和首次录制权之外，其他权利均只针对"以录音制品录制的表演"。可见，该条约虽为表演者增加了一些新的权利，但同时并未对视听录制品中的表演提供新的保护。

此后，对"视听表演"的国际保护问题一直在世界知识产权组织"专家委员会"和后来取而代之的"版权与相关权常设委员会"框架下进行讨论。2000年，世界知识产权组织再次在日内瓦召开旨在缔结全面保护视听表演之国际条约的外交会议，但各方对表演者权利归属仍未取得一致意见，外交会上缔结新条约的努力再告失败。

2000年外交会议后，世界知识产权组织就视听表演国际保护问题在瑞士和乌克兰等地举办了多次非正式磋商会议及区域研讨会。同时，该议题的讨论也一直在"版权和相关权常设委员会"机制下持续进行。直至2011年常设委员会第22届会议，各方才就表演者权利归属的条款达成基本共识，使重新召开外交会议以缔结新条约成为可能。

2012年6月的北京外交会议上，在前期磋商成果的基础上，各方对一些未充分讨论的问题，如新条约与既有条约的关系、技术保护措施等进行了磋商，最终消弭了所有分歧，顺利缔结了《北京条约》，首次将表演者的精神权利和经济权利延伸至视听录制品中的表演，即表演者对视听录制品中的表演享有表明身份权、禁止歪曲窜改权、复制权、出版权、发行权和提供已录制表演的权利，以及广播和向公众传播的权利。表演者权利无法得到全面有效国际保护的缺憾终成历史。

四、《北京条约》的内容及其影响

《北京条约》由序言和 30 条正文组成，序言部分包括 7 个段落，说明了条约的缔结目的、必要性、缔结条约的重要背景、强调了利益平衡的重要性、重申《世界知识产权组织表演和录音制品条约》并不对以视听录制品录制的表演提供保护，本条约的缔结是落实 1996 年《有关视听表演的决议》的重要成果等内容。

一般而言，条约的第 1 条至第 20 条被称为"实质条款"，其作用在于设定保护水平和标准，以及为表演者规定权利及保护权利的方式，包括"与其他公约和条约的关系"（第 1 条），用于澄清本条约与之前相关条约的关系，"定义"（第 2 条）对本条约中所使用术语如"表演者""视听录制品""广播""向公众传播"等的界定，"保护的受益人"（第 3 条）即规定了哪些表演者可以依据本条约受到保护，"国民待遇"（第 4 条）即在条约要求的范围内，缔约方给与其他缔约方国民的保护不应低于给与本国国民的保护，"精神权利"（第 5 条）即规定了由表演者应该享有的精神权利，"表演者对其尚未录制的表演的经济权利"（第 6 条）即规定了表演者对其尚未录制的表演享有的现场直播权、首次录制权两项经济权利，"复制权"（第 7 条）即为表演者规定了针对视听录制品的复制专有权利，"发行权"（第 8 条）、出租权（第 9 条）"提供已录制表演的权利"即为表演者规定了针对以视听录制品录制的表演的交互式传播权（第 10 条），"广播和向公众传播的权利"（第 11 条）、权利的转让（第 12 条）即规定了表演者的权利归属机制，"限制与例外"（第 13 条）、保护期即规定了对于表演者权利的最低保护期限（第 14 条），"关于技术措施的义务"（第 15 条）、"关于权利管理信息的义务"（第

16条)、"手续"(第17条),即本条约采用自动保护原则,表演者享有和行使权利无需履行任何手续,"保留和通知"(第18条)即规定了本条约所允许的保留以及保留和通知提出的时间及生效日期,"适用的时限"(第19条)即规定了条约在时间上的适用范围,"关于权利行使的条款"(第20条)即规定缔约各方应通过执法措施以确保本条约的有效适用。

条约第21条至第30条的"行政条款"规定了对条约管理的内容,包括"大会"(第21条),即设立了条约的管理机制,"国际局"(第22条),即规定了履行条约行政管理职责的机构,还规定了"成为本条约缔约方的资格"(第23条)、"本条约规定的权利和义务"(第24条)、"本条约的签署"(第25条)、"本条约的生效"(第26条)、"成为本条约缔约方的生效日期"(第27条)、"退约"(第28条)、"本条约的语文"(第29条)、"保存人"(第30条)等内容。

综上,简言之,《北京条约》延展了《世界知识产权组织表演和录音制品条约》对表演者提供的保护,将利用"视听表演"的各类行为纳入条约规制范围,赋予表演者依法享有许可或禁止他人未经许可使用其录制在视听录制品中表演(包括形象、动作、声音等)的权利;针对录制在视听录制品中的表演,规定了表演者享有表明身份权、禁止歪曲权、复制权、发行权、信息网络传播权等广泛的人身权利及经济权利;规定了缔约方可视具体情况立法针对视听录制品中表演的出租权、广播和以其他方式进行传播的权利;规定了关于技术措施和权利管理信息的相关义务;规定了缔约方应当提供执法程序以确保能够采取有效措施及时制止侵权并遏制进一步侵权;以及规定了条约的签署、生效和退出程序等相关内容。

《北京条约》作为一部保护表演者权利的国际版权条约,其磋商、缔结、生效历经了艰难的历程。它的生效与实施,对于完善国际版权制度体系、表演者权利的国际保障机制具有划时代的重要意义,必将极大提高相关表演者的行业地位,激发广大表演者的创造热情,从而丰富精神文化产品,推动影视、演艺、娱乐等相关产业的繁荣发展。同时,《北京条约》对于促进相关国家传统文化和民间文艺的挖掘、整理、保护与交流互鉴,促进文化多样性发展和世界各国的文化交流与合作,也必将产生积极而深远的影响。

在国家版权局工作的那些年 [*]

刘波林 [**]

1979 年 4 月 26 日，胡耀邦同志对国家出版局的一份专题报告作了"组织班子草拟版权法"的批示。按照这一批示，国家出版局很快设立了版权处，调来汪衡、李奇、翟一我、杨德、叶宝一、沈仁干等多名懂外文的老同志，负责收集、编译国外版权资料，考察国外版权制度，并结合我国国情来起草版权法。据老同志回忆：早在 1951 年，国家出版总署就曾根据中央人民政府政务院的指示，成立了专门委员会，以起草著作权有关暂行保护条例；1957 年，文化部出版局将起草完成并经广泛征求意见的《保障出版物著作权暂行规定（草案）》报送国务院审查，但因后来的一系列政治运动而被搁置下来。时隔 22 年，国家出版主管部门终于重新开始来做这项工作了。

我是 1981 年 8 月调到国家出版局版权处的。国家出版局位于东四南大街。20 世纪 50 年代中期到 60 年代中期，我住在景山东街（现沙滩后街）西端的老北大西斋大院里，在景山学校读了 6 年中学，对东四南大街很熟悉，但从没想到有一天会来这里上班，而且做的是以前一无所知的版权工作。

为了尽快了解和熟悉版权，我除多向老同志们请教之外，还经常利用业余时间阅读各种版权资料，以便获得更多的版权知识。当时处里的版权资料主要有：联合国教科文组织出版的各国版权法（英文版）活页汇编，该组织历年出版的《版权公报》季刊，出国考察带回的版权专著，局里订购的

---

[*] 本文写作于 2020 年 7 月。

[**] 刘波林，1981 年 8 月调入国家出版局版权处工作，1995 年 1 月获中国人民大学法学硕士学位。曾翻译《保护文学和艺术作品伯尔尼公约（1971 年巴黎文本）指南》《罗马公约和录音制品公约指南》等书，参与翻译《国际版权与邻接权——伯尔尼公约及公约以外的新发展》（第二版）一书。2007 年 11 月作为国家版权局副巡视员退休。

英文、俄文、日文出版刊物等。这些出版刊物往往也刊登少量有关版权的报道和文章，老同志们会将它们翻译出来，刊登在出版系统的内部通讯《国外出版动态》上。为了查阅更多的版权资料，我还去过北京图书馆和首都图书馆，翻遍了馆内的中英文书目卡片，只查到七八种英文书和《大清著作权律释义》《版权考》的线装本。

1982 年，世界知识产权组织总干事鲍格胥博士率团访问我国，并在原国家出版局的协助下，首次在我国举办了版权培训班。以后几年，这种由世界知识产权组织或联合国教科文组织聘请国际版权专家授课的版权培训班，在我国又举办了几次。培训班使用的讲义，内容通俗而全面，翻译工作是由版权处和地方出版局共同完成的。为了帮助中国起草版权法，世界知识产权组织还向原国家出版局赠送了一批出版物，主要包括版权和邻接权公约的指南和术语汇编、《伯尔尼公约》历次修订会议的记录以及该组织历年出版的《版权》月刊等。

通读各国版权法，以及通过出访来考察一些国家的版权制度，也是为起草版权法所做的重要准备工作。版权处以中国出版工作者协会版权研究小组的名义出访过发达国家，也出访过发展中国家。每次出访前，出访人员都会仔细研读拟访国家的版权法，列出一系列需要对方解答的问题，以便在出访过程中酌情提出。每次出访后，出访人员都会撰写出访报告，经局里打字油印，作为一份简短公文的附件存档，并刊登在《国外出版动态》上。由于我国没有版权法，有时出访并不顺利。记得 1984 年 10 月，我随沈仁干处长去印度考察，原以为能从"西天"取来"真经"，不料在新德里，印度出版商协会竟因我国翻译出版印度的《摩罗衍那》等书籍，言辞激烈地指责我国不尊重版权，给我留下了深刻的印象。

自从原国家新闻出版局设立了版权处，就开始有作者前来咨询。以后多年，作者的来信来访始终不断，像王世襄、贾英华、爱新觉罗·瀛生等人，都不止一次前来反映情况。作者的困惑和无助，我是能够感受到的。我父亲讲过一件事：20 世纪 50 年代初，他翻译了俄文版的一位保加利亚著名诗人的诗集，将译稿寄给某出版社，几个月后被退回，而该出版社出版了他人翻译的英文版的同一诗人的诗集，竟与他的译稿雷同，让他无可奈何。所以，作者对版权制度的期待和对政府部门的信任，一直是我做好工作的动力；老同志们在信访工作中的耐心和认真，也一直是我学习的榜样。

起草版权法是中心工作。早在胡耀邦同志作出有关批示不久，国家出版局就作了安排，经过半年多的调研，拟定出包含版权规定的《中华人民共和国出版法（草案）》，并在长沙召开的全国出版工作座谈会上进行了讨论。根据讨论意见，原国家出版局于 1980 年又拟定出《中华人民共和国版权法（草案）》，在北京组织了讨论。1982 年，合并后的文化部出版局将《中华人民共和国版权法（草案）》修改为《中华人民共和国版权保护暂行条例》，在全国征求了意见。1983 年，文化部出版局邀请了部分民法、经济法、国际法专家，将《中华人民共和国版权保护暂行条例》修改为《中华人民共和国版权保护试行条例（草案）》，由文化部呈报国务院。此后，鉴于全面的版权保护所涉及的问题较广泛也较复杂，文化部决定先制定出版领域的版权规范，以保护经合法印刷出版的作品。1984 年 6 月，文化部颁布了《图书、期刊版权保护试行条例》。

1985 年 7 月，国务院批准文化部出版局改称国家出版局，并加挂国家版权局的牌子。国家版权局是国家出版局处理版权事务时对外名义上的机构，在机关内部，版权工作由基于原版权处设立的版权司承担。在最初设立版权处到后来设立版权司的 6 年间，老同志们大多先后离退，一批年轻人陆续补充进来，主要是外语（包括德语、法语）专业和法律专业的毕业生。年轻人喜欢讨论问题，沈仁干司长也支持年轻人探索钻研。

国家版权局在《图书、期刊版权保护试行条例》的基础上，继续起草版权法。1986 年 4 月颁布的《中华人民共和国民法通则》将版权列为一种民事权利，表明中国版权制度采用大陆法模式的思路还是对的。但《图书、期刊版权保护试行条例》中的一些规定并未在版权法草案中沿用，举例如下：①鉴于国内绝大多数作者无力补偿出版社的实际损失，版权法草案中未规定收回权。②鉴于权利转让和专有许可使用难以区分，容易导致作者意外丧失版权，版权法草案中借鉴了德国立法例，仅规定了许可使用。③鉴于版权收归国有是苏联早期的做法，版权法草案中未规定对版权的征收、征购或征用。④鉴于某些资料汇集者享有的"国家特许"待遇不符合国际惯例，版权法草案中未保留这种使用者"特权"。⑤鉴于《图书、期刊版权保护试行条例》

保护的民间文学艺术作品的整理本，通常属于在民间文学艺术作品的基础上演绎产生的新作品，版权法草案中参照《突尼斯示范法》，规定了对民间文学艺术作品本身的保护。

1987年3月，国务院法制局认为版权法草案已基本成熟，在北京召集了专家会议，对版权法草案进行了讨论。1987年4月，国家版权局根据专家建议，对版权法草案进行了修改，并将新一稿草案呈报国务院。1987年5月，国务院法制局将版权法草案及其说明印发全国各省、自治区、直辖市和中央各部门征求意见。1988年11月，为加快版权法的起草进程，经国务院批准，有关部门和单位联合成立了由15人组成的版权法起草小组，由时任国家版权局副局长刘杲担任组长，时任中宣部出版局局长伍杰和时任国家版权局版权司司长沈仁干担任副组长，中国社科院法学所研究员谢怀栻担任顾问，办公室设在国家版权局。1988年12月，国务院法制局和国家版权局联名将已更名的著作权法草案印发全国500多个有关部门和单位，再次广泛征求意见。与此同时，国家版权局还就著作权法草案非正式地征求了世界知识产权组织和迪茨、萧雄淋等版权专家的意见，并得到了书面回复。美国政府部门不知从哪里搞到了我国著作权法草案，也寄来了书面意见。菲彻尔博士代表世界知识产权组织，对照《伯尔尼公约》和"罗马公约"的有关条款，简略而含蓄地对我国著作权法草案作了逐条评述。出于某些原因，国家版权局并未专门组织人员对这些评述和意见进行讨论研究。1990年9月7日，七届全国人大常委会第十五次会议审议通过了《中华人民共和国著作权法》。

1992年1月，我国政府与美国政府签订了关于保护知识产权的谅解备忘录。依照该备忘录，我国于1992年10月15日和1993年4月30日先后加入了《伯尔尼公约》巴黎文本和《录音制品公约》，此前还于1992年9月25日发布了《实施国际著作权条约的规定》，以使我国著作权法对外国作品和录音制品的保护与两个公约及谅解备忘录相一致。尽管如此，由于时间仓促，加上并未完全读懂两个公约的有关条款，《实施国际著作权条约的规定》中仍然存在一些缺漏，而未能完全弥补我国著作权法与两个公约之间的差距。

顺便一提，我国在《伯尔尼公约》巴黎文本的加入书中声明，将援用该文本附录第 2 条和第 3 条（有利于发展中国家的特别条款）。但不知什么原因，声明的效力于 1994 年 10 月终止后，我国并未通知世界知识产权组织予以延展。

《著作权法》颁布后，我国又陆续制定发布了一系列有关的行政法规、部门规章、司法解释等规范性文件，并在刑法中明确将某些侵权行为规定为侵犯知识产权罪。国家版权局参与了绝大部分有关行政法规和部门规章的制定工作，其中最困难的是民间文学艺术作品保护办法，由于意见分歧，至今仍未能出台。

代表我国处理涉外著作权关系和参加有关国际会议，也是国家版权局的一项重要工作。我国在国际知识产权体系中的话语权，需要通过建立高水平的知识产权制度，以及积极参与国际知识产权制度的建立和完善来获得。1998 年 6 月，我随常诚副司长参加了世界知识产权组织视听表演议定书专家委员会第二次会议。我们事先阅读了上次的会议文件，并报经领导同意，准备在这次会议上参与有关问题的讨论。视听表演成为网络环境下邻接权保护的一个难题，主要是因为涉及影视制作。如何适当平衡视听表演者的邻接权与影视制作人的投资利益，是视听表演议定书能否顺利缔结的关键。在会议上，我们建议对视听表演者比照适用 WPPT 第 5 条（精神权利），但补充一个推定："除非当事人在合同中另有约定，推定表演者同意以不损及视听作品正常利用的方式行使其精神权利。"在合同安排方面，我们认为可借鉴《伯尔尼公约》第 14 条之二的合法化推定（而不是权利转让推定），并建议使表演者享有一种可通过集体管理组织行使的获得报酬权。这些建议得到了国际视听表演者组织的赞同，并记录在世界知识产权组织的有关会议文件（AP/CE/2/9）中。

由于版权工作与新闻出版管理工作存在较大差异，在机关内部，版权司难免让人感觉有些"异类"。2001 年，署领导要求版权司转变职能，由原来的研究型转变为执法型。职能的转变，使版权司在某些方面的工作能力有所减弱，原先的一些工作（如立法调研、拟定修法草案等）开始作为研究课题，"外包"给院校、研究所或知识产权服务公司来做。

我国在加入《伯尔尼公约》和《录音制品公约》之后，又于 2001 年 12

月 11 日加入了世贸组织的 TRIPS，于 2007 年 6 月 9 日加入了 WCT 和 WPPT，于 2014 年 7 月 9 日批准了《视听表演北京条约》。这些国际条约中的有关规定，应视为我国著作权制度的一部分。因为根据民法通则和民事诉讼法确认的国际条约优先适用原则，这些国际条约对我国生效时，其中的有关规定无须通过法律予以转变，即被纳入国内法，可由我国各主管机关予以适用。批准或加入有关国际条约的意义在于：①通过保护其他国家国民的著作权和邻接权，也使我国公民、法人及其他组织的著作权和邻接权在其他国家得到保护。②有利于我国在国际知识产权体系中获得更多的话语权。承办 2012 年关于保护视听表演的外交会议，以促成《视听表演北京条约》的缔结，代表了我国对建立和完善国际知识产权制度所做出的一份贡献。但另外，我国始终未加入"罗马公约"和"卫星公约"，似乎表明国家有关主管部门并未完全转变先前持有的"能不加入就不加入"的想法，不能不说是一个遗憾。

2008 年年初，我从国家版权局退休。光阴似箭，还没来得及考虑如何享受闲暇时光，眨眼间，12 年又过去了，今年已是我国颁布著作权法的第 30 年。值此纪念之际，我想借这篇回忆提两点建议。第一，在建立和完善著作权制度的过程中，最好将这种制度看作一种鼓励创作（和传承）的手段，而不是理论研究的产物，以避免无谓的争论以及使问题复杂化。例如，鉴于以下事实，即可考虑制定民间文学艺术作品保护办法：①我国民间文学艺术及其他传统文化在迅速消失；②一些发展中国家的著作权法（特别是突尼斯示范法）规定了对民间文学艺术作品的保护；③在 1967 年斯德哥尔摩修订会议上，经印度代表提议，民间文学艺术作品被纳入《伯尔尼公约》第 15 条第（4）款；④我国民间文学艺术来源地和流传地的居民迫切希望民间文学艺术受到法律保护。第二，最好就将来的若干次修法，制定一项规划：第一次，在我国应履行的国际义务方面，弥补著作权法与有关国际条约之间的差距；第二次，将有关国际条约提倡（准许成员方作出保留）的保护（如《伯尔尼公约》第 14 条之三和 WPPT 第 15 条规定的权利）纳入著作权法；第三次及以后几次，在符合我国国情的前提下，在著作权法中借鉴大陆法国家（特别是加入欧盟的东欧国家）所提供的某些更高水平的保护。可以预见，经过几次有目标的修法后，我国著作权制度的保护水平一定会有很大程度的提高，并在国际上得到更广泛的认同。

除著作权制度能鼓励作者创作外，还有一些因素（如作者的个人所得税、作品的出版或传播机会等）也能影响作者的创作积极性。相信国家有关主管部门也会对这些因素加以考虑，采取适宜的措施，使之与著作权制度形成一个完整的机制，以全面促进我国的文学、艺术、科学事业的繁荣和发展。

三十二年前的一次出访[*]

马晓刚^{**}

30 年前的 9 月 7 日，我与时任国家版权局版权司长的沈仁干和版权司国际处的高航正在赴拉美考察集体管理的途中。在从美国转机飞往墨西哥的旧金山机场，接到国内的电话，《中华人民共和国著作权法》（本文以下简称《著作权法》）刚刚在七届全国人大常委会第十五次会议上获得通过。听到这个消息，我们的感觉除了激动，更多的是如释重负。这部在当时堪称中国立法史上最"难产"的法律，历经磨难，终于出台了！

也许，有人曾听说过《著作权法》立法过程的艰辛；听说过"版权法"与"著作权法"的名称之争；听说过著作权法中那条非被加进去，若干年后又必须去掉的"第 4 条"的故事；听说过著作权法中颇有争议的"43 条"的由来和变化；甚至不断听到在理解执行著作权法的理论和实践中出现的诸多争议……但关于《著作权法》在起草阶段遇到的最大挑战或困难，致使立法工作停滞，几近夭折的过往，提及者却寥寥。

了解著作权立法中遇到的最大难题的解决内情，只是对这段历史的正视和面对。

1980 年 7 月，文化部下属的国家出版局成立了版权法起草小组，开始了版权法的起草工作。

1985 年 7 月，国务院批准成立隶属于文化部的国家版权局。

---

   * 本文写作于 2020 年 6 月。

   ** 马晓刚，国家版权局版权处原处长、浩天律师事务所创始合伙人，是中国最早的知识产权专业律师。曾任职于国家版权局法律处，从事有关著作权法的研究，并直接参加了著作权法的起草和立法审议工作。

1986 年 5 月 2 日，文化部版权局向国务院正式提交了版权法草案及起草说明，并在国务院法制局的参与下开始广泛征求对草案的意见。

本来，到 1987 年中旬为止，版权法的起草进程比较顺利。征集上来的多是积极和具体的修改意见及建议。但到了同年七八月，风云突变。

在 1987 年 7 月一个科技界对制定版权法征求意见的座谈会上，当时国家科委下属的中国图书进出口总公司提出，如果中国制定版权法，国内就不能影印国外的书刊了，国家只能花大量的外汇进口国外的原版书刊，国家财政和各部门单位均没有这样的外汇支出能力；如果向国外购买版权，估计能买到版权的品种极少；因此势必严重影响我国的科研和教育事业。与会的科学家和科技部门的代表就此纷纷表示，如此这般会对科研和教育造成毁灭性的打击，因此，反对制定版权法。

一个月后，1987 年 8 月，由国家科委牵头，国家科委、国家教委、中国科学院、中国科协四部门联合向国务院报送了《关于制定版权法的意见的报告》。该报告提出："鉴于目前我国科技、教育战线使用的大量信息，特别是外文书刊等出版物，有相当一部分是影印出版的，一旦版权法通过、生效，将会影响对这些资料和出版物的获得和使用，对科学研究和高等学校教学工作带来相当大的困难。"并且该报告凭推测得出结论，版权法公布后，影印出版的合法途径只能是通过购买版权公开出版，而外国出版商不会愿意转让新书的版权，一般要到新书出版后的两到三年才肯转让版权，这使我们不能及时掌握科技信息。报告还特别提出，如果要购买原版书刊，经过计算，每年要用外汇 6 亿美元。

6 亿美元！这在 20 世纪 80 年代，对刚刚改革开放的中国来说不是一笔小数目。更何况这是因为自己给自己立一个每年要送给国外这么多钱的法律。鉴于此，版权法起草工作陷于停滞。

现有的文献资料都说这个困难问题最后的解决是经过版权局会同有关部门认真研究，召开专家论证会，仔细算账，走访科学家和有关领导，并给国务院写报告作出说明，最终达成共识，从国家大计考虑，使版权法立法得以继续。但仔细想想，四部委的报告是精心准备的，从形式到内容，从上到下，方方面面、环环相扣，似乎立场坚定，怎么会在开几次会，算几笔账，见几个面后就放弃了原来的观点？都已经给国务院形成了正式联名报告，这么容易就改变了立场？实际上，这其中，是缺少了一个关键环节，就是用事实说话。事实胜于雄辩。在事实面前，四部委放弃了曾经的说辞。而首先接触到这个事实，并把事实提供给决策者，进而让四部委接受，从而使国家决心重新启动版权法立法的事件，就由我本人亲历。

在介绍这个事实事件之前，需要了解一下由国家科委牵头的四部委报告的背景。

到 1987 年，作为传统知识产权法律中三大组成部分的专利法和商标法已经颁布实施。《专利法》是 1984 年 3 月 12 日于六届全国人大常委会第四次会议通过，1985 年 4 月 1 日正式实施。《商标法》更是早在 1982 年 8 月 23 日五届全国人大常委会第二十四次会议通过，1983 年 3 月 1 日起实施。这两部知识产权法律的制定和实施过程受到了科技、教育界的积极支持。其中推动专利法起草制定的恰恰是反对制定版权法的牵头单位——国家科委。

完善知识产权法律制度，健全知识产权主要法律，对文学、艺术、科学作品的作者给予版权保护，这本是对科技、教育界有利无弊的大好事。让人不解的是，为什么另两部知识产权法律的推动者会成为另一部知识产权法律的阻碍者呢？难道仅仅是因为前两部知识产权法律保护的是工业产权，版权法是保护的文学艺术产权吗？似乎这不应成为其反对的理由。科技、教育界群起反对一部保护智力成果的知识产权法律的制定，在国内外的立法史上闻所未闻。

任何观点不会无缘无故地产生。以国家科委牵头的四部委反对制定版权法，担心科技、教育事业受到损害，国家要支出大笔外汇的事实依据和理论基础是什么呢？讲到这，就不得不提到当时外国图书报刊在中国的出版发行状况了。

在中国版权法实施前，外国出版物进入中国市场大致有三种途径。其一，由有资质的图书进出口公司进口国外的原版书刊。当时，国家科委所属的中国图书进出口总公司、国家出版局所属的中国出版外贸公司、国家教委所属的中国教育图书进出口公司是国内主要的原版书刊的进口单位。其二，由有出版国外作品资质的出版社通过版权贸易，取得国外作品版权，在中国正式出版发行。这在当时由于各种条件限制，为数不多。其三，由特殊出版机构直接影印国外书刊，在"内部发行"。这种方式，在当时是最主要的外国书刊在中国的使用方式。四部委所提立法质疑的基础，主要就是基于这第三种途径。

在 30 年前，版权法颁布前，全中国大小城市的外文书店的 2 楼、3 楼，或一个特定区域前都会有一个牌子。牌子上用中文和外文写着"外国人禁止入内"。这个只准中国人入内的区域里，陈列和销售的都是影印版的中国海外（含港澳台）的书刊，从学术专著、大词典到学习资料、儿童画册，应有尽有。这些影印版的海外书刊有的装帧印制精美，看起来与原版基本无异；有的只是简易的印制，略显粗糙。但这些影印书刊的定价便宜，很受各行各业的国民欢迎。毋庸讳言，在相当长的一段时间里，很多科学研究人员、教育工作者、在校大学生都把外文书店的这块特定区域当成了定期朝圣的淘宝圣地。而这些影印版的海外书刊都是由一家叫作"光华出版社"，并不在公开出版社名录上的机构制作并在特定范围内发行的。

我们知道，知识产权保护除了"时效性"以外的另一大特点就是"地域性"，即其权利只在授予或承认其权利的国家和地区得到保护，如果要在超出授予或承认其权利的国家或地区得到保护，首先这个国家或地区必须先有知识产权法律，然后还要参加多边公约或缔结双边条约才能实现。由于当时中国没有版权法，也没有国际间的版权保护义务，所以光华出版社影印并在特定范围销售的海外书刊都没有取得授权。在当时，这种行为并没有被指摘和追究的法律基础。但是，如果中国的版权法出台，中国加入了国际版权保护体系，虽然会有在权利限制下的合理使用和法定许可制度，但光华出版社这种未经授权，大规模商业性影印海外书刊出版发行的行为就没有了存在的基础和空间。

有必要了解的是，当时光华出版社的上级单位是专事引进海外原版书刊业务的"中国图书进出口总公司"。而"中国图书进出口总公司"当时的主办单位正是国家科委。

不论从影印海外书刊如何惠及中国的科研教育事业，版权立法是否会严重影响科研教育事业的发展；抑或真如国家科委等四部委报告所述，需要的海外版权买不来，无奈只能大量购买原版书，为此国家每年要花6亿美元。哪一种可能成为现实，版权法的立法必要性都必须重新考量。

四部委代表科技教育界不断施压，要求停止版权立法。许多著名科学家也为此担忧版权立法会产生冲击和负面影响，而纷纷发声不支持制定版权法或不急于制定版权法。这种态势让版权立法者始料未及。

1988年年初，国家版权局针对这种情况，给国务院写报告，强调版权立法势在必行。解释制定版权法是为了保护本国作者的作品和在本国首次发表的作品，并不保护在国外发表的外国人的作品。要保护外国作品得在立法后签订双边条约和加入国际公约。科技界是产生了误解。但这种阶段性的解释并没能产生什么实质效果。科技界更加认为，立法和加入国际版权保护体系是要前后走的两步，最终结果是一样的，因此仍然坚持其观点。版权立法仍被阻滞。

这种胶着状态一直持续着。国家版权局尝试着各种努力：与国家科委等四个部委沟通，拜访相关领导，游说著名科学家，召开研讨会，加强版权知识普及宣传，等等。但收效甚微，成效不大。

这样的僵持看不到缓解的前景。然而到了1988年6月底，一家以光华出版社为班底，通过购买重印权公开影印海外书刊或通过版权贸易出版海外作品的出版单位"世界图书出版公司"经国家科委批准正式成立了。世界图书出版公司实际上是光华出版社增挂了一块公开的牌子。

鉴于光华出版社影印的海外书刊中有相当部分是美国出版机构的出版物及美国一些科学行业协会的刊物，且当时美国政府在知识产权保护，特别是版权保护上不断对中国施压，似乎与美国的版权关系最难处理。于是光华出版社以世界图书出版公司的名义组织了一个小型的赴美考察团。其公开的考察目的是了解美国图书出版公司和科技学会对中国有关单位购买其书刊重印权（即原版书刊的复制权）的态度。

正式团员仅有3人，光华出版社社长兼世界图书出版公司副总经理李宝通，光华出版社编辑部主任罗兰和邀请版权局派出的跟团人员——我。我此次出访的公开身份是"中国出版工作者协会、版权研究小组成员"和"世界图书出版公司法律顾问"。

　　在出团前的准备会上，李总介绍说，美方的态度基本了解，此次考察就是要衡量购买重印权的可能性与可行性，所以此次出访没有具体的洽谈任务，仅仅是走访。不远万里的出访，没有任务，也是匪夷所思。

　　1988 年 6 月 23 日至 7 月 1 日，访问小组马不停蹄，用极高的效率，先后在美国纽约、华盛顿、巴尔的摩三地会见了美国出版商协会和 16 家美国出版公司以及科技行业协会组织的有关负责人，就世界图书出版公司取得美国书刊重印权，在中国重印出版的问题进行了探讨交流。访问小组会见的美国出版公司绝大多数在当时的美国乃至全世界的出版界都有很大的影响，如"施普林格""麦克米伦""约翰·威利""麦格劳－希尔""弗里曼""渡鸦""威廉·威尔金斯"等。考察团会见了美国的主要学术和行业学会，如"美国化学学会""美国数学学会""美国地球物理学会""美国电子电气设计学会"。还访问了专门出版美国政府出版物的"美国出版局"。这些美国出版公司、协会、机构出版的出版物基本含括了各个学科、各种类型、各种规格的自然科学和社会科学的图书、刊物。美方参加会见的都是直接负责国际版权和国际市场的负责人。

　　每次会见，李总的开场白都是，中国正在制定版权法，世界图书出版公司作为专门出版外国书刊的中国出版单位，希望了解美方对其重印权授权和版权转让或许可的态度。出乎访问小组的预料，会见的所有美方单位竟没有一家表示回绝或为授权预设条件。相反，他们都表现出了对与中国出版单位合作的积极和热情。

　　参加会见的美方出版机构的负责人在了解访问小组的来意后，均表示，中国的出版单位专程来美洽谈购买重印权是中国向版权法制迈进的表现，是一个极好的开端，很乐意与中国出版单位商谈版权贸易。访问小组拜访的这十几家美国出版单位都高度重视这次与中国出版单位的会面。每个单位都提前做了精心的准备和安排。有的专门买来五星红旗悬挂在公司门口，有的贴出中英文的欢迎标语，有的专门准备好了书刊目录，有的甚至拟好了合同文本。

　　在会见中，美方单位表现出了对中国与出版市场相关情况的掌握和了解，以及双方合作具体细节的考虑。很显然都是事前做足了功课。美方单位对中国出版机构的设立、中国的外汇制度、中国图书定价标准、学术专著在中国的印数、与中国合作的版税计算和支付等都有深度考量。为了合作，美方单位甚至在合作模式上都作出了预案，例如，可以和中方单位探讨重印返销问题，为保证质量美方可直接提供用于印制书刊的软片，合作可以是"一揽子"授权也可以是单一授权，等等。原以为，美方的出版公司是商业机构，会在商业利益上纠缠、权衡。而事实却是，美国的出版单位更看重的是与中方的合作和中国市场。

美国的科技学会和科技出版公司出版的专业学术期刊是专业学科领域中的重要科研参考资料和科技信息的交流平台。原来的认识是，科技期刊的时效性强、专业性高，取得期刊重印权比取得图书重印权更要困难得多。但访问小组在与几个美国顶级科技学会的接触中却感受到了很高的合作热情。对访问小组事先准备的有授权难度的试探性的刊物目录，这些学会的会见人员不仅表示完全可以洽谈，而且主动介绍他们新出的期刊和新的目录，并表示他们会负责解决与期刊中的作品作者和版权所有者的版权关系。

另外，关于国外新书重印权取得问题，四部委报告中强调，外国出版公司不愿转让新书重印权，要想得到新书重印权需要在该图书出版两三年后，这样会影响最新科技信息的取得。这一说法的由来是世界图书出版公司与两家美国出版公司在已经签订的重印权合同中拟定了相应的保留条款。此次访问中，这两家美国公司也是会见对象。在谈及此问题时，两家公司的负责人均表示合同中的保留条款是标准合同文本所带，这是可以谈判商量的。据了解，国外新书出版后，如果世界图书出版公司能取得该书重印权，其重印制作也需要一定时间周期。当时世界图书出版公司的制作周期是一年半左右。"施普林格"总裁格罗斯先生在会见时表示，他们的新书出版后即可以授权重印，只是要求重印出来的书不要冲击刚刚上市的新书销售。他认为，世界图书出版公司重印制作的周期完成后"实际对双方都没什么影响了"。他表示，"等世界图书出版公司第一批施普林格重印本出版后，视情况可以再做调整"。

综合此次出访结果，可以得出的结论是：向美国出版单位购买书刊重印权不存在障碍。所谓外国出版商不愿意转让重印权的说法缺乏事实依据。由此得出的因无法取得外国书刊重印权，只能购买原版书刊，每年要支出 6 亿美元的说法更是无稽之谈。此次访美会见中，美方出版界普遍关注中国版权法的制定，并希望能尽早颁布。美方更担心的是在没有版权法的状态下，其与中国出版单位的合作得不到法律保护，这才是他们和中国出版单位合作的最大顾虑。

据了解，世界图书出版公司在成立不到两年的时间里，已经与美国、英国、法国、德国、日本等国的 30 多家出版公司签订了 300 多种图书的重印合同。截至访问小组出访前，已出版了 110 多种国外重印版图书。由此可见，世界图书出版公司、光华出版社、中国图书进出口总公司乃至国家科委等单位，实际上已经清楚取得外国书刊重印权并非难事。当时把这个引申为如若版权立法则需大笔外汇支出和影响国家科技教育事业，着实让人莫名其妙。

访问归来，我很快形成了《随世界图书出版公司赴美洽谈购买重印权的情况汇报》，向有关领导如实汇报了出访情况。

1988 年 10 月 5 日和 11 月 2 日，国家版权局就四部委提出的暂缓版权立法的问题向国务院提交了报告，作出了正式说明。随后，在事实面前，国家科委等四部委承认，关于 6 亿美元的说法是在假设前提下的推算。在国务院法制局的协调下，国家版权局与国家科委、国家教委一起测算了实际可能的对外版权费支出。其结果是每年的翻印（重印）加上翻译的版税支出只需要 300 万美元左右。

至此，阻碍版权立法进程的最大障碍被排除。版权法的起草工作得以加速推进。

1989 年 12 月 1 日，国务院常务会会议审议通过了著作权法草案。该草案提交全国人大常委会审议。

经过在全国人大 9 个多月的审议，《著作权法》于 1990 年 9 月 7 日审议通过。

1991 年 6 月 1 日《著作权法》实施。

往事如烟，此事已经过去了 32 年。时过境迁，物是人非。当时的光华出版社早已作古。世界图书出版公司随着上级单位中国图书进出口总公司也早于 2002 年脱离国家科委，并入中国出版集团。

　　现在回忆这段往事，突然有种莫名的感触。仔细想想，当年著作权立法遇到的那么的大阻碍到最后居然是一场莫须有。究其根本，一言难尽。试想，若当年的光华出版社能坦然接受因版权制度降临再不能随意商业性使用有版权的作品这一事实；若当年的中国图书进出口总公司能尊重客观事实，不夸大其词；若当年的国家科委等单位能开放胸怀，抬高眼界；若当年的那些冲向前台的著名科学家们能以科学严谨的态度分析思考这个问题，或许，就没有了这番折腾。

　　一次普通的出访，成为扭转当时局势的契机，成为如今可以回味的事件——当真没想到。

渐渐淡去的墨迹[*]

——纪念《著作权法》颁布三十周年

王立平[**]

2020 年是《著作权法》颁布 30 周年，我接到刘春田先生的邀请，为他主编的纪念文集写篇文章。一是时间久远，二是发生的事情太多，三是感慨更多，真不知从何说起。最后从我的手札中选了四封书信和一份发言稿，它们都是与著作权法的立法、修法、施法相关。虽然有的因为有错字改过之后成为留底原稿（如第一段给全国人大常委会的信），有的是抄留的原稿（如给吴邦国同志和给温家宝同志的信），给彭佩云同志的信是原件，因为抹去和改的字多，来不及重抄便把打印件送上去了。那份发言稿也是交上去的打印件。年代久远，写字的纸已经泛黄、变脆，但字里行间似乎依然保留着当年的温度。那是一代人努力的见证、回忆和纪念。

一

1990 年 6 月，全人大常委会开会的前一两天，我从朋友处了解到两天后

---

* 本文整理于 2020 年 6 月。

** 王立平，中央文史研究馆馆员、中国音乐著作权协会终身名誉主席、中国电影音乐学会名誉会长、中国书法家协会会员、国家一级作曲，享受国务院政府特殊津贴。主要作品有《太阳岛上》《浪花里飞出欢乐的歌》《太行颂》《飞吧鸽子》《少林寺》《牧羊曲》《大海啊故乡》《驼铃》《枉凝眉》等。

· 207 ·

全国人大常委会将审议《著作权法》草案，其中的一些内容是音乐著作权人难以接受的。我在这一天时间里找到了草案全文，当即给全国人大法工委打了一个措辞非常严厉的电话，说通过这样的法律将成为著作权法史上的丑闻。很快法工委回电话过来，说把与我的通话记录向领导汇报了，上级很重视，马上将派何处长和两位工作人员到我家听取意见。见面后，为了节省时间和准确表达我的意见，我请来访的 3 位同志在旁边房间等候，我开始起草给全国人大常委会的信，之后又用毛笔抄写了这封信。当我把信交给他们带回时，他们说会将这封信印发给人大常委们。

我从外地出差回来才知道本次全国人大常委会没有审议《著作权法》草案。人大常委谢铁骊和列席的华侨委员会委员叶佩英都在会上发言希望延后审议，还有许多人大常委附议，最终我们争取到了 3 个月的时间。

我是八届全国人大代表、全国人大民族委员会委员，列席人大常委会。在人大常委会的小组会上作了发言，参加我们小组会的雷洁琼副委员长在我发言的过程中插话向我提出了一些问题，我一一作答。雷洁琼副委员长与会议主持人商议请我到人大常委会作大会发言，我又作了些补充作为大会发言。关于对严重侵权应予以严惩问题的阐述得到了许多常委们的赞同。

另外，我注意到草案把刑事处罚的上限列为 5 年以下。我建议把刑事处罚的上限改为 7 年以下。我没有见到其他方面有关此问题的表态，决议在最后公布时是"7 年以下"或可理解为是接受了我的建议。

以下是我在八届全国人大常委会第七次会议上的发言。

对《惩治侵犯著作权的犯罪的
决定（草案）》的建议

（一九九四年五月十一日下午）

委员长、各位副委员长、各位委员：

我们赞成关于《惩治侵犯著作权的犯罪的决定（草案）》，赞成顾昂然主任关于《决定（草案）》的说明。

著作权法的颁布和实施，终于结束了我国在著作权保护方面的无序、无力、无奈的历史。近三年来的实践证明，在我国现实生活中，著作权法发挥着越来越重要的作用。

当前，尽管宣传、贯彻著作权法已经取得显著成绩，而侵犯著作权的现象更值得我们关注，可以用两句话来概括：一叫做"严重"，二叫做"普遍"。所谓"严重"，是说数量大、金额大、情节恶劣的侵犯著作权行为所在多有。所谓"普遍"，是说未依照法律取得他人的著作权使用权而使用他人作品，不遵守合同或不按有关规定和标准向著作权人支付报酬，甚至根本不支付报酬的行为，几乎遍及与著作权相关的各个方面和领域。而构成犯罪和可能构成犯罪的并不限于"决定（草案）"第一款中所列的三项，所以我们建议：

第一，增加承担刑事责任的侵犯著作权行为的种类。许多国家的著作权法均对未经著作权人许可，擅自以表演、传播等方式使用作品的行为规定以刑事处罚。例如美国版权法第五〇一条、英国版权法第一〇七条、法国版权法第七十条至七十四条、德国版权法第一〇六条、日本版权法第一一九条等，我国台湾地区（所谓的）"著作权法"第九十二条也有此类规定。我们以为这样规定更为严谨、更为全面，值得参照。所以建议增加一条；以营利为目的，未经著作权人许可的表演、公开传播等形式侵犯他人著作权，有下列情形之一的处三年以下有期徒刑、拘役，单处或并处罚金；对违法所得数额特别巨大或者有其他特别严重情节的，处三年以上七年以下有期徒刑，并处罚金：

（一）多次侵犯他人著作权的；

（二）违法所得数额巨大的；

（三）侵犯他人著作权情节恶劣、后果严重的；

第二，著作权法第四十六条已规定：有侵权行为的，除根据情况承担民事责任，还要承担没收非法所得，罚款等行政法律责任。"决定（草案）"规定对侵犯著作权犯罪的刑事处罚包括罚金。为了便于操作，建议对两种处罚中的罚款和罚金的区别作出更加明确的界定。美国、意大利、法国、日本和我国台湾（地区）对侵犯著作权犯罪的刑事制裁都规定了具体的罚金数额，可供参考。侵犯著作权犯罪的行为，特别是严重的侵权行为，几乎无例外是以获取暴利为目的，对侵犯著作权犯罪的刑事处罚中，规定出具体的、比较高的罚金数额，可以加强对犯罪的威慑力，更有效地防范此类犯罪。

为说明这些情况，我举几个例子：

辽宁春风文艺出版社一九九二年七月（著作权法实行一年另一个月之后）出版发行了题为《中国现代优秀歌曲2000首》的大型套书，共四卷，印数分别为9030册、8785册、8880册、8830册。定价为16元至21元，金额总数约为64万元，至今根据我们调查了解的情况，还没有找到一位收到稿费的作者。有的作者给我写信说：曾致函该出版社，要求放弃稿费，只求能得到一册有他七八首作品的那卷书，而这家出版社不寄书、不汇款、不予理采。

是不是因为稿酬高而出版社付不起稿费呢？就在我们这次人大常委会开会期间，五月七日我收到了中央电视台等单位编选的：中国电视歌曲500首歌集，该书前言中把这些作品称为"是三十多年来中国电视歌曲中的精品荟萃"，很高兴该书编入了我创作的词曲共15首作品，同时，收到数为105元的稿费汇款单，合每首七元。这就是目前支付稿酬常常低于国家本来就不高的标准的现状。又例如深圳的"先科"是我国最大的激光视盘、激光唱片等音像制品的生产、发行单位，据报道九三年产值达二亿元，利税8000万元。邓小平同志南巡时曾参观过"先科"，并在谈话中要求他们注意著作权问题。"先科"有关负责人回答称：他们已经按国际惯例把著作权的问题解决了。（以上情况是关于小平同志南巡的报道）我们从电视报道中见到，"先科"请小平同志看的激光视盘"红楼梦"——电视连续剧主题歌就是典型的侵犯著作权的音像制品。著作权（法）第37条明文规定：录像制作者使用他人作品制作录像制品，应当取得著作权人的许可，并支付报酬。一位工作人员竟称：我们一律不付稿费，而且从来不付稿费。一位公司的主要负责人之一证实：到九二年十二月为止他们不曾支付过使用作品的使用费，还承认他们没有研究过著作权法，难怪至今仍不承认他们的这种行为是侵权行为，不按著作权法的规定，承担应负的责任。我们知道，国内出版发行的卡拉 OK 激光视盘，绝大多数出自这个单位，涉及的作品被侵权的著作权人范围极广，数量惊人。

那么，为什么许多被侵权的著作权人不告官呢？这是因为在侵犯著作权的案件中，由单位作为侵权方的情况相当普遍，被人们称为"官偷"、"官盗"，一旦诉诸公堂，往往判罚过轻，没有明确而具体的法规可依，法院往往难以作出具有惩戒作用的判决。由于判罚过轻，使有的侵权者在利益的诱使下，不怕以身试法。"抓到了，不吃亏；抓不到，赚大钱。"

有的著作权人为了争口气，与侵权者对簿公演，最终虽然判被侵权者胜诉，但经济赔偿远抵不上律师的费用及其他诉讼支出，实际上是输了。像以上所举的例中，几乎可以说每位著作权人的每个被侵权的作品数额都不大，有的连行政处罚也难以认定，所以，对这样故意的屡次的侵权者难以制裁。难怪有的著作权人对著作权法怀有一种甚为复杂的感情。一方面是领情，有了这样的法律是温暖，也是安慰。另一方面，对著作权法能在多大程度上保护自己的权益，并不很乐观。所以，判罚不严、处置不力已经影响到法律的威严和实效。值得我们特别注意。

第三，目前其他国家或地区的著作权法对刑事处罚的规定，有加重的趋势。例如，现行的台湾地区（所谓的）"著作权法"就规定：对严重侵权之常业者，处一年以上七年以下有期徒刑，得并科新台币四十五万元以下罚金。鉴于目前我国侵犯著作权的现象屡禁不止、愈演愈烈，甚至日趋严重的严峻现实，把刑事处罚中有期徒刑的上限，从五年以下提高到七年以下是必要的，这样做既符合国际惯例，也适合中国国情。有利于整顿文化秩序和治理文化环境。必将受到著作权人及全社会的拥护和支持。

谢铁骊委员还特别让我再提一下：关于录像营业性放映镭射视盘中的

盗版侵权之外，还有更为严重的内容问题。武打、凶杀、色情毒害着观众，特别是青少年。我们应该下大决心、花大气力、运用法律的武器刹住这股邪风。

加强对著作权的保护，将带来更多、更优秀作品的问世；加强对侵犯著作权行为的打击，将带来更有序的文化环境和更清洁的文化氛围，最终受益的将是整个社会。为达此目的，希望各位委员能够支持我们以上的建议。

总之，我们热切地希望对《惩治侵犯著作权的犯罪的决定（草案）》稍作必要的修改后，尽快出台，并期待早日修改我国的《著作权法》，使之更加完备、更加适应改革开放的新的形势。

以下是本文作者"对《惩治侵犯著作权的犯罪的决定（草案）》的建议"的手稿图。

2 1

犯著作权行为所在多有，所谓普遍，是说未依
照法律取得他人的著作权使用权而使用他人作品
不遵守合同或不按标准向著作权
人支付报酬，进而根本不支付报酬的行为，几乎
遍及与著作权相关的各个方面和领域。而构成犯
罪和可能构成犯罪尚并不限于，决定草案（第一
款中所列的三项，所以我们建议：

第一，增加承担刑事责任的侵犯著作权行为的

种类。许多国家的著作权法均对未经著作权
人许可而擅自以表演、传播等方式使用作品的行为
规定以刑事处罚。例如美国版权法第五〇一条采
国版权法第二〇七条、法国版权法第七〇条之三四
条、德国版权法第五六条、日本版权法第二九条至七十四
条也有此类规定。

我国台湾地区著作权法第九十二条……

我们以为这样规定更为严谨、更为全面，值得
参照。所以建议增加一条，以营利为目的、未经著

作权人许可，以表演、公开传播等形式侵犯他人著
作权有下列情形之一的处三年以下有期徒刑拘役
或者有其他特别严重情节，对违法所得数额特别巨大
下有期徒刑，并处罚金：

（一）多次侵犯他人著作权的；

（二）违法所得数额巨大的；

（三）侵犯他人著作权情节恶劣、后果严重的；

第二，著作权法第四十六条已规定：有侵权行为的，
除根据情况承担民事责任、还要承担没收非法
所得罚款等行政法律责任。决定（草案）规定
对侵犯著作权犯罪的刑事处罚中的罚金的，为了
便于操作，建议对两种处罚中的罚金的
应判作出更加明确的界定。美国、意大利法国
日本和我国台湾对侵犯著作权罪的罚刑事
制裁都规定了具体的罚金数额，可供参考。侵犯

4

3

6

5

著作权犯罪的行为，特别是要重罚侵权行为。再无例外，先以没收暴利为目的。对侵犯著作权犯罪的刑事惩罚中规定具体的、比较高的罚金数额，可以加强对犯罪的威慑力，更有效地防范此类犯罪。

为说明这些情况，我举几个例子：

辽宁春风文艺出版社九二年有一《著作权法实行一年另一个月之后》出版发行了题为《中国现代优

7

秀歌曲2000首》的大型套书，共四卷，印数分别为9030册、8785册、8888册、8830册，定价为16.5元，金额总数约为84万元。至今根据我们调查了解的情况，还没有找到一位收到稿费的著者。有的作者给我写信说，曾致函该出版社，要求放弃稿费，只求能得到一册，不料他七八首作品均选者，而这家出版社不寄书，不理不睬。是不是因为稿酬高而出版社付不起稿费呢。

8

就在我们这次人大常委会开会期间，五月七日我收到中央电视台某单位编写的《中国电视歌曲500首》歌集。该书前言中把这些作品称为"是三十多年来中国电视歌曲的精萃荟萃"，很高兴该书编入了我创作词曲其15首作品。同时，收到数为105元的稿费汇款单。合每首七元。这就是目前支付稿酬常用的低于国家本来就不高的标准的准则。状，又倒如深圳的"先科"是我国现状最大的激光视盘

9

激光唱电影盘声像制品的生产、发行单位据报道九三年产值达二亿元，利税8000万元。邓小平同志南巡时曾参观过"先科"，并在题词讲话中要求他们注意著作权问题。"先科"有关负责人答称：他们已经按国际惯例把著作权问题解决了。（以上情况举例如《小平同志看望南巡的报道）我们从电视报道中也看到先科请小平同志看南巡的报道）我们从电视
盘、红楼梦》电视连续剧主题歌就是典型的

10

侵犯著作权的音像制品。著作权第47条明文规定三类侵犯作者使用他人作品制作的音像制品应当取得著作权人的许可，并支付报酬。一位制作人员辩称：我们律不付稿费，而且从来不付稿费。佳公司的主要负责人之证供：到九二年十二月为止他们不曾支付过使用他人作品使用费。还承认他们没有研究过著作权法，难怪至今仍不承认他们这种行为是侵权行为，不按著作权法的规定承担

11

应负的责任。我们知道，国内出版发行的尖拉水激，克视无绝大多数出自这个单位游及的作品被侵权问题作著作权人范围极广，数量惊人。那么，为什么许多被侵权的著作权人不告官呢？这是因为在侵犯著作权的案件中，由单位作为侵权方的情况相当普遍，被人们称为窃偷窃盗、一旦诉诸公堂，往往判罚过轻，没有明确而具体的法规可依，法院往往难以作出具有惩戒作用

12

的判决。审判罚过轻，使有的侵权者在利益的诱使下不惧以身试法。抓到了不痛不痒，抓不到赚大钱，有的著作权人为了争口气，与侵权者对簿公堂，最终虽然判罚被侵权者胜诉，但实际上是输了，远抵不上所花的律师费用及其他诉讼支出。实际上是输了赢得了官司，可说每一位著作权人的作品数额都不大，有的进行政处罚也难以认定，所以对这样故意的屡次侵权者

13

难以制裁，难怪有的著作权人对著作权法怀有一种莫名复杂的感情。一方面著作权法律是温暖，也是安慰；另一方面对著作权人的法律保护又很不力，在多大程度上保护自己的权益，并不很乐观，判罚不力，废置不力，这影响到法律的威严和实效。值得我们特别注意。
第三，目前其他国家或地区的著作权法对刑罚的规定，有加重的趋势。例如现行的台湾

14

地屋著作权法就规定：对严重侵权之常业者，废一年以上七年以下有期徒刑，得并科新台币四至万元以下罚金。鉴于目前我国侵犯著作权的现象屡禁不止，愈演愈烈，甚之日趋严重的严峻现实，把刑事处罚中有期徒刑的上限从五年以下提高到七年以下是必要的。这样做既符合国际贯例，也通合中国国情，有利于整顿文化秩序和治理文化环境，必将受到著作权人及全社会的拥护。

和支持。

谢铁骊委员还特别谈我再提一下关于录像营业性放映镭射视盘中的盗版侵权之外，还有更为严重的内容问题：武打出来，色情毒害青观，做特别是青少年。我们应该下大决心，花大气力，运用法律的武器刹住这股邪风。

加强对著作权的保护，将带来更多更优秀作品的问世；加强对侵犯著作权行为的打击，将

带来更有序的文化环境和更清洁的文化氛围，最终受益的将是整个社会。为达此目的，希望各位委员能够支持我们以上的建议。

总之，我们热切地希望对惩治侵犯著作权的犯罪问题定《草案》的精作必要的修改后能尽快出台，并期待早日修政我国的著作权法，使之更加完备，更加适应改革开放的新的形势。

王立平

16

15

17

二

1990 年《著作权法》颁布之后的十年间，我们一直为推动修法，改掉第 43 条而努力。每年通过"两会"，也根据不同情况抓住一切机会为完善著作权法建言献策，并争取各方面的理解和支持。1999 年 4 月我在中国音乐著作权协会屈景明先生的支持和帮助下代表广大音乐著作权人起草了给时任全国人大常委会副委员长彭佩云同志的信，比较系统地提出了清除《著作权法》第 43 条的理由、意义、必要性及历史沿革。还就著作权集体管理机构等重要问题提出了修法的建议。我们以为此时正是修法可能取得进展的机遇期，我们也对过去十年来的宣传、争取、不懈努力所取得的成果有一定的信心。在人大系统、法律界、音乐界很多人都知道被我们称为"臭名昭著的第 43 条"。我以为这封信体现了我们的历史担当。

终于，经过十年的奋斗，阻挡落实音乐著作权保护的拦路虎——第 43 条被删除了，被扫进了历史的垃圾堆。我们的一些要求和主张总算达成了。请注意，以上还只是从立法层面而言。音乐著作权保护的道还远，路还长。

以下是我当时写给彭佩云同志的信。

彭佩云副委员长：

一、修改著作权法第 43 条的理由

原条文的具体内容：第 43 条 广播电视台、电视台非营业性播放已经出版的录音制品，可以不经著作权人、表演者、录音制作者许可，不向其支付报酬。

1. 著作权包括人身权和财产权。著作权人对自己的作品应该有发表和不发表的权利及获得报酬的权利。而"不经许可"和"不支付报酬"，事实上剥夺和侵犯了著权人的权利。我们认为对已经公开发表的作品仍需经过许可是非常重要的。例如：当著权人认为过去曾公开发表过的作品已经不能真正表达自己的思想、观点和水平，继续传播将会对社会或自己产生不良影响，只有通过有效的许可制度才能停止误谬的流传，这样做，无疑装将有利于科学技术、文化艺术的发展和进步。世界各国的经验证明：通过著作权集体管理机构实施许可制度是非常有效、方便和成功的。

2. 43条与我国已参加的国际公约相冲突。根据伯尔尼公约的规定：只要公开播放他人的作品，无论有无营利目的，至少应该向著作权人支付报酬。我国已于一九九二年参加了伯尔尼公约，应该履行义务。为此，国务院一九九二年九月颁发了《实施国际著作权条约的规定》，该规定第十六条规定，表演录音或播放外国作品，适用伯尔尼公约的规定；有集体管理组织的应该事先取得该组织的授权。根据该规定，广播电台、电视台只要公开播放外国人的音乐作品，不论其盈利与否，均应取得著作权人的许可并支付报酬，而播放国人的作品则可以不经许可，也无需支付报酬。这种对中外作品实行双重保护的制度，不仅打击了我国著作权人的积极性，而且严重伤害了中国人的民族自尊心。在著作权保护方面给外国人以超国民待遇，只保护外国人而不保护本国人的双重保护制度，在全世界也是闻所未闻的。实际上我国的广播电台、电视台多年来也从未向国外的著作权人支付报酬，连向用户收费、无可争议的营业性播出的有线台也照样不付费，中国的三千多家广播电台、电视台成为了举世闻名的侵权大户。在国内外都造成了很坏的影响。许多来访的外国团体和有关专家对此表示了极大的不解和不满。损害了我国的国际形象和政府的威望，也严重影响了完善著作权保护的进程。电视台作为最大的使用者领衔不付费，就很难说服一般使用者向著作权人付费。

3. 我国的广播电台、电视台正是由于使用了大量包括音乐作品在内的节目才有可能收取大量广告费。这些回收的资金除满足广播电台、电视台经营发展的需要外，理应将其中的一部分分给生产这些作品的著作权人，因为科学、文化艺术也需要投入和发展。如今，我国的广播电台、电视台、有线台已经形成了年收入（包括广告收入）约百亿人民币的大产业，再以"非营业性播放"和"党的喉舌"为理由不支付报酬，继续无偿地占有著作权人的合法权益，是无论如何也说不过去的。

4. 八年前著作权（法）立法时第43条规定是根据当时的经济发展水平

和对著作权保护的水平制定的。那时，对作者的广播权是否进行限制就曾有较大的争议，争议的焦点是对已经发表的作品，电台、电视台进行播放时是否要取得作者的许可和支付报酬，最后平衡各方利益的结果是过多地考虑了广电部门的利益，忽视了著作权人的权利，定成了八年来一直受到广大著作权人、法律界、学术界强烈反对的第43条。广播电台、电视台、有线台对著作权的保护长期不到位，不但影响了我国同国外在著作权保护方面的合作，不能实现有效的接轨，使得我国作品在国外被使用也不能得到应得的报酬。不仅造成了经济方面的损失，还使不少人对我国的著作权保护制度丧失信心，以至出现了拍卖作品著作权和将其著作权卖给国外等不正常现象。长此以往将严重影响民族文化的发展。

二、广电部门不向著作权人支付作品使用费的理由不能成立

广电部门认为，电台、电视台是党的喉舌，是非营利性的宣传党的政策，不应向作者支付报酬，况且作者也是拿国家工资的。如果真的要付费的话，将是国家广电部门极大的经济负担甚至将导致经济的萎缩。

1. 不能把作为党的喉舌同保护知识产权对立起来。《人民日报》也是党的喉舌，多少年来都是坚持向作者支付作品使用费的。如果因为是党的喉舌就可以不付费，那么所使用的广播设备、交通工具、房屋、水费等岂不都可以不付费？倘若不能，为什么唯独使用著作权人的作品可以不支付报酬呢？著作权与广播设备、交通工具、房屋、水电一样，同样是财产，都应受到法律保护。作为党的喉舌更应该带头执行党的政策，尊重知识，保护知识产权。日本 NHK 是国家电视台，不做广告也没有广告收入，但从来依照著作权法的规定，照章向著作权人支付报酬。

2. 工资是作者完成本职工作时，单位发给其工作酬劳，并不包含广播电台、电视台使用其作品的报酬。实行市场经济，应该使作者的收入同作品被使用的情况挂起钩来，使用的越多，对社会的贡献越大，获得的报酬也应该相应增加。以形成与精品意识相配套的精品政策。鼓励多出好作品，促进民族文化的发展。现在的工资制度不能完全体现著作权人作品的全部价值。除法律确定的职务作品另有规定外，不能因为著作权人是领工资的就剥夺其获得报酬的权利。说"因为作者是拿工资的，所以不向其支付报酬"是没有法律依据的。

3．说向著作权人付费"将是国家广电部门极大的经济负担甚至将导致经济的萎缩"是没有根据的，也是不符合实际情况的。

广播电台、电视台从来就是对包括音乐在内的作品使用最多的主要的使用者，也便成了音乐等著作权人作品使用费的主要来源之一。世界各国的著作权集体管理机构向广播电台、电视台收取著作权使用费几乎没有例外，都是采取一揽子的办法，即由著作权管理机构代表著作权人对广播电台、电视台给予一揽子许可，并根据上一年度的总收入及作品使用情况共同商定下年度收取使用费的百分比。以音乐为例，对使用作品较多的音乐台收取比例略高一些，对使用作品少的其他台则要少一些，都不超过百分之几。然后由著作权集体管理机构负责向国内外著作权人实行分配。付费的标准还要经过国家行政主管部门审核批准，以保证公平、合理和最大限度地维护公众利益。这种机制是经过各国实践经验证明，无论对发达国家还是发展中国家都是行之有效的科学管理办法；是被全世界普遍认可的著作权管理规则和必由之路。我国也必须如此实行，才能抓紧机遇迎头赶上，争取早日在著作权保护方面兑现我国政府的承诺，与加入国际公约的国家实现有效的接轨，尽快改变长期被排斥在国际社会之外，落后吃亏的被动局面。

三、对著作权法 43 条的修改建议

1．广播电台、电视台播放作品应征得著作权人的许可并支付报酬。这样规定才能与我国已参加的国际公约的保护水平相一致，充分尊重并使作者享有完整广播权，解决在广播权管理中外国人与中国人待遇不同的双重保护标准的问题。

2．在具体实施过程中，广播电视组织使用大量的音乐作品，不必向每一个著作权人取得授权。国际通行的做法是采取集体管理的方式解决授权问题，即著作权人将作品向著作权授于集体管理机构，由该机构统一行使权利包括向广播电视组织发放授权，收取使用费，并向著作权人进行分配。集体管理制度的诞生，已有一百多年的历史，世界上现有 100 多个国家都已成立了集体管理机构并都在成功地运作，这样既保护了著作权人的利益，又极大地方

便了广播组织对音乐作品的使用。

四、关于著作权集体管理机构

1. 建议在修改著作权法时使用"集体管理机构"这一概念和用语。早在一百五十多年前就在法国成立了世界上第一个管理音乐作品著作权的组织，1926 年由 18 个国家的音乐作品著作权集体管理机构联合组织的国际作者作曲者协会联合会（CISAC）目前已经有116 个正式会员组织和38 个联盟会员组织。集体管理机构已经成为全世界公认的管理著作权机构的专用名词，各国的著作权集体管理机构的性质、运行机理和操作方式基本相同。相互接轨并已经形成了一个世界性的网络。大家共同遵守《伯尔尼公约》等有关著作权保护的国际公约，各国之间签署双边的相互代表协议，有统一的作品登记国际编码，可以及时互通信息，加上电脑化的现代管理，大大加强了对著作权保护的力度。事实证明由集体管理机构来进行对著作权的管理是可行的、科学的和有着强大生命力的。

2. 如果用"社会团体""中介机构"等名词和用语替代"集体管理机构"，反而容易造成含义和概念不清。"社会团体"是一个太宽泛的范畴，例如："钓鱼协会""牙膏协会"等与我们所说的"集体管理机构"实在是南辕北辙。而"中介机构"就概念来讲似乎有些接近，但也有根本的不同。"中介机构"是指处于交互双方之间、独立于任何一方行使权利或发挥作用的机构。而"集体管理机构"却不是处在著作权人和使用者之间，而是完全代表著作权人行使权利的机构。这和"中介机构"是有着很大的、原则性的根本区别。用"中介机构"来介定著作权的管理机构，将无法定位著作权管理机构与著作权人的关系，也不利与国际交往和接轨。

3. 对于"集体管理机构"的性质、权利、责任义务、法律地位、组织形式等内容，在著权法中规定得细一些要比规定得粗一些好。有在世界上众多国家的"集体管理机构"成功运行的经验为依据，有各国相关法律对"集体管理机构"大体相同的规定为参考，针对我国具体情况是不难制定出既符合中国国情也符合国际惯例的切实可行的法律条文。鉴于"集体管理机构"对于保障和落实著作权法所规定的著作权人的各项权利有着特别重要的作用，所以希望这次修改《著作权法》一定要把这一部分加进去，以增强《著作权法》的可操作性。

回顾我国著作权法颁布实施以来，在保护著作权方面所经历的历程，应该说的确取得了很大的成绩，特别是在提高全社会对保护著作权意识方面有了很大的进展，但毋庸讳言，也有许多大的遗憾。原来的《著作权法》尽管在法理上、观念上有许多出色的、值得称道的方面，但由于不够完善甚至存在明显的缺憾而使得《著作权法》没有起到应有的作用。著作权人的许多权利没能得到应有的保护。很多曾为《著作权法》的颁布和实施而欢呼雀跃的著作权人经过几年的切身经历发现，这部法律远没有给他们带来本应得到的实际利益，挫伤了他们的积极性，动摇了他们对《著作权法》的信心。难怪有人说《著作权法》有点儿像"画饼"，看得见摸不着，不能充饥。著作权人作为《著作权法》保护的主体，对这部法律普遍存在的相当强烈的不满，应该说是有道理的，也是值得深思的。面对我国经济还不够发达，文化还不够繁荣，人民生活水平普遍还不高的现实，不可能设想让我们的著作权人都成为脱离社会、脱离现实的巨富。但尊重他们的创造性劳动，鼓励他们为社会多提供优秀的智力劳动成果，实行多劳多得，让对社会贡献大的著作权人有相对丰厚的收入，使他们有能力进行再投入，生产更多更好的作品，这样，既有益于著作权人，也有益于全社会。

《著作权法》承担着调节智力劳动生产关系的重要作用，是启动创造积极性和热情的强大杠杆，是推进科教兴国和繁荣文化艺术的巨大动力，是在改革开放、市场经济条件下贯彻党的尊重知识、尊重人才政策的有利武器。现在讲落实党的知识分子政策，显然不能光靠给知识分子提一级、涨几块或几十块工资来体现。而是通过健全的法制给知识分子以机会，鼓励他们为社会创造出更多更丰富的科技文化、艺术成果。切实有效地加强对著作权人合法权益的保护将会激活整个社会的创造力。获益的不仅是著作权人，而是整个社会。

在我们满怀信心迎接新世纪的重要历史时刻，修改我国的《著作权法》有着特别重大的意义。人们都说下个世纪将成为知识经济的社会，历史对我们的提问是那样的近切和严峻，如何能使我们的知识成为巨大的产业，驶向世界发展的潮头，为中国续一段扬眉吐气的历史，要靠邓小平理论的指引，要靠进一步深化改革，扩大开放，要靠中国知识分子的奋发，也要靠完备的法律和良好的法制环境。《著作权法》是那样的重要！

我们总该能够做些什么，我们决心做大的努力！

王立平

一九九九年四月五日

以下是本文作者当时写给彭佩云同志的信的手稿图。

彭佩云副委员长：

一、修改著作权法第43条的理由

原条文的具体内容：第43条 广播电台、电视台非营业性播放已经出版的录音制品，可以不经著作人、表演者、录音制作者许可，不向其支付报酬。

人、著作权包括人身权和财产权。著作权人对自己的作品应该有发表和不发表的权利及获得报酬的权利。而不经许可和不支付报酬，事实上剥夺和侵犯了著作人的权利。我们认为对已经公开发表的作品们需经过许可是非常重要的。例如：学著权人认为这普公开发表过的作品已经不能真实表达自己的思想观点和水平继续传播将会对社会或自己产生不良影响。只有通过有效的许可制度才能停止误谬的流传。这样做无疑将有利于科学技术、文化艺术的发展和进步；世界各国的经验证明：通过著作权集体管理机构实施许可制度是非常有效、方便和成功的。之条与我国已参加的国际公约相冲突。根据伯尔尼公约

2　　　　　　　　　1

约规定主应要公开播放放让人的作品无论有无营利目的都必须遵向著作权人支付报酬。我国已于一九九二年参加了《伯尔尼公约》应该履行义务。后来国务院一九九二年九月颁发了《实施国际著作权条约的规定》该规定第十六条规定：表演、录音或播放外国作品适用《伯尼公约》规定三有集体管理组织可处理该事先取得该组织的授权。根据该规定，广播电台、电视台只要公开播放外国人的作品不论盈利与否均应取得著作权人的许可并支付报酬。而播放国人的作品则可以不经许可、

3

也无需支付报酬。这种对中外作品实行双重保护的制度不仅打击了我国著作权人的积极性而且更重伤害了中国人的民族尊心。在著作权保护方面给外国人以超国民待遇，只保护外国人而不保护本国人的双重保护制度，在全世界也是闻所未闻的。实际上我国广播电台多年来也以未向国外的著作权支酬付报。连向用户收费、无可争议的营业性播出的有线样不付费。中国的三千多家广播电台、电视台也成了举世闻名的侵权大户。在国内外都造成了很坏的影响。许多采访向外国团体

4

和有关专家对此表示了极大的不解和不满，损害了我国的国际形象和政府的威望，也更重影响了完善著作权保护的进程。电视台作为最大的使用者领衔不付费，就很难说服一般使用者向著作权人付费。

3、我国的广播电台、电视台正是由于使用了大量免费音乐作品在内等才有可随收取大量广告费。这些四收的资金除满足广播电台、电视台经营发展的需要外，理应将其中的一部分分给生产这些作品的著作权人，因为科学、文化

5

艺术也需要投入和发展。如今，我国的广播电台、电视台有线台已经形成了年收入约百余亿人民币的人主业，再以非营业性播放和党的喉舌为理由不支付报酬、继续无偿地占有著作权人的合法权益，是无论如何也说不过去的。八八年前著作权立法时第43条规定是根据当时经济发展水平和对著作权保护的水平制定的，那时对作者向广播权是否进行限制就曾有较大的争议，焦点是对已经发表的作品、电台电视台进行播放时是否要取得作

6

7

者评可和支付报酬，最后平衡各方利益的结果是过多地考虑了广电部门的利益，忽视了著作权人的权利。定向了八年来一直受到广大著作权人法律界、学术界强烈反对的第几条。广播电台、电视台、有线台对著作权的保护长期不住，不但影响了我国国外在著作权保护方面的合作，不能实现有效的接轨，使得我国作品在国外被使用也不能得到应有的报酬，不仅造成了经济方面的损失，还使不少人对我国的著作权保护制度丧失信心，出现了拍卖。

8

作品著作权和将其著作权费给国外也不正常现象。长此以往将严重影响民族文化的发展。

二、电部门不向著作权人支付作品使用费的理由不能成立。

广电部门认为，电台、电视台是党的喉舌，是非盈利性的宣传党的政策，不应向作者支付报酬。况且作者也是全国家之资。如果真的要付费的话，将是国家广电部门极大的经济负担，其必将导致经济的萎缩。

9

人，不能把作为党的喉舌同保护知识产权对立起来。人民日报也是党的喉舌，多少年来都是坚持向作者支付作品使用费。如果因为是党的喉舌就可以不付费，那么所使用的广播设备、交通工具、房屋、水电等是不都可以不付费？假若不能，为什么唯独使用著作权人的作品可以不支付报酬呢？著作权与广播设备、交通工具、房屋、水电一样同样是财产，都应受到法律保护。作为党的喉舌更应该带头执行党的政策，尊重知识，保护知识产权。

10

日本NHK是国家电台，不做广告也没有广告收入，但经常依照著作权法的规定，照章向著作权人支付报酬。

2、资是作者完成本职工作时集信发给员工作酬劳，并不包含广播电台、电视台使用其作品的报酬。实行市场经济之越来越多，对社会的贡献越大，获取的报酬也应相应增加，以形成与精品意识相配套的精品政策的鼓励多出好作品，促进民族文化的发展。现在的工资制度不能充分...

全体现著作权人作品的全部价值。除法律明确规定的服务作品另有规定外，不能因为著作权人是领取工资的，就剥夺其获得报酬的权利说，因为作者是领取工资的，所以不实际支付报酬是没有法律依据的。

3．说向著作权人付费将是国家广电部门极大的经济负担进去将是经济萎缩，也没有根据，也是不符合实际情况的。

广播电台、电视台径直就是对包括音乐在内作

11

百分之几。然后由著作权集体管理机构负责向国内外著作权人实行分配。付费的标准还要经过国家行政主管部门审核批准，以保证公平、合理和最大限度地维护公众利益。这种机制是经过各国实践经验证明无论对发达国家还是发展中国家都是行之有效的科学管理办法，是被全世界普遍认可的著作权管理规则和办法之一。我国也必须如此实行才能抓紧机遇迎头赶上，争取早日在著作权保护方面实现我国政府的承

13

最后使用费为以主要向使用者，也便成之音乐著作权人作品使用费为主要来源之一。世界各国的著作权集体管理机构向广播电台、电视台收取著作权使用费儿都是采取揽子办法，即由著作权管理机构代表著作权人对广播电台、电视台给予揽子许可，并根据上一年度向总收入使作品情况共同商定下年度收费向总金比。以音乐为例，对使用作品多的音乐台收取比例略高些。对使用作品少的其他台则要少些，都不超过费用总收入

12

诺与加入国际公约向国家实现有效的接轨。尽快改变长期被排斥在国际社会外、落后吃亏的被动局面。

三．对著作权法43条向修改建议

八、广播电台、电视台播放作品虽然获得著作权人的许可、并支付报酬。这样规定才能与我国已参加的国际公约保持水平相一致，充分尊重并使作者享有完整的广播权、解决在广播权管理中外国人与中国人待遇不同向双重保护标准向问题。

14

乙、在具体实施过程中，广播电视组织使用大量的音乐作品，不供向每一个著作权人取得授权。国际通行的做法是采取集体管理的方式解决授权问题。即著作权人将作品向著作权授予集体管理机构，由该机构统一行使权利包括向广播电视组织发放授权收取使用费并向著作权人进行分配。集体管理制度的诞生，已有一百多年的历史。世界上现有100多个国家都已成立了集体管理机构并都在成功地运作。这样既保护了著作

15

权人的利益，又极大地方便了广播组织对音乐作品的问使用。

四关于著作权集体管理机构

1、建议在修改著作权法时使用「集体管理机构」这一概念和用语。早在二百五十多年前就在法国诞子世界上第二个管理音乐作品著作权的组织，1926年由18个国家的音乐作品著作权集体管理机构联合组成向国际作者作曲者协会联合会（CISAC）目前已拥有116个正

16

式会员组织和38个联盟会员组织。集体管理机构已经成为全世界公认的管理著作权的机构的专门名词。各国的著作权集体管理机构的性质、运行机理和操作方式基本相同，相互接轨已经形成了一个世界性的网络，大家共同遵守《伯尔尼公约》等有关著作权保护的国际公约各国之间签署双边的相互代表协议，有统一的作品登记国际编码，可以及时主通信息，加上电脑化的现代管理，大大加强了对著作权保护的力度。事实证明，由集体管理机构来

17

进行对著作权的管理是可行的、科学的和有着强大生命力的。

2、如果用「社会团体」、「中介机构」等名词和概念来代「集体管理机构」，反而容易造成含義和概念不清。社会团体是一个大宽泛的范畴，例如：钓鱼协会、集协会等与我们所说的集体管理机构实在是南辕北辙。那「中介机构」就概念来讲似乎与此接近，但也有根本的不同。介机构是指处于交易双方之间，独立于任何一方行使权利或发挥作用的机构。而集体管理机构都不是

18

高在著作权人和使用者之间，而是完全代表著作权人行使权利的机构。这和"中介机构"是有着很大的原则性的根本区别。因为"中介机构"来介定著作权的管理机构，将无法定位著作权管理机构与著作权人的关系，也不利与国际这但和接轨。

3．对于集体管理机构

法律地位、组织形式等内容，在著权法中规定得细一些要比规定得别些好。有业界上对多国家的集体管理机构

19

成功运行的经验为依据，有各国相关法律对集体管理机构大体相同的规定为参考，针对我国具体情况是不难制定出既符合中国国情也符合国际惯例的切实行的法律条文。鉴于集体管理机构对于保障和落实著作权法所规定的著作权人的各项权利有着特别重要的作用，所以希望这次修改《著作权法》一定要把这一部分加进去，以增强《著作权法》的可操作性。

回顾我国著作权法领域实施以来在保护著作权

20

方面所经历的历程，应该说确取得了很大的成绩，特别是在提高全社会对保护著作权意识方面有了很大的进展。但无庸讳言也有许多的遗憾。原来的《著作权法》尽管在法理上观念上有许多出色的值得称道的方面，但由于不够完善其过在明显的缺陷而使得《著作权法》没有起到应有的作用。《著作权法》的许多权利没能得到应有很多曾为《著作权法》的颁布和实施而欢呼雀跃的著作权人，经过几年的切身经历发现，这部法律远没有给他们带

21

来本应得到的实际利益。挫伤了他们的积极性，动摇了他们对《著作权法》的信心。难怪有人说《著作权法》有点像着得见摸不着、不得充饥。著作权作为《著作权法》保护的主体，对这部陆续普遍存在的相当强烈的不满应该说有道理的，也是值得深思的。面对我国经济还不够发达、文化还不够繁荣、人民生活水平普遍还不高的现实、不可能设想让我们的著作权人都成为脱离社会的现实自足富但尊重他们的创造性劳动、鼓励他们为社会多提供优秀的

22

三

前面的发言稿和信可以反映出著作权法的立法和修法的诸多不易，只为一个"第43条"，我们用了10年的努力才达成目的。著作权法终于改好了，而法律的实施、落实同样不容易。

2005年10月的全国人大常委会的一次小组会，时任委员长吴邦国参加了我所在的小组的会议，会后要我留下并问我，你们要求改的法也改了，现在广播、电视收费的事情进展得怎样了？我回答说：法已经改了4年了，和没改一样，有的人就是不执行，就是不交钱，说国家没有收费标准。委员长感到震惊，又问了些具体问题并对我说：请你给我写封信，把相关情况说得清楚些，以便我把信传出去，请别的方面也来协助我们一起解决问题。后来据我所知吴邦国同志把这封信转给了温家宝同志。但这一届政府未来得及解决这一问题。

以下是我当时写给吴邦国同志的信。

尊敬的吴邦国委员长：您好！

非常感谢您对我们反映落实广播权有关问题意见的重视。承约，这里书面呈上我们的意见，请阅。

二〇〇一年修改后的《著作权法》对音乐作者享有广播权已做出明确的规定，然而时至今日，自新法修订实施已有四年，实际情况没有任何改观。广播电视组织视法律规定为无物，依然我行我素。被侵权的著作权人只能望法兴叹，愤愤不满。

依法办事本来是一件十分简单明确的事，可牵扯到广播电视组织，一拖就是数年。这恐怕是权大于法的典型案例了。对于明白无误的法律责任，广电组织推托的理由主要有三条：

一、广电组织是党和人民的喉舌，承担宣传工作；

二、广电部门财力困难，付著作权费会影响工作；

三、国家没有付酬标准。

这些原因是否就可以成为广电组织不依法办事的借口呢？显然不能。

依法办事是尽人皆知的道理，有什么人非要特殊不行。担当党和人民喉舌的党报党刊、新华社也从事宣传工作，其行为也都置于国家法律之下。广电组织以上述理由为借口，十分不妥。尤其是从公开的信息中了解，广电组织有多项营业性收入，仅广告费收入年逾百亿。老百姓直观看，他们的商业性比党报党刊、新华社不知强出多少倍，没有道理不依法办事。

说到财力有困难，也不能成为理由，广电组织本是国家事业单位，从事宣传工作，应由财政负担。著作权人通情达理，从不想要求从国家财政中支付著作权费，只是要求按广电组织商业活动广告费收入的一定比例支付，这也是全世界通行的方式。这样做的最大好处是不影响广电部门的正常工作，尤其是偏远经济不发达地区的广电部门，没有广告收入就不用支付。

说到国家没有制定相关付酬标准，只能是个幌子。四年多的时间制定不出一个付酬标准，并以此为借口拒绝履行法律义务，实在是站不住脚。据了解，制定付酬标准的阻力是来自广电组织。真正原因还是认识问题。用老百姓的话讲，如果是收老百姓的收视费，不要说四年，四天都等不及。

我们认为，这种长期有法不依的状况，产生了很大的负面影响。如许多同志指出的那样，对外，使我国国际形象受损，使我国政府为保护知识产权所做的努力大打折扣；对内，极言之，影响到人们对建立法制社会的热情和信心。俗称上行下效，有这样的"榜样"，老百姓会怎么看我们保护知识产权的真实意愿呢？我们感到，虽然在建立著作权保护制度方面我们已经取得了长足进步，但在落实方面仍有许多问题。我们深知您工作繁忙，不忍打扰。在此就最突出的广播权问题简要地向您报告。

顺颂祺安

王立平

二〇〇五年十月二十六日

以下是本文作者当时写给吴邦国同志的信的手稿图。

尊敬的吴邦国委员长。您好！

非常感谢您对我们反映落实广播权有关问题意见的重视。承约，这里书面呈上我们的意见，请阅。

2001年修改后的《著作权法》对音乐作者享有广播权已做出明确的规定。然而时至今日，自新法修订实施已有四年。实际情况没有任何改观。广播电视组织视法律

规定为无物，依然我行我素。被侵权的著作权人只能望法兴叹、愤、不满。

依法办事本来是一件十分简单明确的事。可事批判广播电视组织，一拖就是数年。对于明电典……这恐怕是权大于法的典型案例了。

误问法律责任。广电组织推托的理由主要有三条。

一、广电组织是党和人民的喉舌，承担宣传任务。

二、电部门财力困难，付著作权费会影响之作。

三、国家没有付酬标准。

这些原因是否就可以成为广电组织不依法办事的借口呢？显然不能。

依法办事是尽人皆知的道理，有什么非要特殊不行。担当党和人民喉舌的党报党刊新华社也从事宣传工作，真行为也都置于国家法律之下。三广电组织以上述理由为借口，十分必要。尤其是从公开的信息中了解，广电组织有多项

营业性收入，仅广告费收入年逾百亿。老百姓直观看，他们的商业性比党报党刊新华社不知强出多少倍，没有道理不依法办事。说刊财力有困难，也不能成为理由。广电组织本是国家事业单位，从事宣传工作应当财政员担，著作权人通情达理，从不想要求牺国家财政中支付著作权费。但是要求接广电组织商业活动广告费收入的一定比例支付，这

2

1

4

3

来自广电组织。有的原因还是认识问题。用
老百姓的话讲，如果是收老百姓的收视费不
要说四年，四天都等不及。

我们认为，这种长期有法不依的状况
产生了很大的负面影响。如许多同志指出的
那样，对外，使我国国际形象受损，使我国
政府为保护知识产权所做的努力大打折扣；
对内，极言之，影响到人们对建立法制社会的

6

也是全世界通行的方式。这样做的最大好处
是不影响广电部门的正常工作，尤其是偏远
经济不发达地区的户电部门，没有广告收入
就不用支付。

说到国家没有制定付酬标准只能
走个幌子。四年多的时间制定不出一个付酬
标准，并以此为借口拒绝履行法律义务实在
是站不住脚。据了解，制定付酬标准的阻力是

5

热情和信心。俗称上行下效，有这样的榜样，老
百姓会怎么看我们保护知识产权的真实意愿
呢？我们感到，虽然在建立著作权保护制度方面
我们已经取得了长足进步，但在落实工作许
多问题，我们深知您工作繁忙，不忍打扰，……就
最突出的广播权问题简要地向您报告。顺颂

祺安

王三平 二00五年十月廿七日

7

四

2009 年 5 月在国务院常务会议上准备审议通过《中国音乐著作权协会收费办法（草案）》。本来中国音乐著作权协会是个很小的单位，所收音乐著作权使用费的数额也有限，但因为争论多年，在社会上影响颇大，所以竟需要在国务院的常务会议上通过。会前时任国务院总理温家宝曾问相关部门，本次会议将通过的办法草案请音乐家看过吗？答曰看过了。但答者没有说我虽然看过这个文件，但对缴费的计算方法、数量等我是反对的。好在温家宝总理在国务院常务会议上通过了这个收费办法之后又嘱咐了一句说：虽然通过了，但公布之前还是要再请王立平同志看看。于是便有了时任版权局阎晓宏副局长一行来到中国音乐著作权协会传达有关情况，有了这封信。

之后，发生了如下几件事：

1. 国务院常务会议上通过的收费办法没有公布实施。

2. 由国务院法制办、中国文联、广电总局和中国音乐著作权协会四单位联合组成调查组出访日本、南韩两国，就音乐著作权保护、收费、方法等相关问题进行调查研究，通过访问和调研，对以上问题的共识，有积极的促进。

3. 由时任国务委员刘延东出面组织以上 4 个单位的领导和专家在一起，就音乐著作权收费办法等问题进行落实。要求先做起来，不再讨论和争论，有什么问题一年后再说。多年扯皮扯不清的问题，就这样清清爽爽地解决了。广电方面非常配合，经过认真的谈判和讨论，解决了音乐著作权的广播电视收费这一"老大难"问题，取得了"双赢"，成了历史新的开端。与各地的电台、电视台的签约行动也逐步开展起来。2009 年 11 月 1 日国务院办公厅颁布《广播电台电视台播放录音制品支付报酬暂行办法》。我们的理想正在实现。

2007 年 12 月我（66 岁时）从民进中央副主席岗位上退下来，现在也到了我该从中国音乐著作权协会主席的岗位上退下来的时候，从 1984 年中国音乐著作权协会筹委会算起已有 30 多年了。人的一生能有几个 30 年啊。在回忆往事的时候我非常怀念那些曾给我们以关爱、支持、帮助和友情的已经离我们远去的领导、专家、学者、朋友，他们是宋木文、谢铁骊、刘杲、石宗源、王选、傅铁山、郑成思等，他们的故事让我们永难忘怀。还有更多让我感动和感谢的人。我首先要说的是我的战友、我的伙伴中国音乐著作权协会前总干事兼副主席屈景明先生。我们从 20 世纪 80 年代初在中国音乐家协会一起筹划建立音乐著作权保护机构开始就一路同行，那时我在中国音协任书记处书记，分工负责社会音乐委员会，屈景明先生是中国音乐家协会主席吕骥先生的秘书，当时很年轻，一表人才，有音乐专业的背景，知识面宽、英文熟练、文笔流畅，在合作中我发现他为人正直坦诚、坚持原则，是一位实干家，内政外交都是行家。最难得的是，30 多年来不管遇到什么样的难题、麻烦，我们总能一起想办法解决问题以渡过难关，他永远是我最得力的支持者，且从不曾有过例外。他还亲手带起来一支风清气正、年轻干练，专业化、国际化、高水平、高素质的音乐著作权保护的队伍；中国音乐著作权协会被民政部评为全国优秀民间社团组织，创出骄人的业绩。到 2019 年，音著协各项著作权收费总额已经突破 4 亿元人民币，历年为国内外广大音乐著作权人收取的各项著作权使用费合计已经超过 20 亿元人民币。屈景明先生从建会的第一天起，就担起中国音乐著作权协会的领导和管理的责任，一直到今天。他是公认的著作权法律专家、成功的组织和管理者，在业内外都享有很高威望，立下了大的功劳，我为曾经与他为伍而感到骄傲和自豪。周围还有一批著名词曲作家、音乐著作权人，一贯热心支持和参加音著协工作和活动。版权局的各届领导都曾给过我们各方面的支持和帮助。还要感谢国务院法制办和中国文联最终促成广播电视系统和中国音乐著作权协会成了谁也离不开谁的合作伙伴，共同面向未来。最后还要向我们敬重的吴邦国、温家宝、刘延东、马凯、彭佩云、华建敏、李长春等各位领导致意，感谢你们多年来的关心和至关重要的帮扶，与著作权相关的那些问题有的已经解决，有的正在解决。我对未来充满希望。

　　以下是我当时写给温家宝同志的信。

家宝总理：

　　五月七日晚，当我们知道您再次关注音乐著作权保护问题并指示有关部门就《付酬办法》征求音乐家意见之后，立即通报音著协在京常务理事，并决定五月八日上午召开临时会议。国家版权局阎晓宏副局长及相关司长、处长一行赶到音著协会参加了会议的后半段并介绍了您的关照和有关情况，各位音乐家都深受感动，满心温暖，感慨良多。会后大家委托我和谷建芬老师给您回封信，一是表达大家的敬意和谢意，二是反映一下大家的意见。这些艺术家是：杜鸣心，八十一岁，芭蕾舞剧《红色娘子军》《鱼美人》作曲之一，中央音乐学院教授，我大学时的作曲老师。张丕基，中国大众音乐协会主席，歌曲《乡恋》《夕阳红》作曲。王世光，中国歌剧舞剧院原院长，歌曲《长江之歌》作曲。李海鹰，中国电影音乐学会副会长，歌曲《弯弯的月亮》《七子之歌》作曲。

　　关于《付酬办法》中的三种付酬方式之一：由广电部门与著作权集体管理组织约定。强势的使用方和弱势的著作权人无法约定，此路不通。方式之二：按广告或收入比例支付。虽然是国际上最为通行并为绝大多数国家所采用的方式，但中国广电部门历来坚决反对和抵制，实际上也将放空，而只剩下第三种方式：广播音乐作品每分钟0.3元的方式。先来算一笔简单的账：这个标准是日本的三千分之一，是北欧的三百分之一，而且因为根据就高不就低的惯例和难以操作等原因，我们还不知道有哪个国家成功采用这种计算方式付酬。再算一下以每分钟0.3元计，扣除百分之二十管理成本，词曲作者各半，实际收入为每分钟0.12元。按北京市二〇〇八年低保标准每月330元再加20元补贴，是每人每月350元，每年4200元，除以0.12元得到的结果是三万五千分钟。就是说以每天十二小时计，不停顿、不插话连续广播一个人的作品四十八天才可以使我们的词曲作家得到一份相当于低保的收入，再以王世光先生的《长江之歌》为例，此曲二分五十秒按三分钟计，广播一千次可得360元。这样来回馈艺术家们的创造性劳动，究竟是保护还是伤害，是激励还是羞辱。而其不可操作更是显而易见，数以千计的电台、电视台每天以分钟计算播出的作品，再分清每个作品的出处，是否在保护期，国家、地区、词或曲作者等。这样巨大的天文数字的数据该有怎样庞大的机构才能处理，该有多么巨大的成本投入，谁来监控，能监控吗？而且值得吗？可能吗？其结果必然成为画饼。事情办不成再回过头来重新扯皮，走程序。再若干年不付报酬。这对发展文化产业，建设创新型社会和构建和谐社会都是不利的，对著作权人更是不公平和不能接受的。

我国的词曲作家群体是一支团结的、向上的，可敬可爱的队伍，多年来面对许多不公平的现象，总是从大处着眼，识大体，顾大局，急而不躁，愤而不怒，从未忘记和懈怠对国家和对人民的责任，勤奋创作努力奉献，从未做过给国家、给政府、给版权局添麻烦的事。从著作权法颁布到现在，我们盼望和争取了将近廿年，虽取得了一定的成绩和进步，但还有不少问题待解决。吴邦国委员长和您对此事的重视和关注给了我们希望。李长春同志、刘延东同志、华建敏同志都为此事做了批示，令我们感动、感激，更增强了信心。为了《付酬办法》这样一件本来不大的事，一再惊动最高层中央领导，让我们深感不安。我个人是部级干部，还有些稿费，已是衣食无忧。而音著协五千多会员情况则不同，谷建芬老师月退休金××元，张丕基月退休金××元，而在群众中影响广泛的优秀中年作曲家李海鹰和歌颂周总理歌曲《这样的人》《不见不散》的作曲家三宝都是没有工资的音乐人。还有更多以音乐为业的词曲作家。音乐著作权的保护关系到他们能否以此为生计，关系到能否消除词曲作家心中的积怨，让他们的创造力获得更大的释放，创作出更多更好的作品来，所以我们不得不向您表达真实的意见：

一、我们完全赞同和拥护国务院法制办关于《付酬办法》的说明中的原则和精神，制定中等偏下的标准及低标准起步逐步到位的方案。按广告或总收入计算，国际上最高约为7%，最低为0.3%。可否再请精细测算一下，原则上逐步达到0.8%，真正体现中等偏下。

二、一定不能采用既无法操作更无法监控，国际上绝少采用的按分钟计算的付酬方式。

三、请广电部门和音著协、相关部门及经济专家面对面坐在一起，在原则共识的基础上，经过科学测算，按《付酬办法》第四条第一项的付酬方式制定一个中等偏下的标准，方便操作，可以监控，符合著作权法，体现创造性劳动价值，与我国经济发展水平相适应，兼顾广电事业发展和音乐著作权人合法权益的付酬办法。

家宝总理：我今年六十八岁了，已经为音乐著作权保护义务工作了二十五个年头。我的良师益友谷建芬老师已七十有四，多年来同样为这项工作义务工作着。我们只希望在有生之年为中国的音乐著作权保护打好基础，团结词曲作家为后人开出一条路来，尽管太难太难，我们无怨无悔。

给您写这封信实出无奈，请您谅解，也请您理解我们的难处，我们反映的是大家的意见，当然还只是一方面的意见，请总理定夺。不管最后如何，词曲作家都会感谢您和中央领导对我们的关爱，都会从大局出发，坦然面对，始终不渝为人民歌唱，为国家奉献。

敬颂大安

王立平

二〇〇九年五月十日

以下是本文作者当时写给温家宝同志的信的手稿图。

作曲。王祖皆，中国歌剧舞剧院原院长，
歌曲《长江之歌》作曲。李海鹰，中国电影
音乐学会副会长，歌曲《弯弯的月亮》《七
子之歌》作曲。

关于《付酬办法》中的三种付酬方式之一
由广电部门与著作权集体管理组织约定，
强势的使用方和弱势著作权人无法约定，
所以路不通。方式之二：按广告或收入比例
支付。

虽然是国际上最为通行並为绝大多数国
家所采用的方式，但中国广电部门历来坚决
反对和抵制，实际上也将放空。而只剩下第三
种方式：广播音乐作品每分钟0元的方式。先
来算一笔简单的账：这个标准是日本的三
千分之一，是北欧的三百分之一，而且因为根据
就高不就低的惯例和难以操作等原因，我们
还不知道有哪个国家成功采用过这种计算

方式付酬。再算一下以每分钟0元计，扣除百分
之三十管理成本、词曲作者各半，实际收入为每
分钟0.12元。按北京市2008年低保标准每月330元
再加20元补贴，是每人每月350元。每年4200元，除
以0.12元得到的结果是三万五千分钟。就是说
以每天十二小时计，不停顿、不插话连续广
播一个人的作品四十八天才可以使我们的词曲作
家得到一份相当于低保的收入再以王世光

先生的《长江之歌》为例，此曲二分五十秒，按
三分钟计，广播一千次可得360元。这样来回馈
艺术家们的创造性劳动，究竟是保护还是
伤害，是激励还是羞辱，而其不可操作更是
显而易见。数以千计的电台电视台每天数分钟
计算播出的作品，再分清每个作品的出处、是
否在保护期，国家、地区、词或曲作者等。这样
巨大的天文数字的数据该有怎样庞大的机构

4

3

6

5

才能處理,應有多麼巨大的成本投入?誰來監控、能監控嗎?而且值得嗎?可能嗎?並結果必然是成為畫餅。事情辦不成再回過頭來重新批皮走程序,再若干年不付報酬。這對發展文化産業、建設創新型社會和構建和諧社會都是不利的,對著作權人更是不公平和不能接受的。

我國的詞曲作家群體是一支團結的向上的

8

可敬可愛的隊伍,多年來面對許多不公平的視察,總是從大處着眼,識大體,顧大局,急而不躁,忿而不怨,從未忘記和懈怠對國家和對人民的責任,勤奮創作,努力奉獻。從未做過給國家、給政府、給版權局添麻煩的事。從著作權法頒佈到現在,我們眼望和爭取了將近廿年,雖取得了一定的成績和進步,但還有不少問題待解決。吳邦國委員長

7

和您對此事的重視和關注給了我們希望。李長春同志、劉延東同志、華建敏同志都為此事做了批示。令我們感動、感激更增強了信心。為了《付酬辦法》這樣一件本來不大的事,一再勞動最高層中央領導退或我們深感不安。我宇人是部級干部,還有些情况已是衣食無忧。而音著協五千多會員情况則不同,容達芬老師月退休金□元。張不基月

10

退休金□元。而住群众中影响广泛的优秀电年作曲家李海鹰和歌颂周总理歌曲《这样的人》《不见不散》的作曲家三宝都是没有资的音乐人。还有更多以著名的词曲作家、音樂著作权的保护关系到他们能否以此為生计、关係到他們的創造力獲得更大的釋放、創作出更多更好的作品否消除詞曲作家心中的積怨,讓他们的创造,亦所以我们不得不向您表达真实的意见。

9

一、我们完全赞同和拥护国务院制定办关
于《付酬办法》的说明中，原则和精神。制定中
等偏下的标准及低标准起步，逐步到位的方
案。按广告或总收入计算，国际上最高约为1%，
最低为0.3%。可否再请精细测算一下，原则上逐
步达到1%。真正体现中等偏下。

二、一定不能采用既无法操作更无法监控
国际上绝少采用的按分钟计算的付酬方式。

三、请广电部门和音协、相关部门及经济
学家面对面坐在一起，在原则共识的基础上经
过科学测算，按《付酬办法》第四条第一项的付酬
方式制定一个中等偏下的标准，方便操作、可
监控，符合著作权法体现创造性劳动价值与
我国经济发展水平相适应，兼顾广电事业发展
和音乐著作权人合法权益的付酬办法。

敬爱总理：我今年六十八岁了，已经为音乐
著作权保护，我服务之作了二十五个年头。我的良
师益友谷建芬老师已七十有四，多年来同样为
这项工作服务之作着。我们只希望在有生之
年为中国的词、曲、小著作权保护打好基础团结
词曲作家为后人闯出一条路来，尽管太难太难，
我们无怨无悔。

给您写这封信实出无奈，请您谅解，也请
您理解我们的难处，我们反映的是大家的
意见。当然还只是一方面的意见，请总理定夺。
不管最后如何，词曲作家都会感谢您和中央领
导对我们的关爱，都会从大局出发，坦然面对
始终不渝为人民歌唱，为国家奉献。

敬颂

大安

王立平

二〇〇九年五月十日

中国著作权法三十年纵横谈[*]

裘安曼^{**}

《中华人民共和国著作权法》自 1990 年颁布，至今已走过 30 年历程。回顾并评说这一段历史，可以从法内和法外两条线索去看。法内是说法律本身的产生、状况和演变，以及迄今留给我们的思考。法外是说法律在巨变的社会环境中运作引发的实践，以及 30 年实践给予我们的提示和所展现的前景。

30 年法内波澜

回顾法律的产生，不能不追溯到其形成之前的准备阶段。因为那个阶段中的讨论，具有对于当时的认识意义，不仅决定了法律的基本样态，并且对法律后来的实践和发展产生了长久影响，甚至一些相关的讨论，至今仍在进行。

首先，立法的提起就具有时代的戏剧性。虽然算来著作权（为行文简单方便，以下随时换称版权）在中国近代已有流行，但在中华人民共和国早期几十年间却压低身份，仅以稿酬制度和行政规定的出版专营的方式曲线存在。之所以在 20 世纪 80 年代初突然成为一件必需的事情，全在于国家开始实行改革开放。当时，来访外宾的询问引起的高层关注，国际经贸科技合作中外方的在意，对外文化交流中的不免邂逅，知识分子政策的逐渐宽松，以及政

---

   * 本文写作于 2020 年 8 月。

   ** 裘安曼，历任中国大百科全书出版社编辑室副主任、国家版权局副司长、中国音乐著作权协会总干事、中华版权代理总公司副总经理、联合国世界知识产权组织专利国际申请审查官、中关村知识产权战略研究院执行院长，现任北京东方亿思知识产权代理有限责任公司和北京市东权律师事务所高级顾问。

治制度对私权和商品经济（市场经济是后来的提法）的眺望，无不将版权这一问题摆到政府面前。而问题已经不是做不做，而是怎么做，即怎样具体着手，如何立法，立什么样的法，为此要消除哪些顾虑和障碍。

鉴于当时版权保护在工商业发达的国家已经是成熟的制度，立法可以借鉴的例子俯拾即是。而制定国内法同时要联系对外保护加以考虑，国际公约更是现成的圭臬。于是心照不宣地"照搬"开始了。这里的"照搬"并无贬义：版权立法的基本原则、基本框架、基本内容、基本表述等都大致一样，具有如时下业内常说的"唯一性"，定不出太多的花样。但是，就是涉及这"大致一样"中的具体不一样，问题就出来了。原因在于，当时的中国，思想大于现实。尽管人们都在热烈地谈论与改革开放有关的各种理论和其展现的前景，但社会实际仍处于计划经济未见式微的尾声。所以，首先是开放，直接迫使我们接下建立版权制度这个盘，倒逼我们来爬这个他人已经爬上去的坡。

具体到起草立法的过程，就是讨论不尽的细节问题。每一个条款，每一句话，甚至每一个词，都要经常反复进行热烈的讨论，甚至激烈的辩论。原因在于一个几无市场经济的国家要移植一套发达市场经济的制度规则。尽管改革开放是当时的国家热情（体现在整个社会的理论热情、文艺热情、知识热情、对新事物以及对外部世界的热情等当中），但热情不等于实情，法律最终考虑的只能是实情。例如，法的名称，最初根据流行说法叫"版权法"。辩论良久，后来定为"著作权法"。《大清著作权律》和台湾地区所谓的"著作权法"的称谓或许有影响，但硬碰硬的原因是此前颁布的《民法通则》已经采用"著作权"的概念。或许，对于刚从"文化大革命"中走出不久的立法参与者，乃至相当多的其他人，由于怀有对知识分子在政治运动中所受迫害的记忆和对他们有更多社会尊重和法律保护的期许，选用"著作权"比选用"版权"，可以寄予更多的愿景。

在具体条文的最初起草过程中，质疑拷问、斟酌掂量、四下环顾，似乎是每前进一步都要做的功课。要不要有一个政治正确的帽子？未加入国际公约即写入外国人作品通过国际公约保护是否使自己再无回旋余地（实际上多此一虑，当时受到加入国际公约的外部压力，国内立法在相当程度上就是在为此铺平道路）？"作品"范围如何考虑书法、曲艺、杂技等我国"土特产"的地位？违法的作品要不要保护（高度敏感的话题导致后来引出麻烦的条款）？种类丰富的工艺美术品如何定位？当仁不让的中华民间文艺是否先放进来再说（结果坐了30年"冷板凳"）？法人能否成为作者（想起一时盛行的集体创作以及属以笔名或非笔名的单位文章）？中国多有的非法人"组织单位"可否成为权利主体？法人意志是什么（即使说不清楚也不得不写上）？复制权会限制拓印和木版水印等传统工艺吗？会影响到中国古来习画的临摹传统吗？修改权和收回作品权会开脱作者的文责吗？职务作品的界限到底应该划在哪里（一个让作者和单位爱恨交加的问题：两者都希望个中权利归给或更多归给自己而非对方）？没有合同的职务或委托创作怎么办（当时甚至也许还有一个"什么是职务合同"的问题）？作者死后还有精神权利吗（因而有谢怀栻先生"继承人难道是那个鬼？"的惊人之问）？什么是戏剧作品（甚至可以连带出"什么是舞蹈作品、杂技作品"等一系列问题）？什么是建筑作品（30年辩论不清的问题之一）？合理使用在我国是否应当开更大的口子（想起弱势群体和发展短板就鼻子发酸的问题）？规定法定许可和强制许可，付酬权如何得到保障（还须由行政规定来保驾否）？如何照顾出版与版权的生养关系或原配地位（因而纳入大量与出版有关的规定，包括法定年限的专有出版权和版式设计权）？所谓的邻接权如何处理（最后决定"一锅烩"，将其以"与著作权有关的权益"单列一章纳入法中）？

以上只是举些例子。凡此种种细节问题，实际上还笼罩在一些更大的考虑之下：选择大陆法系还是英美法系（版权与著作权之争的潜台词）？选择民法原则还是结合国情国策考虑（涉及对权利性质的认识：自然权利还是法定权利，财产权还是契约权，纯粹私权还是混合权；著作权法是市场工具还是政策工具，是文化法还是民商法）？是行政主导还是司法主导（涉及行政部门的权力和行政处罚的职能）？以我为主还是国际接轨（结果是个别方面还超出国际上的最低要求）？规定现实一点还是超前一点？条款粗一点还是细一点？哪些问题留待以后再解决？哪些细节留给细则去规定？立法即加入国际公约即开始对外保护，外国人不授权对我们的科技发展形成制约怎么办（此种担心之下甚至产生对立法本身的质疑和反对）？与现行制度和其他法律的衔接如何解决（国家广播电视台是"营业性"的吗？作品原件转移时如何处理版权与财产权的关系）？用法言法语还是大众通俗话（涉及法的教育普及作用）？等等。

不管怎样，在形势的推动下，一方面力排众议，另一方面博采众议，草案终于出来了。之后第一件事，是请世界知识产权组织看一看。为什么？因为需要知道中国是否能以这个草案加入《伯尔尼公约》。时任世界知识产权组织总干事的鲍格胥博士以大专家的眼光，更以国际政治家的谋略，与中国官员逐条分析讨论中国的版权法草案。回忆当时的情景，鲍格胥一条条地仔细看下来，或者说"这一条没有问题"，或者说"这一条需要想一想，但可以放过去"，或者说"这一条可能有问题，但对加入伯尔尼公约不构成障碍"，或者说"这一条有问题，但可以留到双边去解决"。作为美籍匈牙利人，他对当时我们草案中某些带有意识形态色彩的条款是能够理解的。尤其是关于违法作品不受保护的一条，他会心地一笑，以《伯尔尼公约》第17条（"本公约的规定无论如何不能影响每个联盟国家的政府有权在主管当局认为必要时通过法律或法规允许、限制或禁止任何作品或制品的流通、上演或展览"）给通融过去。后来拿着同样的草案去与主管《世界版权公约》的联合国教科文组织的官员磋商时，对方似乎并不关心其中到底写了些什么，也许连看都没有细看，大有"来了就好，欢迎入群"的劲头。经过内部反复讨论修改，起草工作终于完成，接下来一切仿佛行事如仪：1990年颁布，1991年生效，1992年中国加入《伯尔尼公约》。之后近30年间，法律基本盘没有变。仅在2001年和2010年一共修订过两次，实质变动不多，主要是因应互联网发展所作的补充。当然，还有关于违法作品不受保护的那一条，在我国恢复成为世界贸易组织成员后，由于没有躲过"限制贸易"的质疑而被取消掉。

30年来，版权法有过修订，附加了不少配套的条例，也有法院的不断解释作为补充。但毕竟"30年走过西方300年的路"（看来揠苗是可以助长的），来不及看更多，想更多，脚印难免踩得不深，问题也一路相随。放在中国发展的大背景中，无疑是法治和社会的巨大进步，但是以更成熟的眼光、更深入的态度、更专业的精神和更实际的要求看，现行版权法内部还存在不少漏洞或缺憾，看得出当年初征疾行的影子。但这些缺点是多大的问题，难免见仁见智：或曰是大问题，或曰是小问题，或曰根本不是问题。毕竟经过30年，人都长了30岁，回过头看看自己的照片，看出点也许无可指摘的青涩还不可以么。下面不妨就已经30岁的现行法举几个值得探究的例子。

其一，版权法总则开篇有关于宗旨的一条，说法是"为保护文学、艺术和科学作品作者的著作权，以及与著作权有关的权益，鼓励有益于社会主义精神文明、物质文明建设的作品的创作和传播，促进社会主义文化和科学事业的发展与繁荣"。"鼓励"是"保护"的原因还是结果，可以不去讨论。强调社会主义要有自己的核心价值观，无疑也是对的（尽管"主义"与"价值观"在语义上有重叠），因为存在健康的和不健康的价值观。但精神文明是一个总的正面提法，是指人类的积极思想成果和共同精神财富，与在什么制度下形成并无关系。如果冠以"社会主义"，似乎有另外的精神文明并且于建设我们自己的文明无益或无甚关系。将"物质文明"与版权联系起来亦多少有些牵强，而"社会主义科学事业"，似乎更难说得通。考虑到中国的版权法在许多情况下还要适用于外国人的作品，这种限定就要费解释了。由此想到当年邓小平在起草党的十五大文件时说过，市场经济就是市场经济，前面不要加定语，不要戴帽子。宗旨中的帽子说法，如果换成"国家的"也许更好，毕竟是国家的立法，而国家观对于公民是更为基础和刚性的认知。实际上，从法的具体条文看，既没有任何对内容的要求，也没有任何"鼓励"某一类作品的安排。一部法律的宗旨不能自说自话，总要对具体条文在司法中的适用有指导性意义才好。

其二，关于宗旨的一条明言保护的是作者的著作权以及"与著作权有关的权益"。后者是从英文"rights related to copyright"来的。问题是，这个权益看来是作者以外其他人的，但其他人是谁这里没有讲。为什么其他人可以享有与著作权有关的权益呢，看来是因为他们使用有著作权的作品而在这个过程中产生自己的权益。如果再问，既然是这些人自己的权利，为什么要称与他人权利有关的权利呢。现实中，一个人做成事情，总会用到他人权利之下的资源，但一般都不会说自己获得的成果权是与他人权利有关的权利。早先有"邻接权"的说法，即"与版权邻接的权利"。邻接就是毗邻，即是并立，没有强调相关的意思，是各自的权利。实际上，邻接权的划分在逻辑上并没有道理：翻译、改编、电影摄制甚至汇编，也使用他人的作品，都可以形成新的作品，都可以享有版权，为什么表演者、录音制作者和广播组织对其投入所产生的成果不可以呢？实际上，表演者、录音制作者和广播组织为实现作品的功能和使作品产生不同接受体验所作的投入，同样有很大的原创性乃至鲜明的个人特征，并且往往比一些所谓的"原创"（如对已有作品进行选编）投入要大得多。说到表演，人家那是一辈子的投入；甚至可以说，对于公众，没有表演者的表演，所谓的"音乐作品"根本就不存在。之所以被划为另类，完全是因为表演者、录音制作者和广播组织权益的保护提上日程之时，"版权"制度已经"定型""满座"，他们只是没有搭上这班车而已。这种不合理的划分和差别对待，已经产生一些问题，并受到质疑或规避。有的国家便将原始录音作为作品给予版权保护。更不用说，对图书版本享有的权利，实际上还是版权的始祖。当然，入了另类，总要有个统称。问题是，现行法在前面应该具明的地方用了统称，而在后面具体一章的标题上并无照应，而且内容不仅涉及权利，还多有涉及义务，实际做法与所谓的"演绎作品"一样了。认真讲，表演才是名副其实的演绎，现行法中提到的改编、翻译、注释、整理等行为，很难与"演绎"的本义对上号。如果逻辑上要周全，待遇上要公平，应当将表演者、录音制作者和广播组织的投入也视为创作，所产生的成果也视为作品，即表演作品、录音作品或广播作品（保护的具体条件有所区别是另一回事）。客观地讲，这不是我们初次立法的"新生儿病"，而是照搬国外做法一开始带来的"老年病"。

其三，现行法的名称是"著作权法"，但法律条文对保护客体的称呼却不是"著作"而是"作品"（所以似乎应称"作品权法"）。第57条说"本法所称的著作权即版权"，也许是想澄清混乱，实际上却将混乱固定下来。尽管法律名称是"著作权法"，社会上却到处仍在使用"版权"的说法。这也许可以通融，但法中规定的国家著作权行政管理机关也称作"版权局"，这个机关甚至将自己主办的刊物名称也从《著作权》改成了《中国版权》，就显得有点儿不大配合了。

撇开历史渊源和法系理论不讲，就实际保护的对象看，其实质既不是意思涵盖较窄的"著作"，也不是意思涵盖较宽的"作品"，而是意思可以涵盖一切的"版本"，即任何创作或智力生成物的原创版本。所谓"思想的表达"（"表达"前应加"个人"二字），无非指对任何想法的不同表达版本。版权保护的正是对各种不同版本的权利（这也是"版权"的字面义和历史原意）。版本既可以是从无到有的原创，亦可以是从有到"另有"的原创。所以，"版权"的说法，可以适用于任何人在任何环节上的创作活动和任何形式的生成物（表演者的表演即是一种最典型直观的个人表达的"版本"）。换句话说，任何人都可以就自己任何形式的"版本"享有版权。当下，许多可以构成作品的东西都与"文学、艺术和科学领域"无甚关系；许多东西，称为作品，都需要头脑时空语义场景的转换，而称为"著作"并享有"著作权"，恐怕先要颠覆自己的惯常认知了。

联想到我们的居民身份证，带国徽的一面称我们是"居民身份"，带照片的一面称我们是"公民身份"，相当于"居民即公民"，但人家没这样说。所以只做不说也许更好。如果必须对这一问题加以明确，那么"为本法的目的，'著作权'一词可以与'版权'一词互换"的说法，也许就不那么生硬。

其四，现行法第 2 条规定作品"无论是否发表，依照本法享有著作权"。作品不发表，便不知其存在，或许享有理论上或自娱性质的著作权，但根本谈不上保护。其实，所谓未发表作品的保护，体现的是一种自然权利，更多是保护个人隐私的事情。就版权而言，其意义仅有两点：一是发表权虽然是一项精神权利，但也有限期，过期不发表，任何人可予发表（这时只能诉诸其他法律去阻止）。二是被他人擅自发表不构成发表，仍视为未发表，发表权期限照常计算（但覆水难收，已无实际意义）。其实将这一条改为规定版权自作品完成自动产生就足够了。

其五，关于作品的定义。这是一个根本性的问题，却始终是一个在"究竟指什么"上不明的问题。现行法的表述中同义为训的情况不说，最新修订草案也没有彻底解决这个问题。关键在于没有从最基本的外在表现或呈现形式（不是表达形式）的不同进行分类和表述。更准确一点的表述，可以先统说"以下列媒介中的一种或多种表现的智力创作成果"，然后可将其分为：①文字和其他表意或表音符号；②口头言语和声音；③色彩、线条、固定影像、三维物体或立体场景；④器乐；⑤形体动作；⑥活动影像记录；⑦声音记录；⑧图形和图表；⑨节目信号。这样，甚至可以不必再具体举例。比照之下，电影符合6和7两项，任何表演无非符合2、4和5项。这种表述方法，可以廓清许多疑问，如戏剧作品、建筑作品、曲艺杂技作品究竟指什么，也可以将对一物的判断限止于是否构成作品而非具体是什么作品，避免将本不相干的事物往本不相干的概念中套（如将展厅布置当作雕塑）。

其六，再回到"录音制品"来。按理说，"制品"是进不了版权法概念的。在版权法中，要不就是"作品"（国外版权法中的 production 通常是作品的另一种说法），要不就是"复制品"。制品就是制成品，本身不说明任何问题。当然可以说前面有"录音"，是指已有作品的录音制品。但汇编也使用已有的作品，可以另外形成"汇编作品"；电影摄制也使用已有的作品，而且就叫作制片，也可以另外形成"电影作品"；为什么将已有作品表演的声音或其他声音录下来就要形成"制品"呢？实际上，规定"录音制品"，一方面是对英文原文 phonogram（只是指声音记录，没有强调"制品"的含义）的误读误译给录音降了格，另一方面反映了立法上的一个缺失，就是没有了以录音这种形式创作的作品。现在渐以"视听作品"统称电影以及各种兼有声像效果的东西。那么对于只有声音效果和只有视像效果的东西，按同理就应该另外有"录音作品"和"录像作品"。在对待录音和录像作品上，显示出对版权法中"独创性"这一最基本概念的理解偏差。版权法中的"独创性"不是一个褒义词，是一个中性词。它要求的是自身观照，即成果是自己独立完成的。它完全不要求与其他作品进行比较（比对是另一回事，是在发生纠纷的情况下进行查重）。它唯一要求参照的，是已有的客观存在，包括已有作品中的特殊存在和已有作品之外的普遍存在，以及这些存在与被观照作品的关系。而用比较的方法，主观性就出来了：或看高某些东西，或看低某些东西，忘记这完全不是版权所关注的。版权关注的是独创性（相关个人投入）的存在，独创性本身并无高低之分。作品成色的判断有另一套规则和标准，而作品的版权机会掌握在市场手里。

其七，关于实用艺术作品。现行版权法关于作品范围的规定中，没有包括实用艺术作品。"实用艺术作品"的说法是从英文 works of applied art 来的。

其实翻译有误，英文中并无强调实用的意思，艺术就其本质也从来不是实用的。原文的意思是"应用上去的艺术"，指在实用物品上添加的带有艺术性的要素，其目的不是使物品更好用，而是使其更好看。版权要保护的正是这"好看"的一部分。所以称作"应用艺术作品"（甚至"装饰艺术作品"）要更准确一些，更有助于将其与实用物区分得更清楚。没有规定这类作品，其实无妨，因为国际公约规定不以实用艺术作品保护之便须以艺术作品保护之。我国版权法 30 年的实践中也是这样做的。但是，由于法中没有"艺术作品"的总概念，实用艺术作品的归类只能是较为具体的"美术作品"，这就使认知更加不清楚，适用起来更加勉强。另外有"工艺美术"的说法，但并非强调涉及实用物，只是强调所体现的手工技艺，况且其中还包括许多纯艺术的东西。

其八，关于"民间文学艺术作品"。有意思的是，现行法在规定作品范围的一条中并没有提到这类作品，其是突然在另一条里单独出现，并且虚晃一枪将其保护留待国务院另行规定。这一待就是 30 年，至今没有音信，鸡肋已成，进退失据，骑虎难下，即使不是法律之痛，也成"法律之痒"，而且也许还要继续"痒"下去。原因在立法当初有些感情用事，认为国际上发展中国家在力推，中国这方面又传统深厚，保护乃题中应有之义。但是，事情远非所想的简单。将民间文学作为作品给予版权保护，涉及的问题太多。客体情况极其复杂：口口相传，源流频变，流行广泛，风俗一体，无法剥离出单个作品确定权利范围。主体情况更为复杂：跨境分布，迁徙通婚，利害疏远，自无观念，无法指认出单个人作为权利主体。即使勉强将其以整体作品和整体作者对待，其权利管理方式也与一般作品的情况相去甚远。由于与版权保护的基本观念和制度形同方枘圆凿，国际上就民间文学版权保护的讨论半个世纪有余而毫无实质进展，目前已经放弃以"作品"通过"版权"保护的办法和尝试，改作以"传统文化表达"通过另外的制度给予类似国家层面的保护。说是权利保护，实际上已经几近专税专用的政策性措施了。由于民间文艺的知识产权性质的保护主要针对所涉族群之外的人的使用，还有可能引发民族关系或政治上的纠葛，这也是不能不考虑到的。

其九，关于修改权。这项权利设置了 30 年，也讨论了 30 年。作者自己修改自己的作品，调整、改换、变动原有作品的表达方式，实乃创作活动的继续和延伸，是受宪法保护的公民行为和权利。而授权他人修改，即同意或认可他人对自己作品的修改，实际上也是作者自己进行的修改。这一条立法之初的考虑，似乎是针对他人的擅自修改，尤其是出版社、报刊社的修改；后来渐有针对影视改编中的修改。实际上，这些修改，都是行业的特殊要求或惯例，怎样修改，是作者与对方商量的事情，或作者承认和接受对方所提条件的事情，属于合同或事实合同的问题。至于对方"强行修改"，引起作者认为声誉受到影响，便是保护作品完整性的问题。其实，"保护作品完整性"的权利，也是情况复杂争论不休的问题，严格讲可以归到民法人格权中的名誉权里去，因为将一个人的名誉分为其在不同角色下的名誉没有什么实质意义：老舍作为旗民的声誉和老舍作为作家的声誉不都是老舍的声誉吗！如果规定"损害作者的声誉以致影响作者正常行使版权"，或许还有点意义。

其十，关于第4条。该条规定，著作权人行使著作权不得违反宪法和法律，不得损害公共利益。问题是，保护著作权正是依据宪法和法律规定的，行使权利与法律和法律维护的公共利益本无冲突，怎么会违反呢？类似规定民法里也有，但说的是"从事民事活动"，照例著作权法也应当说"从事与著作权有关的活动"而非"行使著作权"，否则好像只针对权利人而不包括权利使用者。考虑到作品的社会影响，第4条背后的隐忧和大原则可以理解，但是否可以采用与立法宗旨更协调以及更周全一点的表述？实际上，事情不在行使或使用权利本身，而在从事违反的活动以行使或使用权利作为借口或开脱。所以，恰当的原则是，从事违反法律和损害公共利益的活动，以行使或使用著作权为理由的，法院不予支持。不过，这属于司法上的事情了（国外有"主张者手必须干净"的司法惯例）。第4条还有后一句，规定国家对作品的出版传播依法进行监督管理。这项规定，与当初起草版权法由出版管理部门主导不无关系。由于前一句已有总的规定，意思已尽在言中，再说语带重复的话，不仅多余，且无益于保护权利的主旨，还会产生解释上的尴尬或麻烦。

至此另外想到，版权保护的是"智力"成果，然而当前总有一些"反智"的东西出来，蛊惑人心、扰乱认知、误人子弟，算是损害公共利益吗？

其十一，关于"合理使用"条款。与一般的说法相同，现行法中，合理使用是作为对权利的限制规定的。"合理使用"是权利人和使用者发生分歧时几乎必有一争的议题：一方要求将涉事使用排除在外，一方要求将其涵盖在内。关键问题在"合理使用"中的"合理"是什么意思，"合理"中的"理"又在哪里。实际上，"合理使用"与对权利的限制是有区别的。"合理使用"是另外划出一块权利延伸不到的范围，在这个范围中使用作品，与版权无关。两相比照，甚至说可以说，"合理使用"中的使用并非版权意义上的"使用"。而对版权的限制，是就真正的使用，免除使用者对权利人的某些义务。"合理使用"是从英文 fair use 翻译过来的。细究起来，其中 fair 的意思是公平。"合理使用"实际上是指公平使用，因为"合理"或"有道理"从来不是使用本身的目的；没有人因为合乎某种道理去使用人家的作品。"合理"只是合乎某种需要而已。而公平是一种社会价值，是针对包括作者在内的整个社会群体而言。"合理使用"中的使用之所以公平，是因为其即使对于作者本身也是须臾不可缺少或脱开的。所以，"合理使用"在其他人是公平的，在作者也是公平的（即使不是更公平）。如果作"合理"解，意思应该是"因某种普遍需要而可以接受的"。现有关于合理使用的规定的问题在于，其已经难以适用于层出不穷的各种借助技术手段的便利对已有作品进行转换目的、另辟效果或脱形再造的利用。

版权法走过 30 年，大致稳定了 30 年。甚至连预设能够灵活应变的实施细则也基本未动。但这只是表面，微动的涟漪下潜伏着大变的波澜，因为其中有近 10 年是在艰难地向第三次修订靠近。这 10 年积攒了许多问题，也显露出许多问题，法律内部外部的张力已经相当大。撰写此文的时候，中国版权法的第三次修订这只靴子终于落了下来，修订稿草案已经公布征求意见。修订可分为基础性和技术性修订。基础性的修订涉及如果有关于宗旨的提法，以及涉及作品范围、权利范围和使用范围的内容，其余的修订则是技术性的，即与时俱进、因势而行或随行就市的变动。上面就现行法谈到的几点，是一些与基础性有关的问题。当然还有其他带有基础性的问题可以提出来。例如，现行法没有规定不保护想法、概念和操作方法；作者身份权应当在严格意义上不构成独立和实际权利的所谓"署名权"之上;"模型作品"应当通过更准确的措辞指以模型创作的作品而非模型本身(其实不必单列,归到立体物中即可);没有将法定许可限定在没有集体管理组织的情况下;就若干涉及权利的事项没有对令不行禁不止规定法律责任;等等。版权法适用中发生大量理解上的分歧,说明基础仍有问题,修订时应当予以格外重视。希望此次修订能够将法律的基础打得更正更牢。

遥想当年曾经有对版权法进行实质性改革的议论,而且一度有组织专家另起炉灶起草一个全新版权法草案的想法。不知当年豪气今有几分安在。现行版权法经过新的修订可以走出原来的关切吗?几乎可以肯定的是,新修订的版权法依然会留下许多疑点和歧义,同样会引发新一轮的争执和讨论。争论乃因形势比人强。争论既在,真正的改革总会到来。自我质疑之下对变革的不懈期待和追求,实是法律的生命力所在。

30 年法外狂涛

版权法颁布 30 年来,中国社会各个方面发生了巨大变化,与这部法律相关的社会生活同样发生了巨大变化。甚至可以说,30 年来,在这部法律的基础上,在其指引下,在其影响下,在其激发下,产生了持续广泛深入热烈的社会活动,甚至可以称为一场"版权运动"(基本上是形势大好)。

第一,版权成为一个广泛的社会话题,包括司法话题、理论话题、学术话题、行业话题、市场话题、贸易话题(捎带政治外交话题)等。甚至亦有本来无关的事物被拉进版权的舆论场。处在高位的自然是学术理论上的讨论。30 年来,版权被从各种不同而又彼此相关的角度观照、讨论和诉诸,诸如发展工具、政策手段、私产保障、独立人权、市场规则、行业资源、信息导流、文化多样、学术端伪、利益平衡、法典体系、技术挑战、政绩评估,如此等等,不一而足。甚至有将版权与知识产权其他门类一并提高到人间第一财产的宏论。30 年来,有多少人因版权得以发达(如网络写手一稿百万元难求),又有多少人因版权遭沦陷(如最近有女模范教师因抄袭被褫夺所有荣誉称号之事),使版权同时成为一波又一波街谈巷议网传群论的民间话题。

第二，司法已经直接站到前台。立法之初，版权意识乍起，版权法究竟如何裁判具体问题，社会上仍是一片懵懂，连法院也对其敬而远之。自然，发生纠纷，负责其事的政府行政机关便以先知先觉者成为公断人。版权法早期，时常有行政机关为社会上的版权纠纷出具处理意见或接待因版权事端上访的情况。由于国情，版权法中，与行政部门职能有关的规定，包括其对某些侵权行为进行处罚的权力的，始终是一记重笔。但是随着版权意识的提高，市场经济的发展，社会法治观念的深入，尤其是司法部门羽翼更加丰满，在越来越多司法判例的引导和鼓舞下，法院逐渐站到舞台的中央。目前，已成立专门的知识产权法院，一般法院亦多设有知识产权庭。随着法院不断出台带有释法意义的意见，不时发布有关司法审判的指导性文件，以及大量推出可作为参照的典型判例（其中不乏号称里程碑式的），司法路径更加明晰，版权纠纷走司法程序已成定势。中国社会，民心极为活跃，世态极为纷纭，也使版权争议层出不穷，涉及的内容也五花八门。从传统出版到数字传播，从手工造物到虚拟空间，从体育赛事到古籍点校，从影视动漫到电子手游，从严肃著述到搞笑拼图，从乡土文艺到人工智能，从字体单元到集成电路，从飞机造型到网页快照，从技术标准到虚拟人物，从场馆布置到综艺节目，从公然窃取到小占小蹭，等等，甚至可以说，在版权法之下凡能够产生的纠纷，几乎悉数亮相。海量的临床试手，使得法院更加有经验，更加自信，更加跃跃欲试，经常判决书洋洋洒洒万言不止。尽管版权行政管理体系名义上已经延伸到县一级，尽管就解决版权纠纷有建立多种渠道的建议和尝试，但无碍已经形成基本上由法院独当一面的格局。

第三，制定版权法，为作品进入市场这个大舞台预设了一套清晰的权利和义务规则，实际上建构了一个新的财富之网，为作者和其他资源投入者实现自己智力成果的利益提供了可能和保障。应运而生，便是大戏的开演，出现以作品为媒介的市场的繁荣，以至形成"版权产业"。早先有农耕产业，后有工矿制造产业、服务产业、技术产业，再后有信息产业。现在，似乎形而再上，连权利也可以成为"产业"。实际上，"版权产业"不过是口号式的提法，实际泛指其产品或服务的市场利益最大化不同程度依赖版权制度保障的各种行业。其涵盖之广，可以包括图书传媒产业、电视广播产业、影视动漫产业、演艺展览产业、移动音乐产业、软件芯片产业、设计装潢产业、图片资料产业、广告产业、版权服务产业，若再扩大，覆盖到数字产业、创意产业、文化产业、人工智能产业、网络产业，甚至整个信息产业，版权恐怕都要被自己的能量和影响力所吓倒。难怪，版权产业的每个门类的经济规模，都是数十亿上百亿级的。仅以音乐产业为例，2018 年产业总值已经超过 612 亿元。版权产业的兴起，对市场经济的扩容、延伸、细化以及市场观念的深入，起到独特的促进作用。尽管"版权"一语已经可以被信手拈来地使用（如直言体育赛事版权），但仍被认为叙事不够宏大。现在业内开始将各自所有的具有市场冲击力的资源，从作品到产品到人，从单人单物到旗下的全部拥有，一概称为 IP。据目前统计，版权产业在国民经济中所占的百分比，已经相当大。30 年产业大发展，道路走得再宽再远再久，出发点都弥足珍贵，细数今朝，可说一切都拜当初建立版权制度之赐。

第四，30 年过去，版权法条文基本稳定，但是，由于其中许多概念和用语背后都有复杂的既定语义场景，在实际运用中又涉及大量的理论和实际问题，所以，一经公布，在催生出一个广泛的实践场的同时，也呼唤出一个巨大的叙事场，给有关的教学研究理论探索的开展提供了即时的基础和空间。30 年来，有关版权的院校教育基本上普及，版权领域的专家、学者差不多出了三代。实践中问题迭现，法官律师努力解答，专家学者发奋理论。专著和文章层出不穷，论题或阔大或琐细，力求实际或不惮艰深，穷究历史或紧追前沿。已经入法成文的可以写（版权法大多数条款都有人写过文章）；在门外徘徊的（如民间文艺作品、追续权和所谓的"孤儿作品"）也可以写。一件事情就可以讨论经年，一个概念或一条理论就可以写成大部头。理论方法从法哲学到政治经济学，从经济学到社会学，从文化学到历史学，从统计学到心理学，从信息学到物理学（引入其中"熵"的概念）。各种教材在以各自的特点和优势争夺校方和学子的青睐。就具体案例而言，不像物权，往往针对实物，对象情况可以自证自言。而版权的对象是抽象的"作品"，是在时空人际中流动的东西，其物不可自言或须与大量旁物比对，要确定每一件可受或应受保护的范围，需要衡量许多因素，通过尽可能精准的语言予以表述。所以，版权是一个很"费话"的领域，"说法"至关重要。常说常新，话无止境，所以论家大有可为，似乎永远是主角。但是，无源不成水，无据不成言，没有版权法，一切叙事无从谈起，正所谓"航灯侧畔千舟过，圣经书脚万注生"。

值得注意的是，信息技术的发展使人们对信息的本质有了更深入的认识，也为版权人更深入探究"作品"的本质提供了新的路径。无论何种作品，都是传导信息的载体，无非给予接受者的信息体验不同，如听觉的、视觉的、美学的、思辨的、知识的、娱乐的、消遣的以及综合性的，等等。版权法保护的作品，不是简单的信息，而是由法律具体规定的特殊的信息合成物。沿这条思路，已有一些论述，并有人提出"信息财产"的概念。这方面的探索，也许会给版权理论研究乃至立法实践开辟一个新的境界。

第五，版权法30年来，版权领域已经发生巨大的改变，并且将会有更大的改变。其原因，表面看是由于技术的发展，但从最终实质看，仍然是人的原因，因为技术的发展也是人的无止境的欲望的体现或结果。但人类已经不大可能去直面和消除这一根本原因，版权领域更没有直接责任于此有所补益。人类当前所做的只是疲于解决浅表问题，与技术和人心赛跑。版权领域尤其如此。版权法30年的经历，脉络看得清清楚楚。先是计算机软件这个"异类"进来，改变对作品载体和感知方式的传统认知。而其余波不止，各式各样的数字影像和网络视听产品终于将传统的"电影"概念颠覆掉。信息网络的发展，又使作品的复制和传播，变成难以严格界定和把握的行为，甚至打破作者、传播者和接受者之间的传统划分。其在给人类带来新奇体验和参与方便的同时，也在被不少人利用来大肆侵占他人的劳动成果。因而有不同的利益群体竞相进入为网络传播划定的禁区以求得保护。正当版权领域为应对数字信息网络带来的问题忙得实难"不亦乐乎"，人工智能又来发出挑战：先进电子工具（如计算机和其他自动功能机）作为人手的延伸，使作品（如果还可以称为作品）中作者的影子变得模糊。而更令人担心的是结合生物技术的人工智能的发展，已经不仅是人手的延伸，而且直指人脑的延伸甚至替代。仿人机器终是机器，而比常人更加有"智慧"的机器"人"（其达到自我意识需要的信息储备和分析能力的基础，远高于绝大多数人）可以独立生成的无限可能的作品，恐怕不得不被版权法所接受。但是作者是谁？难道只能是人，即使是作品与其全无精神人格甚至目的联系的人？如果是，作者还有什么社会意义？创作还有什么人文意义？大批量生产之下，作品还有什么价值意义？如果作品变成财产的孳息物，版权法本身还有什么意义？当前的讨论纷纷，面对的还只是事情的前奏，如果大戏上来，现在的版权法有任何准备吗？30 年，版权法立起来了，也确实用起来了，然而是否还面临"变起来"的问题？也许需要在"创作"的概念后面加上"包括由人直接进行或借助机器或通过机器自动生成实现的创作"。即使如此，"创作伦理"问题的提起，也是早晚的事。或许，人工智能带来的问题还可以给我们留有一定的讨论时间，而版权版图一些方面的实际变化已经刻不容缓地发生。例如信息网络已经改变作为版权制度基础的作者、传播者和公共受众三分天下的状态。信息化之下，创作泛滥化、作者大众化、作品碎片化、传播群聊化、传播成本归零，公众注意力以及话语权和舆论高地成为首争对象。微信、微博、推特、抖音、快手、短视频，无数自媒体使网络成为信息涂鸦的公共场所，各种短平快、几乎构不成作品的东西被不计利益地抛到各种交流平台上，有时连大块文章都被不惜割爱到公有领域。广泛的公众参与，人人皆作者，件件皆作品，共享即传播，转发即存在。虽然对传统版权有所解构，由于几乎与人人相关，亦使版权观念和制度有了更广泛的社会基础。30 年，同时基本完成传统的作品传播行业向数字化、网络化运营的靠拢或转型。现在的情况不是这些行业要否进入互联网，而是互联网要否接受其进入（互联网 + 而非 + 互联网）。权利的管理手段、使用的实时监控以及付费的计算和交付，都是通过信息技术可以解决的问题。各种借助互联网、物联网、信息库、大数据和云计算等工具和手段进行维权活动的服务发展起来，版权保护制度很大程度上从法律平台变成一个由法律在背后支撑的市场化的技术平台。

　　第六，30 年，版权法之下的制度运作，不仅促使形成广阔的版权市场和强劲的版权产业，而且与社会其他方面融合联动。例如，在对外贸易中，版权逐渐成为有相当经济意义的领域；在外交博弈中，版权也成为一个重要的杠杆：以本国亦有确实需要和比较容易接受的提高保护（如正版化和加强侵权处罚力度），对冲外部政治和经济方面的压力。例如，通过参与版权多边领域的活动和多边制度的变革，提高我国在国际上的影响（高潮自然是在北京签订关于视听表演的国际条约）。再例如，通过引入适当的条款，使版权制度能够反映和助力国家在基础教育、公益事业、社会管理、少数民族发展、扶助残障人员以及维护市场公平竞争等方面的政策。联想到最近发生的严重疫情，据报道，有人在 2020 年全国"两会"上建议，在著作权法中建立"突发事件法定许可"的制度。不论是否可取和可行，终是反映一种对版权制度与重大社会议题更加衔接契合的期许。另外，由"和谐社会"的命题，想到近来有两种倾向引起人们的关注。一是所谓的"著作权滥用"造成文化市场的某种失序；二是网管对网络作品的所谓"关键词"的屏蔽，导致对创作自由、作品完整性以及作者行使版权的某些不利影响。这似乎是两种极端：滥用权利和滥用限制。极端便产生对立，对立便有碍社会和谐。版权法应当在所涉的领域，通过平衡兼顾化解调和，发挥消除社会对立的功能，实现自己的社会担当。

版权法走过 30 年，面临百年未有之大变局，正站在新的起点上。是否能够渐入不惑的境界，既是版权人的关心，也是广大民众的关心。目前版权法运行中产生的种种问题，既有客观情况变化的原因，亦有版权法本身的原因。其中，使用大量非其特有的概念和术语（如文艺色彩很重的"创作"）是一个重要方面。这些概念和术语的使用，经常使版权法处于一种作茧自缚的状态，在他人的语境中作勉强的自圆其说，产生大量的没有结果的无谓争论，以致忘记版权制度的初心。刚刚颁布的民法典，也许在呼唤版权向民法的回归，回归到更加根本更加质朴的原则去，即"该谁的是谁的"。版权中这权那权，概括起来就是使用权，归根结底就是一项权利——传播权。没有传播的目的和效果，其他的所谓"使用"毫无版权意义。传播是作品真正存在的方式。传播要有人经营。经营传播为什么？明言是做事业，真实是做生意（"商务印书馆"说得最直白）。做生意要靠市场，市场一乱就做不成生意。所以要规范使用，也就是规范传播秩序。如何规范？在作者与传播者之间建立财产关系，就是赋予版权。为什么是作者？作者是作品的源头，没有作品，市场枯萎，文化也枯萎。有了财产关系，作者与传播者乃是对立统一的关系。所以，版权法或许可以鼓励创作（即使不是出新的创作），但并非一般地鼓励传播，而是要规范使用，建立有序的传播市场。这在民法的投影下看得清清楚楚。版权法 30 年之际，颁布民法典，包括著作权在内的知识产权最终没有在编，也许各有遗憾。不过，知识产权体大多变，情况另样复杂，更挟知识经济、信息社会和创新国家之重，可望自成体系，成为典外之典。但数典不能忘祖，其客体如魔幻之物的版权法，应当期待以民法原则指引自身走出概念和口号的迷宫，以民法原则这把利刀斩断错综纷纭的权争理辩的乱麻。更期待版权制度以新的面貌，在民法初心的基础上，迎接汹涌而来的技术变革，在新时代更好地起到促进公平和匡正人心的作用，为优质文化的繁荣培育健康适宜的底层土壤。

谨以此文缅怀和致敬为中华人民共和国著作权立法做出开拓性贡献的先贤、大家和同道。

谢怀栻关于著作权法立法文章两篇

谢怀栻*

著作权研究的新阶段**

我国《著作权法》的公布，使我们对于著作权的研究进入一个新的阶段。

长期以来，由于我国没有自己的《著作权法》，我国研究著作权的学者，往往只做一些纯理论性的研究，或者研究外国的有关法律。在讨论著作权保护制度时，我们往往只根据一些外国的法律规定，抽象地谈论这个国家的规定如何如何，那个国家的规定如何如何。在教学中，往往引用外国的法律，向学生进行解释或指导，在我国学者有关著作权的著作中，充满了关于外国著作权法的论述。这种情况，不仅给研究和教学工作造成许多不便，也使我们的研究工作很难有所进展。

《著作权法》的公布，彻底改变了上述情况。今后，我们在研究著作权时，将也和各国的学者一样，首先根据本国的《著作权法》来论述，然后引用外国的法律来比较研究。现在，我们可以写出一册《中国著作权法》的专著了。

在这种情况下，我国研究著作权制度和著作权法的学者应该担负起新的

---

  * 谢怀栻，中华人民共和国民法的先驱者。1938 年入中央政治学校大学部法律系；1948 年任上海国立同济大学法律系副教授，讲授民法、民事诉讼法；1951 年到北京中国新法学研究院工作；1979 年到中国社会科学院法学研究所民法研究室工作，1988 年退休；2002 年被聘为中国社会科学院法学研究所终身研究员。

  ** 本文发表于《中国版权》1991 年第 1 期。

任务来。

首先，我们要致力于阐述我国的著作权法。我国的《著作权法》是我国的全国人民代表大会常务委员会通过公布的，是依照宪法正式制定的法律。这个法律体现了我国全国人民的意志，它填补了我国法制中这方面的空白，不仅在国内也在国际上显示了我国对著作权法保护的态度，建立了各种必要的制度。从此之后，不仅我国人民自己的作品得到法律的保护，外国人的作品也将依法（《著作权法》第2条第2、3款）受到保护。从此之后，任何国家的政府再不可能在这个问题上对我国说三道四，指摘我国甚至攻击我国了。因此，我们应该向全国人民宣传、阐述这个法律，使全国人民，特别是有作品的人，知道运用这个法律保护自己的权利；也使有创作能力的人因这个法律受到鼓励，发挥自己的创作能力，为我国社会主义文化和科学事业的发展与繁荣而努力（《著作权法》第1条）。我们还应该向国外宣传这个法律，使我国的《著作权法》进入世界著作权法之林，为著作权的国际保护制度做出贡献。

这个《著作权法》是总结我国的经验、结合我国的国情、适应我国著作权保护制度的现状而制定的。它的各项规定，包括保护客体的范围、保护的水平、各种有关的制度，都是根据我国的国情确定的。这些规定之中，有的可能还没有达到世界的最先进的水平，有的可能还不如某些外国的规定来得细致，且就法律的总体来看，这个法律也还有不周到的地方。但无论如何，这是现阶段我国能制定的、已经制定的比较完善的法律，它适合我国目前的需要，能解决我国目前的问题。任何时代、任何国家的法律，没有尽善尽美，毫无可指摘之处的，只要它适合当时当地的需要，解决当时当地的问题，那就是好法律。我们应该这样去评价这个法律，拿它与各国的同类法律作比较的研究时，我们不应该因为这个法律还有不足之处而轻视它，更不必因为这个法律较之某个外国的同类法律有差距而自卑。我们不仅应该在本国的教学工作中，全面阐述这个法律，向学生说明这个法律的精神，教导我国的学生知道这个法律来之不易，这个法律在我国社会主义文化建设中的作用，我们更应该理直气壮地向全世界阐述这个法律，据以驳斥某些敌视我国的人在这个问题上对我国的指摘或攻击。这都是我国研究著作权的人无可推卸的责任。

随着这个法律的公布，我们还将制定一系列附属法规，建立一些必要的组织和制度，使我国有关著作权的法制日趋健全和完善。例如，法律所规定的各种合同制度（著作权许可使用合同、出版合同、表演合同等），对著作权纠纷的调解或仲裁的制度，都有待于建立。又如各种民间的著作权保护组织、集体管理组织、著作权中介组织、著作权代理组织等，也都有待建立。为建立这些制度和组织，先要对这些问题进行研究。做好这些研究工作，也是我国学者的任务。

从各国的历史来看，一种法律的制定和公布，都是总结当时这个国家里与这种法律有关的研究得到的成果。历史上著名的法典（如法国的拿破仑民法典、德国的民法典等）都是如此，因而其就标志着那一时代这方面学术思想的水平。即以各国的著作权法来说，德国 1901 年和 1907 年的两部著作权法（《关于文学与音乐作品的著作权的法律》与《关于造型美术与摄影作品的著作权的法律》）是 19 世纪德国关于"精神所有权论"思想的产物，而1965 年的著作权法则是著作权一元论思想的产物。又如英国最新的版权法（《联合王国 1988 年版权、外观设计与专利法》的第一编）显然是英国版权学术思想的新的体现。同样，我们可以说，我国《著作权法》也是我国著作权研究的成果，是我国在这方面的学术思想的体现。所以《著作权法》的制定和公布，为我国著作权研究工作划了一个阶段，一方面结束过去，另一方面开启将来。

一方面，所谓结束过去是说，《著作权法》里的各项规定，可以说是我国著作权研究工作者在这些问题上取得的共识。长期以来我国对著作权法中的某些问题的不同意见和争论，在这里得到一定的解决。各种不同的意见通过著作权法的制定得到一定的调和与综合，也得到一定程度的提高。例如，关于"著作权"和"版权"的名称的争论，这次通过第 51 条的规定而得到解决；关于著作权法保护范围的争论，这次在第 3 条得到调和；关于合理使用问题的各项意见，在第 22 条得到综合；等等。

另一方面，法律的规定只是立法机关（代表人民）为全国人民的行为规定一个准绳，并不是对学术研究的限制。人民在行为上必须遵守法律的规定，但仍可以对法律规定进行研究，提出修改的意见，以求进一步完善法律。正是在这个意义上，我们说《著作权法》的公布使我们对于著作权的研究工作进入一个新的阶段。著作权问题，不论在理论方面和实务方面，都是很复杂的，而且今后随着科学技术的发展，还将不断地出现新问题。对新的问题就必须研究，以便再在新的法律中作出规定。

著作权法的历史，从英国的《安娜女王法令》算起，也不到 300 年。但是不论在哪个国家，著作权法都已经过多次修改。这可以说是著作权法相对于民法典的一个特色。我们应该预见到这一点，在这部《著作权法》的基础上，加强我们的研究工作，为将来随着时代的步伐，更新我们的法律而努力。

中国版权研究会是我国唯一的全国性的著作权研究团体，《著作权》杂志是我国唯一的全国性的著作权研究刊物。上述一切，都是这个研究会和这个杂志不容推卸的任务。希望研究会能很好地担负起这个任务。

著作权法公布有感 *

中华人民共和国的著作权法终于今年 9 月 7 日经全国人大常委会通过公布，定于 1991 年 6 月 1 日起施行。著作权法似乎只是保护知识分子，实际上是促进并保护整个社会的文化发展的，正如专利法不只是保护发明者而是促进并保护整个社会的发明创造活动一样。

任何社会的生产活动都有两方面。一方面是物质生产活动，其成果是社会的物质文明，具体表现于社会工农业生产和其他产业的发展水平。另一方面是精神生产活动，其成果是社会的精神文明，具体表现于社会的文学艺术等创作水平。只有这两方面都高度发展的社会，才是一个真正高度文明（或文化）的社会。我们这些年谈精神文明，只是注重一些表面现象，如文明、礼貌用语等，而没有注重到精神文明的更高层次。我们说中华民族在悠久的历史中创造了高度的文明，这不仅是说我们的祖先发明创造了许多像指南针、印刷术一类的事物，不仅是说发展了高度的农业和手工业生产，而且是说我

---

* 本文发表于《中国版权》1991 年第 1 期。

们民族创作了诗经、楚辞、汉赋、唐诗、宋词、元曲、明清戏剧及其他文学艺术与各种学术著作。后一方面也许比前一方面更为重要，因为前一方面是其他民族也能做到的，后一方面中有些是别人做不到的。试想，如果从我国的文化中去掉了诗经、楚辞、李白、杜甫等，我国的文化必然要减色不少。当外国人谈起莎士比亚、歌德的时候，我们立刻会拿出我们的关汉卿、李白、杜甫来，这是我们的骄傲。

遗憾的是，过去我们偏重物质生产方面而没有很好地注重精神生产方面，尤其是没有从法律方面去保护和促进这方面的发展。中华人民共和国成立41年来，我国有很多促进物质生产的法律和法规，而一部著作权法，直到今天才出世。

社会精神生产的发展，或者更具体地说，科学、文学、艺术等一切学术著作和活动（包括表演等）的发展，有赖于各种因素，政治的因素和经济的因素当然重要，法律的因素也不能忽视。我们会利用各种物质刺激手段去发展工农业，但很少想到保护文学艺术等方面创作者的利益。在物价高涨，连邮资也要调整的时候，前不久我们才想到提高稿酬、减收作家的收入调节税。中华民族的"文化人"从来就安于艰苦和清贫，但社会如果不注意保护他们的利益，到最后受害的还是社会本身。

著作权法就是通过对作者权益的保护以促进社会文化发展的。我国的宪法是保护全国人民的政治权利的，民法是保护全国人民的民事权利的。此外，对各行各业的人所从事的对社会有益的活动，我国法律都予以保护和鼓励。《著作权法》第1条规定得很明白："为保护文学、艺术和科学作品作者的著作权，以及与著作权有关的权益，鼓励有益于社会主义精神文明、物质文明建设的作品的创作和传播，促进社会主义文化和科学事业的发展与繁荣，根据宪法制定本法。"

著作权法不仅仅是保护作者的，也不仅仅是保护出版者和表演者的，著作权法的这种作用只是一种手段，社会通过这一手段达到更高层次的目的。但是达到目的的手段同目的同等地重要，绝不能忽视手段。或者说，我们必须首先保护好作者的利益。著作权法所保护的作者的利益，不仅有经济利益，也有非经济的利益，后者是更容易被忽视的。由于我国没有保护作者利益的传统（直到清末变法，我国一直没有正规的版权制度），这方面就连作者自己也不注意。现在公布了著作权法，我们必须注重这些问题。这几年我们常说要重视知识，重视知识分子。那么就应该注重知识产品的价值，重视知识分子劳动（脑力劳动）的成果，保护知识分子的合法权益。著作权法就是从法律上承认知识产品的价值，承认并保护知识分子脑力劳动成果的价值。例如，著作权法中规定作者有署名权，这是一种起码的权利，但是我们在电视中、广播中、演唱会中经常看到听到一支歌只有演唱者的名字，没有作词、作曲者的名字。这只是一个极小的例子。著作权法公布后，我们要从这些最小的事情做起去承认和保护作者的权利。作者自己也要认识到（过去有些作者就未认识到这些问题）自己有这样那样的权利，学会用法律手段去维护自己的权利，争取自己的权利。在一个法治社会里，任何人都应该维护自己的权利和利益，这是当然的，也是对社会有益的。今后，全社会都应该依照著作权法去办事。作者——知识分子——不要自命清高，不敢或不好意思去维护自己的权益（包括经济利益），其他的人也不要看见一个作者争取自己的权利（包括经济利益）就说三道四。当然，看见知识分子的权益受到保护就红眼，更不应该（其实，我国知识分子的利益迄今仍是有限得很，甚至相当可怜）。

只要我们真正做到了从法律上保护著作权（及各种有关的权利）这个最基本的工作，再配合上政治方面和经济方面的条件，我们的精神文明就能真正地在高层次上逐步建立起来。"千里之行，始于足下"，我们希望真正提倡精神文明、真正重视知识分子的人们，就从切实实行著作权法开始。

著作权法的公布，也给知识分子增加了责任。既然国家社会在法律上承认和维护知识分子的权益，知识分子自己就要严格依照法律去行事。我们不仅希望今后在我国的文化界和出版界不再出现剽窃抄袭的现象，也希望不再出现粗制滥造的现象。著作权法维护作者的经济权利（财产权），但是作者自己仍要把向社会献出优秀产品放在第一位，把经济问题放在第二位。如果把这一点看作中华民族知识分子的传统（所谓"清高"），我们应该永远保持它。

在著作权法制定过程中，曾经就今后如何利用外国书刊的问题进行过热烈的讨论。《著作权法》第 2 条规定了对外国作品著作权的保护。这一规定当然要等到我国与各国签订了协议或者我国加入了国际条约后才能付诸实施。我们必须认识到，像我国这样的文化大国，我们要求别人尊重我们的劳动（脑力劳动）成果，我们也应该尊重别人的劳动。利用外国书刊，今后还是少不了的。我们有了著作权法，不仅要把我们国内的著作权问题完全纳入法治的轨道，也要把利用外国书刊问题逐步纳入法治的轨道。

知识产权（专利权、商标权和著作权的总称）是人类文化高度发达后出现的事物。应该把对知识产权的法律保护看为文明的表现。希望我国关于知识产权的法律逐步完善，并得到切实施行，这样，法治的进展将促使我国的文化顺利发展。

附录

谢怀栻对著作权法制建设的贡献

余　俊[*]

　　谢怀栻教授一生涉猎广泛，学贯中西，在民商法学界被誉为"百科全书"[①]。其中对中国民事立法与民法学的贡献，则尤为突出。对此，中国民法学研究会会长王利明教授评价道，"谢老法治思想的核心就在于强调法律对权利的保护，终其一生，谢老都非常重视对权利尤其是民事权利的研究"[②]。"民事权利的研究"可谓谢怀栻教授一生最显著的贡献，这不只是因为他那篇享誉学界的论文《论民事权利体系》[③]，更是因为他对民事权利的研究是全面的、深刻的，而且是独到的。谓之全面，是因为谢怀栻教授不同于其他民法学者，他并没有局限于对传统民法的研究，而是主动扩大学术边界，对包括知识产权在内的民事权利进行了全方位的研究，并提出了诸多独特的见解。这在传统民法学者身上，是比较少见的。正如王利明教授所说："谢老对知识产权的研究是十分独到的，我几次和他讨论民法问题，他都和我谈到有关知识产权性质、内容，并对知识产权研究领域的一些提法提出自己的不同看法。从谢老的谈话中，我深感自己在知识产权研究方面功底的欠缺。谢老参

　　* 余俊，北京化工大学法律系副教授，法学博士，兼任中国法学会知识产权法学研究会常务理事兼副秘书长。毕业于吉林大学法学院和中国人民大学法学院，曾在伦敦国王学院法学院从事访问研究。入选首批北京市高校"青年英才支持计划"、首批"北京化工大学青年英才百人计划"，主持研究北京市社会科学基金重点项目等课题。

　　① 江平：《沉思与怀念——纪念谢怀栻先生》，载《社会科学论坛》2005 年第 3 期。
　　② 王利明：《羊公碑尚在，读罢泪沾襟——谢怀栻先生的法学思想及其对我国民法事业的贡献》，载中国民商法律网：https：//www.civillaw.com.cn/bo/t/？id=36977。
　　③ 谢怀栻：《论民事权利体系》，载《法学研究》1996 年第 2 期。

与了著作权法等知识产权法的制定工作，并对知识产权尤其是著作权有十分深入的研究与独到的见解。谢老极力主张著作权是一种民事权利，认为著作权应当包括著作人身权与著作财产权两个方面，他对于这两个方面的内容都展开了全面的分析。"①

详而言之，谢怀栻教授对著作权法制的贡献集中体现在以下两个方面。

一、参加了中华人民共和国第一部著作权法的起草

谢怀栻教授虽然是民法学者，但是全程参加了中华人民共和国第一部著作权法的起草。1988年11月2日，国家版权局向国务院呈报《关于加快版权法起草工作报告》，经国务院批准，成立了以国家版权局副局长刘杲为组长，中国社科院法学所研究员谢怀栻为顾问的版权法起草小组。起草小组包括法律专家、作者代表、使用单位代表和行政管理负责人等。

1990年9月7日，第七届全国人民代表大会常务委员会第十五次会议正式通过了《中华人民共和国著作权法》。作为起草小组顾问，谢怀栻教授对《著作权法》的评价是："这个《著作权法》是总结我国的经验、结合我国的国情、适应我国著作权保护制度的现状而制定的。它的各项规定，包括保护客体的范围、保护的水平、各种有关的制度，都是根据我国的国情确定的。这些规定之中，有的可能还没有达到世界的最先进的水平，有的可能还不如某些外国的规定来得细致，且就法律的总体来看，这个法律也还有不周到的地方。但无论如何，这是现阶段我国能制定的、已经制定的比较完善的法律，它适合我国目前的需要，解决我国目前的问题。"②

为此，谢怀栻教授还发表了《著作权法公布有感》③ 一文，在一开篇就揭示了著作权法的立法目的，"著作权法似乎只是保护知识分子，实际上是促进并保护整个社会的文化发展的"，他还在文末强调，"知识产权（专利权、商标权和著作权的总称）是人类文化高度发达后出现的事物。应该把对

---

① 王利明：《羊公碑尚在，读罢泪沾襟——谢怀栻先生的法学思想及其对我国民法事业的贡献》，载中国民商法律网：https://www.civillaw.com.cn/bo/t/? id = 36977。
② 谢怀栻：《著作权研究的新阶段》，载《中国版权》2018年第4期。
③ 谢怀栻：《著作权法公布有感》，载《群言》1990年第11期。

知识产权的法律保护看为文明的表现。希望我国关于知识产权的法律逐步完善，并得到切实施行，这样，法治的进展将促使我国的文化顺利发展。"

此外，谢怀栻教授还从学术研究的角度强调了《著作权法》颁布的意义，他认为："《著作权法》的制定和公布，为我国著作权研究工作划了一个阶段，一方面结束过去，一方面开启将来。所谓结束过去是说，《著作权法》里的各项规定，可以说是我国著作权研究工作者在这些问题上取得的共识。长期以来我国对著作权法中的某些问题的不同意见和争论，在这里得到一定的解决。各种不同的意见通过著作权法的制定得到一定的调和与综合，也得到一定程度的提高。例如，关于"著作权"和"版权"的名称的争论，这次通过第 51 条的规定而得到解决；关于著作权法保护范围的争论，这次在第 3 条得到调和；关于合理使用问题的各项意见，在第 22 条得到综合；等等。另一方面，法律的规定只是立法机关（代表人民）为全国人民的行为规定一个准绳，并不是对学术研究的限制。人民在行为上必须遵守法律的规定，但仍可以对法律的规定进行研究，提出修改的意见，以求进一步完善法律。正是在这个意义上，我们说《著作权法》的公布使我们对于著作权的研究工作进入一个新的阶段。著作权问题，不论在理论方面和实务方面，都是很复杂的，而且今后随着科学技术的发展，还将不断地出现新问题。对新的问题就必须研究，以便再在新的法律中作出规定。"[1]

二、对著作权的性质提出了独树一帜的见解

著作人格权和著作财产权共同构成著作权，使之兼具人格权、财产权的双重属性，从而比其他类型的知识产权更具有复杂性，这不仅在民事权利体系中是绝无仅有的，而且在知识产权体系中，同样是只此一例。[2] 而对于著作人格权的研究，被认为是"研究著作权所不可或缺，且最富理论，及最能表现出著作权与其他财产权相异点的问题"。[3] 谢怀栻教授对于著作人格权的

---

① 谢怀栻：《著作权研究的新阶段》，载《中国版权》2018 年第 4 期。

② 参见张俊浩主编：《民法学原理》（修订第三版）（下册），中国政法大学出版社 2000 年版，第 561 页。

③ 刘德宽：《民法诸问题与新展望》，中国政法大学出版社 2002 年版，第 304 页。

研究是十分独特的。他认为，著作人格权与一般人格权之间丝毫没有共通之处。其理由是：二者的根本性不同在于权利的客体上。自然人的一般人格权的客体是自然人的人身与人格，人格权具有"一身专属性"。而著作人格权与著作财产权一样，以著作物（作品）为其客体。著作物是独立存在于著作人的"人身"之外的。著作物不仅与著作人的人身（主要是大脑）可分，而且必须在分离后（得到独立存在之后）才能成为著作权的客体。著作人格权与著作人的人身或人格都是分离的，著作人格权并不具有一身专属性。著作人格权既然没有一身专属性，当然可以放弃、可以转让、可以继承。这在民法中并不奇怪，因为它不是"人格权"。总之，说著作人格权与（一般）人格权相同，或者说著作人格权是（一般）人格权的一种，是不确切的。进一步说，把著作权中的一部分内容（或权能）总称为著作人格权，也是不确切的。因此，他认为应该不再使用"著作人格权"（或著作人身权）这个词语。①

关于把著作权划分为著作财产权和精神权利的方法，谢怀栻教授也提出了质疑。他认为，这种分法与事实不符。作者自己或允许他人出版作品，自己或允许他人复制作品，在得"利"的同时，也得到了"名"。因此，著作财产权并不只是取得经济利益的权利。同样地，通过放弃或转让精神权利，也可以取得经济利益。因此，著作财产权和精神权利，都是既可得名，也可得利的。这种分法是一种在理论上、实务上都不妥善的办法。②

基于上述讨论，谢怀栻教授进一步提出，在著作权理论中，不再用著作人格权和经济权利、人身权和财产权这些概念，也不再把署名权等和出版权等分为这样两类，而直接说著作权包括署名权、发表权（等）、出版权、复制权等权能（权利）。在分别论述署名权等之前，着重指出著作权的特点之一是它所维护的著作人的利益既有经济利益，也有非经济利益。③ 把著作权分为著作人身权（精神权利）和著作财产权（经济权利）没有充分根据，也没有好处，没有必要，反而会引来许多混乱和麻烦。这种传统的划分是历史

---

① 谢怀栻《论著作权》，载《谢怀栻法学文选》，中国法制出版社 2002 年版，第 243—245 页。
② 谢怀栻《论著作权》，载《谢怀栻法学文选》，中国法制出版社 2002 年版，第 246—247 页。
③ 谢怀栻《论著作权》，载《谢怀栻法学文选》，中国法制出版社 2002 年版，第 247—249 页。

的遗留物,现在可以不再采用了。著作权的内容比一些古已有之的民事权利(如所有权、债权)要复杂得多,既具有经济意义的一面,也具有精神意义的一面,但一定要说,只有署名权、发表权等是精神权利,复制权、展览权等就是经济权利,是不妥当的。著作人对于著作的经济利益和非经济利益是密切不可分的,不可能对著作人身权(精神权利)和著作财产权(经济权利)加以绝对地划分。①

  总之,谢怀栻教授在著作权法领域虽然耕耘不多,但影响却是深远的,关于著作权法的研究虽然著述不多,但思考却是深邃的。

---

  ① 谢怀栻:《著作权的内容》,载《谢怀栻法学文选》,中国法制出版社 2002 年版,第 265—266 页。

郭寿康与中国著作权法治建设[*]

万　勇　郭　虹^{**}

　　郭寿康先生（1926—2015）是我国"第一代杰出的知识产权法学家"，"知识产权高等法学教育的开拓人、国际知识产权研究与教学事业的先行者"，① 为包括著作权法在内的知识产权法制度建设做出了重要贡献。今年是《中华人民共和国著作权法》颁布 30 周年，在这一特殊时期，抚今追昔，全面回顾、总结郭寿康先生对著作权法理论与实践做出的卓越贡献，对我们在新的历史起点上继续推进中国著作权法治建设具有重要价值。

　　郭寿康先生早年在英国教会开办的天津新学中学度过了中学时光。新学中学的多数学科均采用英文教材，有些还是英籍教师授课。1944 年，郭寿康先生入北京大学法律系学习，在校期间选修或旁听过当时许多法学大师的授课，包括余棨昌、陈瑾昆、刘志敫、唐纪翔、石友儒、燕树棠、戴修瓒、冀贡泉、张志让、蔡枢衡、费青、李士彤等。先生当时最感兴趣者为民法学，本科毕业论文题目为"瑕疵担保与给付不能的研究"，由刘抱愿先生指导完成，并获得了当时罕见的 90 分的优异成绩。

　　1948 年本科毕业后，郭寿康先生留校工作。在之后一年，他旁听了北京大学其他院系一些大师们的课程，如胡适、陈垣、贺麟、俞平伯、废名、杨

---

　　* 本文写作于 2020 年 6 月。

　　** 万勇，中国人民大学法学院知识产权法教研室主任、教授、博士研究生导师，2007 年毕业于中国人民大学，获法学博士学位。

　　郭虹，中国人民大学出版社法律分社社长、副编审，2009 年毕业于中国人民大学，获法学博士学位。

　　① 刘春田：《老骥伏枥，志在千里——愿郭老师生命与学术之树常绿》，载郭寿康：《郭寿康法学文选》，知识产权出版社 2013 年版，第 10 页、12 页。

振声、杨人楩、蒯淑平、潘家洵等。先生还在工作之余坚持学习德文组冯至教授的德语课（每周七节），为后来阅读德文原著及赴德访学交流，打下了良好基础。

1949 年，郭寿康先生考取了北京大学法律系唯一名额的研究生。当时正值全国掀起学习苏联的热潮，郭寿康先生用两年时间聆听了刚刚成立的北京大学俄语系的全部课程，受到了俄文大家，如曹靖华、刘泽荣、李莎等的教导。研究生毕业后，恰逢 1952 年全国院系调整，郭寿康先生被分配到了中国人民大学法律系工作。

在人民大学工作期间，郭寿康先生最开始从事民法研究；在 1954 年，曾被派到全国人大办公厅参加"民法典"的起草，当时是脱产参加起草工作，时间是一年左右。1956 年，郭寿康先生与佟柔教授还就"民法典"起草工作中遇到的基础性问题：民法调整的对象，在《政法研究》上合著发表论文予以详细论述。①"文化大革命"开始后，先生到江西"五七干校"劳动，教学、研究工作因此中断。1973 年，郭寿康先生又被分配到北京大学法律系工作。中国于 1972 年恢复了在联合国的合法席位。然而，中国与联合国隔绝了几十年，对国际法不熟悉，急需国内力量支援。郭寿康先生懂多种外语，也学过国际法的主要课程，因此，先生回北京大学后，进国际法教研室工作。先生主要负责"最惠国条款"和"国家责任"两个专题，梳理来龙去脉、历史发展，然后提出自己的初步意见，供中国代表团作为参考。

"文化大革命"结束，中国人民大学复校。根据中央文件精神，原来人民大学的教师、干部都要回人民大学，于是郭寿康先生又从北京大学回到了人民大学工作。此时，党的十一届三中全会召开，我国社会主义法制建设迅猛发展，法学教育与学科建设也步入历史上最好的时期。实行"改革开放"政策以后，国家在对外经贸领域以及知识产权领域急需研究人才，郭寿康先生又根据国家安排，在专业上进行了"转身"，从事国际经济法与知识产权法的研究。郭寿康先生先后参与了《专利法》《商标法》《著作权法》《反不

---

① 郭寿康、佟柔：《关于民法调整的对象——财产关系的几个问题》，载《政法研究》1956 年第 3 期。

正当竞争法》与相关的"实施条例"和"细则"，以及国际经济法领域的"三资"企业法、涉外经济合同法，"复关""入世"谈判等法律文件起草和相关的研究工作。①

2012 年，郭寿康先生被中国法学会评选为首届"全国杰出资深法学家"，并被中国法学会知识产权法学研究会推举为名誉会长。郭寿康先生为我国知识产权法学的创建、发展和繁荣，为我国知识产权法学教育和人才培养，为扩大我国知识产权制度的国际影响做出了杰出贡献。

一、中国著作权法立法的参与者与见证者

郭寿康先生是"我国唯一参加了所有知识产权单行法律立法工作的学者"，② 直接参与并见证了我国著作权法律制度从无到有，著作权理论研究从弱到强的历史进程。

（一）为制定《著作权法》呕心沥血

从 1979 年成立"版权研究小组"到 1990 年《著作权法》最终颁布，其间跨越了 20 世纪的 70 年代、80 年代和 90 年代，是知识产权领域三部重要法律中颁布最晚的一部法律。郭寿康先生生前回忆，在起草《著作权法》的过程中，有一些很有影响的科学家，积极赞成起草《专利法》，但是却反对《著作权法》。他们的理由主要是从个人经历出发。甚至有一位很有影响的大科学家说："我能够取得今天的成就就是因为读盗版书，我买不起原版书。"另外当时有些中央部门对制定《著作权法》也有异议，认为这是保护外国人利益。有关部门初步估算，如《著作权法》获得通过，中国每年支付给外国的版权费会达到几亿美元，而在那个年代外汇储备是相当匮乏的。后来，郭寿康先生以及其他同志经过调查研究，也问了一些发展中国家，如印度、南斯拉夫的情况，发现情况并非如此，并不需要花这么多的外汇，从而解决了

---

① 参见郭寿康：《郭寿康法学文选》，知识产权出版社 2013 年版，第 1—2 页。
② 刘春田：《老骥伏枥，志在千里——愿郭老师生命与学术之树常绿》，载郭寿康：《郭寿康法学文选》，知识产权出版社 2013 年版，第 12 页。

制定《著作权法》遇到的一个重大难题。①

在《著作权法》的起草过程中，较为深入地参与相关工作的学者主要有谢怀栻教授、郑成思教授、郭寿康教授、刘春田教授。据刘春田教授介绍，他们三位"常常辩论，辩到激烈处，有时面红耳赤，忘记了长幼秩序"。郭先生则不然，"即便他有不同观点，也从不急躁，而是引经据典，侃侃而谈"，"用事实说话，从不凭空而谈"。②郭先生兼容并包，善于团结大家。例如，关于著作权与版权名称的争论，先生认为：著作权与版权尽管用语不同，但实质含义并无两样。在版权法历史上，英美法系国家通常使用"版权"（copyright），侧重于财产权利，作者的人身权利（也叫精神权利）由版权法以外的其他法律规定。在欧洲大陆的法国、西德等国家则通用"作者权"；它源于法国资产阶级大革命时的天赋人权学说，认为作品是作者人格的体现。日本虽然仿效欧洲大陆国家，但却使用了"著作权"这一用语。日本的用语对 1910 年清政府颁布的《大清著作权律》、1915 年北洋政府颁布的《著作权法》以及 1928 年国民党政府颁布的《著作权法》都有直接影响。中华人民共和国成立后，在有关文献中既使用过著作权，也使用过版权。起草《继承法》时，草案中原来使用版权，通过之前又改为著作权。③《民法通则》第 94 条明确了著作权与版权是指一件事情，两者实质含义并无区别。④

（二）为完善著作权法律制度建言献策

在《著作权法》颁布之后，郭寿康先生积极为完善著作权法律制度建言献策，在诸多问题上贡献了真知灼见。例如，在《著作权法》颁布后第二年，郭寿康先生即发表论文，主张我国应引入追续权，理由是：如我国著作权法没有追续权的规定，即使加入《伯尔尼公约》，我国作者创作的艺术作

① 参见郭寿康：《中国知识产权制度的产生与发展》，载郭寿康：《郭寿康法学文选》，知识产权出版社 2013 年版，第 210—211 页。

② 刘春田：《老骥伏枥，志在千里——愿郭老师生命与学术之树常绿》，载郭寿康：《郭寿康法学文选》，知识产权出版社 2013 年版，第 11 页。

③ 参见《继承法》第 3 条。

④ 参见郭寿康：《〈民法通则〉与知识产权》，载郭寿康：《郭寿康法学文选》，知识产权出版社 2013 年版，第 121 页。

品，也不能在公约其他成员方进行求偿，这显然对于维护我国艺术作品作者的合法权益大为不利。① 2001 年《著作权法》修订后，郭寿康先生指出：这次修订更多的是为了满足加入 WTO 的要求，只对《著作权法》进行了必要的修订，采取"能不改就不改"的修订原则。这是不够的。"《著作权法》的修改应更进一步关注社会发展和科技进步对著作权领域带来的影响，专注于对权利人的保护以及促进文化创意产业的发展，而不应故步自封，更不应坚持一贯的'小修'原则。否则，每次修改都只能是不触碰实质的隔靴搔痒。"②

此外，郭寿康先生还就《著作权法》与国际条约之间的关系方面提出了较为系统的完善建议。1992 年，我国政府与美国政府签订了《关于保护知识产权的谅解备忘录》，为实施这一双边协议以及为了加入《保护文学和艺术作品伯尔尼公约》，国务院于 1992 年颁布了《实施国际著作权条约的规定》。其中，第 19 条规定："有关著作权的行政法规与本规定有不同规定的，适用本规定。本规定与国际著作权条约有不同规定的，适用国际著作权条约。"2001 年，我国为加入世界贸易组织对《著作权法》进行了修改，由于修法的主要目的是与 TRIPS 保持一致，并未将《实施国际著作权条约的规定》的内容纳入《著作权法》。这样，在法律适用上可能会存在冲突：《著作权法》修改之后，《实施国际著作权条约的规定》是否继续适用；《实施国际著作权条约的规定》与修改后的《著作权法》冲突时，何者优先适用。

郭寿康先生的基本观点是：继续保留（包括修改后保留）《实施国际著作权条约的规定》已没有太大必要。主要理由是：第一，《实施国际著作权条约的规定》仅有两个条款仍具有意义，不过，第 6 条因国内实用艺术作品是否受保护没有定论而难于适用，第 13 条也可通过适当方式解决。第二，与《著作权法》相比，《实施国际著作权条约的规定》属于低层级法律规定；其与《著作权法》不一致时，不应具有优先适用效力。应当废止《实施国际著

---

① 郭寿康：《论美术作品的追续权》，载《美术》1991 年第 3 期。
② 郭寿康：《加快〈著作权法〉实质性修订的进程》，载《今日财富（中国知识产权）》2010 年第 8 期。

作权条约的规定》，根据《民法通则》第 142 条，通过直接适用有关国际公约的相应条款来填补 2001 年《著作权法》与有关国际公约之间可能存在的差距。《实施国际著作权条约的规定》被废止后，不会再发生通过适用该规定（低层级法律规范）来填补 2001 年《著作权法》（高层级法律规范）与有关国际公约之间的差距这种尴尬局面。当然，对《著作权法》再次进行修订，无疑是充分实施有关国际公约并同时进一步消除"超国民待遇"的最佳解决方案。①

二、中国著作权法教学与研究人才的培养者

郭寿康先生强调著作权法教学与研究也要面向现代化、面向世界和面向未来，要不断改进教育方式，与国际上的新发展逐步接轨，以适应科学技术和经济文化增长的需要。② 他不仅较早地构建了著作权法学科与理论体系的基础架构，大力培养著作权法研究人才，还组织翻译出版了由世界知识产权组织助理总干事高木善信主编、世界上第一本专门介绍知识产权教学方法的书籍：《知识产权教学原则与方法》，③ 希望能为我国从事知识产权教育的学者提供国际先进经验。

（一）积极构建著作权法学科与理论体系

20 世纪 80 年代初，著作权法、商标法、专利法的起草研究工作都在进行，郭寿康先生也分别参与了这些方面的工作。1981 年，佟柔教授、赵中孚教授受司法部教材编辑部委托主编《民法原理》，④ 邀请郭寿康先生撰写"智力成果权"。这部教材于 1983 年出版，使用很广；其中，"智力成果权"编共 5 章，约占全书篇幅的 20%。

"智力成果权"编第 2 章（即全书第 31 章）为"著作权"章。"著作

---

① 参见郭寿康先生主持的《关于〈实施国际著作权条约的规定〉的研究报告》最终成果。
② 参见郭寿康：《郭寿康法学文选》，知识产权出版社 2013 年版，第 82—83 页。
③ ［日］高木善信等主编：《知识产权教学原则与方法》，郭寿康、万勇等译，知识产权出版社 2011 年版。
④ 佟柔主编：《民法原理》，法律出版社 1983 年版。

权"章一共包括 7 节，各节的标题分别是："著作权的概念""著作权法的产生和发展""著作权的主体和客体""著作权的产生和期限""著作权的内容和限制""对著作权的保护""出版合同"。除了"出版合同"之外，后来教科书中关于著作权法的体系结构大体上沿用了这一安排。

郭寿康先生在 1983 年对著作权法的相关论述，今天读来仍然具有重要的参考价值，给人以启迪。例如，关于版权制度的起源，郭寿康先生认为：在印刷术发明之前，作品不可能大量地复制出售，因而也就没有迫切需要在法律上对作者的权利加以保护。活字印刷发明以后，出现了印刷业，大量地复制出售作品成为可能，从而也就有了在法律上保护著作权的需要。关于我国保护版权的起源，郭寿康先生指出：印刷术是我国古代的一项重大发明。我国宋代年间即对民间出版的书籍采取了保护版权的措施，如果有人翻版，即"追版劈毁，断罪施刑"。一些书籍上刻有"牌记"，写明"已申上司，不许复版"，这也可以说是后来书籍中"版权页"的起源。关于人身权利，郭寿康先生在论述保护作品完整权后，使用"修改或收回已经发表的作品"这一措辞，这可以为当下学术界关于修改权的含义及其与保护作品完整权的关系的讨论提供重要参考。

（二）潜心培养著作权法研究的高端人才

郭先生早年从事民法研究，后来转向国际经济法与知识产权法研究，应当说他对这几个学科的感情都很深。为了我国知识产权事业的继往开来，提高知识产权教学与培养质量，先生认为：还是应当单独招收知识产权法专业的博士研究生。为此，先生还从以往在国际法专业下招收博士研究生转为在知识产权法专业下招生，从而与刘春田教授、郭禾教授组成知识产权法专业的博士研究生导师招生组。

郭寿康先生于 2001 年担任联合国教科文组织版权与邻接权教席主持人时，已经 75 岁，离休多年。根据联合国教科文组织教席的要求，教席主持人必须上课、带研究生，因此，先生又重新返回教学一线，给人民大学法学院的本科生和研究生开设专门的版权法课程。此外，先生还与欧盟合作，并经其大力资助共同举办了国际知识产权研讨会，为期 3 周，共有全国几十个法律院校 120 多名教师参加。

先生注重科技发展与著作权法之间的互动关系，尤其关注互联网对著作权法提出的重要挑战，很早就要求其指导的博士研究生、硕士研究生开展相关课题的研究。在 2001 年《著作权法》修订过程中，有些学者主张将《世界知识产权组织版权条约》《世界知识产权组织表演和录音制品条约》（本文以下简称"因特网条约"）以及美国《数字千年版权法》的重要内容也吸收到《著作权法》中，有些专家则主张再看一看，不急于马上增加这些新内容。先生认为：知识产权法教学应稍稍超前一步，不能只跟在现行立法后面亦步亦趋；先生还主张中国应认真考虑加入"因特网条约"。2005 年，先生了解到我国政府正在抓紧研究加入"因特网条约"的事宜之后，一方面组织博士研究生万勇、相靖翻译国际社会论述"因特网条约"的两本经典著作；另一方面要他们注意"因特网条约"缔结过程中的重要议题，可以从中选择相关问题作为博士论文选题。后来，万勇的博士论文为《论向公众传播权》，[①] 重点研究《世界知识产权组织版权条约》第 8 条；相靖的博士论文为《广播组织权利研究》，[②] 重点关注缔结"因特网条约"时外交会议曾经讨论但后来未能缔结的"广播组织条约"。十多年过去了，这两个题目仍然没有过时；2020 年全国人大常委会公布了《著作权法修正案》（草案），向公众传播权以及广播组织权是其中涉及的重要修改内容。

（三）大力推广普及著作权法律知识

郭寿康先生还注重向社会大力普及著作权法律知识。先生组织出版了《版权法导论》，以中英文对照的方式出版，以期对愿意了解版权法的社会公众和有志阅读版权法英文原著的青年学子有所帮助。先生还编写了中央党校函授教材《知识产权法》，在党校系统以函授形式给党政干部和科技干部传授知识产权基本理论和基础知识。

先生非常重视对国际条约以及域外法的研究，注重研读国外经典；早

---

① 万勇：《论向公众传播权》，中国人民大学 2007 年博士研究生学位论文。
② 相靖：《广播组织权利研究》，中国人民大学 2008 年博士研究生学位论文。

在北京大学工作期间，即开始翻译国际法领域的有关资料。他曾反复提到我国对国际著作权条约研究的不足，认为这是影响我国著作权法发展的一大障碍。

1987 年山姆·里基森出版《伯尔尼公约》一书后不久，即惠赠先生一本。当时，我国正在酝酿起草著作权法，先生曾考虑组织力量，译成中文，供起草我国著作权法参考。然而，该书篇幅有 1300 页之多，就当时可知道的人才储备而言，翻译这么一本大部头的著作，是极其困难的，最后只能望"书"兴叹。2006 年，该书修订版完成。先生得知后，即希望翻译出版此书。① 一是由于该书的国际影响力，二是由于近些年我国从事版权研究的人才队伍不断壮大，组织翻译也具备了相应的条件。该书出版后社会影响强烈，一些法院判决也援引了该书作为解释有关国际条约的权威依据。

除《国际版权与邻接权——伯尔尼公约及公约以外的新发展》一书之外，先生还组织翻译了另外两本在版权法领域，尤其是在国际版权条约领域非常具有影响力的著作：《WIPO 因特网条约评注》② 与《版权法与因特网》。③ 第一本著作是由欧盟委员会国内市场总署版权与邻接权部部长约格·莱茵伯特与德国马克斯·普朗克创新与竞争研究所资深研究员西尔克·冯·莱温斯基合著，两位作者分别作为欧盟代表团团长与成员全程参加了缔结"因特网条约"的外交会议，对于缔约过程非常了解。第二本著作的作者米哈依·菲彻尔是世界知识产权组织助理总干事兼版权部部长，在筹备、谈判以及缔结"因特网条约"的过程中，起到了关键性作用。由于我国 2001 年《著作权法》以及《信息网络传播权保护条例》的多个条款都来源于"因特网条约"，因此，这两本书的出版对于理论界与实务界准确理解"因特网条约"各个条款的来龙去脉，从而更好地解释我国著作权法律制度的相关规范具有重要参考价值。

---

① ［澳］山姆·里基森、［美］简·金斯伯格：《国际版权与邻接权：伯尔尼公约及公约以外的新发展》，郭寿康、刘波林、万勇、余俊译，中国人民大学出版社 2016 年版。

② ［德］约格·莱茵伯特、［德］西尔克·冯·莱温斯基：《WIPO 因特网条约评注》，中国人民大学出版社 2008 年版。

③ ［匈］米哈依·菲彻尔：《版权法与因特网》，中国大百科全书出版社 2009 年版。

三、中国著作权法国际交流与合作的推动者

郭寿康先生提倡知识产权法教学与研究的国际化，他本人也身体力行。早在 20 世纪 80 年代初，他率先打开了中国知识产权法学界与国际知识产权法学界联系和对话的大门。1980 年 2 月，郭寿康先生作为中国政府代表团成员赴日内瓦参加修订《保护知识产权巴黎公约》的外交会议，这是我国第一次参加有关国际知识产权公约的外交会议。郭寿康先生是第一位在德国马克斯·普朗克外国与国际专利法、版权法与竞争法研究所[①]从事访问研究的中国学者，[②] 也是参与创建"国际促进知识产权教学与研究学会"（ATRIP）的唯一来自中国的会员。可以说，"他是把中国的知识产权制度与政策告诉国际社会的第一人"。[③]

（一）组织成立中国第一个知识产权教学与研究机构

1985 年夏，郭寿康先生应邀赴世界知识产权组织日内瓦总部参加学术会议。会议期间，先生看望时任世界知识产权组织总干事的鲍格胥博士，双方谈及知识产权教学与研究问题，认为：中国在知识产权领域已建立起专利、商标、版权的审判、代理等许多机构，并且已经开始工作，中国应该建立起自己的知识产权教学与研究机构，不能完全或主要依靠外国专家来华讲学或派人出国培训。仅仅这样做不但接受培训的人数有限，不能满足今后发展的需要，参与培训的人员也不能深层次地了解中国国情、紧密结合中国实际。鲍格胥总干事谈及，他也曾把这个想法同中国的一些领导同志，像万里委员长、姚依林副总理等人谈及过，但总是未能进一步落实。先生建议他在未来访华期间，同刚刚建立的国家教委谈这个问题。鲍格胥总干事表示同意。

---

① 该研究所有过多次更名。1966 年，马克斯·普朗克外国与国际专利法、版权法与竞争法研究所成立；2002 年，研究所更名为马克斯·普朗克知识产权法与竞争法研究所；2011 年更名为马克斯·普朗克知识产权法、竞争法与税法研究所；2013 年更名为马克斯·普朗克创新与竞争研究所。

② 参见马普所前所长约瑟夫·斯特劳斯教授为《郭寿康法学文选》一书所撰写的序言，载郭寿康：《郭寿康法学文选》，知识产权出版社 2013 年版，第 9 页。

③ 刘春田：《老骥伏枥，志在千里——愿郭老师生命与学术之树常绿》，载郭寿康：《郭寿康法学文选》，知识产权出版社 2013 年版，第 10 页。

不久，鲍格胥总干事率领世界知识产权组织代表团访华，同国家教委主管外事工作的黄幸白副主任举行了会谈。双方一致认为，中国需要建立自己的知识产权教学与研究机构，世界知识产权组织愿意提供咨询与帮助，于是，双方各自派出 3 人代表团探讨详细规划和具体事宜。世界知识产权组织方面由法律顾问雷大济主谈，成员由专利合作条约司司长居尔舒和洛桑大学戴西蒙代教授。中方 3 人代表团由北京大学、清华大学、中国人民大学 3 位教授组成，并指定由郭寿康先生主谈。当时，先生正在美国哥伦比亚大学访学，并准备赴伦敦出席《伯尔尼公约》成立 100 周年纪念大会并作大会报告。接到国内紧急通知后，先生将论文寄往伦敦，由山姆·里基森（Sam Ricketson）教授代为宣读。

此次会谈设想的是中国知识产权教学与研究机构在北京设立一个中心（由北京大学、清华大学、中国人民大学合办，设在中国人民大学），在上海、武汉、西安设 3 个点。在半个月的会谈期间，双方就各项具体事宜进行了认真、详细地讨论；对知识产权教学与研究的认识、规划、进行步骤、教学计划、教学内容，聘请外国专家讲学等进行了深入的探讨。世界知识产权组织代表团同意回到日内瓦后将提出具体书面报告，再进一步协商。转年，郭寿康先生再度赴日内瓦时，雷大济顾问交给其一份详细的书面报告，称困难仍然在于经费来源。我国政府一时难以拨付或筹措数量可观的经费，世界知识产权组织也不能向个别成员方提供大量经费用来置办设备等硬件。世界知识产权组织惯常的做法是出资聘请专家讲学或资助出国参加培训，因而之前设想的庞大计划一时难以实现。根据形势的发展，国家教委决定先在人民大学设立一个中心，招收第二学士学位学员，攻读知识产权专业，期限两年。招收的学员都具有理工、外语、经贸等第一学士学位。这样，中国第一家知识产权教研机构——中国人民大学知识产权教学与研究中心就在世界知识产权组织的帮助下成立了。①

---

① 参见郭寿康：《改革开放以来知识产权的教学研究——学海片段追忆》，载《郭寿康文集》，知识产权出版社 2005 年版，第 105—107 页。

（二）推动建立世界第一个知识产权教学与研究国际组织

二十世纪六七十年代，随着知识产权制度在世界范围的蓬勃发展，与知识产权有关的各类政府间和非政府间国际组织如雨后春笋般纷纷建立起来，例如，世界知识产权组织、国际版权集体管理组织、知识产权国际律师组织等。然而，直到 70 年代末，世界上还没有一个专门从事知识产权教学研究活动的学术组织。德国马克斯·普朗克外国与国际专利法、版权法和竞争法研究所所长拜尔教授（Friedrich – Karl Beier）、英国伦敦政治经济学院柯尼什教授（William Cornish）、美国乔治·华盛顿大学维斯登教授（Glen E. Weston）等人意识到了这一问题，开始酝酿建立一个国际性的专门从事知识产权教研活动的学术性组织。

在世界知识产权组织以及鲍格胥总干事的支持下，经过周密的筹备之后，1981 年 7 月 14 日下午 5 时，来自 30 个国家或地区从事知识产权法教学与研究的 69 名教授、专家聚集在世界知识产权组织日内瓦总部，庄严宣告"国际促进知识产权教学与研究学会"（ATRIP）正式成立。会议通过了学会章程，选举产生了首届学会主席，为德国的拜尔教授；以及 4 位副主席，分别是来自英国的柯尼什教授、美国的维斯登教授、阿根廷布宜诺斯艾利斯大学的索拉金（Ernesto D. Aracama Zorraquin）教授、波兰杰格洛尼亚大学的斯瓦佳（Janusz Szwaja）教授。郭寿康先生应世界知识产权组织的邀请，出席了会议，成为来自中华人民共和国的签署学会章程的唯一创始会员。后来，ATRIP 的机构设置发生变化，设立执行委员会，由主席主持执委会工作，不再设副主席。郭寿康教授于 1986 年被选为执行委员会委员，此后连任 3 届。郭寿康教授是最早担任这一职位的中国人，在任职期间，每届会议都由他主持，为专题讨论做小结。ATRIP 会员从 1981 年成立时的几十人增加到目前的几百人，每届年会上都有来自世界各地的著名知识产权法教授发言，郭寿康先生也利用这一平台向国外同行介绍、交流中国著作权法、商标法、专利法的最新发展以及对热点问题的探讨。[1]

---

[1] 参见郭寿康：《ATRIP 诞生亲历记》，载《法学家茶座·第 2 辑》，山东人民出版社 2003 年版，第 121—124 页。

（三）主持设立亚洲第一个联合国教科文组织法学教席

郭寿康先生于 1983 年在国际著名的知识产权研究机构——德国马克斯·普朗克外国与国际专利法、版权法与竞争法研究所从事访问研究，后来在该研究所主办的两本享誉世界的知识产权专业期刊，即 *IIC*（英文期刊）①、*GRUR International*（德文期刊）② 发表了重要论文。在马普所访学期间，郭寿康先生与国际版权法学界的著名学者阿道夫·迪茨（Adolf Dietz）教授结下了深厚的友谊；受到郭寿康先生的启发，迪茨教授甚至还下决心学了汉语。③ 迪茨教授是国际与比较版权法大家，发表过多篇评述中国《著作权法》的论文；④ 中国《著作权法》在起草与修订过程中，也曾邀请其多次访华，并向其征求意见。迪茨教授也是语言天才，会十多种语言，并精通汉语；本文第一作者于 2006 年第一次拜访他时，看到其办公桌上常年订阅的《法制日报》，可见其汉语功底。

郭寿康先生也曾在美国版权法研究重镇哥伦比亚大学法学院从事访问研究，并于 1986 年在该院主办的期刊 *Columbia – VLA Journal of Law & The Arts* 发表论文 *China and the Berne Convention*。⑤ 应美国著名版权法学家 Nimmer 教授以及 Geller 教授邀请，郭寿康教授为 *International Copyright Law and Practice* 一书撰写其中关于中国的章节。⑥ 该书的目的在于对世界主要国家或地区的

---

① 该期刊的全名最开始为 "*International Review of Industrial Property and Copyright Law*"，后更名为 "*International Review of Intellectual Property and Competition Law*"。

② *GRUR International* 是德国保护知识产权协会（The German Association for the Protection of Intellectual Property）与马普研究所共同主办的期刊，该期刊于 2020 年改为英文版。

③ 参见马普所前所长约瑟夫·斯特劳斯教授为《郭寿康法学文选》一书所撰写的序言，载郭寿康：《郭寿康法学文选》，知识产权出版社 2013 年版，第 9 页。

④ 例如，[德] 阿道夫·迪茨：《现代著作权法》，载《法学家》1990 年第 6 期；[德] 阿道夫·迪茨：《关于修改中国著作权法的报告草案——应中华人民共和国国家版权局的要求所作的详细评论》，许超译，载唐广良主编：《知识产权研究》，中国方正出版社 2000 年版；[德] 阿道夫·迪茨：《中国著作权制度：英美模式还是大陆模式》，载《中国专利与商标》2011 年第 1 期。

⑤ Shoukang Guo, China and the Berne Convention, *Columbia – VLA Journal of Law & the Arts*, Vol. 11, 1986. *Columbia – VLA Journal of Law & the Arts* 后更名为 *The Columbia Journal of Law & the Arts*。

⑥ Shoukang Guo, China, in Melville B. Nimmer & Paul Edward Geller, *International Copyright Law and Practice*, Bender, 1997.

版权法进行评述，以便进行比较法研究，邀请撰文的学者都是各国或地区最为著名的版权法学者。通过访学、参加国际会议以及发表外文论文等方式，郭寿康先生享誉国际知识产权法学界。

基于郭寿康先生的国际声誉，联合国教科文组织于2001年在人民大学法学院设立版权与邻接权教席，由郭寿康先生担任教席主持人。该教席是"联合国教科文组织在亚洲设立的第一个法学教席，将为法律从业者提供版权与邻接权方面的培训，组织相关领域的学术交流活动。"①

四、结语

郭寿康先生对中国著作权法的理论与实践的巨大贡献是有目共睹的，也是知识产权法学共同体的所有同人不应忘怀的。当下，《著作权法》第三次修订正在紧锣密鼓地展开。我们期待"著作权法：三十而立再出发"，在继承中发展，在发展中创新，而不是一切都推倒重来，或者转了一圈后又回到起点。在这样一个重要的历史关口，回顾郭寿康先生等老一辈知识产权法学者的人格精神、治学风范，使我们接受精神上的洗礼，让我们"不忘初心，砥砺传承"，不断推动新时代中国著作权法治建设行稳致远。

---

① 萧海：《联合国教科文组织在中国设立版权与邻接权教席》，载《中国专利与商标》2001年第4期。

国际信息产权与我国版权法[*]

郑成思[**]

一、知识产权与信息产权

我国在实行改革开放之前曾有过一部商标法规，即1963年颁布的《商标注册管理条例》。但确切地讲，那并不属于"知识产权法"，因为其中只规定了工商企业的商标"先注册后使用"的义务，并未赋予注册企业任何权利。只是当1982年、1984年先后颁布了商标法与专利法，我国才开始了对知识产权的法律保护。

传统的知识产权分为工业产权与版权两大项。工业产权包括专利权、商标权、禁止不公平竞争权[①]。版权包括作者权与传播者权[②]。到了现代，尤其是20世纪70年代后，工业产权与版权之间发生了交叉，出现了一些既可适用专利法（或商标法）保护，又可适用版权法保护的智力创作成果。这些成

---

[*] 本文1989年2月发表于《中国国际法年刊》。

[**] 郑成思，中国社会科学院教授、博士研究生导师，中国社会科学院学部委员，中国社会科学院知识产权研究中心主任。是中华人民共和国版权理论的重要开拓者及改革开放后中国版权制度建设的主要奠基人之一。参加了我国版权法、民法典等法律的起草，著作权法、专利法和商标法等法律的历次修订。九届、十届全国人大代表、法律委员会委员。

[①] 禁止不公平竞争权，主要指企业维护除商标权之外的商业信誉的权利。例如，迪士尼公司以"米老鼠"作为商标取得了注册，另一公司并未使用米老鼠商标标示自己的产品，但生产形象相同的米老鼠造型并出售，致使消费者误认为这种产品是迪士尼公司制造的。在这种情况下，迪士尼公司就有权禁止另一公司的这种"不公平竞争"行为。我国目前尚无禁止不公平竞争法，但准备制定。

[②] 作者权即一般所称的"著作权"，即作者在完成创作作品的智力劳动后享有的在复制、翻译、改编等方面的专有权。传播者权主要指表演者、广播组织、录音录像制品制作者享有的专有权。例如，歌唱演员有权许可或禁止他人录音，舞蹈演员有权许可或禁止他人录像或转播自己的表演实况等。

果受保护的时间无须版权法提供的那么长，又无须专利权那么严格地受保护条件。于是，在知识产权中，又出现了"工业版权"与"工业版权法"。它的保护对象主要有电子计算机软件、半导体集成电路芯片掩膜、印刷字型、工业品外观设计等。

无论工业产权、版权还是工业版权，都具有一些共同的特点。

知识产权首先是一种无形财产权。从"无形"这一特点出发以及与这一特点相联系，又产生了知识产权的其他特点，即专有性、地域性、法定时间性、公开性、可复制性。①专有性是知识产权区别于公有领域中的智力创作成果的特点。②地域性是把知识产权与其他财产权区分开的特点。知识产权仅在其依法产生的地域内才有效，也只能依一定地域内的法律才得以产生。③知识产权并非永久有效，法律规定了各种知识产权的有效期。④知识产权又通过自己的公开性向人们展示其权利范围，以免非权利人侵权。⑤知识产权之所以能被权利人所专有，能禁止其他人使用，主要因为有关权利被使用后，必然体现在一定产品、作品上。也就是说，有关权利的使用将表现在某种复制活动（也称"固定"活动）上。

不过，传统意义上的知识产权所包括的内容及知识产权的特点，至少从1967年开始，已经被《建立世界知识产权组织公约》突破了。这个公约把科学发现以及其他"人类智力创作的"一切成果，都划入了"知识产权"的范畴。

科学发现的"发现者"诚然可享有一定荣誉权，但显然不能享有专利权人那样的专有权。所以，科学发现这种智力成果，已不是传统意义的知识产权，它们不过是某种"理论信息"，应当把它们称为"信息产权"，以示区别于传统的"知识产权"。

与科学发现相似并相继被纳入扩大了的知识产权范围中的，还有一些其他客体。

民间文学在未形成作品之前，是否应受版权保护，过去在国际上一直有争论。1976年，非洲知识产权组织把民间文学与形成了作品的其他客体纳入了一部跨国版权法之中。在这部法中，"民间文学"包括一切在法语非洲国家代代相传的民间歌曲、民间故事、民间风俗、民间服饰、宗教典礼形式、民间游戏活动等。20 世纪 80 年代后，更有许多发展中国家把民间文学纳入版权法或单行的知识产权法保护的范围。1988 年修订的英国版权法，也承认了民间文学的受保护地位。世界知识产权组织甚至开始草拟保护民间文学的国际公约。但民间文学显然不能像一般作品那样被某个作者专有，亦不能被某个法人专有。它们既然是代代相传的，就应当被某一部族、某一地区或某一国家或民族专有。对它们的保护也不可能在法律上规定时间限制。可见，民间文学已不具有传统知识产权的一些特点，它们实质上是许多作家的某种"创作之源的信息"。

"专门知识"或称"技术秘密"，曾被认为是"不受工业产权保护的先进技术"。从这个定义就可看出它被排除在知识产权之外了。不过，随着技术市场上"专门知识"交易的数量日益增加，许多国家已经把它视同于知识产权，至少视同类似知识产权的无形产权。世界知识产权组织在 20 世纪 70—80 年代制订的"示范法"中，也有了"专门知识法"一项。而且，几乎没有一个国家的知识产权教科书不讲"专门知识"专有权的。但"专门知识"既然属于技术"秘密"，肯定不具有"公开性"，亦不具有地域性；更不具有"法定时间性"。它实际上应算一种"秘密的技术信息"。

许多发达国家原先从"保护人权"的理论出发，对"个人数据"（即关系到某人的身份、住址、收入状况、欠债状况、爱好等的档案资料）给予法律保护。20 世纪 80 年代后，许多法学家却发现一些大的工商企业或公司对保护个人数据的兴趣，远远高于因个人资料被收集而应受到保护的那些个人自己。其主要原因是，这些大公司如果掌握了足够的个人数据，就意味着掌握了足够的顾客（或"售货渠道"），这对公司来讲也是一种"无形财产"。多数发达国家在"商誉"中所列的重要一项，就是顾客名单及有关数据；在转让公司财产时，顾客的个人数据属于其中重要一项。欧洲经济共同体甚至已制定出地区性公约，以保证个人数据像商品一样"自由流通"。而在任何"个人数据保护法"中，受保护的主体均是被收集了资料的个人，而不是数据持有人。这更与传统的知识产权法完全不同。虽然发达国家的公司把个人数据作为某种无形产权，但保护个人数据的法律从未被认为是传统的知识产权法。许多个人数据属于某种"工商经营信息"，这倒是得到许多人承认的。

因此，在当代，知识产权已经被扩大，而扩大的部分，应被称为"信息产权"；又由于原有的知识产权的各项内容，也可以被列为信息产权，所以，可以把传统的及扩大后的知识产权统称为信息产权。例如，专利无非是新发明、新技术的"技术信息"，商标则是"指示商品来源（即生产或经销厂商）的信息"。对版权及版权法的研究，不应当是孤立的，而应当是在信息产权与信息产权法的总体中进行。

二、版权与其他信息产权的关系

彭道敦在他的专著中认为，受版权保护的客体，包括了"一切信息的固定形式"。这可以说是版权与信息产权的总的关系。

体现专利技术内容的专利说明书及体现其法律内容的权项请求书，显然是专利申请人（或其代理人）的文字及图示作品。在建立了版权保护制度的国家，这种作品是享有版权的。尽管在有些国家，说明书的撰写人未必就是版权人，但说明书肯定受到版权法的保护。

科学发现作为一种理论或思想，虽然不享有版权，但任何科学发现都必然被发现者以一定语言文字或（和）图示的形式表达出来。这种"表达"，亦即科学作品，也是享有版权的。

在日益发达的技术贸易中，版权也总是受到技术供方的重视。在不附带"专门知识"的技术许可证中，很可能不涉及商标问题；但一切技术许可证中，都不会不涉及版权问题。专利许可合同中必须有版权条款，以禁止技术受让方大量复制专利说明书及支持材料；"专门知识"合同中肯定要规定禁止复制秘密信息；计算机软件许可证中必然会禁止复制程序及有关文档；等等。如果没有这类版权保留条款，技术供应方就会担心自己只收取了受让方应用技术的提成费，而实际上却无偿转让了版权。

商标许可证也是一样。虽然绝大多数商标许可证不会涉及其他知识产权，但在商标特许这种许可证中，肯定会涉及许可方的经营说明书、产品说明书或服务说明书的版权许可。所以，在允许外国人以"工业产权"作为出资方式投资的我国，如果缺少有效的版权保护，就会被认为"投资环境欠佳"。

那些应当受工业版权法保护的对象，如果在一个既无专门工业版权法又无版权法的国家，实际上只能受到极不完全的保护。例如，工业品外观设计，就其在工商领域作为产品的造型而被复制这一方面来说，它应受专利法的保护；就其作为某种艺术作品这一点来说，它又应受到版权法的保护。而且，由于专利保护要求具有"新颖性"，就使得只有很少一部分外观设计能够达到这个标准，而版权保护则仅仅要求"独立创作性"，所以大多数外观设计均能达到要求。

在那些已经进入"信息社会"的发达国家，版权与其他信息产权的关系显得更密切，在信息产权中的地位也显得更重要。美国国会"技术评价局"在其1986年向国会提交的一份报告中，把信息产业分为数据处理产业、数据提供产业、信息处理服务产业及知识产业四项。该报告认为，四项产业中的产品都存在版权保护问题①；版权保护问题解决得怎样，将直接影响信息产业乃至整个国家的技术进步。②

有些尚未进入"信息社会"，但极力要使本国实现现代化的发展中国家，也已较充分地认识到版权在知识产权与信息产权中的极端重要地位。印度虽然至今尚未参加为专利和商标提供国际保护的《保护工业产权巴黎公约》，但却早已参加了为版权提供国际保护的《保护文学和艺术作品伯尔尼公约》及《世界版权公约》。

如果对"一切信息的固定形式"缺乏有效的法律保护，一个国家将很难建立起自己的信息产业；即使建立了，也很难巩固和发展。涉足于社会科学的研究，如果对保护"一切信息的固定形式"的法律缺乏了解，甚至因预计版权法可能带来某些"副产品"就认为这种保护弊大于利，那么，所研究的"系统论"之类，就可能并不"系统"，而是残缺的理论；所研究的"信息论"之类，则更可能只是沙塔上的理论了。

---

① 参见OTA1986年报告《电子与信息时代的知识产权》，第10页、67页。
② 参见OTA1986年报告《电子与信息时代的知识产权》，第293—295页。

三、我国信息产权保护的现状及颁布版权法的必要性

1979 年 7 月，五届全国人大常委会第二次会议通过并颁布了《中华人民共和国刑法》。该法第 127 条规定：对侵犯他人注册商标专用权者，要追究刑事责任。这是我国法律首次承认注册商标权是一种专用权，从而使我国"知识产权"这种民事权利中的一项，依刑法而产生了。其后不久，我国相继颁布了商标法与专利法。对侵犯商标专用权的，除刑事制裁外，增加了行政处罚与民事赔偿。专利法则从一开始就为专利权提供了刑事、行政及民事保护。此外，专利法还对外观设计这种工业版权客体提供了一定的保护。1985 年我国颁布的《技术引进合同管理条例》及 1987 年颁布的《技术合同法》，都为"专门知识"提供了一定的保护。在此前后，我国文化部颁布的《书籍稿酬试行规定》等一系列有关稿酬的文件，对部分文学作品版权中的出版权、翻译权、上演权给予了有限的保护；广播电视部（即后来的广播电影电视部）在《录音录像制品管理暂行规定》等一系列文件中，对传播者权也给予了有限的保护。在《民法通则》中，则对专利权、商标权、版权、发现权及其他科技成果权的保护，作了原则性的规定。

至此，我国法律承认了信息产权中的大部分属于某种财产权，解决了智力创作成果在社会主义国家是否属于"商品"，是否可以转让（并从转让中获得经济收入）等问题。在《中华人民共和国继承法》中，专利权与版权甚至与生产资料、生活用品等有形财产一道，并列为可继承的遗产的组成部分。

把知识产权列入民法典中，是多数早有民法的发达国家都未曾做到的。以成文法保护"专门知识"在多数发达国家还仅仅在拟议之中。这些，说明我国在保护信息产权的某些方面，已经迈出相当大的步伐。

但我国以法律保护信息产权的差距仍旧是相当大的。这主要表现在以下两个方面。

第一，已有的法律有待进一步完善。例如，我国商标法只为商品商标提供注册保护，却不为服务商标提供保护。在"第三产业"日益发展的今天，服务商标专用权的地位显得越来越重要；缺乏对它的保护，不利于社会主

有计划的商品经济的发展。又如，保护"专门知识"的几部法律都不是专门的单行法，因此只能从原则上通过承认"专门知识"合同的合法性，予以间接的保护。这样的保护，肯定不能满足开发和利用专门技术信息的需要。

第二，我国缺少一部全面保护"一切信息的固定形式"的版权法。缺少版权法，而单靠商标法及专利法对商品信息与技术信息施加保护，是永远不可能完善的。这就是说，在没有版权法的情况下要完善工业产权法，是相当困难的。像外观设计这种客体如果只依靠专利法，必然得不到有效保护。因为专利法只能保护到外观设计中很小的一部分，对这很小的一部分又只能保护其一个侧面。在商标领域，也有同样的情形。

我国的《民法通则》从原则上保护了版权，又有一些行政法规补充了版权保护的细节。但这种保护是远远不够的。

首先，这些法律、法规并不能直接适用于对外国人版权的保护。由于我国没有实行版权注册制①，版权将从作品创作完成之日起自动产生。这种"自动产生"的权利，由于"地域性"的限制，只有作者具有权利产生国的国籍，或作品的首次发表行为发生在该国，才会有效。而绝大多数外国人的作品均不是首先在中国发表的，所以只有在中国参加了某个基本的版权公约之后，他们在外国首次发表的作品才会在中国享有版权。于是，许多技术引进合同中的"版权保留"条款都可能落空。无论首先在外国发表的专利说明书，还是外方提供的、从未发表过的"专门知识"资料，都不可能在中国享有版权。

其次，已有的版权保护原则，在解决国内发生的各种版权纠纷时，早已显得太不够用了。版权法是迄今为止一切信息产权法中最复杂的法律。版权的主体涉及单独作者、合作作者、双重版权人、自然版权人、法人版权人、非法人团体（在我国民法中不存在）版权人等。版权的客体涉及文学作品、口头作品、戏剧、音乐作品、艺术作品、实用美术作品、电影作品等。版权的权利内容涉及复制权、发行权、演绎权、表演权、展示权、朗诵权、追续权等。此外，在许多国家还承认作者享有某些精神权利。我国现有的版权诉

---

① 版权注册制指的是作品完成后或出版后，在版权管理机关申请注册，方能获得版权的制度。

讼已有许多案例涉及合作作者问题。但我国《民法通则》关于版权主体仅规定了"公民、法人享有著作权（版权）"。我国关于电影作品版权纠纷也已不止一例，但无论《民法通则》还是行政法规中都没有明确电影算"作品"还是"产品"，其作者享有的应是"作者权"还是"传播者权"。如果没有一部过细的专门的版权法来回答上述复杂的版权问题，《民法通则》中关于承认和保护版权的规定，就很难得到落实。

最后，对于信息产权中的计算机软件、数据、半导体芯片、民间文学，等等，我国都还不曾有任何专门法律去保护。如果有了版权法，至少可以对软件中的文档部分、数据中已经形成作品的部分、半导体芯片掩膜的设计图、民间文学中已形成作品或半成品的部分提供一定的保护，从而起到间接保护上述信息产权的作用。可见，版权法的出现不仅有助于已有的信息产权法的完善和更加有效，还有利于保护尚无法律保护的信息产权。不仅如此，版权法对某些其他客体的间接保护，有时会起到十分关键的作用。缺乏这种保护，对于发展我国信息产业是极为不利的。

在信息产业中，有一大部分为知识产业，包括教育、科研、通信（广播、报刊）等。这一部分全部涉及版权法保护的客体。而这一部分对整个国家和民族的人才开发、智力成果开发均有长远的重要意义。对它们缺乏有效的版权保护，会使人（及单位）轻创作而重复制、重引进、重翻译，甚至助长抄袭等公开侵夺他人精神成果的不良风气。

四、怎样建立我国的版权制度

在怎样建立版权制度的问题上，绝大多数社会主义国家都曾面临过两个难点：对内来讲，是如何对待工资作者及职务作品；对外来讲，是如何保护外国作品。可以说，至今大多数社会主义国家虽已建立起版权保护制度，但都未能很好地解决这两个难点。而我国在建立版权制度的过程中，却有可能较好地解决它们。因为我们坚持改革、开放。改革正是解决前一难点的途径，开放则是解决后一难点的基础。

"工资作者"及"职务作品"是社会主义制度下特有的概念。在资本主义国家，则称为"雇佣作者"与"雇佣作品"。雇佣作者创作出的作品，版权应归雇主还是归雇员（作者）？过去国际上的版权法学家曾依不同国家对这个问题的不同回答而归纳出了三种类型：①在英美法系国家及个别大陆法系国家（如荷兰），雇佣作者的作品版权基本上归雇主所有。在这点上，《美国版权法》最为典型。该法第 201 条规定：在雇佣状态下创作出的作品，应将雇主视为作者，由雇主享有全部版权。②在绝大多数大陆法系国家，只有作者才能是原始版权人，即作品创作完成后的版权人。雇主可以通过合同受让版权或被许可使用有关版权。法国、联邦德国版权法曾是这一类中的典型。③在苏联和东欧诸国，从原则上讲，作者（包括工资作者）在任何情况下都是作品完成后的版权人，但作者的单位却在某些情况下可以依法享有这种版权（或者说，行使保护这种版权的权利）。《匈牙利版权法》第 41 条及《苏联哈萨克加盟共和国民法典》第 481 条，都是实例。

但近年来新技术引起的各国版权法的变化，已使上述三种类型的界限不那么清晰了。例如，第二种类型中最具有代表性的法国，在 1985 年把计算机软件纳入版权法加以保护时，明文规定：在雇佣状态下创作的软件作品，版权归雇主所有。另外，第一种类型中的英国在 1988 年修订版权法时，则扩大了版权直接归作者的那部分雇佣作品的范围。雇佣作品的问题，即使在资本主义国家，也是公认的版权法中最复杂的问题之一。许多年前，西方版权法学者们就深感将作者的创作时间划分为"工作时间"和"业余时间"是多么困难，从而要分清某些作品是否属于雇佣作品是多么困难①。

我国的作者绝大多数是领国家工资的干部。但如果把他们都视为"工资作者"，把他们创作出的作品都视为"职务作品"，那么建筑在这种认识上的版权法，则只会阻碍文化与科技作品的创作，而不会起到鼓励创作的作用。原因很明白，我国现行的工资制度并不反映领取工资者的创作成果。

因此，必须建立适合我国改革需要的版权法律制度。

"法律要有稳定性"，这个原则对一些基本法律是适用的，但对信息产权法则可能不适用。在信息技术发展如此迅速的今天，保护信息产权的法律不

---

① 参见世界知识产权组织出版的《版权》杂志 1980 年 2 月，第 298 页。

可能在很长时间内不有所变动。频繁地修订知识产权法，在国际上已是很普遍的现象。否则，信息技术这种生产力，就必然与生产关系（或称"反映在法律中的财产权关系"）发生冲突。

所以，我国现阶段的版权法，必须分"两步走"。在不久的将来产生的第一部版权法中，虽然绝大多数作者是工资作者的这一事实仍旧未变，但职务作品（即版权归单位或单位可自由使用的那部分作品）的范围应尽量划得小，使大多数从事创作的人在工资保证其基本生活水平之外，还能通过行使版权取得对创作成果的报酬。例如，通过行使出版权而获得稿酬。这样，有创作能力又认真创作的人，与无创作能力但在其位，或有创作能力而不创作的人的收入就将会有所区别。但是，即使有创作能力又认真创作的人，他们的许多创作条件又仍是国家（通过单位）提供的。为使这部分人与不从事创作（不在其位）的人在收入上的差别不至于不合理得过大，就应当在版权法中尽量限制版权法的保护面，尽量限制权利项目，同时尽量扩大法律所允许的"合理使用"范围①。这里讲的"尽量"，是以符合国际惯例、符合有关版权公约的"最低要求"为限的。

在我国的工资改革基本完成、劳动合同制度在大多数单位已经建立之后，则应及时修改我国的版权法。在这个时候，工资作者可能已不存在，任何在单位从事的科技、文艺"创作"活动（而不是其他工作），都是通过委托合同、承包合同或其他合同来规定版权中经济利益的归属的。也许工资作者仍旧存在，而其"工资"已经同创作成果相适应。还可能工资作者的大多数作品都被当作"职务作品"来确定版权归属了，而那也是由劳动合同事先约定的。到了那时，版权法的保护面就可以增大了，权项也可以增多了。而如果我国先进技术（尤其是信息技术）的应用已经比较普及，则版权保护中"合理使用"的范围也将相对缩小。

版权法是涉及面极广的一个单行法，除涉及上述一切信息产权法外，还涉及继承法、民事诉讼法、公司法、刑法、税法以及合同法等。享有版权的

---

① "合理使用"一般指不需要经版权人许可，又无须付酬的使用。例如，仅为科研目的而复制有限的、他人享有版权的作品。

作品的发表（从而作者经济利益得以实现）则涉及许多行业领域，如印刷业、电影电视业、音像制品业、新闻业、广播业等。这就会相应地间接涉及许多行政管理法规。

与我国对外开放政策相联系的、在版权制度中保护外国作品的问题，也同样有个分"两步走"的解决方案。在对外开放的总形势下，保护信息产权和发展信息产业的版权法却要成为一部只保护国内作品的法律，显然是不可取的。但是，如果我们片面地追求版权保护的"现代化"和"高水平"，主张同时参加几个关于版权的国际公约或首先参加保护水平较高的《保护文学和艺术作品伯尔尼公约》，结果就可能给国家增加一些额外的经济负担，因而也是不可取的。而如果在版权国际保护和参加版权国际公约的问题上，也分为"两步走"，而且这两步与上述从国内改革进程考虑的两步基本协调，则可能更加符合我国当前的实际。

1886 年缔结的《保护文学和艺术作品伯尔尼公约》，对版权国际保护作了十分详细的规定。经过多次修订和增补，这个公约已经相当完善。公约中对版权的主体、客体、权利内容、权利限制、权利保护期、经济权利与精神权利的不同保护与行使，以及对国际保护中的国民待遇原则、版权独立性原则及自动保护原则，都作了具体规定。它是版权国际保护中第一个出现的、始终占重要地位的基本公约。

1952 年缔结的《世界版权公约》，对版权的主体、客体、权利内容等所作的规定都比较简单，而且并未涉及精神权利，在权利限制方面也仅仅对发展中国家的强制许可作了某些限制（实质上是对权利限制的限制）。这个公约为了照顾一些国家当时的"非自动保护原则"，规定了把"加注版权标记"作为保护前提。从多数国家的情况、特别是经济发达国家的情况看，《世界版权公约》是很难满足"有效地实行版权国际保护"这一要求的。而且，《世界版权公约》中较短的版权保护期（一般作品保护期为作者有生之年加死后 25 年）对中国将在国际上受保护的大部分作品并没有什么好处。在中国进入发达国家行列之前，它能出口的，因此需要获得国际保护的作品，大部分是文学艺术作品，而不是科技作品。文学艺术作品往往是时间越长越能体现出它们的价值，也越能被更多的人所需要。而科技作品，除少数基础理论作品外，大多数会随科技的飞速发展而很快失去实用性，从而失去市场。

正是从这些考虑出发，我国在颁布著作权法后，似乎应首先加入《伯尔尼公约》或同时加入《伯尔尼公约》与《世界版权公约》①。但是应该注意，虽然经济不发达国家可能在文学艺术作品上很发达，因此适于参加《伯尔尼公约》，但《伯尔尼公约》中的"追溯力条款"，却可能使这些国家本来就不发达的经济再加上一重沉重的负担。

《伯尔尼公约》第18条规定："本公约适用于在其生效之日、在来源国尚未因保护期满而进入公有领域的一切作品，直至作品保护期届满为止。"按照这一规定，一旦我国参加了《伯尔尼公约》，从而该公约在我国生效，我国就必须对原先在外国（作品来源国）已经发表的作品提供保护和支付版税。这将增加我国一大笔财政支出。

而《世界版权公约》对此却作了相反的规定。该公约第7条规定："本公约不适用于当公约在某个成员方生效之日，已永久进入该国公有领域的那些作品及作品中的权利。"依照这一规定，在我国参加《世界版权公约》之前，作品一旦在任何一个该公约成员方发表，对于我国来讲，它们就进入了公有领域。因为，版权的地域性特点决定了我国对其未承担保护义务的那些国家的作品，虽在其本国（或其本国所参加的公约范围内）是专有的，在我国却是公有的。这样，我国一旦参加《世界版权公约》，将只有义务保护那些在公约对我国生效之日后方才发表的外国作品。至于在生效之日前已发表的作品，过去已经在复制的，仍可继续复制；过去已经在翻译的，仍可继续翻译。我国没有义务为使用这些作品的版权而支付过去未曾支付的版税。由此可见，若参加《世界版权公约》，经济负担要小得多。同时，《世界版权公约》的成员方包括了所有的发达国家和一大部分发展中国家。若参加了这个公约，在改善我国投资环境、引进外国信息产权（包括专利与非专利技术）等方面的意义，与参加《伯尔尼公约》又是相同或近似的。

---

① 因为《伯尔尼公约》对成员方版权法的最低要求，实际上全部覆盖了《世界版权公约》的相应要求，所以先参加《伯尔尼公约》与同时参加两个公约，对一个国家版权制度本身的影响是一样的。只是参加两个公约，将比只能参加一个公约在国外受到的保护范围广一些。因为在《世界版权公约》成员方中，有20多个并不同时是《伯尔尼公约》成员方。

　　将来，当我国经济力量已相当可观，完全能够承受得起《伯尔尼公约》中的追溯力条款造成的负担，并且进一步扩大国际版权保护范围对于我国作品受到更广泛的保护也有必要时，可以再考虑参加《伯尔尼公约》的问题。在参加版权公约方面的这两步，同因国内改革进程而把版权保护分为两步的选择，将是互相适应的。《世界版权公约》较低的保护水平和较简单的版权权利内容，都十分适应我国第一步的版权法；高水平的《伯尔尼公约》则会适应改革基本完成后的我国第二步的版权法。

中国著作权法三十年（1990—2020）[*]

刘春田[**]

真理是时间之产物，而不是权威之产物。

——弗朗西斯·培根

行动十分缓慢的人只要始终循着正道前进，就可以比离开正道飞奔的人走在前面很多。

——笛卡儿

1990 年 9 月 7 日，第七届全国人民代表大会常务委员会第十五次会议通过《中华人民共和国著作权法》，次年实施，至今已经 30 年。这 30 年，中国实现了经济巨大的发展的同时，在著作权制度的保护与激励下，文学艺术、科学、技术、工商业设计、教育事业空前繁荣。与 30 年前相比，发生了跨越时代的变化。与此同时，发达国家已经完成了从传统工业时代到数字经济时代的过渡，美国、德国、日本等国的数字经济已经成为这些国家经济的主体。中国在基本完成工业化的同时，其技术紧跟时代，数字经济也占据了相当大的比重，并且形成了巨大的体量。中国的经济融入全球化的潮流，成为世界体系的重要组成部分，其变化的规模、速度和烈度，叹为观止。中国人民比以往任何时候都更接近现代国际社会。作为第二大经济体，中国的地位、作用和遍及世界的影响，已经是一个不容忽视的存在。这 30 年，发达国家以及

---

[*] 本文写作于 2020 年 11 月。

[**] 刘春田，中国人民大学教授、博士研究生导师、知识产权学院院长。兼任中国知识产权法学研究会会长、最高人民法院案件指导委员会委员、最高人民检察院专家委员会委员、国家知识产权专家委员会委员、中华商标协会副会长、中国文字著作权协会副主席。

诸多发展中国家完成了著作权法改革，国际组织也推出了数字化时代的著作权国际公约。中国著作权法在 2001 年和 2010 年，先后因加入 WTO 和接受 WTO 建议，先后做过两次小的修改。2020 年，极具历史意义的《民法典》颁布，划时代的在我国建立起私权体系的王国。《民法典》如同包纳百川的大海，为著作权法在内的知识产权制度体系找到了法律母体和精神家园，为它们的发展指出了方向，规定了框架，限定了路径。这是市场经济的胜利，是重建私权制度的伟大成果，是人民权利的胜利，也是中国融入世界的成就。在重建著作权法律体系 30 年之际，站在一个学者的立场，回顾这段历史，试图记录社会的变迁、制度的变革和利益的调整过程。本文认为，主导变迁和变革的始终是启蒙，是观念变革。归根结底，是 40 年前改革开放起步的"觉醒"之结果。"觉醒"就是启蒙，就是思想解放，转变观念。中国 40 年的一切转变，都是由观念决定的。但是，站在世界看中国，站在今天看未来，40 年的伟大成就主要还停留在"器物"层面，我们一脚踏进现代社会的门槛，但另一只脚还停留在传统社会。抚今追昔，体味皮名举"不读中国历史不知道中国的伟大，不读西洋历史不知道中国的落后"的百年名句，依然入木三分。回顾不同于怀旧，也不单是追述既往，而是旨在反思，是在新的经验、眼光、见识、社会环境和思想境界下，对历史的重述。它是一代人的心路历程，是 40 年改革开放的剪影。因此，反思既有价值，也有现实意义，温家宝曾提醒国人：改革开放，不进则退。毋庸置疑，和 40 年前一样，不改革开放依然是死路一条。因此，必须面对现实、凝聚共识、鼓足干劲、勠力前行。只有不断解放思想、持续启蒙、深化改革、扩大开放、才有中国的前途，才有中国人民的美好未来。

一、中国著作权制度的前世与今生

认识中国著作权制度的起源与历史，脱离不开有关中国历史。厘清相关问题，不仅可以帮助我们弄清事实，而且对树立科学的历史观和方法论，具有长远的意义。和其他回顾者一样，本文从个人的视角，试图选择印象较深的几个问题记述。

（一）著作权制度为什么没有最早出现在中国

中国是造纸术、活字印刷术等四大发明的故乡。在数字技术出现之前，造纸术、活字印刷术曾是近现代出版业的支柱。印刷之术，是世界级的伟大发明，它对知识的记录、保存、传播，对人类思想的解放、生产力的发展、文明的进步，居功至伟。宋代工匠毕昇大约在公元 1045 年前后发明了泥活字，标志着活字印刷技术的诞生。但这项发明却没有成为普遍的生产实践。同代人沈括的《梦溪笔谈》中对活字印刷技术的工艺有详细的描述。大约 400 年后，1440 年德国人约翰内斯·古登堡发明了近代意义上的活字印刷技术。活字印刷技术对科学革命的兴起、文艺复兴的勃发、思想启蒙的传播，甚至对推动欧洲宗教改革运动，都发生了重要的作用。例如，在美因茨古登堡博物馆，最古老的印刷物展品是 42 行圣经。在古登堡印刷术之前，圣经都是羊皮制作的手抄本，工艺繁复，成本高昂，宗教普通信众几乎不可能有直接阅读的机会，解释圣经就成为教士的"专利"。圣经出版物的发行，打破了教会对"圣经解释权"的垄断，从此信众可以通过圣经印刷物，直接面对他们心中的上帝。技术为宗教改革提供了重要条件。古登堡是否受到了中国活字技术的启蒙，不得而知，学术上也有争议，但是一先一后，相差 400 年之久，却是事实。学界认为，西方印刷技术很可能是从中国传入。但是，古登堡的技术更先进、更具实用价值、更容易被工业化，也是事实。在西方近代印刷技术进入中国以前，中国的石活字、胶泥活字、木活字、陶活字和铜活字印刷有零星的实践，却不是主流。直到 1840 年前后，香港、上海相继引进了近代西方的活字印刷技术，才开始建立现代出版产业。据有关记载，印刷术始于隋代的雕版，后行于唐，精于宋。雕版主要有铜雕版和木雕版，但是由于铜雕版技术复杂，成本高昂，只在少数官方印刷品和纸币上使用，例如，中国历史博物馆收藏的北宋"济南刘家功夫针铺""认门前白兔儿为记"文字和"玉兔捣药"的图像，就是铜版印刷的遗物。由于木版技术成本低廉，为满足大众对书籍的需求提供了经济条件，因而当时社会普遍使用木质雕版。唐宋社会的长期稳定繁荣，造就了大体量的经济和大规模的人口。隋代建立的科举制度经数百年发展，日臻完善，以科举为导向遍布全国的私塾教育体系，加上小说、诗歌、坊间小报、巫医乐师三教九流技术知识的传播，以及民间藏书、阅读的兴起，为出版产业提供了广泛的市场需求。宋代遍布全国的监刻、坊刻和家刻印刷，形成了发达的印刷业。精美绝伦、沿用今天的宋体字，就出自那个年代。众所周知，有交易就有市场，刻书销售就成了有利可图的行业，涌现出各种冠有字号的书商、书堂、书铺、经籍铺、书籍铺。有市场就有竞争，竞争就有正当与非分之别。有学者做过考据，文献记载，在彼此的竞争以及争讼中，大体出现过三种情况，一是印刷商人通过声明以及向各级地方府衙甚至上至国子监的官方登记，如在书籍上印有"禁止翻版公据"字样等，表达对其印制出版物利益的诉求。二是朝廷通过"禁擅镌"授予国子监出版特权，以及通过官方府衙的禁止盗版宣示，包括对盗印科考所用书籍、官衙文件粗制滥造的处罚。三是偶有作者表达创作艰辛，却得不到尊重的抱怨。

自 20 世纪 80 年代以来，有学者以上述宋代以来正野两史等记载为凭，据此提出，中国北宋时期就有了早期版权制度，执此论者以知识产权学者郑成思教授为代表。他认为，尽管历史上没有制定出成文式的法律保护版权（郑成思著作中均将著作权称作版权），但以禁令形式保护印刷出版者的情况，自宋代开始在 800 年中（除去明代曾一度中断外）一直存在。他并认为，宋代版权作为特权出现不久，一度作为民事权利，作为创作者的特权受到保护。哈佛大学安守廉教授不认同此说，他认为，在普通法国家和大陆法国家，限制未经许可而复制书籍的观念最初不是出于相信这类作品的内容构成其作者的财产，而是源自国王想要鼓励印刷者以使之不出版异端材料的欲求。然而，17 世纪、18 世纪，在英格兰和欧洲大陆，发展出这样一种观念，即作者、发明者和其他创新者对其创造物拥有受到法律保护而可与国家对抗的财产利益。越来越多的人开始相信，社会将因为鼓励这类人从事于这类工作和传播他们的成就而获得益处。而与之对应的东西并未在中华帝国出现。当时中国法律仍旧主要是根据如何才能最大限度地维护国家权威的考虑来管理这一领域。后来外国旨在促进版权法律的努力成为徒劳，更加反证了中国古代没有版权保护。[①] 认为郑成思把"帝

---

① ［美］安守廉：《知识产权还是思想控制：对中国古代法的文化透视》，梁治平译，载《中国知识产权评论》，商务印书馆 2002 年版，第 51—53 页。

国控制观念传播的努力"错误地当作版权来对待。郑成思坚持己见，对安守廉的观点作出了反驳。对此，安守廉没再做回应。此后，有学者对郑成思、安守廉讨论的问题做了后续研究，持论各异。

这个问题涉及技术、经济和法律，但更是一个历史真相，是个事实问题，因而是一个严肃的科学问题。首先，须明确，著作权作为私权，作为民事权利，是把对知识形态的文学艺术作品的支配力作为充分市场经济条件下可交易的对象的产物。这既需要必备的技术条件、资本条件、市场环境、政治条件，还需要与之匹配的财产观念和财产法律体系。其中，技术与资本是决定性的生产力要素，充分的市场经济是它的经济基础，资产阶级革命的胜利是它的政治条件。著作权制度始于英国并非偶然，而是因为它相继具备了该制度产生的技术、经济和政治条件。英国经历的从"国王向不特定的个别人颁发特许状"到"女王通过皇家'星法院'授予书籍出版业公会以概括性的特许状"的基于身份的特权模式，再到基于契约的民主的议会的"许可证法"，最后完成了到"版权法"的革命性的变革，典型印证了这一逻辑和和实践过程。它始自1483年英国引入活字印刷技术，最初放任印制生产活动，支持出版业的发展，鼓励图书进口。后于1556年，出于对出版秩序和"帝国控制观念的努力"，皇室通过《星法院法》取消了印制图书的自由，设立了钦定的"出版商公司"，垄断了图书出版业。此时的所谓出版权，实乃公权力授予的出版特权，其本质是一种受限制的私权，类似今天的行政许可而获得的行业垄断权。特许授权者事实上是王室，利益保护始于出版，出版商也只是经营人和受益人，不得处分该特权。在该出版权制度的视野中，没有顾及作者的地位和利益，与我们所讨论的"版权（著作权）"本质不同。现代意义上的版权或著作权是1709年安妮女王颁布的《为鼓励知识创作而授予作者及购买者就其已印刷成册的图书在一定时期内之权利的法》的产物。该法是1688年"光荣革命"的成果之一。此时，资产阶级革命胜利，资本主义生产方式已占据统治地位。王权式微，宪法至上。依据该法，版权不是基于出版时才发生，而是变为基于创作作品的事实而产生的权利。在版权关系中，作者居于核心地位，权利主体是作者，而非出版商。权利性质也由出版特权转变为可转让的私人财产权。这些，创造性地构建了现代著作权制度的基本框架，开人类保护著作权之先河。上述历史不独发生在英国，法国、德国、俄国著作权制度的发生史，也遵循上述逻辑。反观中国宋代，其主要以雕版技术支持的印刷技术和出版产业，当时的经济、法律条件，与古登堡的活字印刷技术支持的印刷产业，与欧洲的商业，以及民事法律的环境，都不在一个时代层次。官方各种有关规制印刷活动的记载说明，宋代没有出现过对出版产业的系统管理，也没有出现类似英国出版特权时期那样的"行业公会"式的，由"出版商公司"被授权管控的"出版权"概念，更没有条件出现充分市场经济下以作者为中心的"版权"或著作权观念。中国古代的法律观念素以义务为本位，是一个私权贫瘠的社会。版权是一个法律术语，是民事法律体系中的一个细胞，是版权制度的基因，它的生存环境和刻画效力有严格的时空条件，不可能脱离民事法律的肌体而遗世独立。但也有观点认为："不能认为在没有民法的时期或环境中，就不存在民事权利。依刑法或行政管理（控制）法规、法令、敕令等，在古代、在现代，都产生过并继续产生着一定的民事权利。"① 按照这种观点，私权作为财产关系，可以脱离私法而存在。依此逻辑，财物等于财产，财产就等于民事权利，就等于私权。以此推及，即便没有专利法、商标法，也有专利权、商标权。在没有著作权法律制度的情况下，只要作者能按照行政管理（控制）机构统一规定的标准获得稿费，就等于作者享有了民事权利的著作权。但事实与此相距甚远，例如，计划体制下，根据政府出版管理部门的文件，稿酬的性质被认为是国家对作者辛勤劳动的补偿、奖励。作品并非作者有权支配的对象。被动地获得稿费的作者，获酬多少，或者有无报酬，作者基本上没有话语权，因此不是著作权主体。对待历史，有一份证据说一分话。要把握一个时代的历史事件及社会关系的状况，如果脱离特定的历史环境，孤立地看待一个符号，甚至使用今天的话语工具解释同一符号背后远离千年的历史事实，都不可能得出客观的认识。因为，"我们作为自身而存在的时候不仅是我们自身而已。"② 真相藏在细节中。只有还原到事物存在当时的社会场景，找到历史细节，才有可能拼出事

---

① 郑成思：《知识产权论》（修订本），法律出版社 2001 年版，第 23 页。
② ［英］A. N. 怀特海：《科学与近代世界》，商务印书馆 2009 年版，第 25 页。

情的原貌。而"事务的细节只是为了要恢复它们的本来面目就必须放在整个事物的系统中一起观察。"① 众所周知，物质世界随同宇宙，与生俱来。而财物、财产作为文明的标志，是人类从脱离原始的状态时才产生的。但是，仅有交易和财产的土壤，没有主体自由、权利自治、契约自由、身份平等的种子，就不可能产生民法。众所周知，版权或著作权，是一种法律明确规定的绝对权利。而中国古代出版商对其出版利益的独占要求，以及官府对出版商诉求的个别支持，既不属于上升为绝对权利的版权，也不是根据约定产生的债权，充其量近似现代法意义上的"法益"，只具有个案效力，而不属于法律设定的有名权利，不具有普遍拘束力的制度意义。民法，无论单行法律，还是体系化的《民法典》，是民事权利的源泉和母体。"皮之不存，毛将焉附"。没有民法，民事权利就成为无源之水。无论我们怀有何种"情结"，都不得不承认，科学是一个面对事实真相的理性问题。无论科学、技术、经济，还是法律制度，都是自成体系，又相互联系、相互规定、相互制约、相互依存的系统。脱离千年前农耕社会整体落后的历史条件，脱离技术、经济、法律环境和文化背景，脱离作为民事权利载体的系统私权法律制度，单凭印刷业的繁盛，个体作坊出版商保护其利益的诉求，官方不系统地禁止翻印及盗版的敕令，甚或自古有之的创作艰辛，作者哀怨，以及官方的个案保护等史料为据，无法得出宋代就有"版权"这种赋权民事权利保护的结论。而且，用现代社会成文法上的"版权"概念，描述千年之前的事物，显得证据不足。因此，学术界用"版权"这个特定时代的法律术语描述宋代发生的事情，有待斟酌。已有证据还不足以支持著作权制度最先在中国发生的结论。这是个事实，而不是一个见仁见智的理论问题。

类似宋代是否产生过著作权制度的讨论，在历史领域不是一个孤立的现象。在一定意义上，反映了我国一些学者共同的历史心结。这与中国是否发生过"资本主义萌芽"（本文以下简称"萌芽论"）以及"李约瑟之问""钱学森之问"等诸多类似话题，异曲同工，不仅事关历史观和方法论，更具认识论意义。这对于法学乃至整个社会科学的研究都具有重要的价值。它还深

---

① ［英］A. N. 怀特海:《科学与近代世界》，商务印书馆 2009 年版，第 25 页。

深地影响到我国的国民心理。任何民族都有，也需要自信心。但是一个民族的自豪感和自信心，以及由此形成的强大的内心，不应当建立在任何虚幻的、莫须有的基础上。有关上述领域几个问题的成果汗牛充栋，尽管笔者是地道的"门外汉"，但有感而发，谈一孔之见。本文借用些篇幅，联系对"萌芽论"和"李约瑟之问"的见解借喻"宋代版权论"，不一定有道理。我们知道，"萌芽论"和"李约瑟之问"都发生在 20 世纪 30 年代。其中前者，有中国学者根据后马克思主义者关于人类历史五阶段的理论，试图找到中国的实践证实。据史家介绍，"萌芽论"延绵半个多世纪，有数度讨论高潮，发表过四五百篇论文，终无结论。最后，学者发现，不要说"萌芽"，就是什么是"资本主义"，也是各说各话，没弄清楚。于是有学者提出，"萌芽论"是个伪命题。看似学术的讨论，但很可能是一些人心中的资本主义"情结"。对比知识产权领域，"宋代版权说"难言不是一种"情结"。这与"李约瑟之问""钱学森之问"、中国改革开放 40 年实现工业化的原因，颇似一个问题。追根溯源，中国和西方的差距（与其说差距不如说"差异"）并非始于中世纪与近代交际，而是早在纪元之前就是沿着不同的道路发展的。导致二者发展线索不同的因素是多方面的，而决定因素是科学。历史上，自公元前 4000 年始，埃及以及两河流域的古巴比伦就产生了高度发达的文明。他们在数学、几何学、天文学、地理、建筑、法典等领域都有极高的成就。这些文明成果被希腊继承，与希腊哲学、罗马文化等融合，创造了以希腊哲学、基督教神学和罗马法学为基石的高度发达的古代西方文明。希腊罗马没落后，其文明经由伊斯兰文明继受得以保存。沉寂千年以后，再经文艺复兴所开辟的这场极富创造性的广泛持久的伟大运动得以发扬光大，催生了近代科学。从 16 世纪开始，和古希腊的科学一脉相承，一项项伟大的科学成就不断涌现。哥白尼、笛卡儿、培根、哈维、开普勒、伽利略、牛顿、莱布尼茨等科学巨匠就像接力赛参赛选手一样，接踵而至，发现了一系列自然法则，从宏观到微观，揭示了自然的本质及规律，奠定了近现代科学的基础，照亮了人类进步的道路。为以技术革命为核心的工业革命奠定了理论基础、发展逻辑和可持续的动力。多样性既是自然，也是人类社会的存在和发展规律。没有理由认为世界各地、各国的历史发展普遍遵循同一个线索，齐头并进。事实上它们各自展现出不同的发展道路。

发端于埃及和西亚两河的文明，很大程度上是取决于地缘因素沿地中海北岸西传至希腊，经与希腊哲学相结合被发扬光大，文艺复兴再造，工业革命延续至今的科学历程，呈现出西方绵延数千年独特的文化发展脉络。这种现象无论在非洲、南北美洲、大洋洲、印度、东亚，哪怕是欧洲东部，都没有发生。大约同一历史时期的中国，出现了辉煌的东方文明。中国先人创造了与西方的希腊哲学、基督教神学和罗马法学不同的独具特色的光辉灿烂的东方文化。先秦学术，百家争鸣，名目繁多，记载最详的《汉书·艺文志》认为最著名的"凡为十家，亦称九流（小说家不在九流之内）。一、儒家。二、道家。三、阴阳家。四、法家。五、名家。六、墨家。七、纵横家。八、杂家。九、农家。十、小说家。"而据《史记·太史公自序》述其父司马谈《论六家要指》则认为主流学术"凡六家：一、阴阳家。二、儒家。三、墨家。四、名家。五、法家。六、道德家。"① 但其中儒墨道法哲学占统治地位的思维文化，方法论主要是易经、阴阳说、古天象、中医理论等。梁启超指出："邓析、惠施、公孙龙等名家之言，然不过拨弄诡辩，非能持之有故，言之成理，而其后亦无继者"，并认为"无赴汤蹈火之实力，则不能传墨学"。② 蔡元培也认为，除"先秦唯墨子颇治科学"，虽在逻辑学和科学上有贡献，但没有形成追求自然科学的风气。科学需要上升到逻辑论证的高度，经验则停留在列举实例的层次。实践中，实例与时俱进，是变化的，形式具有多样性。逻辑论证则深入事物的根本，它把握的是变化形式中相对稳定的本质属性，或曰变化中不变的因素。中国古代有关自然的成果基本上是实例的，它们主要来自长期的生产与生活经验的积累，总体而言，大都属于经验技术范畴。技术发明无疑是伟大的。正如《技术的本质》作者布莱恩阿瑟所说："技术，是一个异常美丽的主题，它不动声色地创造了我们的财富，成就了经济的繁荣，改变了我们的存在方式。"中国四大发明对世界进步影响巨大，极大地改变了人

---

① 梁启超：《梁启超全集》，北京出版社1999年版，第二卷，第569页。
② 梁启超：《梁启超全集》，北京出版社1999年版，第二卷，第580页、584页。

和自然的关系，极大地解放了生产力，推进了人类文明的进程。但总体上看，由于中国历史上的技术体系欠缺系统理论支持，如"盲人摸象"，不得要津，不成体系。为区别"科学技术"，本文将这种情况称作"经验技术"。经验之间因欠缺理论联络，相互间是孤立的，技术进步的线索是从经验到经验。这些经验无法指导技术的持续进步，无法保障生产力和经济的持续发展。而一项技术是否先进，是否管用，创造了多少经济效益，和科学没有必然联系。自近代自然科学产生，并与技术进步结合之后，历次工业革命的历史表明，科学对技术进步的指导和技术对科学活动的支持，进而推动经济的发展，形成了一种稳定的互动秩序，它陈陈相因、延绵不断，成为颠扑不破的传统，成为规律。成为科学—技术—经济—文化，这样一种发展模式。科学引领人类走出蒙昧，从必然王国走向自由王国。理性目光如炬，如太阳般照亮了人类进步的道路。由此可见，中国从纪元开始，到十五六世纪大约 1500 年间的众多的技术发明还不是科学的产物。易言之，古代中国缺少科学。因此，可否这样说，500 年前的中国，并不存在被打断，并令人扼腕地失去了和西方同步发生近代科学革命的那个"科学传统"。史学家刘泽华认为，中国 2000 多年实行的是"王权专制主义"。毛泽东断言，中国"百代实行秦政治"。史家公认，中国是世界上唯一没有中断的文明。那么，500 年前的中国，不过是此前 1500 年技术、经济、政治和社会生活的继续。虽有世代交替，但不曾出现一个力量结束这个并不存在的"传统"，也没有出现新的、决定的因素为历史发展开辟一个新的方向。明清两代的中国社会，技术、经济、政治和社会结构没有变化。尤其清代，制度上没有出现对明代的反动。清统治者为了保障生产和传统经济关系，为了延续和复制明代的政治与社会生活，几乎全盘复制明文化，入关 3 年就恢复了包括科举在内的各类典章制度。中华文明是唯一没有发生中断的文明，也是史家共识。因此，把中国没有发生如西方的科学革命的原因，归咎于明清两代的君主专制政体和闭关自守的政策的说法，不符合事实。事实是，人类科学的源头不在中国。中国在科学上的落后，并非肇始于四五百年前的明代，而是自古没有发生。西方的科学复兴以及近代科学的勃兴，是由埃及、巴比伦和古希腊数学、几何学、物理学、天文学为源头，才有 16 世纪哥白尼的《天体运行论》、伽利略《关于托勒密与哥白尼两大世界体系的对话》、17 世纪牛顿的《自然哲学的数学原理》等科学巨著。中国没有科学传统，也没有外部的系统传入，不可能凭空发生科学。从这个意义上说，有理由怀疑"李约瑟之问"不是讨嫌误导，就是"逗你玩儿"的伪命题。众所周知，科学和技术是截然不同的两个概念。但在古代，"吾国向以学术二字相连属为一名辞"。"近世泰西学问大盛，学者始将学与术之分野，厘然画出"，并认识到："科学（英 Science，德 Wissenschaft）也者，以研索事物原因结果之关系为职志者也。事物之是非良否非所问，彼其所务者，则就一结果以探索其所由来，就一原因以推断其所究极而已。术（英 Art，德 Kunst）则反是，或有所欲焉者而欲致之，或有所恶者而欲避之，乃研究致之避之之策以何为适当，而利用科学上所发明之原理原则以施之于实际者也。由此言之，学者术之体，术者学之用，二者如辅车相依而不可离。"① 严复在《原富》的按语中指出的"盖学与术异。学者考自然之理，立必然之例。术者据已知之理，求可成之功。学主知，术主行"更是点睛之笔。早在李约瑟之前，中国学者任鸿隽 1915 年就在《科学》第 1 卷第 1 期撰文《说中国无科学之原因》指出，科学早在"周秦之间，尚有曙光"，但"秦汉以后，人心库梏于时学"，曙光也就熄灭。他还指出："要之科学之本质不在物质，而在方法"②，"不然，虽尽贩他人之所有，亦所谓邯郸学步，终身为人厮隶，安能有独立进步之日耶！"现代，中外知识界对科学、对技术虽没有统一的定义，但是对于二者是密切关联，却又本质区别的两个概念的认识，没有分歧，这是现代常识。按照《中国大百科全书》，科学是"运用范畴、定理、定律等形式反映现实世界的各种现象的本质、特性、关系和规律的知识体系。"③ 世界知识产权组织认为："技术是制造一种产品的系统知识。"任鸿隽是著名科学家，中国现代科学事业的主要开拓者和奠基人，断无可能出言混淆。何况，嗣后的科学一词还成为 1919 年"五四运动"的两大旗帜之一，说明中国人百年之前就将科学与技术分得清清楚楚。美国学者魏特夫 1931 年也曾著文《为何中国没有产生自然科学》。不知什么原因，"李约瑟之问"的出现，却弄得中国人混淆技术与科学，把一个不负责任的问题当作学术问题。

---

① 梁启超：《学与术》，载《梁启超全集》，北京出版社 1999 年版，第八卷，第 2351 页。
② 后人研究认为，任鸿隽的方法也包括认识和理论。
③ 《中国大百科全书》，第十二卷，中国大百科全书出版社 2009 年版，第 559 页。

例如，对宋应星的《天工开物》的评价，中外学者的评价反映出本质区别。宋应星历代书香，早年醉心科举，时运不济，五试不第，后有感于读书人四体不勤，五谷不分，遂放弃科举，立志实绩，走遍大江南北，远赴新疆等地，实地调查，做了大量的记载，簒集成书《天工开物》，详细记载、介绍和总结了130多项农业、手工业技术工艺，被誉为世界上第一部农业和手工业的综合性著作，于1637年（明崇祯十年）出版。该书被翻译成多种文字出版。著名法国汉学家儒莲（1797—1873年）称之为"技术百科全书"，还有外国学者称之为"中国17世纪的工艺百科全书"。而中国学者则称之为"中国古代综合性的科学技术著作"，"百度百科"则称之为"中国古代科学著作"。此例可见一斑，中国文化中习惯于忽视技术和科学的区别，"科""技"不分，统称"科技"，甚至学术界也如此，将中国技术历史称作"中国科技史"。反观国外学界，科学和技术的界限分明，例如，丹尼尔的名著《科学史》、牛津大学出版社七卷本《技术史》，就是分别描述世界科学和技术发展历史的鸿篇巨著。即便科学与技术合一的著作，也会科、技两造，泾渭分明。因此，是否可以这样说，是学界各种各样的"情结"或是"心结"，让我们忽视理性，致使我们把不曾有过古代西方科学源头那样一个特殊历史传统的中国古代辉煌的技术贡献，误为科学传统；把自先秦时代就出现，明代存续的财富与雇工现象当作资本主义；把宋代繁荣的雕版印刷业产生的各种孤立的禁止盗印措施当作著作权保护；把1949年以后的教育，未能如民国时期出现了众多学术大师的教育，简单地归结为忽视基础学科的教育；把改革开放40年实现工业化片面的归结为自力更生的成果，因而倨傲于中国只用了40年就走过了西方300年才走过的路。但是这一切都不符合事实，就连一向推崇中国成就的旅居新加坡学者郑永年都忍不住说：中国"经济成就重大，但技术层面，基本上还是西方技术的应用……"因此，如果国人不切实际地粉饰自信，用类似中国宋代就有版权保护的思维方式去认识自己和世界，用偶然因素导致500年前"中断"科学传统之类的思维方式陶醉自己，终将难以找到理性的发展道路。科学不仅是一种知识体系，还是一种价值观、世界观。中国与先进国家的技术差距，并非不在一条"起跑线"上，而是二者根本就不在一条"跑道"上。先进国家的技术进步，总体上说是由科学支撑的。这种技术体系，即本文所称的"科学技术"。我们现有的技术体系，更多的是来源于先进国家更领先的技术，我们所做的主要是循着现有技术的路径"追随""追赶"或"填补技术空白"。一言以蔽之，我们目中多见技术，少见科学。只关注核心技术，忽视基础科学。我们的技术进步主要源于复制现有技术，而少有基于没有先例的，由科学指导下的独自开发。科学理论是技术进步的保障，理论决定人的眼界和想象能力，而没有理论指导的技术发明是经验的产物。按照这一逻辑，没有理论指导的技术，应用范围就有限。有个不一定准确的流行说法可供参考，即旧时的中国，火药多用于烟花鞭炮，而西方，获得火药技术后，把它发展用于军事武器；罗盘在中国多用于占卜，而西方却用于航海。

（二）1910 年到 1949 年的中国著作权法

从 1910 年的《大清著作权律》到《中华人民共和国著作权法》，至今著作权制度在中国经过了 110 年的时间。追本溯源，其中从 1910 年到 1949 年，再从 1949 年到 1990 年的两段历史，共 80 年，大约各占一半，但跨越 3 个时代。其中后 40 年，并非前无所授，凭空而来，而是与前 40 年息息相关、藕断丝连。这是两个既迈不过去、又绕不开的门槛，应有交代。

1910 年 12 月，清政府颁布《大清著作权律》。其后，相继出现过北洋政府和国民政府版的《著作权法》。这几部法律虽然生不逢时，到 1949 年为止，命途多舛，无论空间，还是时间，都没有获得充分发挥其作用的经济、政治和社会条件。但其历史地位却无法抹杀，其实践经验，也值得研究。

中国著作权法的第一段历史，1910—1949 年。著作权制度从诞生到不惑。尤其引人思考的是，区区不足 40 年，岁月虽短，历史进程却高度浓缩，史无前例。在世界范围，破天荒地经历了两次世界大战，全球经济、政治格局被打破重构，人类历史进入新的纪元。被迫开放的中国，受世界大势的影响，历史转型，国家战乱，民族危亡，政权更替，都在这浓缩的几十年里发生。在短暂而精彩的历史中，社会急剧变迁，黎民多灾多难。在多元因素的挤压、磨砺、碰撞、激发下，经历了波澜壮阔的历史，涌现了一批批杰出的民族精英。各个领域出类拔萃的人才，多如夜色中的繁星。文化领域，群星闪耀，巨人辈出；学术领域，中西会通，大师云集；诗歌、小说、戏剧、电影等文学艺术成果繁荣辉煌，给后人留下丰富的历史遗产和文化营养。其中与出版业、与著作权制度息息相关的人物，俯拾即是，如严复、蔡元培、胡适之、鲁迅、郁达夫、林纾、马连良、梅兰芳等一大批跨越时代的思想家、文化人的生活，当代人依然耳熟能详。像林纾，后半生就主要是仰仗著作权制度，靠翻译欧美文学作品赚取版税维持生计。京剧大师们 20 世纪 20—30 年代灌制唱片留下的绝唱，迷恋者经久不衰，于今为世人倾倒。这段中国历史，多难而精彩，短暂而辉煌，有太多的东西值得后世专门研究。其中，很多民族精英的人和事跨越时代，又极大地左右了中国 70 余年的经济、文化与政治生活。前后社会有"割不断，理还乱"，休戚与共，血肉相连的关系。谈著作权法，我们之所以推崇《大清著作权律》，一是它的开创性，二是它的生命力。台湾地区所谓的"著作权法"直到 20 世纪 80 年代中期以前，仍承袭《大清著作权律》的基本格局。回想 30 多年前，在起草著作权法的过程中，凡遇相关问题，常把目光投向《大清著作权律》，投向台湾地区所谓的"著作权法"。大家对《大清著作权律》的感受尤深。谈到立法者的见识、眼界与能力，无论立法技术、架构设计、逻辑安排、言简意赅，都堪称典范。提起《大清著作权律》，大家对这部出自晚清名臣，20 世纪大法学家沈家本、伍廷芳之手的中国著作权法的开山之作，交口称赞。虽然，著作权律落笔时的大清帝国已经风雨飘摇，如被压下最后一根稻草前的骆驼，仍以"洪荒"之力，在被迫改良中与革命赛跑。透过 55 条言简意宏的法律文本可以看到，中国士大夫高居庙堂，"为生民立命，为万世开太平"的那种专业性、开放性、时代性和鞠躬尽瘁的敬业精神，堪为后世之表。以至于中华人民共和国著作权法起草小组核心成员沈仁干先生，每以与沈家本为本家为荣。我对《大清著作权律》也有一段感受，80 年代，在著作权法起草中，曾带学生几次到位于故宫午门外西侧的第一历史档案馆（明清档案馆）查阅与《大清著作权律》有关的资料，记忆尤深。那时，档案馆访客不多，工作人员一边打听我们的来历，好奇现代立法，还有人还关注这些"古董"，称从未有人来查阅这方面的档案。她们一边找出珍贵的资料，小心翼翼地叮嘱："这是清朝老物件儿，既是档案，也是文物，因为没钱做成胶片，也没条件复印，只好拿出原件，请务必小心。"回想起来，这段经历对我最大的教益是，敬畏真相。真相是认识的起点，凡事靠证据说话。以往的笼统说法是，《大清著作权律》未及实施，就随着清朝的覆灭而成为一纸空文。这种说法至少有两点不符合事实，其一，以著作权登记制度为例，依《大清著作权律》第 2 条之规定："凡著作物，归民政部注册给照。"当时，我们蹑手蹑脚地摆弄那些近百年前的王朝档案，犹如回到晚清。我们惊喜地看到，一册册上好宣纸印制的著作权登记簿，大量记载商务印书馆等出版的原著、译著书籍目录，清晰的墨迹，历历在目。清室亲王领衔主管著作权登记事务。登记簿上，娟秀的小楷和工整的官房印章跃然纸上。这说明，《大清著作权律》在清朝并非一纸空文，而是有过确切实施的实践。其二，辛亥革命后，根据中华民国大总统于 1912 年 3 月命令通告，《大清著作权律》"暂行援用"，生效期被延长至 1915 年。1915 年，北洋政府在此法基础上制定了《北洋政府著作权法》。后来的国民政府及台湾地区所谓的"著作权法"，半个多世纪沿用《大清著作权律》的基本框架，足见《大清著作权律》的生命力。相信，认真研究这段与中国著作权法律制度与实践有关的历史，有助于填补国人思想和文化的空白。

（三）著作权制度休眠的 30 年

著作权法的第二阶段，1949—1990 年。在中华人民共和国成立前夕，1949 年 2 月 22 日，中共中央发出《关于废除国民党（六法全书）和确定解放区司法原则的指示》的中央文件，废除了国民政府遗留下来的旧法律、旧国号、旧典章。随着废除《六法全书》，著作权制度一同被废除。从此，著作权法作为一项主要面向知识分子的私权制度，在中国进入了漫长的 40 年休眠期。

中华人民共和国成立以后，特别是前 30 年，由于经济制度的变化，知识分子政策的反复，认识上的偏差等基础性大环境的影响，著作权制度从残留到虚无，几近休眠。

中华人民共和国成立初期，国家重视和保障作者的利益，并通过政府文件加以保障。1950 年全国第一次出版工作会议《关于改进和发展出版工作的决议》（本文以下简称《决议》）中指出："出版业应尊重著作权及出版权，不得有翻版、抄袭、窜改等行为。"还规定："稿酬办法应在兼顾著作家、读者及出版家三方面利益原则下与著作家协商决定。尊重著作家的权益，原则上不应采取卖绝著作权的办法。"《决议》是重要的政策宣示，有丰富的内涵，第一，在没有法律依据的情况下，表达了国家尊重创作者利益的基本立场。第二，承认市场经济的存在及其合法性，尊重协商和妥协的商业精神。第三，承认作者作为利益主体的地位，尊重利益主体在处分其财产行为上的"意思自治"原则。第四，尊重市场交易原则，尊重权益主体之间的契约自由。第五，在著作权法缺位的情况下，为保障作者的根本利益，防止其利益遭受侵害，确定了禁止著作权卖断的原则。这个《决议》是国民经济恢复时期和过渡时期解决作者权益问题的基础文件，具有重要的历史地位。1953年，出版总署《关于纠正任意翻印图书现象的规定》指出"一切机关团体不得擅自翻印出版社出版的图书图片以尊重版权"，可以说是《决议》思想的继续。但是，这些措施是站在政府对出版管理的角度，提及的对作者利益的关照，是一种临时性的行政承诺。它说明，国家承认作者的利益的存在，但这里所说的情况，与私权性质的著作权制度是完全不同的概念。尽管文件使用了"著作权"一词，但它显然不是遇到侵害时可以通过司法寻求救济的私权利。作者根据这类行政决定所获得的利益或财产，属于法益，尚不构成有名赋权的民事权利。

不可否认，在中国，著作权制度的状况和知识分子地位息息相关。而这30 年，国家的知识分子政策先后出现了偏差。1950 年，毛泽东在党的七届三中全会上提出了"团结、教育、改造"的知识分子政策。1956 年中共中央在《关于知识分子问题的报告》中，认定"绝大多数知识分子已经是工人阶级的一部分"，并提出"向科学进军"的口号。同年 4 月，毛泽东提出了"百花齐放、百家争鸣"的发展科学、繁荣文艺的方针，并在《关于正确处理人民内部矛盾的问题》中作出了进一步阐述，调动了知识分子的积极性。但是，1957 年"反右"斗争以后，大多数知识分子被划归为资产阶级，对他们实行以改造为主的政策，知识分子的命运发生了重大的转折。其中反应之一就是稿酬一再降低。例如，20 世纪 50 年代初，人民文学出版社曾出版《鲁迅全集》，全书 500 万—600 万字，付给许广平和周海婴稿酬 34 万余元。有阅历的北京人都知道，五六十年代的北京，3000 元人民币在上好地段可以买到一所相当不错的四合院。1957 年后，情况发生了很大变化。其中，根本原因是在发展方向、基本经济政策和相应的理论上出现了系统性偏差。全盘公有制和计划经济铲除了商品生产和市场，创作者失去了市场环境下原有的经济法律地位，理论上混淆了体力劳动以及劳动和创造的区别，制度上抹杀社会成员个体的正当利益，思想上"斗私批修"，政治上视私权为非法，把社会发展和国家建设推向了一条非理性的道路。这条道路走到极端，就是"文化大革命"。这在 1971 年 8 月 13 日经毛泽东圈阅，中共中央批准发布的《全国教育工作会议纪要》中，得到证实。该纪要认为，"文化大革命前的 17 年教育战线是资产阶级专了无产阶级的政""知识分子的大多数，世界观基本上是资产阶级的"，是资产阶级知识分子。这两个结论被称作当时对知识分子问题的"两个估计"。"两个估计"如同紧箍咒，成为禁锢中国数百万知识分子的枷锁。"文化大革命"10 年，连象征"著作权"残迹的稿酬制度也被取消，无论是文学艺术作品还是书籍报刊作品，所有作品的报酬全部清零。

二、《中华人民共和国著作权法》的孕育与诞生

改革开放，是全民族的一次伟大"觉醒"，根本的转变是思想、观念、理论、政策等系统的拨乱反正，从而使国家建设走入正轨。其中，在知识分子问题上，中共中央否定了"两个估计"，公开宣布废除"团结、教育、改造"的旧政策，重申知识分子是工人阶级的一部分。实行"尊重知识、尊重人才"为核心的新知识分子政策。从此，随着中国发展走入正轨，为重建著作权制度提供了契机。

1979 年邓小平访美，以 1 月 31 日签订的《中美科技合作协定》为契机，中国打开了通向外部世界的大门。被废除 30 年之久的著作权法律得以重建，开始了漫长的著作权法的孕育与诞生时期，到 1990 年制度落成时，中华人民共和国成立已过 41 年。我曾参加一段著作权法的起草工作，有记忆，也有些

思考。

1986 年秋，我出席了国务院法制局《中华人民共和国版权法（讨论稿）》组织的专家意见会。会后，时任教科文卫司的贾明如处长特意留下我和郑成思教授一起用晚餐。席间，他提出，版权法起草小组要加强民法学者的力量，你是壮劳力，希望能参加版权法的起草，并说这是郑老师的提议。郑老师微微一笑，颔首认可。我提出，参会的某教授是民法名宿，也是郑老师学长，年富力强，可共襄此举。贾明如笑而未答。后来大家熟悉了，他告诉我，你这个人比较尖刻，但我们还能接受，和你相比，某教授更直接，你俩人一起，就不好处了。其后，在国务院机关开会，时任法制局副局长黄曙海约我到他的办公室，再次表达邀我参加著作权法的起草工作的想法。这样，就有谢怀栻、郭寿康、郑成思和我，共 4 位法学家参加了该法的起草工作。值得一提的是它的工作模式：法律的起草组织了在不同部门、专业的专家同时参与，国家版权局、教育部、广电部、文化部、中国文联、作协等相关部委、国务院法制局、全国人大教科文卫委员会、全国人大常委会法制工作委员会，都有派员参与。这给后面的工作带来极大方便。由于大家提前参与，所以在介入立法工作以后，无论是在完善，还是在审议过程中，沟通和解释起来都很方便。

著作权法的起草和审议通过，从 1979 年至 1990 年，历时 11 年，跨越了中国改革开放历史上最为激荡人心的 10 年。其间，既有城乡经济体制的改革，也有财产制度变革。更重要的是，伴随上述变迁，十多亿名中国人被压抑已久的对自由、财富、公平、正义和安全的渴望，如洋流海啸，大潮涌动。这些渴望逐步转化为对私权法治的诉求。推动这个转化的关键，是思想的解放和观念的更新。著作权法起草和审议的 11 年，是这一过程的真实写照。著作权法通过后我在接受《新闻出版报》记者吴海民采访时形容说：著作权法起草很像一场足球比赛，从思想观念、法治理念、立法宗旨、法律原则、保护对象、制度安排、利益取舍、权利构成、权能范围、财产界限、规范叙述、条文表达、术语修辞，甚至法律的称谓，每一寸草皮上都曾发生过激烈而反复的争论和拼抢，表面上是起草法律，实则反映了这段移风易俗，脱胎换骨的思想解放历史。35 年后的今天，回顾当年的是非原委，仍然历历在目，于我不仅有重要的现实意义、反思价值，更是一场深刻的再学习。

（1）著作权法的时代性。顾名思义，著作权法属于私权立法。但是，它的基本属性和社会功能会受到时代的影响和限制。作为法的灵魂、基因、血统，既为法的起草和审议过程始终考量，也润物无声地浸润在法的全部制度文本中。

著作权法从起草到完成所处的阶段，中国都处于落后的农业社会，是全球经济循环之外的封闭国家，还处于计划经济时期。同时，又处于剧烈变革中。著作权法颁布不久，就正式开始建设市场经济。在理论上，把著作权制度作为落实知识分子政策和按劳分配原则的法律保障。可见，全盘公有制、计划经济、经济落后和社会封闭，是1990年之前中国的基本国情，是著作权法的立法基础。计划经济时代产生的民事法律，决定了著作权法的时代特征和基本属性。认识和理解上述事实，是准确地把握著作权法的精髓，充分有效地适用著作权法的前提。

（2）著作权立法克服的障碍。站在今天，回顾既往，建立著作权制度无可置疑。但回望历史，会有不同的认知。记忆中，有3件事曾影响法律的命运和进程：一件是听闻，两件是亲历。

第一件事，克服建立著作权制度的认知障碍。1979年中美进行了《中美贸易协定》谈判，该协定关系中国经济发展的方向，是当时中美关系的基础和中国通往国际社会的主要渠道。谈判中，美方坚持必须设置知识产权条款，双方需承诺相互保护著作权、专利权、商标权等知识产权。要保护外国的著作权，首先得在建立国内法律。其时，由于封闭已久，要否制定著作权法，举棋不定。中央领导责成文化部出版局调研，弄清版权制度并评估实施该制度对中国经济的影响，作为决策参考。应急而生的版权研究小组，给出了一个大体的概念，按照当时估算，每年约需几亿美元购买国际版权。那个年代，全国的外汇储备，也只有区区两位数，几个亿，几乎是天文数字。但出于改革大势，也为奠定《中美贸易协定》大局，中央迅速决定建立版权制度。这个研究小组，就成了著作权法起草的最初班底。

第二件事，是"光华出版社"的挡驾。光华出版社源自龙门书局，如今是科学出版社的副牌。龙门书局由著名出版家严幼芝于1930年在上海创立，当时，他有感于外文图书资料匮乏，制约了大学教育，于是发明了化学制版翻印技术，专门为大学学生翻印外文教材、辅导及学生课外读物，给家境贫寒的学生极大的帮助，在龙门书局的帮助下，很多当年龙门书局的读者成为蜚声中外的大科学家。20 世纪 60 年代初，以龙门为基础组建了不挂牌的"光华出版社"，隶属于国家科委下属的中国图书进出口公司，仍操旧业。多数人不知道光华出版社，但是对"外文书店"中的"机关服务部"印象深刻。当时书店另辟空间，门外标示"内部服务，外宾止步"。我们上大学时经常"出入其门"，国外的学术名著、科技期刊，港台的专业书刊，理工农医文法商管，包罗万象，琳琅满目，应有尽有。民国时期李宜琛、史尚宽、杜玉波等前辈法学著作，可全套淘到。最令人叫绝的是，出版社厚道，书价多在一两元之间，一本五六百页的精装书，也就 2.5 元。不赚读书人的钱，在知识界有好口碑。这种情况，鉴于当时法制基础相对薄弱，又非公开发行，则得过且过。但是，如若实行著作权制度，光华出版社就得关门。于是就有了后面的故事。1987 年 8 月，由国家科委牵头，包括国家教委、中科院、中国科协四部门联合向国务院提交《关于制定版权法的意见的报告》，提出若实行版权制度，对外国科技期刊和书籍的影印机制将难以为继，要保持现有对国外书刊使用规模，若购买原版书刊，每年需 6 亿美元，否则，会严重影响科学研究和高等教育，建议暂缓制定版权法。众多各学科一言九鼎的头牌科学家、学部委员也纷纷具名附议，其中不少人还是人大常委会委员，有立法发言权。这突如其来的情况，如同给著作权法的起草工作浇了一盆冷水，旋即停下，陷入僵局。只好由版权局出面，向各路"诸侯"耐心普法、掰着指头算账，还专门组团外访欧美考察，最后的结论是，如果按当时情况实施著作权制度，每年只需外汇 300 万美元。但是，待重启法律的起草时，已经是一年多以后的翌年年末。

第三件事，是著作权法第 4 条的取舍与斟酌。1989 年 12 月，国务院向全国人大常委会提交《中华人民共和国著作权法（草案）》，请求审议。适逢当时特殊的政治气氛，常委会部分成员批评著作权法草案不讲政治，并且增设了著名的"第四条"，条文的最初表述政治色彩十分浓厚。有的委员提出，如果没有这个条文，宁可不让该法通过。起草小组认为，个别委员混淆了私权法律与行政法律的区别。民事法律只规范私权关系，无权关注作品内容的价值取向，那是公法的任务。私法、公法素有分工，是"铁路警察，各管一段"，因而不同意接受第 4 条。但对于立法而言，如果久拖不决，很可能被搁置，那将是无法挽回的损失。值得庆幸的是，时有全国人大法律委员会副主任宋汝棼和国家版权局宋木文局长高瞻远瞩，他们多方斡旋、反复磋商，以"大行不顾细谨，大礼不辞小让"的务实态度，推动法律得以通过。事实证明，法治是可预期的。有意思的是，中国法律工作者没做到的事，18 年以后，WTO 仲裁机构做到了，仲裁组认定中国《著作权法》第 4 条违反 WTO 的 TRIPS，要求修改。中国政府顺势接受了裁决，立法机构 2010 年对该条做了修改。

（3）著作权法的性质与功能。不可否认，中国知识产权理论最大的困扰之一，是主流经济学迄今无法解释含著作权在内知识产权的合理性、正当性，理论落后于知识产权的制度建设与经济实践，并制约着制度建设与经济实践。以"稿酬"与"版税"为例，二者都是就作品付费，但却是性质、来路不同的钱财。"稿酬"是按作品字数付费，原则是按劳取酬。虽按著作品级，或是作者资格，稿酬有等级区别，但遵循的是简单、复杂劳动的划分标准。虽然作者与出版机构之间没有工作隶属关系，但二者所反映的还是计划经济中出版机构和作者之间的关系，创作被视同劳动，二者是按照劳动关系的性质所建立起来的按劳付酬关系。"稿酬"通常被认为属于劳动所得。书籍若印量大，出版者也会酌情施以薄奖，但与使用情况不成比例。因此，"稿酬"与著作权体系无关。而作者就"版税"获酬，反映的却是商品关系，是以出版机构为中介的作者和读者之间的交易关系。创作行为是独立的，创作成果是私权的对象。作者有独立的法律地位，依法对其作品享有支配权，作者和作品使用者是交易双方，是平等主体。"版税"是与著作权相匹配概念，是作品使用权的市场价格，价格是不同选项下协商的结果，作者获酬高低取决于作品使用权的多寡、被市场接受的情况和著作权的保护期长短，包括作品被直接使用、演绎使用情况。例如，《哈利·波特》不仅在英国一再加印，而且被翻译成多种文字的出版物在各国复制发行，还以电影、电视剧、动漫、戏剧、游戏、连环画、服装设计、雕塑、玩具、主题公园等方式被商业性使用。这些都是作者罗琳的"版税"来源。仰仗"版税"制度，罗琳凭着《哈利·波特》从一个"下岗女士"变成亿万富人。迪士尼凭着"米老鼠与唐老鸭"，支撑起一个遍及全球的娱乐产业。可见，"稿酬"和"版税"截然不同，一个是计划经济下的劳动关系，钱财的性质是劳动报酬；另一个是市场经济下的商品关系，是市场交易的对价财产。一直以来，主流经济学认为，劳动是财产价值的唯一来源。实践中，生硬地套用劳动价值理论，把创作归类为可以创造较高价值的复杂劳动。但是，究其本质，劳动的核心是一种技术，不存在没有技术含量的劳动，技术的繁简程度是划分简单劳动和复杂劳动的主要标准。但劳动终究是劳动，简单和复杂之间是相对的，无论逻辑，还是实践，无论码头搬运工，还是火箭工程师，其行为的经济本质是一样的，都是劳动。既然复杂劳动是简单劳动的倍加，具可比性，说明二者同质。就技术含量而言，二者是从"1"到"N"的变化，是量的扩张。众所周知，技术是已知的知识，劳动是已知技术的实践，是重复行为。不管多么复杂的劳动技能和知识，都是可以再现、训练、传承和扩散的。劳动本质上是保守的，劳动的最高境界就是循规蹈矩，一丝不苟。中国自进入农业社会，2000—3000年中从未停止过劳动，但因少有创新，导致生产力历千年而停滞不前。近代以降，西方超越了中国，使社会财富成几何数级的增长。究其原因，同是劳动的结果，但是不同技术主导的劳动的方式和质量发生了转变。农业时代和工业时代相比，付出同样的劳动，却收获数量大大不同的财产。可见，劳动是个历史的、文明的概念，不同时代的劳动呈现出不同的面貌。而决定劳动的变化的，不是劳动本身，却是技术。技术是创造的成果。创造是从"0"到"1"的转变，是"飞跃"，是质变。创造是脑洞顿开，瞬间发生的事，无法复制。创造成果是前无所授，独一无二的。创造就是创造，没有简单与复杂之分，创造不单和劳动没有可比性，不同的创造活动，不同的创造成果之间也不具有可比性。车床操控和填词谱曲，《离骚》和《哈利·波特》，《红楼梦》和《蓝色的多瑙河》，谁和谁都不可比。屈原之外，任他"倍加"多少次方的复杂劳动，乍现多少回"灵光"，也写不出《离骚》。独一无二，就是创造的价值所在。因此，劳动无论简单复杂，都是对现实的重复。重复的本质是循规蹈矩，只有量变和停滞，重复不带来进步。重复只有当下，没有未来。反之，创造是不拘一格的突破，它带来新的生活方式，它推动技术、经济、社会进步，创造否定今天，缔造人类未来。面对变幻莫测的创造实践，劳动价值理论的解释限度，穷其所技，无能为力。理论界也曾提出"创造性劳动"概念，试图纾解难题。但事实上，创造和劳动誓同冰炭、互不兼容。事实上，人类创造财富的活动方式是多元的，除了劳动，交易、娱乐、运动、对话、休闲、经营、流通、存储、创造，甚至消费等，有太多的活动可以创造财富。把所有创造价值，生产财富的活动一律压缩桎梏在劳动的概念中，既不符合实际，又为自己设置了思想牢笼。为突破困局，本文作者提出"创造"的观点，全面分析"创造"和"劳动"的区别与联系，提出"创造"决定"劳动"，是"劳动"的主宰。"创造"观点认为，"创造"不是发明，而是一个发现。劳动和创造是不同的人类活动是客观事实，两种行为在财产生产中有不同的作用。一个是量变，另一个是质变。用坐标说明，劳动是横坐标，创造是纵坐标。劳动在财产生产中是横向水平发展，在一定劳动方式支配下，劳动只能水平扩张，永远是量变，在技术水平制约下，同样劳动付出只能生产既定数量的财产。创造旨在技术更新，改变劳动方式，提高生产效率，它的扩张是垂直扩张，可以在等量劳动付出情况下，生产出多得多的财产。可见，新的劳动方式对旧的方式是"飞跃"，是质变。"在每一个顺序相承的文化阶段中，人所掌握的物品将随着生活方式所依靠的技术的增加而增加。因此，财产的发展当与发明和发现的进步并驾齐驱。"① 可见，人类正是凭借创造，从棍棒到石器，在漫长的岁月里，通过质变不断地提高生产力，发展到今天。以"创造"说为工具，解释市场经济下知识产权的合理性、正当性，相比"劳动"说，更具说服力。我们在教育部委托编写的教材中，也尝试运用"创造"说解释知识产权，以期引发深入的研究。当然，一切理论都是假说。有关"创造"的观点，是在"劳动"论无解的情况下的一种探索，一个猜想，是试图寻求事物真相的努力，是一个假说。"创造"说能否成立，还要受到理性的检验。这是一种学术探索，不

---

① ［美］路易斯·亨利·摩尔根：《古代社会》，中央编译出版社 2007 年版，"第四编观念财产的发展"。

涉及好恶，无关萝卜白菜，没有价值判断，只为追求真相。但是，这种探索也遇到批评和阻力。有观点认为，"创造"说背离了传统，违背了劳动价值经典学说。本文认为，批评者的局限，关键在于对价值、对财产概念认知的局限与误解。科学的任务是认识与描述客观真相。作为学术的对象，是一个学习、继承、批判、扬弃的过程，也是不断批判和背离传统，接近事实真相的过程。现代经济学认为，任何可以占有、使用、支配、交易的好处、利益都属于财产。因此，财产本质同一，亘古不变。财产来源和形态却与时俱进、包罗万象、无可穷尽。名望、权力、天生丽质、风度、气质、修养甚至性格，都可以成为财产。因此，什么是财产，是个事实问题，只需揭示真相，不必设坛论辩。如果囿于劳动价值理论，坚持只有劳动的产品才蕴含价值，才是财产，即便无解，也不准寻求思想，就把思想关进了牢笼，封闭了研究的空间，堵死了解题的出路。真相与理论无关，真相无可背离。"创造"的观点能否成立，要看它是否为事实，而不在于人的好恶。劳动理论无力解释生动活泼、日新月异的创造活动实践。当然，也影响到著作权法的研究。按照法律理论，著作权法的性质取决于创作及其成果的性质，取决于作品在转化为财产的过程中所发生的社会关系的性质。市场经济社会，创作者是独立的个体，基于作品的著作权属于私权，权利人和第三人之间是市场行为，是平等主体间的交易关系。但在全盘公有制和计划体制下，植入原本属于市场经济的私权制度，又要坚持劳动理论，是个无解的难题。"文化大革命"结束后，知识分子恢复其工人阶级一部分的政治地位，知识分子成为劳动者。劳动历来至高无上，于是技术发明、艺术创作等活动顺理成章的归于劳动。按照劳动理论，著作权法相当于劳动法，是落实知识分子政策、实现按劳分配制度的法律保障。"文化大革命"结束后的很长一段时期，经济学和民法学界也是持上述观点。按这个模式，如前所述，创作者和出版社之间是劳动关系，"稿酬"是按劳动所得。全盘公有制下，作家都是劳动者，普遍在体制内有一份工作，拿"工资"，辅以统一"稿酬"制度，这就是绝大多数作者在计划体制下的生活场景。当下，实行市场经济和多元财产制度。作家、艺人独立于体制之外，没有人发工资，作品、表演，版税制反映的是作者和使用者之间就作品的特定利用方式形成的商品关系。市场选择，待价而沽。

这种模式，创作者的财产收入与完成作品所需技能的复杂或简单程度无关，也与所投入的时间、精力、体力无关。在这种情况下，创作成果所得，全凭市场"裁断"。一件作品，即便艺术水平再高，若读者不认，只能是门可罗雀；一件作品，即便艺术水平不那么高，哪怕信手涂鸦，只要消费者认可，大众追捧，照样市场走红，洛阳纸贵。面对这个现实，有必要与时俱进，做出新的回答。我们应当向经典作家学习，他们的思想是有生命的，是发展的。其理论的核心价值，就在于昭示后人不断进取，不断揭示真理。

（4）关于邻接权。对邻接权，现行著作权法既有理论争议，也有制度硬伤。借助修法机会，重新设计是个提升的良机。自起草开始，对邻接权本质的认识和取舍，至今仍争议不断。邻接权是技术进步的产物，原意是指与著作权相邻、相近或者相联系的权利。法律上是专指对表演艺术家对其表演、录音制品的制作人对其录音制品和广播电视组织对其制作的广播电视节目所拥有的权利的称谓。《伯尔尼公约》很多成员把上述几种情况看作是作品的传播行为。有学者认为，传播人"是文学创作的辅助者，因为表演者决定作品音乐作品和戏剧作品的命运，录音企业使稍纵即逝的印象长存，广播组织消除了距离的障碍。"① "罗马公约"是保护邻接权的专门的国际条约。中国著作权法要否采用邻接权制度，意见不一。法律是理性的产物，立法作为技术，应当遵循科学和理性原则。如何对待邻接权，要考虑的基本问题是：

其一，事实。艺术表演、录音制品制作、广播电视节目制作，按创作的最低要求，都是对既有作品所做的"演绎"，该行为是利用与原作不同的表现手段、材料、资源所做出的新的组合与配置。可见，"演绎"的实质是再创作，所形成的结果，既是源于原作，又是与原作不同的全新的艺术形式。

其二，逻辑。著作权法，顾名思义，是为创作行为及其成果而设定的权利。据此，在著作权法中，不应当为"非创作"行为和成果安排地位。所谓"邻接权"主体，事实上其行为与成果和著作权中的翻译、改编等本质相同，都是"演绎"行为。同为"演绎"成果，却法律"身份"不同，不合逻辑。

---

① 转引自［法］克洛德·科隆贝：《世界各国著作权和邻接权的基本原则》，上海外语教育出版社 1995 年版，第 121 页。

把邻接权主体归为"传播者"殊为不妥。"传播",顾名思义,是对作品原封不动,只改变其物理空间的行为。传播者则在本质上没有追加创作活动,和串街走巷的报刊送递员没有区别。把"再创作者"错当成"传播者",是张冠李戴,与事实不符。此外,在著作权法中安排"传播者"的地位,违反该法律的逻辑。

其三,对邻接权制度的质疑。问题来自实践。"邻接权"制度把艺术表演、创作录音制品和广播电台电视台等媒体的创作当成传播,打入另册,不符合事实,违反逻辑,也给实践造成困扰。如翻译。林纾,虽不谙外文,但和严复并称为近代两大翻译家。他学富五车,单凭读者说出书中大意,便落笔成章,可"日书四千",一生中有150多种译作传世,他翻译的《茶花女》,脍炙人口,温婉动人。甫一出版,便名动文坛,文人骚客,一睹为快。被誉为"可怜一曲茶花女,荡尽支那浪子肠"。当代傅雷也以译作传世,他的翻译登峰"信、达、雅",被奉为经典。再如表演,在有剧本的情况下,是将原为文学的艺术形式转变为舞台艺术形式的创作行为。剧本和表演,前后无论材料、要素、资源、配置、表达,二者不可同日而语,是全然不同的艺术形态。以京剧论,马连良、梅兰芳的表演,迥异他人。那各自的韵味,不同的魅力,跨越时空,于今令人陶然。像《借东风》《贵妃醉酒》,剧本与表演相比,人们只知道马连良、梅兰芳,除去专业研究者,有谁知道这两个剧本的作者。另如唱片制作。我们长期误解唱片制作,以为不过机械加工而已。我因《一无所有》唱片法律问题,才粗知唱片制作是要求很高的创作活动。集词曲作者和表演者于一身的崔健对表演要求出奇的严格,稍有不满,就推倒重来,经常累得精疲力竭,也不迁就。一盘《一无所有》磁带,反反复复,录了无数次,做了近一年,仍觉不满。唱片制作人郑小于(解放军军歌作者郑律成之女)女士十分钦佩崔健对艺术的执着,但也痛苦至极。她向我诉苦,很多时候她觉得崔健表演得很好,自己也竭尽全力,已经做到最好,但崔健稍有不如意处,一定推倒重来。据郑女士介绍,录音制作是一项艰深而复杂的创作,录音师是用录音设备创作的作者。录音师的技术、知识结构是基础,主要是他们对艺术的理解。不同录音师水平的高下之分,形同云泥。每年大量的唱片出品,但能称得上大师作品的,屈指可数。唱片制作过程是对表演的再创作，制作精良的唱片是对演唱的质的提升。唱片和表演之间，也是既有关系，又全然不同的两个作品。实践中，没有哪位歌唱家可以达到他（她）的唱片所显示的效果。越是大牌的歌唱家，越明白其中的道理，越是对唱片制作人恭敬有加。这些话，揭示了唱片制作的基本道理。同样，广播电视组织的行为，如"春晚""NBA 赛事转播"等，林林总总，和艺术表演、唱片制作是同一个逻辑。因此，和与原作的关系相比，艺术表演、唱片制作、广播电视组织对其作品的再创作程度，并不亚于翻译、改编。伯尔尼体系、邻接权国际公约，用邻接权概念莫名其妙地禁锢了很多人的思维，影响了不少国家的著作权立法。当初，谢怀栻老师对这个问题做过认真研究，他认为区分著作权、邻接权意义不大，主张参照美国的做法，不做区分。他提出，立法应当打破著作权、邻接权界限，这样既免去法官在法律适用上的烦琐，符合技术的效率原则，还可以节省资源，免得学者们点灯熬油，再费尽心力地研究著作权和邻接权的区别这种问题。可惜谢老师的建议未被采纳。如果说，法律区分著作权和邻接权属于认识局限，那么，在著作权法中赋予图书出版者以邻接权主体地位，并规定其对出版发行的图书享有专有出版权，算得上是双重"硬伤"。

这个做法，不合逻辑。当初虽有反对意见，但被认为是中国著作权法的特色被写入。对此，我们一直持批评态度，认为："与艺术表演人、录音制品制作人和广播电视组织对作品的演绎创作不同，出版者的编辑、复制、发行他人作品的行为，对原作品的内容与形式不具有任何新的创作。享有邻接权的原因，是从事了演绎创作，从而使原作品获得了新的表现形式。但是，作为出版者，没有创作结果，对作品的形式的完成没有做出贡献，却被置于同演绎创作者同等的法律地位。我国著作权法这一特色，大有讨论的余地。"著作权是原始权利，由法律规定赋予。而出版者的权利系继受权利，是根据合同依授权获得，"出版合同既是著作权人授权出版者复制发行其作品的许可证书，又是保护出版者的利益，排除第三人非法侵害的法律保证"。① 后来

---

① 刘春田主编：全国高等学校法学专业核心课程教材《知识产权法》，高等教育出版社、北京大学出版社 2003 年版，第 101 页。

迫于批评，虽然著作权法在修改中把法定的专有出版权改为约定的专有出版权，但法中保留出版者地位，仍是明显的"硬伤"。

关于邻接权，在本次修订的著作权法审议稿中依然存在。尤其图书出版社的地位，俨然上宾。30年前错铸的思想牢笼，还束缚着修法工作。前几天，知识产权专家裘安曼先生语出惊人，有很到位的分析，他认为，"版权和邻接权的区分毫无逻辑可言，都使用前已存在的作品，都追加了自己的智力贡献，为什么有的可以，有的不可以构成作品？为什么最具直观的个人特征的表演（真正的演绎）不能构成作品？绝大部分所谓的'作品'，涉及的智力投入远不如所谓的'邻接权客体'。"他进一步指出，版权"从只保护'正统'图书的专印，到不可思议的阿猫阿狗和花样翻新的使用全部进来。'邻接'就是邻居，后搬来的，没赶上头拨儿，但并不矮人一头。'邻接权保护不损及版权保护'是傲慢的废话，受版权保护的'作品'大部分是利用了之前的作品（想想翻译和电影），同样有不损及他人版权的问题。"因此他提出："30年前照搬国外情有可原，30年后该自己动动脑子了。"

（5）法律的名称之争。著作权法从起草到审议，名称采"版权法"还是"著作权法"，是争论最热烈问题之一，直到立法审议表决之前，决策者还举棋不定。甚至在尘埃落定后多年，2001年修正著作权法，法律委员会那仍出现改《著作权法》为"版权法"的提案，且几乎被常委会接受。这个问题既有理论意义，也涉及方法，有讨论价值。1988年之前的起草工作一直称"版权法草稿"，但是也一直存在争论。执"版权法"论者的主要理由是，"版权"是出版业之子，反映的是复制之权，作者的利益就源自复制。英国是知识产权制度的故乡，"版权"一词源自英国，也是英美及世界上很多国家的普遍称谓。称"版权"不单省字，叫起来上口，还便于和国际接轨。"著作权法"论者的理由是，其一，中国古代历史上虽有"本""版""著作"等术语，但并无"版权""著作权"概念。作为法律用语，二者均来自日本语。按照汉语词意，"版"，为复制行为，和出版联系密切。由此，"版权"最容易被理解为出版商的权利。而"著作"，既可以作动词，解为著书立说，也可以被理解为名词，作品。"著作权"顾名思义，一目了然是表示源于作者，或者是基于作品的权利，公众不会误解。其二，按逻辑，"版权"的发生是基于"复制"，不"版"无权。权利主体顺理成章地很容易被理解为出版社。历史上有大量把"版权"作为出版商权利的案例，且至今不绝。而"著作权"的发生是基于作品，作者是作品的天经地义的主人，作品甫一完成，权利自动产生，和"版"不"版"无关。其三，"版权"是一个封闭的概念。"版"涵盖的是一种封闭的行为，使主体的权利始于复制，但又故步自封，止于复制。随着技术进步，对作品之利用，早已超越了"版"的范畴，成为一个可因应技术革命持续发展的、开放的、日益复杂的系统行为之树。"著作权"乃"版权"的上位概念，它把住源头，让权利主体归于创作者，又让作品的利用不限于"版"，形成一个面向未来的开放的概念。例如，改编、翻译、表演、录音录像、广播电视网络等方式对作品的演绎行为，都是对作品的使用，都不属于"版"行为。因此，无论技术如何进步，"著作权"都可以水涨船高，始终居于权利之束的顶端，开枝散叶，操控对作品的任何已有或未来可能发生的新的支配权利。其四，尊重历史。中国自《大清著作权律》始，中华民国临时政府、北洋政府、国民政府、中华人民共和国成立后的法律文件，正式名称一直是"著作权法"或"著作权"，已经形成中国近百年的传统。《民法通则》虽出现"版权"，也只是"著作权"后面括号里的"副牌"别称。中国自有著作权制度以来，从无"版权法"的法律称谓。因此，不应当偏正倒置。起草小组中，两种意见，各执一词。郑成思在《法制日报》刊文，主张用"版权法"，主张融入国际主流。我则投书《光明日报》，文章题目"我国保护作者权利的法律还是称著作权法为好"，主张尊重事实、尊重法律、尊重历史传统。事实上，清末立法时，保护艺术作品作者权利的法律是称版权，还是称著作权，二者是有所比较、有所斟酌、有所取舍的，决计采用"著作权"术语，并非懵懵懂懂的结果。20世纪80年代查资料不容易，著作权翻译家刘波林先生找出清末译著《版权考》和秦瑞玠1914年著《大清著作权律释义》供立法参考。秦瑞玠早年留学日本，入法政大学专攻法律学，后为国民政府高官，曾为第一任国民政府商标局局长，学养精深、著述丰富。秦瑞玠的《大清著作权律释义》影响深远。该书专门对法律名称之所以弃"版权"而用"著作权"作了令人信服的解读："有法律不称为版权律，而名之曰著作权律者，盖版权多为特许，且所保护者在出版，而不及于出版物创作人；又多指书籍图画，而不足以赅雕刻、模型等美术物，故自以著作权名之适当也。"1988年，经反复讨论，贾明如、何山和我等人建议，将印发征求意见的一稿"版权法（草稿）"改为"著作权法（草稿）"，沈仁干、郑成思则表示担忧。起草小组组长刘呆成竹在胸，他表示，可以试一试，不行还可以再改回来。于是，经国务院领导同意后，以"著作权法"之名的草稿印发。出人意料，文化艺术、科技、社会科学、教育等社会各界反响之广泛、之热烈，超乎预想。他们精神为之一振，为国家制定保护作者权利的法律兴奋不已，纷纷建言。与用"版权法（草案）"为名时的社会反响，恍若隔世。用"版权法"时，人们浑然不觉，想当然以为那是出版界的事，改成"著作权法（草稿）"后，则引起知识界的普遍关注。两种称谓，也还是出了不少笑话。1990年年初，法律审议阶段，全国人大法律委员会、教科文卫委员会等四机构就著作权法问题，联合召开讨论会。会议期间有位高教社的老先生和我相邻，一开始就讨论法律的名称，我对两个名称详细做了解释，他非常认可。9天后会议结束，告别时他认真地说，我非常赞成"著作权"的叫法，称"版权"是不对的，那是出版社的权利。另一件事，记忆尤深，常委会简报上，刊出了一位胡姓著名委员的发言，他表示，对著作权法提交审议，作者权利获得保护十分高兴，并强调指出，前一段听说也在起草"版权法"，建议抓紧和"著作权法"一起审议、一起通过。在我的记忆中，一次意外地交谈，可能起了重要作用。1990年年初，在西直门宾馆开会，遇江平老师，他说，我正要找你呢。他告诉我，汉斌同志刚找过他。他学着王汉斌的语气说，"著作权法的名称一直定不下来，法律委员会的主任和一位副主任都主张叫'版权法'，但他们都是老干部，你这个副主任才是真正的专家。我请教你，你说该叫什么法，咱就叫什么法"。江平老师很慎重，回答说，我虽然攻民法专业，但是研究知识产权法较少，我去做点调查研究，再回复你。江老师要我介绍争论情况，也谈谈自己的观点。听完我的汇报，江老师说："情况清楚了，我知道该怎么回复汉斌同志了。"我想，江平老师的意见，应当对"著作权法"的名称起了重要作用。后来，由于不同意见的强烈坚持，还是在法律附则中出现了"本法所称的著作权和版权系同义语"的第52条条文。30年来，不断有"版权""著作权"术语的研究成果问世，其中周林、王兰萍、李明山、叶新等学者整理国故，潜心研究，揭示了"版权"和"著作权"概念的起源和历史变迁。最近，李琛教授根据现有史料和文献，澄清谬误，为两个概念的源流梳理出一条清晰的脉络。① 2001 年变更"版权法"名称的努力未果，但还是将第 52 条变成了现行法第 57 条的"本法所称的著作权即版权"。"一法二称"的安排，尽管如此，在实践中引发的概念混淆事例比比皆是。本文不谈所闻，只举亲历。第一件事，2000 年，董希文的油画《开国大典》未经权利人许可被大量复制为高档纪念品。作者的女儿，旅居法国的董一莎女士找我咨询。她说，制造商称其已获得中国革命博物馆的授权。她请了北京一位律师同去该博物馆交涉，博物馆负责人很客气地接待她，并表示，油画原件被博物馆收藏，所有权属于国家。另外，画作还有"著作权"，也有"版权"，"著作权"属于董老，有权在复制件上署名，但"版权"属于博物馆，言外之意，是指财产权属于博物馆。随行的律师频频点头，竟也认同此说。第二件事，早些年，国家版权局编制《中国版权年鉴》，座谈会上，我建议和法律一致，取名《中国著作权年鉴》。年鉴主编立刻认真地向我解释说，"刘老师您可能不懂，给您解释一下，'著作权'和'版权'是两个不同的概念……"第三件事，2019 年，某中医院让我帮他们审查合同，他们请一家影视公司制作专题片，医院方面提出片子的著作权属于自己，影视公司慨然应允，却在起草的合同文本中载明著作权属于医院，版权属于该影视公司。

　　"著作权法"的名称之争跨越世纪，"一法二称"及其带来的纷扰更是我国法律独有。我们从事知识产权法教学，无论在教材中，还是在课堂上，都不得不花费时间解释"版权"和"著作权"的关系，颇似制造问题，自寻烦恼。今年适逢著作权法修改，审议稿对现行法多有修订，但"一法二称"问题却安之若素，无人问津。权利和法律称谓，作为基础的、骨干的概念，是法律的基本要素，既是思维工具、判断工具，也是裁判工具，尤其它涉及利益，需要确切、统一，避免歧义。"版权"一词，至今不能免予被误解。而"著作权"一词，通俗易懂。追根溯源，"版权"一词于 19 世纪 70 年代首次

---

　　① 李琛：《为何是"著作权"》，载《中国版权》2020 年第 3 期。

出现在日本，据说是福泽谕吉根据英文"copyright"直译而来。1899年，日本为了加入伯尔尼公约，修改法律，将法律名称改为"著作权法"。此后，其正式法律中"版权"一词彻底消失，再未自寻烦恼的使用"版权"和"著作权"两个名称。进而统一了社会生活话语符号，免去了诸多混乱。本文认为，退一步，如果执意用"版权"，就索性改为"版权法"，但不必再"一法两称"，免得法律名称也成为一个学问。

（6）著作权法与私权观念。著作权的制度重建以及30年的社会实践中，思想解放、转变观念，尤其是私权观念的重建与进步，是国人最大的收获之一，具有划时代的意义。而私权制度建设的里程碑式的成果是2020年颁布的《中华人民共和国民法典》。私权观念主要表现在权利主体观念、财产观念和私权自治观念。著作权法亦集中的体现了这些观念。

首先，著作权制度促进权利主体观念的转变。主体，是指人在社会、国家的经济生活中的地位。主体意识是个体独立的表征，是私权的基础，私权事务都是基于主体进行的。私权观念欠缺，则主体观念必然缺位，在我国历时两千多年的王权专制统治，以及与之相匹配的思想、文化、风俗、习惯，形成一个稳定而近乎固化的不平等的身份社会。君主有至高无上的权力，从《诗经·小雅·北山》中西周的"溥天之下，莫非王土，率土之滨，莫非王臣"，到以"三纲五常"为代表的宗法制度，从封建社会到王权专制社会，只有"纲常"身份关系，从来没有主体和私权观念。《礼记·典礼》云："父母在，不敢有其身，不敢私其财。"《礼记·内侧》有云："子妇无私货，无私蓄。"秦汉以后，在儒家思想影响下，君主对臣子，甚至父亲对其子女有生杀之权，遑论财产予夺。"基于法律和政治制度的密不可分，在集权、专制的封建等级、特权社会，私权利与政治权力便也紧密联系在一起……在受传统礼治思想、儒家学说的影响产生的专制政治体制下，即使存在所谓的私有财产制度，存在着契约交易规则，这些权利也都是不稳定、不可预期的。可以说，古代中国法从来就没有承认过纯粹的私人所有权以及契约自由。"①

---

① 马晓莉：《近代中国著作权立法的困境与抉择》，华中科技大学出版社2011年版，第47—48页。

甚至晚清改良派，试图建立近代民事法律制度，但《大清民律草案》的亲属、继承编中，还有明文规定"家政统摄于家长"。这种"不讲平等，无视个人，不知权利为何物，只看身份，没有自由合意，所有这些都与近代社会，近代法律的基本原则相悖。"① 直到进入现代历史，社会传统观念并没有因时代变迁而彻底改变。尽管自 1954 年开始，迄今几部《宪法》文本都作出"中华人民共和国的一切权力属于人民"的法律规定和"以人为本"的政治宣示，但现代个人主体观念仍未完全树立起来。实际生活往往"新瓶装旧酒"。落后的观念在我们的干部、国民当中变相而顽强地生存。例如，1985年的电影导演署名权诉讼案，原本由两位导演联合制作的电影《金陵之夜》，其中一位导演因无法落实的"个人问题"，在公映的电影片头的演职人员名单中被抹去了署名。当事人不服，当时的广电部主管官员的答复是，导演署名就是"光荣榜"，作为本厂职工，安排你做导演，是电影厂的行政行为，署谁的名字，怎么署名，署不署名，是电影厂的权力。如何署名与导演行为无关。说到底，在经济生活中，并不承认劳动者、创作者因劳动成果、创造成果而有权基于该成果而享有独立的主体地位。案件引起著作权法起草工作的关注，1988 年在中国人民大学组织论证，著名法学家佟柔、谢怀栻、王家福、江平、郑立等和电影理论专家与会，时任北京市高级人民法院民事审判庭副庭长宿迟先生也参会。促成了著作权法草案在电影作品的权利配置中，增加了导演拥有"署名权"的规定。再如，1986 年的一次会议，讨论了职务作品著作权问题，鉴于作家、学者、教师普遍拿工资，出书又另有稿费，如何处理是个难题。我建议考虑赋予作者以权利主体地位，通过与所在机构签订协议，订立合同解决他们就职务作品发生的著作权关系问题。国家版权局一位老干部，俄文翻译家李奇十分不解，他激动地说："国家培养了我们，我们是国家的人，现在却要我们站出来和国家谈买卖，讨价还价签合同，这不是卖身契吗？这是让大家回到旧社会，这是典型的资产阶级自由化。"不难理解，这种说法，归根结底是因为社会对正在发生的社会转变没有思想准

---

① 梁治平、齐海滨等：《新波斯人信札——变化中的法观念》，贵州人民出版社 1988 年版，第117 页。

备，无法接受个体、机构和政府在民事领域享有平等法律地位，反映了"中国传统法观念的主旋律是义务，无任何权利的音符。"① 30 多年前的中国社会，全盘公有制，一切都交给了国家，私权失去土壤。"斗私批修"以及类似"毫不利己破私念，专门利人公在肩"样板戏式的流行观念盛行，人们天然地认为，个体没有自主权利，个人属于国家，不属于自己。仅有"螺丝钉"情结，紧跟"义务"习惯，欠缺主体意识，接受不了契约观念。可喜的是，在市场经济体制下，尤其著作权制度，全面、综合地反映了作为私权制度的主体地位和多种利益关系，触发人们重新思考个人、社会、国家的关系。现代社会，人民是根，是本，是国家的基础。法治的功能在于合理地设计个体人、社会和国家的关系，建立起长治久安的理性秩序。立法者的任务在于把上述观念转变成体系化的制度。今天，改革开放进入新时代，中国公众以权利义务关系的法律思维，重塑个人主体地位的观念正在渐渐形成。《民法典》就是个体权利观念的集大成的果实。归根结底，这是私权的胜利、常识的胜利，也是时代的进步。

其次，著作权制度推动财产观念的转变。财产是主体地位的基础，没有财产保障，主体的人格、社会、政治等地位就是空谈。伴随著作权法的孕育和诞生，也唤醒了创造者的财产意识，促进了社会财产观念的转变。财产把人类带进了文明社会，并成为文明社会的基础。财产是一个历史范畴，是一个内涵如一，外延日益丰富的事物。财产是一种制度，也是伴随科学发现和技术进步不断发展的观念。任何社会都需要某种形式的财产制度，无论中外，自古而然。在财产、财产制度、财产观念的发生发展历史中，财产制度和观念，如"器物"和"理念"，相互影响、日臻完善。中国和西方的财产制度和财产观念的历史大相径庭。在西方，自希腊起柏拉图和亚里士多德师生也对财产有不同的态度。柏拉图的《理想国》认为金钱与美德水火不容；亚里士多德则认为，财产制度是无法消灭的，并且最终是一种积极的力量。此后从古代、中世纪到近现代2500多年中，探索与争论从未间断，产生过极其丰

① 梁治平、齐海滨等：《新波斯人信札——变化中的法观念》，贵州人民出版社1988年版，第131页。

富的各种理论。2000 年前《罗马法》建立了极为发达的财产制度和理论。近代《法国民法典》《德国民法典》成为私权制度的大成。《罗马法》《法国民法典》《德国民法典》的财产偏重于有体物。现代以来，财产范围则与时俱进，不单财产制度发达，成为个体生存、社会稳定，国家发展的平衡重器，财产观念也成为个人和社会价值观的核心。例如，1950 年的《欧洲人权公约》第一议定书指出："每一个自然人或法人均有权平等的享有其财产。"现代财产的范围十分广泛，按照欧洲判例，所谓财产，不但适用于货物、土地，也含知识产权、货币和可以称作"可货币化的权利"，总之，在发达社会，财产可以是一切有价值、可交易的资源。在中国，古代的财产、契约实践相当发达，也不乏对财产的重视，像《孟子·梁惠王上》中"若民，则无恒产，固无恒产。苟无恒心，放辟邪侈，无不为己。"对财产安全的重视屡见一般，《商君书·定分》中"名分不定，势乱之道也""名分已定，贪盗不取"等耳熟能详的论说历朝历代不胜枚举。但是私权阙如，和西方财产的内涵大相径庭，民法学者彭诚信将这种情况称作"观念权利"的缺失。按照政治思想史学家刘泽华教授的"王权主义"历史观，从晚周封建社会到秦以后中央集权的王权专制社会，延绵 2500 多年，以皇权为代表的公权力至上是突出特征。古代西方的所谓皇帝，不过是"第一公民"，无权凌驾于法律之上。与西方传统不同，王在法上，公权力是财产分配的决定因素。以政治权力，而非理性的经济活动分配财产，是任性，而非理性；是特权，而非法权。特权主宰的财产秩序具有随意性、隐蔽性、不确定性、不公开性、不平等性。由于财产取自"超经济"的力量，没有法律保障，不能通过司法寻求救济。威权之下，财产欲取欲夺，全凭当权者的主观好恶。恩威并重，意在造成主奴关系和等级观念，营造臣民对皇权的崇拜、敬畏、膜拜与忠诚。形成公权力崇拜的官本位和"食君之禄，死君之命""学成文武艺，贷予帝王家"的文化传统。近代以降，这种财产观念远远落后于西方。财产，就实质而言，自它产生，从古到今，有始终如一的内涵，是一种可以使用某种对象（如物、行为、知识、声望、交易机会等）或从该事务的使用中取得利益的权利。古来圣贤对财产从来褒贬不一。但财产制度仍"不以己悲"，长盛不衰。亚里士多德认为，财产是表现人的本质，激励和实现人的潜能的手段。启蒙思想家认为，财产是自由的前提。洛克更是用劳动观点阐明财产的正当性："财产制度的主要功能是作为一种社会所需要的劳动的刺激物。它的基础是个体对自身劳动潜能的占有当中，每个个体都在他的劳动中拥有财产权。每个人的劳动都排他性地属于他自身。这两条假定之中就引申出排他性财产权观念。由于他的劳动只属于他自身，它所掺加入劳动对象中的物也就属于他所有。"这种理论也为今天的中国社会接受，并用来解释知识财产制度："加强知识产权保护。这是完善产权保护制度最重要的内容，也是提高中国经济竞争力最大的激励。"① 中国在计划经济时期，虽然世界进入现代社会，但中国公众的财产观念依然落后。不同的政治理想产生不同的财产观念，并建立相应的财产制度。在生产资料全盘公有制下，个体不允许拥有生产资料。国家本位，《宪法》单方面强调国家财产神圣不可侵犯，国家包揽一切，全能政府，无限政府，公权力决定一切利益的分配。个体只是实现经济计划的基层单位，工资或"工分"以及林林总总的各类票证构成个人财产的一切。国民生老病死、婚丧嫁娶，咸自公权。个体利益主张，上不了台面。著作权和专利等知识产权制度的出现，让中国人开始进入一个理性、法治的新世界。在这个世界，个体生命是一切权利的逻辑起点，是财产权的前提。现代社会，人只属于自己，个体拥有对自己人身，包括创造物质和精神产品的劳动力和创造力的所有权。因此，个体对穷其生命之力劳动和创造的事物，应当拥有毋庸置疑的支配权。艺术和技术来自人的精神世界，作品和发明是个体创造之物。基于作品和技术而产生的利益，天然地应当属于创造者，这既是自然的逻辑、经济的逻辑，也是法律的逻辑。但是，计划经济下，绝大多数创作者被纳入"体制"，有没有作品、科研成果，都拿工资。囿于旧体制，习惯于把自己当作"国家的人"，感情上很难接受上述逻辑。市场经济瓦解了旧体制，人们必须重新定位国家、国民、社会的关系，必须找回独立的自己。因而必然唤起个体对财产的关注与追求。重塑财产概念，必须接受上述逻辑。尤其知识产权观念，对知识的利用之多元性，不可同日而语。"以人为本""人民的利益至上""以人民为中心"的政治主张，让国人逐渐认识到，一方

---

① 习近平在博鳌亚洲论坛 2018 年年会开幕式上的主旨演讲。

面，国家、社会、个体是休戚与共的命运共同体；另一方面，他们又有各自的利益。更重要的是，这种重塑，使个体通过独立的地位获得了激励，成为创造财富的主体。把个体从计划经济体制中创造财富的积极性从来自"公"这个统一的、唯一的主体，解放出来，"分身"为数以亿计的主体的积极性，形成社会财富的基础。其中，人民是国家的基础，有人民才有国家，有家才有国。"一切权力属于人民"的真谛是，它诏告天下，国家的目的是服务于人民，与国家利益相比，人民的利益至高无上，人民是国家的主人，而不是相反。因此，法治社会，私权是基础，是王道。著作权等知识产权制度给个体的本能要求提供了法律主张的支点，著作权法从起草到今天，也是财产观念逐步转变的40年，公民的个体财产持续增长，财产种类不断增多，早已超越了私人不允许拥有生产资料的界限，因而推动了《宪法》的修改。《民法典》的颁布，标志着把对人民利益的尊重，在法律上提升到至高无上的地位，这是一个重要的转变。

最后，著作权制度推进私权观念的转变。著作权立法的精神贡献之一，是促进了当代中国私权观念的再"启蒙"。法治社会，私权是传统常识。私权制度和私权观念互为表里，融合为私权法治。但全盘公有制下，个人利益被妖魔化，私权没有物质基础，私权观念缺位。著作权法的核心任务，是围绕作品的权利归属和商业化机制建立私权制度。但固有的观念根深蒂固，给立法造成很多困扰。我们用鲁迅稿酬案观察30多年前中国人的财产观，就不难理解私权立法的艰难。1985年我的导师佟柔先生交代我，帮他华北大学时的老同学周海婴，也就是鲁迅之子，向人民文学出版社交涉《鲁迅全集》稿费问题。在木樨地22楼，我拜访了周海婴先生。周先生温文儒雅，不娴辞令，简要地介绍了情况：1953年，《鲁迅全集》出版，人民文学出版社结算稿费34万多元，周先生当时正在北大读书，经与母亲许广平先生商量，决定把稿费捐献给国家，母子二人分别致信出版社表达意愿。周先生在信中还误把继承父亲的稿费说成是"吃剥削饭"。当时的人民文学出版社社长冯雪峰，是鲁迅的学生，有感母子诚心，旋即报告周恩来总理。周总理不同意接受这笔钱，并要冯转告许、周母子，稿费是合法所得，务请他们收取。许广平知情再次致函出版社表达心意，希望这笔钱可为国家恢复经济建设添一砖一瓦，并敦促有关部门抓紧办理接收手续。冯雪峰再次请示周总理，总理指示冯雪峰，把稿费存放在出版社，单立一个户头，待日后他们母子需要时付给他们。于是出版社照办。1958 年，许广平再给出版社楼适夷社长写信，催办捐赠手续，仍无下文。于是，这笔钱就趴在了出版社的账户上。1966 年，许广平曾特意要她的秘书到出版社，查看账户存钱数目。1972 年，周海婴在江西病重，周总理得知后命人接他回京，并委托时任国务院文化组副组长王冶秋转告出版社，请他们支 3 万元给周海婴，补贴生活和看病。20 世纪 80 年代初，周海婴要求出版社支付余下的稿费，遭拒。周向有关部门反映，得到多位中央领导重视并作出批示，明确表示周的要求正当合理，但出版社极不情愿。以上事实经与出版社核对，均无异议，出版社还向我出示了许广平、周海婴当年信函的原件、账簿《鲁迅全集》户头页，以及许广平秘书的亲笔书证。我们阅读许广平信函，小楷流畅而苍劲，期盼国家进步的拳拳之心，跃然纸上。案件争议不在于事实，而是认识差距，这些认识反映的就是不同的私权观念。其中，周恩来等历任中央领导态度明确，毋庸置疑；许广平头脑一清二楚，稿费是正当收入，捐给国家是个人意愿，但是国家不收，钱还属自己，与放在哪里，没有关系；我在和出版社的交涉中，感觉与他们认识的偏差很大。他们认为，鲁迅稿费是许广平和周海婴主动捐出，事实清楚，证据俱在。时隔近 30 年，周海婴反悔，不应支持。一位社领导甚至质问，周海婴收入不低，衣食无忧，还要这笔稿费干什么？这种问题在今天，凡粗知法律就可判断：许广平、周海婴捐赠稿费的意愿虽是向出版社表达，但捐款对象是国家，并非出版社。因政府从未接收，故捐赠法律关系不成立。出版社保存鲁迅稿费，既在情理之中，也是法律义务，并非"无因管理"。它和许、周形成债权债务关系。1972 年出版社应周总理之命支给周海婴 3 万元，账目显示，是从鲁迅稿费支出，属于出版社履行债务的行为。其后，周海婴请求领取稿费正当合法，出版社不应拒付。事有不巧，那时法学专业毕业生到中层法院工作的还凤毛麟角，赶上办案法官不是科班，对如此简单的案件却没有主见，又不习惯和律师沟通，于是选择个人私事"听组织部门意见"的传统思路，走访周海婴供职的广电部和多个中央部门征求处理意见，最后还是拿不定主意。今天看来，问题主要源自私权观念的历史局限。相信，如今的出版社，断不会再有 30 多年前的认识。落后的观念，影响著作权法在设计中不合理地挤压了私权。私法的核心是私权自治，但著作权法却有诸多规定违背这个原则。例如，为满足出版机构的利益，违反惯例，在邻接权中加入"专有出版权"。法律硬行规定，不顾作者意志，无论作者授予出版社何种权利，出版社一律享有法定的"专有出版权"。尽管后来迫于情势，第 31 条有所修改，但"专有出版权"概念仍作为法定权利摆在法中，至今没有要改掉的意思。更离谱的是法中的特权条款，无视私权主体的个人尊严，漠视私权主体的自由意志，公然赋予个别机构以特殊权利。立法中，广电部门代表提出：广播电台、电视台是国家和人民的喉舌，音乐作品被选中，是作者莫大的荣誉，不应计较报酬。广播电视机构历来免费使用，这是原则问题，不容商量。这种对"大权利"的态度，引起音乐界强烈不满，起草小组也难以接受。但最后仍形成被音乐家称作"臭名昭著的四十三条"，即广播电台、电视台有权不经许可免费使用音乐作品。这种现象持续多年，其间，音乐家、立法机构和政府官员反复论证，音乐著作权集体管理组织不断地向立法机关投诉，著名音乐家王立平、谷建芬先后致函时任总理温家宝、十届、十一届全国人大常委会委员长吴邦国，要求修改这种不合理的法律。全国人大教科文卫委员会，众多人大代表、政协委员也积极推动。但是，直到 2001 年为加入世界贸易组织，才"搭车"作出修改。在新规中有关媒体仍然拥有事实上的法定使用权，且是唯一的权利主体。即便如此，有关媒体仍以种种借口拒绝付费，拖到 9 年以后，在国务院领导的直接干预下，2010 年起才开始向音乐家付费。站在法治的立场，追根溯源，是旧体制遗留下的财产观念种下的种子。

改革开放，瓦解了计划体制；市场经济，动摇了传统观念。但是，对私有财产区分"公、私""嫡、庶"的不平等的财产制度，仍然是影响树立理性的私权观念的重要原因。国营企业，是全民所有，交由政府经营的财产。全民所有，顾名思义，是全体人民共同所有的财产，即国民人人有份的"共有财产"，本质上属于私有财产，法律上和个体财产同样性质，同受《民法典》物权编等财产制度的规制，二者地位平等，无贵贱之分。党的十三大提出要以法律手段保护非公有制经济产权，党的十六大提出要保护各种所有制经济产权，党的十八大提出各种所有制经济产权"平等参与、公平竞争、同等保护的原则"，2016 年 11 月 4 日的《中共中央国务院关于完善产权保护制度 依法保护产权的意见》，又将平等保护多种所有制产权作为第一要务，从而对私权保护提升到一个新的高度。由此，观念促进制度变革，制度又支撑观念，二者相辅相成，有助于建立理性的经济秩序，促进生产力进步和社会的发展。

三、结语

著作权法既是法律，也是一所现代文明百科全书式的启蒙教材。它蕴含的科学、民主、自由、公平、正义和私权精神，归根结底是进步的现代观念。观念是现代社会的门槛。否则，哪怕我们腰缠万贯，也和现代社会无缘。观念既不虚幻，也不神秘。自然法则、经济规律、逻辑和人性等要素融合而成的理性，是检验观念是否合乎真理的唯一标准。我们相信必然，但也正视偶然。集埃及、巴比伦人类两大文明成就于一身，拥有光辉灿烂的哲学、艺术，实力雄厚，民众生活精致、高雅的民主雅典，败于封闭野蛮、穷兵黩武的邦国斯巴达；物华天宝，人杰地灵的两宋王朝，先后败亡于野蛮的金、元；几十万众的"化外"满清，踏平工艺精湛、文化发达的大明政权；网络技术既可以给人们带来更多的福利和自由，也可能反过来成为"罗网"，被用来当作束缚人的思想观念的牢笼。这说明，正义未必通行无阻。理性、文明未必战胜野蛮与落后。鲁迅说，世上的路是走出来的。纵观历史，人类技术、经济、政治成就，国家兴亡，几乎都来自观念。按照法家的观念和设计，秦建立起中央集权的王权专制国家；倚重福泽谕吉等人的观念和指导，封建割据千年的日本，迅速转变为生机勃勃的现代社会。以"阶级斗争为纲"的观念，曾把中国带进灾难；以"经济建设为中心"的观念，重建私权，让中国人民脚踏实地，一步一跬，逐渐摆脱数千年私权的贫困，走向富裕文明、长治久安。知识产权、著作权制度是现代文明的结晶。但现代性不是西方的专利。我们相信，只要坚持理性的现代观念，从容不迫、矢志不渝，就会孕育出更高的中华文明。

我国《著作权法》第三次修改的背景、目标与重点[*]

——兼评《著作权法修正案(草案)》的相关内容

吴汉东　刘　鑫[**]

一、引言

在知识产权法律体系中,著作权法可以说是法律关系最为复杂,内容最为丰富,变动最为频繁的一部法律。改革开放之初,我国著作权立法与专利、商标立法几乎同时起步,但其制定过程却远不如专利法与商标法的立法进程顺利。由于最初草案争议较大,《中华人民共和国著作权法》(本文以下简称《著作权法》)经过了长达 11 年的广泛征求意见才最终于 1990 年颁布。[①] 21世纪初,我国为融入世界贸易体系,完成"入世"任务,《著作权法》于2001 年完成第一次修改。[②] 2009 年世界贸易组织专家组对我国《著作权法》第 4 条不符合《保护文学和艺术作品伯尔尼公约》和《与贸易有关的知识产权协议》(本文以下简称《知识产权协议》)所作出的裁定,则直接推动了我国《著作权法》2010 年的第二次修改。[③] 但无论是 2001 年的第一次修改,还

---

　*　本文发表于《东岳论丛》2020 年第 1 期。

　**　吴汉东,中南财经政法大学教授、博士研究生导师,中南财经政法大学原校长,教育部社会科学委员会法学学部委员,中国法学会知识产权研究会名誉会长。

　刘鑫,中南财经政法大学法学院讲师、知识产权研究中心专职研究员。

　①　参见顾昂然:《新中国第一部著作权法概述》,载《中国法学》1990 年第 1 期。

　②　参见沈仁干:《谈我国著作权法的修改》,载《知识产权》2001 年第 6 期。

　③　参见丛立先:《违禁作品著作权问题辨析——兼评我国〈著作权法〉第 4 条的修改》,载《法学》2011 年第 2 期。

是 2010 年的第二次修改，我国《著作权法》修改都是在国际社会外部压力下的一种被动性制度调整。为此，我国随即便开启了《著作权法》第三次修改的进程，旨在实现我国著作权立法由被动性向主动性制度安排的转变，构建符合本国国情、引领国际潮流、彰显时代诉求的中国著作权法。① 受国家版权局委托中南财经政法大学知识产权研究中心在合理借鉴国际经验与充分考量中国现实的基础之上，起草并如期提交了专家建议稿（本文以下简称"中南稿"）。"中南稿"秉持既体现中国特色又适应新环境要求，既依法保护权利又促进信息传播的基本原则，从著作权创造、运用和保护等多个维度提出了我国《著作权法》第三次修改的专家建议。"中南稿"涉及修改条文 34 条，删除 4 条，新增 6 条，其中详细呈现出了修法的五个重点方面，即科学界定作品范畴，增加作品的定义；适应传播技术的发展，重构著作权类型；合理借鉴国际公约经验，完善权利限制制度；回应产业需要，建构相关权的体系；加大侵权打击力度，提高权利保护水平。2012 年 3 月，国家版权局完成并公布了《中华人民共和国著作权法（修改草案）》，但这一修改草案却引发了社会各界的广泛关注与激烈争论。在专家学者与业界代表的反复论证下，相关修法草案几易其稿，终于在 2020 年 4 月形成《中华人民共和国著作权法修正案（草案）》［本文以下简称《修正案（草案）》］，由十三届全国人大常委会第十七次会议进行了审议，并向社会公开征求意见。"中南稿"为《修正案（草案）》的出台提供了有益的参考建议，其中诸多内容被《修正案（草案）》所采纳。为此，笔者将以《修正案（草案）》的具体内容为基础，阐释我国《著作权法》第三次修改的时代背景与基本目标，并结合"中南稿"的相关内容对《修正案（草案）》中主要的修改内容展开分析。

二、我国《著作权法》第三次修改的时代背景

我国《著作权法》自 1990 年颁行以来，迄今为止分别于 2001 年和 2010 年进行了两次修改。回顾我国著作权立法与修法的状况，可以发现，我国不

---

① 参见吴汉东、刘鑫：《我国〈著作权法〉第三次修订之评析》，载《东岳论丛》2020 年第 1 期。

仅立法起步较晚，修法进程较为缓慢，修法动因也相对被动，未能充分满足我国经济社会发展的现实需要。这无疑也为我国《著作权法》的第三次修改提出了更高的要求，既要适应新形势，也要应对新技术并发展新产业。在此基础上，"中南稿"提出了兼具国际化视野与现代化立场的专家建议，为实现我国《著作权法》与新时代发展需求及未来愿景之间的有机契合，在全球经济交融环境中促成我国《著作权法》与国际接轨，在网络技术革命情景中彰显我国《著作权法》的现代变革，在文化强国建设场景中明确我国《著作权法》的政策保障，提供了重要的修法条文参考。

（一）全球经济交融环境中我国《著作权法》的国际接轨

自 20 世纪下半叶以来，全球经济呈现出日益交融的经济全球化发展趋势，深刻影响着当今世界的经济格局与未来走向。在全球化的经济发展框架下，各国经济不再是封闭、孤立的，而是相互依赖、渗透、交融的。而这也要求各国消除贸易壁垒，保证商品在国家间的自由流通，建构起相对统一的国际市场。世界贸易组织是促进贸易自由化的关键性的国际组织，在推进经济全球化的过程中扮演着重要的角色，致力于削减关税、化解贸易障碍。不仅如此，世界贸易组织还将包括著作权在内的知识产权保护纳入国际贸易体系，并制定了专门的知识产权国际公约，即《知识产权协议》。① 事实上，我国 2001 年和 2010 年的两次著作权修法也都是为融入世界经贸体系，并与《知识产权协议》相接轨而展开的。但是由于修法动因的被动性，这两次修法并未将我国在全球经济交融发展中的诉求充分反映出来，甚至还将一些超越我国现实需要的内容加入了进来。近年来，伴随着我国经济社会的飞速发展，我国在全球经贸交往中扮演着越来越重要的角色，著作权相关产品、产业对于经济增长中的贡献率逐年攀升，因而推进著作权相关商品或服务的国际贸易的发展。加强著作权国际保护，通过新一轮的法律修改实现我国《著作权法》的国际接轨，便成为我国经济社会持续发展的客观

---

① 参见吴汉东：《国际化、现代化与法典化：中国知识产权制度的发展道路》，载《法商研究》2004 年第 3 期。

需要。

（二）网络技术革命情景中我国《著作权法》的现代变革

网络技术是人类历史上继语言和文字的产生、造纸和印刷术的发明，以及电报、电话和广播的使用后，出现的第五次信息革命。在网络传输的条件下，社会公众可以自主进入网络，以自己选择的时间和地点接触网络传输中的作品，而作者能否最终控制作品在网络中的合理传输则成为一个亟待解决的问题。随着网络服务商以及技术措施的介入，上述问题无疑变得更加复杂。可以说，第五次信息革命推动了著作权制度从"印刷版权"到"电子版权"再到"网络版权"的转变。[1] 网络技术不仅改变了著作权主体的界定标准，也颠覆了著作权客体的利用方式，在以"用户创造内容"为特征的网络环境下，网络用户代替产业模式中的商业机构成为作品的创作与传播主体，使以往权利配置模式难以继续适用，而网络用户的创作与传播动机的多元化，也使这种作品以及作品的利用方式不同于以往，获取经济收益并非创作与传播的唯一目的，其中更多的是一种自我表达和社会交往等非经济需求。[2] 不仅如此，网络技术还使著作权侵权责任的范围和认定机制发生变化，即由传统的直接侵权责任转变为新型的间接侵权责任，并以连带责任的形式为网络服务提供者设置了独立负担之责任。[3] 因此，在网络技术革命不断推进的现实情境中，我国《著作权法》必须与时俱进，通过第三次的法律修改，开启相关规则的现代化变革，以应对网络技术对现行法律规范所带来的巨大冲击。

（三）文化强国建设场景中我国《著作权法》的政策保障

文化强国建设是我国社会主义强国建设的题中应有之义，也是我国在新时期一项非常重要的国家战略。"建设社会主义文化强国"的倡议提出于党

---

[1] 参见卢海君：《传播权的猜想与证明》，载《电子知识产权》2007年第1期。
[2] 参见熊琦：《Web2.0时代的著作权法：问题、争议与应对》，载《政法论坛》2014年第4期。
[3] 参见吴汉东：《论网络服务提供者的著作权侵权责任》，载《中国法学》2011年第2期。

的十七届六中全会，并于党的十八大被再次强调。① 习近平总书记在论及文化建国建设时，则进一步从战略高度指出意识形态在其中的突出位置，并要求在文化体制改革、文化事业与产业的发展中，把握好意识形态属性和产业属性、社会效益和经济效益的关系。② 申言之，文化强国建设的重点即在于，积极促进文化体制改革，大力扶持文化事业与产业发展。而著作权法作为文化事业与产业发展的法律保障，对于文化强国战略的推进具有至关重要的作用，如若没有先进的著作权制度，就不可能有文化事业与产业的蓬勃发展，文化强国也就无从谈起。③ 因而，为保证我国文化强国建设顺利进行，必须为其提供相对健全、完善的著作权法律规范作为制度支撑。值此我国《著作权法》第三次修改之际，文化强国战略的政策导向对于法律修改工作不应仅体现在指导思想层面，更应渗透到具体的制度设计之中，使《著作权法》真正成为我国文化强国建设的政策保障，以完善的著作权规则为我国社会主义文化强国建设的持续推进提供坚实的法律基础。

三、我国《著作权法》第三次修改的基本目标

不同于之前的著作权立法与修法，我国《著作权法》的第三次修改是一次无国际压力、主动、全面的修法。④ 如前所述，无论是我国 20 世纪末的著作权立法，还是进入 21 世纪以来的两次著作权修法，都在很大程度上受到国际社会外部压力的影响，并不是完全立足于我国本土国情的制度安排，其中一些规定甚至采用了超过我国当时需要的高水准保护模式。⑤ 随着我国综合国力的不断增强，现有著作权保护强度已逐步与我国经济、科技、文化发展

---

① 参见佟斐：《国内建设社会主义文化强国的研究述论》，载《思想理论教育导刊》2013 年第 11 期。

② 参见孙绍勇、陈锡喜：《习近平文化强国战略的意识形态逻辑论析》，载《思想教育研究》2017 年第 6 期。

③ 参见刘春田：《〈著作权法〉第三次修改是国情巨变的要求》，载《知识产权》2012 年第 5 期。

④ 参见徐炎：《〈著作权法〉第三次修改草案第二稿评析》，载《知识产权》2013 年第 7 期。

⑤ 参见刘鑫：《从类型化到法典化：我国知识产权立法的发展与变革——以〈民法总则〉第 123 条为切入点》，载《电子知识产权》2018 年第 4 期。

水平相吻合，成为激励创新与促进发展的有利工具。因此，我国当前正在进行的《著作权法》第三次修改中，相关法律原则与规则的完善无疑是完全基于自身需要的，但这并不意味此次法律修改是无须考量外部因素影响的。面对经济全球化的国际环境、技术现代化的现实情景以及文化强国建设的中国场景，"中南稿"在兼顾多方诉求的基础上，提出了契合我国《著作权法》第三次修改多元目标取向的专家建议，不仅为参与建构著作权全球治理提出了中国的应对方案、为适应新一代信息技术变革创设了现代制度产品，同时也为中国特色先进文化产业发展建立了法律保障机制。

（一）提出参与建构著作权全球治理体系的中国方案

参与建构著作权全球治理体系，发出中国声音，是我国《著作权法》在第三次修改中回应经济全球化、著作权法国际化发展趋势的重要目标。长期以来，面对美欧等发达国家为实现文化成果利益化而积极推行的著作权国际保护战略，我国都是在被动地接受与妥协，从最初的著作权立法到之后的两次修法无一不是受制于人的。[①] 而造成这种情况的原因，则在于当时我国经济社会发展水平远落后于美欧等发达国家，却又不得不参与到经济全球化的国际竞争中，应对著作权强保护挑战的同时，把握机遇发展自己，建设创新型国家。[②] 经过改革开放40年的奋发图强，我国综合国力持续提升，文化产业、著作权相关国际贸易日渐繁荣。在著作权法国际化进程中，我国也不再是著作权国际规则的被动接受者，而成为著作权全球治理的主动参与者。目前，美欧等发达国家因对包括现行著作权在内的知识产权国际保护体制不满，开始通过签订双边协定、诸边协定等形式进行机制转换，使著作权全球治理体系呈现出多极化倾向。[③] 因此，我国更应积极参与到这一全新的著作权全球治理框架之中，适应经济全球化进程中的著作权法国际化发展趋势，并以

---

① 参见曲三强：《知识产权保护的国际化趋势》，载《法治研究》2010年第4期。
② 参见郑成思：《国际知识产权保护和我国面临的挑战》，载《法制与社会发展》2006年第6期。
③ 参见杜颖：《知识产权国际保护制度的新发展及中国路径选择》，载《法学家》2016年第3期。

我国《著作权法》的第三次修改为契机，为建构著作权全球治理的新体制提供中国应对方案，彰显中国著作权制度模式的软实力影响，不断提升我国在著作权全球治理中的话语权，发出促进著作权国际规则发展的"中国声音"，提出推进著作权国际保护新秩序构建的"中国决策"，在著作权全球治理框架下书写我国《著作权法》的光荣与梦想。[①]

（二）创设适应新一代信息技术变革的现代制度产品

创设适应新一代信息技术变革的现代制度产品，是我国《著作权法》在第三次修改中应对新一代信息技术变革与产业革新的关键目标。20世纪中后期，以网络技术为代表的科技革命席卷全球，开启了网络著作权的新时代，尤其是进入21世纪以来，网络技术的应用日趋广泛，相应的网络著作权产业也应运而生。从最初的Web 1.0到当前的Web 4.0，网络信息传播的即时性与交互性与日俱增，文字作品在线创作、音乐作品在线传播等传统作品类型在网络环境下的新型应用形式层出不穷，直接推动了新兴商业运营模式的产生；[②] 网络游戏产业的蓬勃发展，也带来了游戏软件、游戏画面等网络游戏内容的著作权保护与运营问题；[③] 而网络直播平台的不断增多，则引发了体育赛事直播乃至电子竞技直播的著作权保护与运营的问题。[④] 近来，人工智能技术的飞速发展，使人们原有的生产生活方式发生了颠覆性的变化，文学艺术作品可以被人工智能自由创作，相应地，人工智能生成内容的著作权认定问题也随之而来。[⑤] 在新一代信息技术的影响下，我国迸发出了一系列的新兴著作权产业，为经济社会的快速发展提供了新的增长点。与此同时，为保证这些新兴著作权产业持续健康发展，"中南稿"提出了一系列与时俱进

---

① 参见吴汉东、刘鑫：《改革开放四十年的中国知识产权法》，载《山东大学学报（哲学社会科学版）》，2018年第3期。

② 参见梅夏英、姜福晓：《数字网络环境中著作权实现的困境与出路——基于P2P技术背景下美国音乐产业的实证分析》，载《北方法学》2014年第2期。

③ 参见崔国斌：《认真对待游戏著作权》，载《知识产权》2016年第2期。

④ 参见王迁：《论体育赛事现场直播画面的著作权保护——兼评"凤凰网赛事转播案"》，载《法律科学》2016年第1期。

⑤ 参见熊琦：《人工智能生成内容的著作权认定》，载《知识产权》2017年第3期。

的专家建议，使《著作权法》的第三次修改能够充分预测未来的技术、经济与社会关系走向，以敏锐的时代洞察力提出具有前瞻性的制度设计，[1] 为适应新一代信息技术发展提供现代制度产品，实现我国《著作权法》向" + 互联网""互联网 + ""人工智能 + "的现代化法律转型。

（三）建立契合中国特色先进文化产业发展的法律保障机制

为中国特色先进文化产业发展建立适当的法律保障机制，则是我国《著作权法》在第三次修改中贯彻文化强国战略，推进中国文化产业发展繁荣的重大目标。对于文化产业的发展乃至文化强国的建设，著作权法都是其中至关重要的法律支撑与政策杠杆。从文化产品创作到文化产品贸易，再到文化产业发展，著作权法都贯穿始终，尤其是在当今知识经济时代，世界各国特别是创新型国家，都是将著作权政策运作与文化产业扩张放在同一个重要战略地位，这是因为一个国家的著作权优势往往意味着该国的文化实力优势，而国际社会中的著作权竞争在本质上也就是文化产业的竞争。[2] 由此，我国要建设文化强国，不仅须把握文化的时代性、民族性与包容性，而更应以较为完备的著作权法律制度作为基础。易言之，我国文化强国战略的核心内容，即在于以著作权法为保障，建设有中国特色的先进文化产业。[3] 因而，在我国正在进行的《著作权法》第三次修改过程中，为文化强国建设、中国特色先进文化产业发展提供法律保障机制无疑是制度完善的一大任务。唯有如此，中国特色先进文化的产业化进程才能在我国《著作权法》的激励与保障中有序的运行，以完善的著作权保护机制推进经济发展、促进文化交流，从而实现中国文化产业"走上去"，中国文化传播"走出去"的发展战略，不仅使我国的文化软实力得以充分彰显，也使我国真正完成从"文化大国"转变为"文化强国"。

---

[1] 参见刘银良：《百尺竿头，何不更进一步？——评著作权法第三次修改》，载《知识产权》2013 年第 2 期。

[2] 参见吴汉东：《文化大发展大繁荣与版权战略实施》，载《中国版权》2013 年第 3 期。

[3] 参见徐坚：《论文化强国的中国道路》，载《国际问题研究》2015 年第 5 期。

四、我国《著作权法》第三次修改的重点内容

我国《著作权法》的第三次修改工作自 2012 年启动以来，社会各界就法律修改的具体内容与未来走向展开了激烈的讨论。今年，全国人大常委会审议通过的《修正案（草案）》，既是各方争论与博弈的结果，也更是学界与业界集体智慧的结晶。《修正案（草案）》虽一定程度上存在稍显保守的问题，但其对我国现行著作权规则的修改与完善无疑是全面且深入的，契合了新的时代背景下我国《著作权法》修订的目标取向，并能够为我国著作权运行的"高质量发展"提供必要的法律支撑。从视听作品概念的创设到著作权集体管理组织属性与权限的明晰，再到对技术措施和惩罚性赔偿机制的强调，《修正案（草案）》的重点内容涉及著作权创造、运用与保护的所有层面，其中充分体现了社会各界对我国《著作权法》第三次修改的诉求与呼声，"中南稿"中的专家建议更是在《修正案（草案）》被多处采纳。为此，笔者将分别从著作权创造、运用与保护三个层面入手，结合"中南稿"的相关内容，对《修正案（草案）》的重点内容予以评析。

（一）著作权创造层面：权利客体与内容框架的完善

在著作权创造层面，《修正案（草案）》主要对权利客体与内容框架予以完善，修改了我国现行《著作权法》中著作权客体与内容的相关规定，其中对于著作权客体界定的修改幅度相对较大，不仅增加著作权客体的概括性规定，还引入了视听作品全新概念；而著作权内容方面的修改则相对较小，主要是原有权项的内部调整，并未改变原有规定的体例，也没有增减著作权的权项内容，下文将分述之。

1. 著作权客体的修改与完善

著作权客体，即作品，是作者享有著作权的基础条件，同时也是著作权立法中需要合理界定的关键问题。在著作权客体范畴的界定方面，目前主要有"列举式"与"概括式"两种形态，其中，前者是通过对作品类型的系统列举来界定著作权客体范畴，表述清楚、明确、直观是其所具有的特点，但

其中有不免有遗漏之处，容易造成定义的不稳定性；而后者则是通过对作品形态与属性的抽象描述来界定著作权客体范畴，高度抽象、表述简要是其优点，但关键问题在于概括是否准确恰当且具有最大包容性。[①] 我国《著作权法》长期以来都是参照国际公约的规定，采用"列举式"立法规定了作品类型，[②] 并在此基础上设置兜底条款为新作品形式留下了制度空间。为实现对著作权客体的合理界定，"中南稿"采用了"列举式"与"概括式"相结合的方式，在原有规定的基础上增加关于作品定义的条文，将我国《著作权法》上的作品定义为"文学、艺术和科学领域内，具有独创性并能以某种有形形式复制的智力成果"，并在该定义的统领下对展开对作品类型的列举。《修正案（草案）》采纳了"中南稿"的这一专家建议，从抽象与具体两个方面着手对作品的定义与类型进行更为准确与恰当的界定。不仅如此，《修正案（草案）》进一步创设"视听作品"的概念，并以之替代了原有的"电影作品和以类似摄制电影的方法创作的作品"，从而使当前网络环境下层出不穷的以"视""听"为主要功能形态的智力成果，能够更好地被我国《著作权法》所接纳。

2. 著作权内容的修改与完善

著作权内容，即著作权的具体权项。按照权利属性的不同，一般被划分为著作人身权与著作财产权两类。其中，著作权人身权强调对作者精神利益的保障，一般是无期限限制的（发表权除外），同时也是与作者不可分离的，不可被任何人剥夺；而著作权财产权则关注于作品的经济价值，其和所有权在权能上有诸多相似之处，是可以转让和继承的。基于二者在法律性质的巨大差异，大陆法系国家的著作权立法中一般都将它们分开规定，例如，《德国著作权法》就分别采用两个小节的形式对著作权人身权和著作权财产权进行规定；《法国知识产权法典》中直接将二者区分为"精神权利"与"财产权利"，各自独立成章予以规定；而《日本著作权法》则进一步在体例采用"总则—著作权人身权—著作财产权"的三分模式，并主张作者人格权与一

---

① 参见吴汉东主编：《中国知识产权理论体系研究》，商务印书馆2018年版，第44—46页。

② 参见《伯尔尼公约》第2条、《世界知识产权组织版权条约》第1条、《知识产权协议》第9条的相关规定。

般人格权一样受法律保护。我国现行《著作权法》在对著作权内容进行规范时，将著作权人身权与财产权规定在同一条文中，其中前 4 项为人身权利，后 13 项为财产权利。为实现对著作权人身权与财产权的有效区分，"中南稿"对二者进行了分别规定。然而，这一专家建议却并未被《修正案（草案）》所采纳。《修正案（草案）》仍采用了原有同一条文规定的形式，仅就出租权、放映权、摄制权、广播权等著作权财产权的个别条款进行了完善，以适应网络时代作品使用与传播方式的发展。但是，从长远发展来看，我国《著作权法》还是应参考大陆法系中的主要立法例，将著作人身权与著作财产权分别规定更为适宜。

（二）著作权运用层面：权利限制与集体管理的完善

在著作权运用层面，《修正案（草案）》不仅对著作权限制的相关规则进行了修改，还对著作权集体管理的相关条款作出了一系列的完善，使现行《著作权法》中著作权运用效果不佳的情况能够被予以改善，为实现我国著作权运行的效益性目标创造了条件。为此，下文将分别对《修正案（草案）》在著作权限制和著作权集体管理两个方面的修改与完善进行详细阐释。

1. 著作权限制规则的修改与完善

著作权限制是对著作权人专有权的限制，旨在通过限制著作权人的权利，保障公民的知识获取，促进知识传播，推动社会科学文化的进步与发展。[1]一般来说，对于著作权的限制主要包含合理使用与法定许可两种制度模式。具言之，在合理使用制度框架下，社会公众可以在合理的范围内容使用作品，而不被认为是侵犯著作权；而法定许可制度框架下，对于作品的使用可以不经著作权人许可，但应向作者支付报酬，并指明作者姓名、作品名称等相关内容。我国《著作权法》也对著作权合理使用与法定许可作出了明确规定，其中，合理使用的 12 种情形在法律中被予以穷尽式的明确列举，有效界定了著作权合理使用的范围；[2] 法定许可的适用范围则更是严格法定，被限定在

---

[1] 参见吴汉东等：《知识产权基本问题研究（第二版）》（分论），中国人民大学出版社 2009 年版，第 138 页。

[2] 参见《中华人民共和国著作权法》（2010 年修正）第 22 条的规定。

"报刊转载""录音制品制作""作品播放""录音制品播放"以及"教科书编写"五个领域之中。[①] 然而,在具体的适用中,我国现行的合理使用与法定许可规则也都暴露出来了诸多问题。为此,《修正案(草案)》根据实际需要,对著作权限制规则进行了适当的完善,在合理使用的基本条件中增加了"不得影响作品正常使用""不得不合理侵害著作权人合法权益"的要求,并将"播放"作品纳入教学研究目的的合理使用,以及将"已发表作品的盲文出版"修改为"以阅读障碍能够感知的独特方式提供已发表作品";与此同时,教科书法定许可的适用范围也被扩展至高中,并将"图形作品"纳入其中。毋庸置疑,《修正案(草案)》对著作权限制的前述修改,在一定程度上便利了著作权合理使用与法定许可机制的运行,但也必须承认,《修正案(草案)》对著作权限制规则的修改是相对保守的,实践中的很多问题并没有被予以解决,例如,合理使用条款中合理性判断标准缺失,以及法定许可条款下付酬机制可操作性不足问题等制约制度运行的重要问题却都是《修正案(草案)》中没有涉及的。

2. 著作权集体管理规则的修改与完善

著作权集体管理是指对于某一类作品的众多著作权人通过一个统一的机构共同行使自己的某些权利的制度。[②] 这一制度的功能在于实现作品的统一授权和稿酬的统一转付,既有效降低了作品的授权成本,也充分保障了著作权人获得报酬的合法权益。然而,在实践中,我国著作权集体管理制度却并未完全发挥出其应有的功能。而之所以会发生这种情况,在很大程度上是由于我国《著作权法》中有关著作权集体管理的规定不够明确、可操作性较差所致。为此,《修正案(草案)》对著作权集体管理组织"非营利法人"的性质,以及作品使用费收取与转付的标准与程序进行了明确的规定,涉及作品使用费收取标准的协商确定、作品使用费收取与转付的公示备案和权利信息查询等诸多内容,有效地改善了我国现行著作权集体管理规则适用性不足的问题,使著作权集体管理组织能够在法律规定的职能与程序下实施著作权

---

① 参见《中华人民共和国著作权法》(2010年修正)第23条的规定。
② 参见杨东锴、朱严政:《著作权集体管理》,北京师范大学出版社2010年版,第4页。

的集中许可与作品适应报酬的集中收取与转付，在降低许可成本的同时，高效地保障著作权人的获酬权，确保著作权集体管理制度功能的充分发挥。

（三）著作权保护层面：技术措施与侵权赔偿的完善

在著作权保护层面，《修正案（草案）》对原有规则的修改力度相对较大，直接将原有第五章"法律责任和执法措施"更名为"著作权和与著作权有关的权利的保护"，凸显出《修正案（草案）》对于著作权保护的高度重视。与此同时，在具体规则设置上，《修正案（草案）》还是增加了对于技术措施的保护规定，滥用著作权法律责任的相关规定，并对著作权侵权损害赔偿机制作出了较大调整。下文就新增的技术措施保护规定和有较大变化的侵权损害赔偿机制展开具体分析。

1. 著作权技术保护措施的规则引入

技术措施是在数字环境中维护著作权人利益的一种技术性手段，然而，随着防护技术的产生，破解防护技术的规避的技术也相伴而生，因而在数字环境中，要想使著作权人利益得到充分保障，就必须对技术措施予以有效保护，防止其被随意规避。① 技术措施作为数字技术为著作权人权益所提供的技术保障，在实践中被广泛应用，为避免技术措施被任意破解、规避，各国纷纷在著作权法中认可了著作权人采取技术措施的行为，并设置了禁止他人随意规避技术措施的法律规定。不仅如此，《世界知识产权组织版权条约》《世界知识产权组织表演和录音制品条约》等国际公约也相继要求缔约方对技术措施加以保护。② 为此，《修正案（草案）》专门增加了对于技术措施的保护规定，在法律上允许著作权人以保护著作权及相关权利为目的，采取技术保护措施，并规定任何人未经许可不得故意避开或者破坏技术措施。与此同时，还专门设置了"教学研究""阅读障碍者感知""国家机关执行公务"等可以规避技术措施的例外情形，以及故意避开或者破坏技术措施所应承担的法律责任。

---

① 参见王迁：《论禁止规避技术措施的范围》，载《法学家》2016 年第 6 期。
② 参见《世界知识产权组织版权条约》第 11 条，以及《世界知识产权组织表演和录音制品条约》第 18 条的相关规定。

2. 著作权侵权损害赔偿规则的修改与完善

著作权侵权损害赔偿是一项重要著作权权利救济措施，但损害赔偿数额的认定却一个争议不断的世界性难题。我国长期以来的著作权司法实践也饱受这一问题的困扰。同时当前我国著作权侵权行为频发且情形严重的现象，也进一步强化了我国从严调整著作权侵权损害赔偿机制的现实诉求。从国外的立法经验看，面对此种情形，大多数国家的做法都是提高法定的损害赔偿数额，并对于严重的侵权行为处以超出实际损失数倍的惩罚性赔偿。我国也无出其右，调整著作权侵权损害赔偿机制的方式无非也是提高法定赔偿上限和引入惩罚性赔偿两种。但是，必须注意的是，赔偿数额的提高本身并不是目的所在，调整著作权侵权损害赔偿机制的真正目的在于赔偿数额准确反映出著作权的市场价值。[①] 而适当的应用惩罚性赔偿则是为了惩戒恶意侵权行为与威慑潜在侵权行为。[②] 为此，"中南稿"在综合考虑经济社会发展水平的基础上，将著作权侵权的法定赔偿上限提高到 100 万元人民币，与此同时，适当引入了惩罚性赔偿，对侵权人故意侵权且侵权情节严重的，人民法院可以判令侵权人增加赔偿金额，但是赔偿总额不超过权利人的实际损失或者侵权人的违法所得的两倍。《修正案（草案）》采纳了"中南稿"的专家建议，并针对近年来我国互联网内容产业的蓬勃发展、著作权市场价值不断攀升的现状，进一步将著作权侵权的法定赔偿上限提高至 300 万元人民币，惩罚性赔偿的比例也提高到 1 倍以上 5 倍以下。除此之外，《修正案（草案）》还针对著作权侵权损害赔偿中举证难的问题增加专门规定，即在权利人已经尽力举证，但与侵权行为相关的账簿、资料主要由侵权人掌握的情况下，可以责令侵权人提供相应的账簿、资料。而如果侵权人不提供或者提供虚假的账簿、资料的话，人民法院则可以参考权利人的主张和提供的证据确定赔偿数额。

五、结语

我国《著作权法》的第三次修改是一次无国际压力，主动、全面的法律

[①] 参见徐小奔：《知识产权损害的价值基础与法律构造》，载《当代法学》2019 年第 3 期。

[②] 参见吴汉东：《知识产权损害赔偿的市场价值基础与司法裁判规则》，载《中外法学》2016 年第 6 期。

修改。自 2012 年修法工作启动以来，社会各界就我国《著作权法》的规则设计与未来走向展开激烈讨论与巨大争议，从最初大刀阔斧的制度改革到几经博弈后《修正案（草案）》稍显保守的法律修改，我国《著作权法》的第三次修改都不是简单的法律条文变更、删除或补充，而是一次紧跟时代潮流的、立足本土国情的、体系化的制度变革。[①] 在我国《著作权法》的第三次修改过程中，中南财经政法大学知识产权中心受国家版权局委托起草的专家意见稿，为修法工作有序开展提供了重要的参考与借鉴，诸多修改建议在今年 4 月全国人大常委会的审议通过的《修正案（草案）》中被予以采纳。

---

① 参见卢海君：《论著作权法的体系化——以〈著作权法〉第三次修订为中心》，载《社会科学》2019 年第 6 期。

我们的知识产权法启蒙教育[*]

郭　禾[**]

今年是我国著作权法颁布30周年。刘春田老师和高思同学为此策划编辑一本纪念文集。刘老师为此发来一条信息："高思组织的《中华人民共和国著作权法30年》，你写篇东西吧。"蒙老师和同学不弃，自是荣幸之至。于是求教老师以何为题，刘老师大度地回复，"立法、司法、教育研究、国际交流，都可以"。自由度一大，迈出的任何一步都得费些思量了。惰于动脑的我思忖半日仍无结果，于是又向高思求援。高思同学爽快地答复，"干什么吆喝什么。教学、科研、人才培养……以你为例，以学生为例……想些啥写啥。"高思说了一大堆，又转了回来了。但末了，高思提出："唯一的请求，配上咱班的毕业照。"正是这句话让我决定在我们曾经同学的这个班里"找事儿"，说说我们当年在中国人民大学法律系同学两年的各种细碎琐事，写写我们步入知识产权行业时的教育环境和教学条件。因为这个时期，1987年至1989年，正是我国著作权法诞生的前夕。我们是在国家还没有著作权法的时期，开始学习著作权法的。这里的简单直白记录，或许琐碎纷繁、杂乱堆砌缺乏条理，或许简单平淡、事无巨细不够专业，甚至与知识产权法律制度也没有直接关系，但这却是中国的知识产权法学专业高等教育的开端。我们的著作权，乃至知识产权法律意识和观念正是在这样的氛围中形成的；我们正是在这种环境的熏陶下进入知识产权相关行业的。当然，囿于个人的记忆偏差，或者固有的内心偏见以及视

　本文写作于2020年10月。

　**　郭禾，中国人民大学教授、校学术委员会委员，中国知识产权法学研究会副会长兼副秘书长，中国知识产权研究会常务理事，最高人民法院知识产权司法保护研究中心研究员，亚洲域名争议解决中心专家组成员。

界的局限，所记所述一定存在谬误，本人愿为此错误担责，并恳请同学们以及各界方家批判更正。

一、"9-87双"——"史上第一"班

1987年秋，中国人民大学法律系从来自全国各地的约600名理、工、农、医的应届和往届本科毕业生中，招收了40多名知识产权法专业的第二学士学位生。这是中国高等教育史上招收的第一批知识产权法学专业的学生。用当下网络语言表述可称中国"史上第一"。"9-87双"便是这个班在人民大学信函收发系统中的代号。"9"代表法律系，"87"代表1987级，"双"则代表第二学士学位（当时，大家并不清楚双学位与第二学士学位间的区别。严格地讲，双学位指本科教育中同时修两个学士学位，而第二学士学位则是本科后教育，即英文中的"Postgraduate"）。天长日久，我们自己也就习惯了以"9-87双"作为我们的自称了。

若是虚荣心作祟，"史上第一"的标签似乎能够赢得更多的"回头率"，但在当时，同学们似乎谁也没有在意这"史上第一"。反而不时能听到同学们以到人民大学学习作为跳板，将来换个工作、多一次重新选择的机会等缺乏专业意识的议论。30多年后回头看，年轻的一代似乎难以理解同学们的行为。为了换个工作，何须如此兴师动众，还得耗费两年时间？辞职、跳槽岂不更加直接痛快？但在那个年代，人员的流动必须得到组织批准，即除了接收单位同意调入，更重要的是所在单位同意调出。个人主动辞职在那时是不可能的，因为所有的单位都是体制内的机构，都要求调入人员必须有人事档案。这就是计划经济下的人事制度。我们班一位从贵州考来的同学因为所在单位不同意放人，尽管人民大学已经同意录取，且已经到学校上了几周的课，最终还是因为人事档案无法调入不得不回到贵州的原单位。

客观地讲，在20世纪80年代，刚刚走出"文化大革命"阴影的人们对法学还是心存偏见的；加之对知识产权并无深入了解，所以我们班的40多人中多数人并无什么专业意识。当时的社会需求与当下也不可同日而语。这种环境从毕业生的去向上可以得到印证。毕业后，我们班确有同学又回到了原

来本科专业相关领域继续学习深造，如今已经成为国内知名的顶级专家；大部分同学则不再从事专门的知识产权业务而成为综合性的法务人才或者律师、行政官员、企业经营人员等。应当承认，在那个年代考学恐怕是官方认可的改变个人环境的唯一途径。只要所在单位允许报考，考什么专业都不重要，只要能考上，就可以正当地离开原来的单位。为此，我们班至少有多人在报名时提交的单位介绍信不够真实。前面提到的因无法从单位调出档案最后不得不回原单位的那位只是其中之一。在这种状况下奢谈专业意识，对多数同学而言显然不现实。

然而毕业 30 多年来，同学中仍有不少一直在知识产权领域操劳，并取得了相当的成绩。这其中既有在国家知识产权行政管理部门的高级官员，专门负责国家知识产权有关立法的起草、修订，以及国家和行业的知识产权政策的制定；还有在国内外大型跨国企业中负责知识产权业务的主管专员，为保护企业知识产权功勋卓著，甚至还有在欧洲大陆担任著名企业的法务经理的；还有作为律师几十年如一日坚持知识产权业务的，如今诸多国内外的著名公司都是其固定客户；此外，还有一批在高校教书育人的知识产权法学教授，辛勤耕耘甘当人梯，为国家的知识产权教育的繁荣尽自己绵薄之力，这其中有 4 人担任了中国法学会知识产权法学研究会的副会长。在过去几十年中国的知识产权事业发展过程中，我们在许多地方都可以看到这个班 40 多名同学的身影。他们的在校经历，就是我国知识产权高等教育起步阶段的教育状况；他们日后的成绩，无疑就是当年教育的结果。曾有人戏称其"黄埔一期"，但我以为，在我国现代军事教育领域"黄埔"之前还有"保定"，而"9－87双"之前，中国尚没有任何一所高等院校颁发过知识产权法专业的毕业证。

二、开学典礼——入学第一课

通常，开学典礼往往被同学称作新生入学第一课。然而，"9－87双"的开学典礼却有三个层级，最高级是学校层级的开学典礼。针对 1987 年秋入学的新生，校级开学典礼的主会场设在 800 人大教室。当时的人民大学 800 人大教室是全校最大的公共会议空间。从教室的名称即可知道这个空间根本容纳不了八七级全体新生。于是大部分同学都被安排在分会场。所谓分会场就是教学楼中的各个教室。当时每个教室都有统一联通的有线广播。参加开学典礼，其实就是坐在教室里听有线广播。我记得我们班被指定在教二楼2层的一个小教室。开学典礼上，当时的袁宝华校长邀请了曾经担任中共中央副主席的李德生同志做报告。初来乍到的我们大多没有如此近距离地听过如此高级别的首长讲话。虽然只能闻其声，但大家还都试图认认真真地仔细聆听。但我们所在教室的广播设备不作美，声音失真严重，我们的班主任沈致和老师看大家听得实在费劲，就把我们"解放"了。这最高级别的"第一课"我们班就"早退"了。所以我估计绝大部分同学都不会对此开学典礼有太深的印象。

次高层级是法律系的新生见面会。那是在三楼的3101教室。整个典礼由当时的法律系副主任刘春田老师主持。见面会的第一道程序是刘老师介绍到会的各专业的老师们。我只记得在会上又见到了我们班另一位班主任熊京玲老师，此前她曾是我入学考试的监考，所以对她有印象。然后由时任法律系主任谷春德老师介绍人民大学法律系情况。最后由各个专业教授们的发言。我感觉我们班同学都听得懵懵懂懂，至少我是这种感觉。毕竟我们都没有任何法学基础，对老师们高论的理解也多是感性，比如他们提及给总书记上了现代法治第一课等。现在回忆起来只记得当时发言的有孙国华教授、郑立教授、徐立根教授等。至于他们讲的内容已经没有清晰记忆了。这或许就是我们班同学同其他新同学的差距。他们毕竟是科班出身，而我们在以后差不多十年时间里经常被叫作"半路出家"。

真正让我有深刻记忆的，还是第三层级的本专业的见面会。那是开学第一周的一天下午，在二楼的2211教室，参加此次见面会的老师仅有3位：佟柔老师、郭寿康老师和刘春田老师。刘春田老师做了简短的开场发言，然后介绍了两位老先生。刘老师称，这二位老先生都是他的老师。最后特别提醒我们："到人大是来学习的。如果还不明白，就到东门口去看看吴玉章老校长写的五个大字'中国人民大学'，尤其是最后两个字'大学'。"他随后解释道，"这个'学'字可作动词解，而'大'可则需解作副词。大家就是到这儿来好好读书的。否则就愧对这两个字。"

然后，佟柔老师给我们讲话。佟老师很随意地搬了张凳子坐在讲台前，手里把玩着一根香烟。刘老师特别提示佟老师，说我们未曾学过任何法学知识。佟老师会意地笑笑，就从刚刚颁布一年的《民法通则》对中国改革开放的意义，谈到《技术合同法》的起草和颁布对技术开发和转让活动的影响；从知识产权在民事权利体系中的地位，说到人格权、财产权与知识产权的关系。佟老师看似风轻云淡地侃侃而谈，不知不觉间已近一个小时。我们那时并不清楚佟老师在中华人民共和国民法界"民法之父"的地位意味着什么，只觉得佟老先生让我们这批尚处于"法盲"状态的法科学生明白了民法在法学中的地位。至少，佟老师让我这个法学"小白"明白了对于个人，在法律上人身和财产两种关系所奉行的是"意思自治"原则。今天想来，还有"平等""诚信"等基本原则，但当时的理解力却是那么低下。

佟老师讲完，轮到郭寿康老师。郭老师首先笑呵呵地谈及我们这个班的由来。人民大学知识产权法专业第二学士学位班是当时的国家教委批准的全国第一个知识产权法学专业。为此，国家教委下发了一个专门文件。而在中国高等教育中设立知识产权法学专业源自时任联合国世界知识产权组织总干事鲍格胥博士的一封信。这封信是鲍格胥专门委托到日内瓦开会的郭寿康教授带回的。郭老师专门谈及鲍格胥博士邀请其到办公室叙谈，并请郭老师代为转递他给中国政府的亲笔信函。在这封信里，世界知识产权组织正式建议中国政府在高校中开办知识产权法学专业。郭老师回国后立即将该函件转交时任国家教委副主任黄辛白。随后，国家教委组织清华大学、北京大学、中国人民大学以及上海、西安、武汉等多所高校开会研究，准备在北京成立一个国家级的知识产权法教研中心，在上海、武汉、西安等地成立若干分中心。但最后各校均以条件不成熟为由退出。1986年下半年国家教委专门下文委托人民大学开办知识产权法专业，并于次年1987年开始招生。让我印象最深的，是郭老师对我们这批本科学习理工科等非法学专业的同学大加赞赏，并说美国大学法学院的所有学生本科都不是学法律的，美国没有法学本科。这是我第一次听说美国的法学专业与本科教育的关系问题。很多年后，我才真正明白法学是作为本科后教育的道理。然后郭老师就以他应当时的电子工业部之邀作为中国代表团成员赴世界知识产权组织参加专家会议为例谈了他的感受。此次会议专门讨论集成电路知识产权条约草案的文本。郭老师说，

"他们（指代表团里的其他成员）懂集成电路，但不懂知识产权；而我虽了解知识产权，但我不懂集成电路；会上讨论了很多技术性问题我就不清楚。"说到这里郭老师问："你们有谁学过集成电路？"我举起右手。郭老师看见后说，"以后你可以研究集成电路相关知识产权"。郭老师的这句话在我心中种下了集成电路知识产权这棵"草"。

此次见面会时间并不太长，但我相信对同学们影响深远。这次见面会是刘春田老师刻意安排的。后来才知道这3位老师，除了刘春田老师属知识产权法教研室，佟老师和郭老师分别属于民法教研室和国际法教研室。我们那会儿多少觉得有些怪异。很多年后，听一位武汉大学的刑法教授谈起人民大学法律系，他认为人民大学法学在各个专业方向上尽管水平有差异，但没有明显的短板；原因在于人民大学有一批基础深厚的教授，平日里涉猎的研究范围相对宽阔，而不是像有的学者只能守着自己门前那方寸之地。这位教授的评价曾让我想起了这次见面会。知识产权法学所涉及的问题与其他各相关学科都联系密切，没有开阔的眼界，是不可能种好门前"一亩三分地"的。这或许就是刘春田老师专门安排此次见面会的良苦用心。

三、一个星期的魅力

"9-87双"的40多位同学中，竟然没有一位是人民大学本科出身的"土著"。因为当时的人民大学基本没有理工科专业，而当时报考知识产权法第二学士学位生的必要条件就是本科毕业于理、工、农、医专业。报到之前大部分同学都未曾来过人民大学。初来乍到，同学们多少对人民大学抱有些神秘感。站在东门外，看着自上而下的"中国人民大学"这几个大字，我想一定曾引发莘莘学子的肃然起敬。

大家抱着这种崇敬的心态进入人民大学，自然有一番自我想象的期望。然而当入校第二周开始上课的第一天，就当头被泼了一盆凉水。那天同学们和教我们法理学的郭宇昭老师一同走进灰楼（现已改称求是楼）4层的教室（该楼正面有4层，侧翼仅3层）时，所有人都惊呆了。教室内遍布垃圾，课桌上布满尘土。大家请郭宇昭老师在教室外稍后，花了大约一刻钟把教室打扫了一遍。待尘埃落定，半小时已经过去。我们当时只当这是开学之初的意外"惊喜"。待到我们隔周再来这里上课时，这教室又脏得难以下足了。我们不得不再次把教室打扫一遍。课后我们几位同学便直奔教务处，向教务长反映教室的脏乱情况。但教务长却告诉我们，那个教室属于电教室，不归教务处管；因为全校教室不够，教务处临时向电教室借用该教室；并要我们把这个情况向电教室反映。年轻气盛的我们听到这里，当即与教务长发生争吵。末了教务长拗不过我们，才答应负责协调。尽管这件事情最终得到解决，但随后接连发生的几件事请，让我们相信这个事件绝非偶然。还是在灰楼南侧3楼的教室，贾林青老师正给我们讲授民法课，教室外的走廊上突然想起震耳欲聋的钉窗户的声音。原来后勤部门居然在上课时间安排维修工在走廊上修理窗户。有同学出去同那位修窗户的师傅交涉，对方的回答是：我上午必须干完，否则就算我没完成任务。类似地，赵向阳老师上宪法课时，窗外往来卡车开过的轰鸣声屡屡完全覆盖了赵老师略显嘶哑的声音。（后来，再有类似情况，赵老师干脆就停下来静音片刻。记得有一天上午正赶上日全食，窗外又出现汽车轰鸣声，赵老师便给我们出了个题：你们都是理工科毕业的，想个办法看看日食吧。于是有人将几个墨镜重叠起来，也有人将墨水倒在瓶盖里，借着墨水的反光看日食。）一周内连续出现多起这些直接影响课堂教学的事情，让我们领略了当时人民大学的管理水平。有同学调侃，"人大有这么多的管理系，居然最基本的教学事务管不好"。

当年的人民大学与我们的期待有着巨大的落差。但今天回想起来，出现这些当属正常状况。毕竟人民大学在"文化大革命"停办后复校还不到10年。且不说教学管理这类"软件"水平不高，有关教学的"硬件"设施在当时的全国高校中也定当获评最差奖。这种状况与作为全国人文、社科最著名高校的身份明显不匹配。随便举几个例子，当时的人民大学没有一个可以开大会的礼堂。这就是为什么我们等开学典礼只能在教室里听广播的原因。校园里唯一的一个体育场中央，居然还矗立着一座几十米高的水塔。要是在这里举行足球比赛，不知会有多少球员会像兔子一样撞上去。整个校园没有游泳馆，但尺寸标准的露天游泳池倒是有一个。只是因为漏水夏天里也只能看见同学们在倾斜的池底里演练"坡地足球"。有同学喜欢打乒乓球，可寻遍校园总共只有五六张水泥球台分别位于学二楼（现为东风二楼）、学六楼、学七楼（现青年公寓所在地）。类似的情况数不胜数。于是，大家感慨：人民大学只有一个星期的魅力。

四、专利法第一讲

我们的专利法是由郭寿康老师讲授的。郭老师一上来就先问大家："你们知道什么是知识产权吗?"随即从讲台上拿起一张卡片，继续说道："世界知识产权组织在其成立公约中有明确的界定。"一转身便在黑板上将《世界知识产权组织公约》第 2 条第 8 项的英文条款迅速地抄写完毕。紧接着，郭老师又问什么是工业产权，然后又将《巴黎公约》第 1 条第 2 款的内容写在黑板上。我们的专利法课程就是这样开场的。同学们无不对郭老师对国际条约英文表述的熟悉程度佩服不已。

郭老师当属我国知识产权法学界的元老。他早年毕业于北京大学，解放初转来人民大学任教，曾先后在民法教研室讲授过外国民商法，在国际法教研室讲授过国际经济法等课程。郭老师最让人叫绝的是其精通多国语言。许多人都曾误以为郭老师只是对英语、德语、法语等拉丁语系的语言比较熟悉，直到与日本友人见面时才知郭老师的日语也是异常流利。但在谈及其外语水平时，他会谦逊地提及德国马普所的迪茨教授，称其通晓十几国语言，其中中文水平可阅读专业文献。

郭老师在谈及专利法时，又在黑板上写下"第一题 中国专利法的起草与颁布"。然后便直奔主题，从 1978 年国家提出专利制度的问题；到 1979 年 3 月 19 日下午专利法起草小组的成立；再到因为专利法被指责为资本主义制度下垄断技术的手段，导致其起草工作下马；最后还是中央高层果断决策才有了 1984 年专利法的颁布。其中发生的各个事件郭老师都如数家珍般地讲得清晰明了。后来我们才知道，郭老师就是专利法起草组的成员之一，对专利法起草中的曲折郭老师都是亲历者。通过郭老师的讲解，我们才真正理解中国的改革开放之路的艰难，相对于具体事件的"拨乱反正"，更重要的无疑是"解放思想"。

郭老师是在"文化大革命"结束，人民大学复校后便回到学校任教。由于他的外语水平较高，郭老师在改革开放初期走遍世界、见多识广，结识了世界各国和国际组织的知识产权政要、专家、学者。听他授课犹如周游列国。其自身经历的描述就是一幅全球化的知识产权法律地图。他可以从德国专利商标局局长豪依赛尔谈到英国剑桥的科尼什教授，从世界知识产权组织的鲍格胥总干事谈到美国的哥斯丁教授。全世界知识产权界的代表人物，无一不是郭老师的老朋友。2000年我到德国马普所进修时，时任马普所所长薛瑞克教授在跟我谈及郭老师时称其为"中国知识产权事业的开拓者（pioneer）"。

五、与刘春田老师的一次讨论

刘春田老师在一次校友聚会的讲话中提及我当学生时曾与其就一个著作权法上的问题发生过争论。就因为这次争论，他记住了我。此后，好几个同学分别问我到底讨论了什么问题，借此机会可以具体说说。

我们的著作权法课程是由刘春田老师执鞭。按照我当年的笔记，刘老师的课程也是从知识产权说起，但很快就进入了著作权内容。第一节的标题是"法律的名称"。刘老师就这一具体问题纵论古今中外，最终说明这个法律应当叫著作权法。当时的我们并不完全理解这个名称的意义，但从刘老师对这一问题的论证中多少感知到了一些法律制定中的问题是可以讨论、并非颠扑不破的。这与理科或者工科相关课程中的内容完全不同。理科或者工科教材或者课程中讲授的内容大多是经过多少代人严格论证或者实验验证，且具备可重复性的知识。但知识产权法的相关知识，哪怕就是法律条文中的一些内容，似乎也并不一定在形式逻辑上天衣无缝。这或许也是社会科学与自然科学的一大区别。正是这堂课中的内容，让我平添了怀疑既有学说的勇气。

在课程进行中的一天，刘老师到我们宿舍随访。那天刘老师兴致很高地问起我们几位对著作权法课程的看法。言谈中，我冒昧地提出追续权应算作物权，而非著作权。因为追续权所依托的对象仅仅是美术作品的原件；原件是物，而非作品。画家因为原件的转售而享有追续权带来的财产利益；有关复制件的销售，画家是不可能获得收益提成。可见追续权的利益不是依附在无体的作品上，而是在有体的作品原件上的。对这个问题大家各抒己见，讨论热烈，但确如刘老师在校友聚会时所说，当时谁都没能说服谁。

现在看来，这就是初生牛犊经常会干的事情。对于刚刚进入法学领域的我们，习惯于所有的问题都必须非此即彼，似乎这个世界中的一切都应当是数字化的非零即一、非黑即白的精确。但现实世界并非如此，现实中存在若干的模糊概念或者模糊量。法律作为调整现实中各类关系的工具，自然也不可能如我们想象的那样精准无比。对一些概念或者事物的分类也不是仅仅服从形式逻辑，而不去考虑现实中的习惯或者操作的便利。尤其是对于在形式逻辑上处于两可状态的问题，则更需要考量其他社会因素。我们可以从这个问题中引申出作为社会科学的法学，其中的道理并不完全是科学的，很多道理可能需要从艺术的角度来加以解释才是。

六、最年轻的老师

"9－87双"的40多人中，七七级和七八级的毕业生有近10人，还有1987年以前毕业的其他各级毕业生，非应届毕业生超过2/3。因此在年龄上存在一定的差异。例如，被我们班尊为"三长老"的赵天武、王贵农和孟占都是"50后"。因此，给我们上课的老师并不都比同学年龄大。这其中最年轻的老师当属韦之。

韦老师是郭寿康老师的研究生。1988年夏天他刚刚毕业，刘老师就安排他在开学后给我们讲商标法。可以想象那个夏天他需要忙成什么样子才能完成全部备课工作。因为韦老师毕业前就与我们班的一些同学认识，课堂气氛总体上还是比较轻松的，课堂中的一切似乎都充满了可以商量的余地。

记得韦老师第一次上课时，由于缺乏授课经验，他讲课的语速飞快。从第一章商标的起源，很快就讲到了第二章我国的商标制度。没过多久课程就进入第三章商标的功能与商标权的性质。一个上午4课时的课，在11点左右，韦老师便笑呵呵地把讲台上的讲稿拿起来给我们看，说他今天带来的所有讲稿都讲完了。对此大家都报以善意的笑声，这堂课就这么结束了。正是这堂课的经历让我在日后第一次讲课时不断地提醒自己放慢语速。

从韦老师讲课的内容可知，他备课是非常认真的。1988 年，市面上能够见到的商标法教材仅有张序九老师编写的《商标法教程》。韦老师所讲内容大多来自当时人民大学图书馆能够找到的英文材料，如科尼什的《知识产权法》。这对一个刚刚毕业尚没有任何教学经验的年轻教师而言显然很不容易。或许这段经历为其日后赴马普所研修并在慕尼黑大学完成博士学业会有些许帮助。这么多年过去了，韦老师一直没有丢掉其认真为学的执着。这是极其难能可贵的品质。

七、"袜子换吗?"

每天中午或者晚上吃完饭回到宿舍，总有人背着鼓鼓囊囊的书包挨宿舍推门，然后探头问出："袜子换吗?"这绝对不是提醒不讲卫生的男生换掉长期不洗的臭袜子，而是询问是否有多余的粮票可以跟他交换新袜子。

20 世纪 80 年代后期，曾被戏称作"十亿人民十亿倒"的年代。这里的"倒"即是北京人所说"倒爷"的简称。人民大学，作为与社会联系最紧密的学校之一，校园的社会化程度是非常高的。今天，粮票已经成为文物进了博物馆。可在那个年代只有人民币而没有粮票，不管在餐馆、副食店、粮店乃至食堂等，都不可能买到粮食或粮食制品。因为当时中国的粮食尚不够全国人民敞开了吃，于是政府便向城市居民发放粮票。普通成年人每月发放约 27 斤粮票，大学和中学的学生每月发放 32 斤粮票。这就是为什么当时的农民把城里人叫作"吃商品粮的"。而农村人口则没有这种待遇，理由是他们就是种粮食的。每年，农村人只能根据自己当年在生产队里挣的工分，按比例分到交完公粮后的余粮。于是最早到城里打工的农民往往都得自带干粮。但带得再多也只能支撑一时，时间一长就有了对粮票的需求。在 20 世纪 70 年代，在有些地区一斤粮票最紧俏时可以值人民币一元钱。而一斤中等大米的价格却只有人民币一角四分二。粮票的稀缺性使其成了事实上的有价证券。80 年代，粮票已经不再如此昂贵，但进城打工的农民工的数量大增，因此粮票的需求量自然增加。年轻学子在任何时期往往都是这个世界上最没有计划且最不知道珍惜的群体。每月领来的粮票往往会被他们拿来补贴总是不够花的人民币。有外来人员拿着一些学生有需求的产品，如袜子之类的日用消耗品与学生交换粮票自是情理之内的事情。

除校外人员的登门兜售外，也有学生会倒运一批当时的紧俏物资拿到学生宿舍里来销售。大约在 10 年前，本人偶遇两位当年法律系的毕业生谈及那段全民经商的年代。这二位便津津乐道地告诉我，他们是如何把货物弄进宿舍，并在校内的广告栏里张贴推销广告的。到后来他们已经不再自己动手，而是招募同学出去张贴广告，并在各系同学里招募商务代理。当时人民大学各个宿舍楼前的公告栏中无不是各色商品广告。因此有人戏称这里是"中国人民大商场"。

从我们班女生"导演"的一桩趣事中，可见当时人民大学的商业气氛。在 1988 年 4 月 1 日，分布在校园里的公告栏中增加了几张售卖热水瓶胆的广告。广告内容言简意赅：除了"热水瓶胆"几个大字外，便是时间：中午12：30—1：30、地点：学二楼 320 室。学二楼 320 室是我们班以王贵农为首的作息最为规律、每到中午必须睡午觉的宿舍。这本是愚人节的一个玩笑。但热水瓶胆在当时的北京是紧俏商品，学生中热水瓶胆更是易耗品，各个宿舍无不有一批打碎了瓶胆的热水瓶壳。于是人们便忘记了愚人节，下意识地相信了这几张广告。当天中午，320 室爱好睡午觉的弟兄们可谓苦不堪言，整个中午敲门声就没有断过。即便是在王贵农等下楼把学二楼楼下的那张广告撕掉，但仍然有人看了其他地方的广告，源源不断地赶来敲门。

八、"理工电器"

20 世纪 80 年代末，全国人民都被浸泡在商业气氛之中。在这种全民经商的氛围下，"9 - 87 双"作为人民大学校园中的一分子，自然也被卷入其中。在我们班的"生意人"中，有从大钟寺批发市场倒上一车西瓜运到学校售卖的，有在宿舍中从事租书业务的……但赚钱最多的还是在校园里支台球案子的。即使在后期不想再做这生意了，也还能将台球案专卖给下家。

但在人民大学校园里最有名气的，当属"理工电器"。当年从人民大学东门进校后右转，路边的学二楼（如今叫东风二楼）3 层的窗台下赫然四个大字"理工电器"。这是我们班吴海涛同学的手笔。这"理工电器"实际上就是我们班几位曾经对家用电器有兴趣的男生自愿组合而成的电器修理铺。人民大学没有理工科学生,同学们手上的小电器若有任何毛病,均无处修理。"理工电器"应运而生,生意一度好到应接不暇。校园内无论是同学还是老师,只要有电器出了毛病,都会到学二楼3层"问诊"。一般便携式的小电器多是"坐堂收活"。若是冰箱、洗衣机之类则需上门修理。哥几个整日里忙得不亦乐乎,但末了却发现没挣几个钱。以致校学生会排演话剧时,到"理工电器"来"拉赞助"时,大家才发现抽屉里竟然没钱支持学生会的话剧演出。大家坐下来一聊,才意识到这几位无一不是书生意气,都不好意思开口要钱,修理零配件的成本在收费总额中总是占绝大部分。毕业后做了一家上市公司老总的钟铁钧甚至还为这种"小农"意识得意了好久:"那时,每天只要能挣够在食堂买'小炒'的钱就很知足啦!"同样地,如今当上国家知识产权局副局长的赵刚当年凭借一手细致入微的修理照相机的手艺,也就是赚个买"小炒"的钱。

不到一年的时间里,"理工电器"在校园内可谓当之无愧的"驰名商标"。在不计其数的修理业务中,"理工电器"未曾与"顾客"们发生过任何冲突。或许这也与哥几个过于浓重的书生气有关,以致别人不好意思发作,哪怕没能把有问题的电器修好。例如,曾在四川内燃机厂工作多年的任志强在处理电冰箱的问题时,总是能跟"顾客"大讲一通:"电冰箱在原理上就是让内燃机反转……"之类的越发让人摸不着头脑的道理或解释。基于"理工电器"的良好声誉,学校团委书记在一天下午曾专门到学二楼3层,找到我们宿舍说有一个苏联高校代表团要来人民大学访问,学校拟安排代表团来看看"理工电器",让苏联人见识以下中国大学生是如何"自食其力"的。但他进门后竟然无人搭理,在其自我介绍是学校的团委书记之后,几个躺在床上的同学居然纹丝不动;在书记告知拟安排外宾来此参观、座谈后,大家居然都没有任何表示。现在想想,当时几位显出的"傲慢"恐怕并非目中无人,而是出自理科生的木讷,他们不知如何应对书记的询问。这或许是当年教我们国际公法的程晓霞老师曾如此评价我们班"你们班跟人大所有的班级都不一样"的原因。

学界对《著作权法》修订的期许与探索[*]

——追忆中国人民大学版专家建议稿的形成

李　琛[**]

2020 年 4 月 26 日，《著作权法修正案（草案）》提交十三届全国人大常委会第十七次会议审议，并于 4 月 30 日在"中国人大网"公布，向社会公开征集意见。自 2011 年 7 月 11 日启动《著作权法》第三次修订开始，已过去将近 10 年了。此次修订在启动之初有两点格外引人瞩目：一是这次修订并无直接的外来压力，不像前两次修订那样是为了加入国际条约或履行条约义务，被业界广泛称为"主动立法"；二是新闻出版署和国家版权局委托了 3 家科研机构分别起草专家建议稿①，作为国家版权局制定草案的参考。我国知识产权立法历来是部门立法，主要由行政主管部门负责起草，由此产生的弊端也广受诟病。国家版权局委托学界起草建议稿之举，在我国知识产权立法史上尚属首次，是立法民主的一大进步，被称颂为"开门立法"。也正因为以上两点，知识产权界对《著作权法》第三次修订寄予厚望。"主动立法"意味着可以摆脱"达标式"的立法局限，能够根据本国的社会需求进行体系化的完善；"开门立法"则有助于集思广益、拓宽立法思路、提升立法质量。但从后来实际公布的几稿草案来看，《著作权法》第三次修订还是沿袭了"宜粗不宜细"的传统思路。当然，这种选择有其现实的考量——为了早日

---

[*] 本文写作于 2020 年 7 月。

[**] 李琛，中国人民大学法学院教授、博士研究生导师，联合国教科文组织版权与邻接权教席主持人。

① 这 3 家科研机构分别是中国人民大学知识产权学院、中国社会科学院知识产权中心和中南财经政法大学知识产权研究中心。

通过、减少争议。但是，这种立法思路是否应当延续下去，是值得反省的。刘春田教授在评论最新的《著作权法》修正案时指出："著作权法的修改也非易事，现在看来，平均十年一改，从 2011 年 7 月正式启动第三次修改工作，又是一个十年。既然改起来不容易，于是大家就期望值高些，希望改得好一点，说不定下一次又是十年后改了。总之，这个法律要服务的时间很长，修改工作的第一要务，是保障它的法治性，这是修法工作的纲，其余都是目。同时，要有实践性、前瞻性，更需要有全球化、国际化的规则意识。这是社会和国民的期待。"① 事实上，这种期待也正是修订启动之初的社会期许。时隔 10 年，回首初心，实有必要。故本文将以中国人民大学版（本文以下简称"人大版"）专家建议稿的形成为视角，记录学术界当初对著作权立法的期待、构想与尝试。

本文之所以选择"人大版"专家建议稿为模型，主要基于以下原因：首先，作者当年曾经作为中国人民大学课题组的成员参加了建议稿的起草工作。受课题主持人刘春田教授的指派，本人担任建议稿的执笔人，负责总则部分的拟定和分则各部分内容的整合，对"人大版"建议稿的形成有比较全面的了解。除此之外，"人大版"的两个特点使其很适于作为研究模型：①参与起草人员的广泛性。刘春田教授本着"'人大版'建议稿应充分体现学术界智慧"的理念，并没有把课题组成员局限于人民大学的教师，除了总则部分和全稿的整合由人民大学知识产权学院负责外，其他部分均由外单位的科研人员负责（具体分工下文介绍），而且以座谈会、邮件征询等方式向理论界和实务界广泛征求意见，甚至将初稿翻译成英文，向外国学者征求意见。因此，"人大版"建议稿在反映学界共识方面，是具有代表性的；②在 3 个建议稿中，"人大版"的修订幅度是最大的。仅以条款数为例，现行《著作权法》共计 61 条，"人大版"建议稿为 77 条。人民大学课题组在征求意见时，也有建议认为，"人大版"不符合传统的"小修"思路，可能不易被采纳。但我们并不以"采纳率"为最高目标，而是希望借着这样一个难得的机会，

---

① 刘春田：《第三次著作权法修改送审稿的进步和我们的期待》，载微信公众号"知产力"，2020 年 5 月 3 日。

尽可能地把法学界对著作权立法的合理构想都反映出来。这种"理想主义"的立场，使"人大版"比较全面地反映了学界对著作权立法的期许与探索。

当然，由于参与人员的广泛性，这份建议稿在表述风格的统一性上存在不足，作为当年的统稿者，本人对此深有体会。根据国家版权局的要求，课题组的全部研究时间不足半年，这对于立法工作来说是远远不够的，建议稿的具体内容也有诸多不尽如人意之处。因此，本文的重点并不是介绍"人大版"建议稿的具体条款，而是以"人大版"建议稿为模型，总结知识产权学界关于著作权法修订的重要思路和一些有价值的尝试。尽管由于能力和时间所限，学术界未能将思想全部形成高质量的法律表达，但这些思考本身是具有独立价值和历史意义的。

一、"人大版"建议稿的起草过程简述

2011年7月13日，新闻出版总署、国家版权局在北京举办了《著作权法》第三次修订启动会议。时任新闻出版总署署长、国家版权局局长的柳斌杰先生在会上指出，《著作权法》第三次修订应坚持三个基本原则。第一，要坚持独立性原则，即必须立足于中国国情、体现出中国特色、致力于解决中国的问题，必须着眼于解决我国版权创造、运用、保护、管理面临的突出问题。第二，要掌握好著作权法利益平衡原则。必须从汲取历史有利经验出发，深入研究各方利益诉求，准确把握著作权法的利益平衡原则，妥善处理好创作者、传播者和社会公众利益的基本平衡，妥善处理好保护著作权与保障信息传播的关系，既要依法保护著作权，又要促进信息传播。第三，要坚持国际性原则，要充分借鉴国际社会成熟的经验和做法，加强对国际社会著作权法制的跟踪与研究，认真查找我国现行《著作权法》与我国加入的国际条约之间的差距，使我国《著作权法》符合相关国际条约的规定，体现一个负责任大国的良好国际形象。柳斌杰还指出，希望《著作权法》第三次修订能够达到"三高"：高效率、高质量、高水平。高效率，即要充分发挥本次修订《著作权法》工作机制在组织保障、加强力量和协调关系方面的作用，集思广益、广聚共识，以只争朝夕的精神推进修法工作；高质量，即修法工

作要全面体现立法原则，准确把握立法方向，要充分发扬学术民主，要在高水平层面形成共识，力争让作品的创作者满意、传播者满意、使用者满意和社会公众满意，要得到国际社会及相关国际组织认可；高水平，即修法工作要面向世界、面向未来，要与我国目前的国际地位和发展水平相适应，要与中国特色社会主义法律体系相适应，既要体现中国特色，又要体现大国气派，树立诚信守法的良好国际形象。他希望在各相关方面的共同努力下，能够形成一部体系更加健全、内容更加缜密、文字更加凝练的《著作权法》。①

不难看出，在修订启动之初，国家版权局是希望对《著作权法》进行一次较为全面、系统的修改的。为了提高立法质量，此次会议还宣布，委托中国人民大学知识产权学院、中国社会科学院知识产权中心、中南财经政法大学知识产权研究中心分别起草3份专家建议稿，为国家版权局提供参考。

当时国家版权局要求，在2011年年底就要拿出建议稿，时间非常紧迫。刘春田教授作为人民大学课题组的主持人，在会后很快确定了研究团队的组建方案，广泛吸收全国不同高校与科研单位的学者参与，确定子课题的分工如下：总则部分由人民大学团队负责；"作品"部分由李雨峰教授和崔国斌教授负责；"权利内容"部分由费安玲教授负责；"权利归属"部分由孙新强教授和曲三强教授负责；"邻接权"部分由刘晓海教授和万勇教授负责；"权利利用"部分由王太平教授负责；"权利限制"部分由冯晓青教授负责；"权利救济"部分由李扬教授负责。② 研究团队在第一次开会讨论中，达成了几点基本共识：

（1）2010年，欧盟的著作权法专家拟定了一份《欧洲著作权法典》（*European Copyright Code*）。鉴于我国著作权立法更接近大陆法系，且该法典也是专家建议稿，又是很新的文本，可将此作为重要的参考范本。

（2）在体例上作一点创新，在建议稿的总则部分加入术语解释，可以把《著作权法实施条例》等法律文件中相对成熟的解释吸收进去。

---

① 《著作权法第三次修订启动》，载国家版权局官方网站：http://www.ncac.gov.cn/chinacopyright/contents/518/134998.html。

② 各子课题的负责人通常还组建了自己的研究团队，因此实际参加人员远远不止这些，在此无法一一列举。谨向这些参与者表示感谢。

（3）立法内容既不能太保守，也不能太超前，但要有一定预见性。

（4）在起草时尤其要考虑以下三点：其一，2020 年我国要建成完全市场经济国家；其二，数字技术的发展；其三，国际惯例与准则，要有国际共同体意识。

（5）每个条文都必须有含义说明和立法理由，立法理由应当包含实务例证、相关理论和其他国家与地区的立法例等。

同时，研究团队也拟定了调研计划，调研对象包括产业界、司法界、行政管理部门、外国公司与行业协会、国际贸易版权基地及其他著作权中介、作品使用者与公众利益代表等。

在文献基础方面，人民大学课题组作了悉心的准备。2011 年 6 月，人民大学知识产权学院组织翻译的《十二国著作权法》恰好出版，此书包括了巴西、埃及、法国、德国、印度、意大利、日本、俄罗斯、南非、韩国、英国、美国十二国的著作权法条文，为法律修订提供了很好的参考例。同时，人民大学知识产权学院还组织研究生分专题收集、整理相关资料，以供课题组参考。其中有两份最重要的资料：一是 4 万多字的《著作权法的问题及修改建议》，全面地整理了现有文献中对现行《著作权法》的批评和完善建议；二是两万多字的《著作权法术语比较》，从代表性的国内立法和国际条约中摘录了近 40 个著作权法核心术语的定义与相关表述。

在建议稿的起草过程中，人民大学课题组举办了多次研讨会和座谈会，听取不同行业的代表和著作权专家的意见。2011 年 9 月，各子课题组提交了初稿，本人对各组的初稿进行整合、增删，形成了完整的初稿。而后，整个课题组围绕着初稿进行了多次集体讨论，并广泛征求意见，再根据反馈意见进行修改。2011 年 12 月，人民大学课题组向国家版权局提交了专家建议稿。

二、"人大版"建议稿的立法理念与主要框架

在正式提交的建议稿中，附有一份"《著作权法》第三次修订专家建议稿总体说明"。这份说明阐述了课题组对修订必要性的理解、修订的指导思想、建议稿的目标定位和主要的修订情况。

（一） 对《著作权法》修订必要性的理解

我国现行著作权法制定于1990年，20世纪90年代以来的20年，恰是全球传播技术发生革命性变化的时期（尤其是数字化技术和互联网技术），这一时期也是各国著作权法修订最为频繁、活跃的时期。以邻国日本为例，1989—2009年该国著作权法修订多达19次，除1990年外，每年都修订。我国台湾地区1990—2010年修订也多达12次。形成鲜明对比的是，我国著作权法在20多年里仅修订两次，其中2010年的修订仅涉及两条。

这20多年也是我国市场经济和文化产业蓬勃发展的时期，创作者的权利意识也不断提高，知识产权纠纷的数量和类型大量增加。经济与社会结构的变动，也加剧了立法与现实的矛盾。我国现行著作权法和社会需求的矛盾突出表现在以下方面：

（1）与履行条约义务的矛盾。有些规定仍明显地不符合我国已经加入的国际条约，或是仅对外国人的保护达到条约标准，存在"超国民待遇"。

（2）与技术发展的矛盾。现行法关于著作财产权内容的封闭式列举，难以适应技术的发展，使权利人对新的利用方式难以主张权利。在互联网盗播广播节目极为普遍的情况下，广播电台、电视台仍没有信息网络传播权。

（3）与经济、产业发展的矛盾。我国邻接权的保护标准偏低，而邻接权的主体恰恰是文化产业的核心力量，显然不利于文化产业的发展。现行法中有关著作权许可和转让的规范也过于粗疏，无法有效地指引著作权的交易。

（4）与文化发展目标的矛盾。现行法对"合理使用"的规定缺乏弹性，使有的合乎社会习惯和创作规律的行为被认定为侵权，阻碍了后续创新。

（5）与司法裁判需求的矛盾。由于立法的缺陷，一些司法裁判或是"依法"判决而导致不公平，或是为实现个案公正、突破立法而损害了立法的权威。法院反映强烈的"讼累"问题，因现行法对调解制度规定得过于粗略而难以得到解决。

因此，无论是从顺应国际趋势还是从适应国内需求的角度观之，修订著作权法都势在必行。

（二）修订的指导思想

我国立法工作一度奉行"宜粗不宜细"的思想，这是法制起步时期基于法律理论与实践的不成熟而采取的权宜之计，不能成为立法的长期指导原则。我们认为，著作权法的修订应当尽量地全面、深入、系统，理由如下：

（1）节约立法资源。每一次立法的启动，都是一场浩大的工程，总是局限于小修小补，不从根本上解决问题，是对立法资源的浪费。一部立法最重要的是整体逻辑架构和基本原则取向，现行法在此方面远未完善。如果此次修订能够提供一个比较完善的架构，以后只需做技术性调整，会对立法任务的减轻起到长远的作用。

（2）促进社会和谐和司法公正。著作权法既是行为法，也是裁判法。好的立法是社会教科书，既详尽地指引人们的行为，又为司法提供准则。过于粗疏的立法使当事人无从预知行为的后果，也滋长了司法任意；明晰的立法则有助于消弭纠纷，约束司法裁量。因此，司法问题在很大程度上也是立法问题。

（3）总结本土经验与需求。我国的著作权立法一直沿袭"接轨"路径，事实上，没有抽象的"国际之轨"，只有被上升为国际准则的各国的具体利益诉求，国际准则的渊源归根结底还是来源于发达国家的国内经验。经过20年的积累，我们有必要对自身的理论和实践经验做一番认真的梳理，尤其是司法经验，将本土的需求与经验体现于立法。此次修订与历次立法最大的不同在于，非于外压之下而为之，自主与自觉应当成为此次修法的特点。

综上，我们修订的总体思路是：

（1）注重立法的逻辑性与体系化，为日后的持续完善提供合理的基础。

（2）兼顾当前需求与立法的前瞻性。既重点针对当前法律实践中迫切需要解决的问题，又尽力加强立法的弹性，使法律更好地适应技术的变动。

（3）兼采国际经验与本土经验。我们在修订时不仅参考了国外立法和国际条约，还特别关注了若干能暴露立法局限的典型案例。

（4）私权保护与利益平衡并重。我们在提高著作权和邻接权保护标准的同时，也增加了权利人的诚信义务；在增强著作财产权的开放性的同时，也增强了合理使用的开放性。

（三）建议稿的目标定位

立法是一个完整的过程，广泛地征集社会意见是一个不可或缺的过程。鉴于本建议稿是一个征集意见之前的底本，其功能不同于送审稿，我们对建议稿目标的基本定位是：指出关键问题点，以及解决问题的示范思路，为后续的征询意见提供一个比较好的框架，避免漫无边际。我们认为，细节完善不是本建议稿的重点目标。

（四）主要修订情况

建议稿共 77 条，其中保留现行法 16 条，吸收实施条例形成的规范 4 条，修改 34 条，新增 23 条。

修订主要围绕以下方面：

（1）完善立法结构与概念用语的逻辑性。建议稿分为总则、作品、著作权的内容、著作权的归属、著作权的利用、著作权的限制、邻接权、著作权的救济八章，合乎权利制度的逻辑分类；把属于合同权利的出版者权从邻接权中删除，规定在"著作权的利用"部分；纠正了一些不合逻辑的用语。

（2）从权利内容和权利限制两个方面增强了立法的弹性。把著作财产权整理为复制权、发行权、出租权、公开传播权、演绎权和汇编权，并保持了公开传播权和演绎权的开放性，以容纳因技术发展而创作实践发展带来的新的利用方式。规定了判断合理使用的四个考量因素，允许在列举的行为之外认定合理使用。

（3）细化了对著作人格权的保护规范，也增加了著作人格权行使的限制。

（4）细化了著作权利用的规则，增加了著作权转让和独占许可合同中著作权人的撤销权。

（5）提高了邻接权的保护标准。例如，为商业目的发行的录音录像制品，如果被直接或间接用于广播或对公众的任何传播，表演者和音像制作者有获得报酬的权利；规定了广播电台、电视台的信息网络传播权。

（6）修改了与我国加入的国际条约有冲突的规定，消除超国民待遇。例如，明确规定美术作品包含实用艺术作品；取消了报刊转载的法定许可；取消了摄影作品与其他作品在保护期上的差别。

（7）完善了合理使用制度，明确了一些合理使用的限定条件，例如，对设置在室外公共场所的艺术品的合理使用，增加了"非临时性设置"的限定。结合国际惯例和我国司法实践，增加了合理使用的范围，如"符合创作惯例的合理引用""符合促销惯例的合理使用"。

（8）增加了对技术措施保护的例外。鉴于技术措施保护本身不属于著作权的保护，无法适用著作权的限制，故专门规定了技术措施保护的例外。

（9）完善了著作权的救济制度。吸收法院意见，针对现行法列举侵权行为，又不能穷尽的缺陷，代之以"未经著作权人或邻接权人的许可，也没有法律上的依据，以专属于著作权和邻接权范围的方式利用作品、版式设计、表演、录音录像或广播节目信号的，构成著作权或邻接权的侵害"之规定，便于司法裁判援引法律。细化了损害赔偿的确定、著作人格权的救济；取消了法定赔偿的上限限制；增加了文件提供义务、海关扣押等规定；规定了民事责任与行政责任、刑事责任的承担顺序；规定了诉讼时效制度，增加了对超过时效起诉的权利人的救济限制；规定了著作权纠纷调解委员会的设立。

（10）吸收了实施条例和最高人民法院司法解释中一些比较成熟、合理的规定。

三、"人大版"建议稿中最值得关注的几点探索

（一）注重立法的体系化

建议稿分为总则、作品、著作权的内容、著作权的归属、著作权的利用、著作权的限制、邻接权和著作权的救济等八章，现行法的结构是：总则，著作权，著作权许可使用和转让合同，出版、表演、录音录像、播放，法律责任和执法措施。与现行法相比，建议稿结构的逻辑关系更为清晰，主要表现在：权利的对象（作品）与总则分开；权利的主体（归属）与权利的内容分

开；出版合同的内容纳入著作权的利用部分，不再与邻接权规定在一起，避免绝对权与相对权的混同。这种变动反映了学界的一个愿望：希望加强立法的体系化。

注重体系化，可谓人民大学课题组的首要理念。刘春田教授在 2017 年发表了一篇文章，其中有关体系化的观点充分反映了当年课题组的共识："应将体系化确立为著作权法修订的理性目标。修订法律是立法工作的继续。立法的不变目标就是提升法律的质量。与对个别新问题的单独立法、单独规范相比，整体化、体系化更是法律质量的集中体现，也是对一个国家法律理论、实践经验、立法水平、制度整合能力的真正检验。当下，著作权法规范群体驳杂，法出多门，体系化程度低，实践矛盾冲突，是我国著作权法治整体程度不高的重要原因之一……笔者认为，综合国际、国内大势，结合技术、经济、社会和法律发展，应当把修订著作权法的目标确立为——法的体系化。体系化可以把著作权法治整合为有机的系统，克服法出于多门，社会与法律实践、执法与司法各吹各号、各唱各调的乱象，实现著作权法"质"的提升……与增加追续权、孤儿作品等个别制度相比，将著作权法繁多驳杂的规范系统化，将其尽可能整合为自成系统的文件，上承民法总则，外接著作权法的国际条约。这可能是最理性、可行的修法目标。"[1] 费安玲教授在其提交的建议中也指出："就《著作权法》的立法体系而言，我认为，经过 20 年的立法实践和依据法律实施的情况，一方面应当将已经成熟的内容尽可能地规定于立法之中以充实其内容，另一方面应当在立法结构上需要进一步体系化。"

注重体系化的一个突出表现是：注重与民法的协调一致。例如，在用语方面，建议稿把"公民"改为"自然人"，把"著作人身权"改为"著作人格权"。关于"著作人格权"用语的说明来自费安玲教授的意见："人身权是民法中一个重要的术语，它是自然人的人格权与身份权的合称，是指民事主体依法享有的与人身密切相连且无直接财产内容的民事权利，其中人格权是权利人对其本身主体性要素及其利益的专属性支配权，身份权是基于身份而

---

① 刘春田：《著作权法修订应着眼于"质"的提升》，载《光明日报》2017 年 10 月 26 日。

产生的伦理性且与财产有关的权利。但是，如果从著作权的角度看，并不存在身份权的内容。至于作者身份权，它与民法中的身份权完全不是同质术语。实际上，作者身份权应当是作者人格权的内容。因此，无论是从人身权的术语含义的角度，还是从著作权法与民法的体系一致的角度，'人身权'的表达在《著作权法》均不适用，建议改为'作者人格权'。"

在"著作权的救济"部分也凸显了与民法的衔接。在多个条款的说明部分，李扬教授均强调"承继《民法通则》和《侵权责任法》的规定"。该部分还有一个重大修订，即针对现行司法解释中诉讼时效规定的不足，结合民法原理进行了重构。建议稿第8—17条①规定："侵犯著作权的诉讼时效为两年，自著作权人知道或者应当知道侵权行为和侵权行为人之日起计算。权利人超过两年起诉的，如果侵权行为在起诉时仍在持续，在该著作权保护期内，人民法院应当判决被告向权利人支付自侵权行为发生之日起计算的使用费。侵权人支付使用费后，视为自侵权行为发生之日起获得权利人的使用许可。"说明部分指出："《民法通则》第135条、第137条、最高人民法院2001年司法解释第28条规定，侵犯著作权的诉讼时效为两年，自权利人知道或者应当知道侵权行为之日起计算。问题在于，权利人仅知道自己权利被侵害但不知道侵害行为人时，权利人将无法起诉，这样一来，规定侵犯著作权的诉讼时效为两年对权利人来说就失去了意义。从德国民法典、法国民法典、日本民法典和我国台湾地区所谓的'民法典'关于时效之规定，都要求自权利人知道发生了侵权行为和侵权行为人之日起计算。著作权侵害适用民法典一般时效之规定，可推知其著作权法也如是要求。我国台湾地区所谓的'著作权法'第89条之一更是明确规定，损害赔偿请求权，自请求权人知有损害及赔偿义务人时起，两年间不行使而消灭。权利人超过两年诉讼时效的，按照诉讼法一般原理，权利人丧失胜诉权，除非作为被告的行为人自愿履行实体法上的义务。这说明，超过两年诉讼时效的，任何人都不得强迫被告履行实体法上的义务。从这个角度看，最高人民法院2001年司法解释第28条逻辑上

---

① 为了便于各章节后续修订而不影响全稿的条款编号，建议稿采取了各章节独立计数的方法。例如，第一章第1条为"1－1条"；第二章第1条为"2－1条"。

就不无问题——尽管其处于保护权利人目的。或许最高人民法院作出该司法解释，是从物权请求权不受时效限制法理出发的。但既然物权请求权不受时效限制，司法解释为什么又将该请求权放入诉讼时效中进行解释呢？这又是一个逻辑问题。当然，从实体上看，由于著作权等知识产权相比物权而言，对他人行动自由具有更大的妨碍作用，因此完全将著作权等知识产权等同于物权、将知识产权人的停止侵害请求权等同于物权请求权也是存在问题的。最高人民法院的司法解释将严重导致权利人躺在权利身上睡大觉、滥用诉权、严重打击侵权行为人，甚至导致社会不稳定的后果。如果仅仅因为超过两年诉讼时效权利人丧失诉讼法上的胜诉权而允许侵权行为人的侵权行为持续下去，对权利人亦为不公，不利于维持创造者足够的激励。我国《计算机保护条例》第30条规定，无过错的侵权软件复制品使用者如果停止使用会导致重大损失的，可以在支付使用费后继续使用。这实际上规定在一定情况下，侵权行为人可以通过支付使用费替代停止侵权行为。综合前述理由，同时借鉴《德国著作权法》第100条规定中的可取因素（侵害人非故意非过失，如停止侵害或者赔偿损失会导致过度损失，并可推定受害人同意金钱赔偿，可赔偿相当于许可使用费的金钱。在支付赔偿费用后，视受害人已许可在通常范围内使用），权利人超过两年起诉的，如果侵权行为在起诉时仍在持续，在该著作权保护期内，人民法院应当判决被告向权利人支付自侵权行为发生之日起的使用费。侵权人支付使用费后，视为自侵权行为发生之日起获得权利人使用许可，较为恰当。"这个条款的具体设计还可以探讨，但注重著作权法与民法原理的协调这一思路是非常可取的。

（二）平衡立法的灵活性与确定性

与立法的灵活性与确定性最为相关的条款是作品的类型、著作财产权的内容和"合理使用"的类型。

在研究著作权理论和参考各国立法例的基础上，课题组认识到作品类型化的例示性。李雨峰教授在其提交的初稿中，作品定义与类型条款的标题是"作品例示"，崔国斌教授则建议在作品类型的列举之后增加一款："在不引发本法条文冲突的情况下，一项作品可以整体上或者部分属于上述两个或多个类别。"表明大家都意识到,不应使立法中的作品分类束缚作品的保护。经过斟酌,定稿的作品定义条款表述为:"本法所称的作品,是指文学、艺术和科学领域内的具有独创性的任何表达,尤其包括……"该条的说明指出:"艺术实践不断发展,对作品范围、分类的认识也不断变化,立法的列举必然是非穷尽的,因此借鉴国外立法常用的表述'in particular(尤其是)',表示'包括但不限于'之意。实施条例对各作品类别的含义作了解释,但这些分类大多数没有法律意义,而且没有独立于美学定义的法学含义。鉴于艺术实践的活跃,把明确的作品类别定义纳入著作权法可能反而有碍于立法的适应性。1992 年,台湾地区所谓的'著作权法'删除了对各具体作品类型的释义,只规定'各项著作例示内容,由主管机关订定之',而嗣后公布的'著作权法第五条第一项各款著作内容例示'只具体列举了作品示例,没有下定义。故建议稿不纳入实施条例对具体作品类别的释义,仅规定个别涉及确定法律保护范围的作品定义,统一规定在总则的'定义'条款。"

当时司法实践中尚未出现体育赛事直播与喷泉造型的作品性争议之类的问题,"作品类型是否应当法定"也没有引起理论界的关注。[1] 今天看来,这一条似乎具有一种预见力。这也表明,立法越科学,其适应现实需求的能力就越强。

关于著作财产权的规定如何平衡灵活性与确定性,曾经引发较大的争议。现行法对著作财产权过于细化的列举给实践带来的困扰有目共睹,尤其是各项财产权之间没能做到无缝连接,导致法官在有的案件中(如涉及网络定时播放)只能求诸"其他权利"条款。因此,如何增强著作财产权条款对新技术的适应性,是一个不可回避的问题。当时也出现了另一种比较极端的观点,主张干脆取消对著作财产权的列举。这种观点忽略了权利法定对于社会公众的意义,而且列举著作财产权具有引导著作权交易的功能,权利人可以据此知道自己的权利可以分割成哪些权项进行许可或转让。

综合各方意见,建议稿的定稿规定:著作财产权包括:

---

① 参见李琛:《论作品类型化的法律意义》,载《知识产权》2018 年第 8 期。

（1）复制权，即以印刷、复印、拓印、录音、录像、翻录、翻拍等方式将作品制作一份或者多份的权利；

（2）发行权，即以出售或者赠与方式向公众提供作品的原件或者复制件的权利；

（3）出租权，即有偿许可他人临时使用电影作品和以类似摄制电影的方法创作的作品、计算机软件的权利，计算机软件不是出租的主要标的的除外；

（4）公众传播权，包括以展览、表演、放映、广播、信息网络传播或其他方式使公众感知作品的权利；

（5）演绎权，包括以摄制、改编、翻译或其他方式将作品改作成新作品的权利；

（6）汇编权，汇编权，即将作品或者作品的片段通过选择或者编排，汇集成新作品的权利；

（7）应当由著作权人享有的其他权利。

该条的说明指出："本条借鉴了《欧洲著作权法典》。多数观点认为，著作财产权的规定应在确定性和灵活性之间保持平衡，尤其在技术发展迅速的时代。法国法一直用'复制权和公开传播权'这一简约的表述概括著作财产权，美国法列举的财产权类型也只有复制权、演绎权、出租权、发行权、公开表演权、公开展览权。著作财产权划分为'单纯传播'和'再创作'；'单纯传播'又可划分为'提供载体的传播（material use）'和'仅供感知的传播（immaterial use）'，前者包括复制、发行和出租，后者在国际条约中被称为'向公众传播的权利'，可以囊括展览、表演、广播等。'提供载体的传播'类型是相对稳定的，故全部列举。而'仅供感知的传播'随着技术的发展不断出新。用'公众传播权'囊括'仅供感知的传播'，可以避免无谓的技术争议（如网播的性质），'其他方式'之语可以留下弹性空间。同时列举具体的公众传播方式作为示例，借鉴国外的'包括但不限于'立法技术。"

根据费安玲教授的建议，建议稿在著作财产权的列举之后还增加了一条："本法第 3－2－1 条规定的各项权利相互独立，行使其中任何一项权利不影响其他权利的行使。公开传播权和演绎权项下的各种具体利用方式也相互独立。"旨在宣示性地强调《著作权法》规定的各项权利具有行使的排他性和存在的独立性，不仅有利于强化人们对著作权各项权利的了解，而且有利于对著作权贸易活动的引导。参考立法例为《巴西著作权法》第31条："文学、艺术或科学作品及录音制品的各种形式的使用之间相互独立，作者或录音制作者授权进行某种形式的使用，并不表明授权进行任何其他形式的使用。"

对于"合理使用"的规定，多数观点认为，在保持著作财产权的开放性的同时，也应当保持"合理使用"的开放性，以实现利益平衡，并适应技术与创作实践的活跃发展。曾有观点建议引入"三步测试法"，但"三步测试法"是《伯尔尼公约》对各国著作权限制制度的协调标准，是立法的指导原则，作为司法认定的原则显得过于抽象。① 因此，建议稿借鉴台湾地区的做法，引入美国法第107条的四个判断标准，规定如下：

在判断是否构成第6-1条规定的合理使用或其他合理使用时，应综合考虑以下因素：

（1）利用的目的与性质，包括是否具有商业目的；

（2）作品的性质；

（3）利用的质与量及其在被利用的作品中所占的比例；

（4）利用结果对作品潜在市场或价值的影响。

这四个标准首先是判断法律列举的使用行为是否合理的标准，因为法律列举的"合理使用"情形通常仍需在个案中判断其利用程度是否合理。此外，也允许司法者在列举的范围之外判定"合理使用"。

（三）关注司法的适用经验

立法的主要功能之一，是为司法者提供裁判依据。在实践中法条是如何被解释的、法条的表述对司法者带来怎样的影响，法律修订时应予以重点关注。重视司法的适用经验、回应司法裁判需求，是建议稿起草的重要指导思想。

---

① 参见李琛：《论我国著作权法修订中"合理使用"的立法技术》，载《知识产权》2013年第1期。

例如，我国的司法实践对修改权的含义一直存在误解①，其中一种流行的误读是"一权两面说"，认为修改权和保护作品完整权是"一个权利的两个方面"。在国家版权局的修订草案中，修改权曾经被删除，保护作品完整权的定义被重新表述为"允许他人修改作品以及禁止歪曲、窜改作品的权利"，试图以"保护作品完整权"合并"修改权"，这种方案就是受到"一权两面说"的影响。事实上，修改权与保护作品完整权的功能完全不同。修改权设置的原因是：作者的观点可能会发生改变。由于作品发表之前作者对作品有完整的控制权，修改自由无人干涉，因此修改权的定义中通常会突出"发表之后"。《巴西著作权法》第24条第5款表述为"在作品被使用之前或之后，修改作品的权利"。《西班牙著作权法》第14条第5款确认作者拥有"在尊重第三人已获得权利和保护文化遗产要求的前提下，修改作品的权利"。《荷兰著作权法》第25条第4款规定："作者移转著作权之后，依然有权依据一般社会习惯善意地修改作品。"修改权保护作者的"变之自由"，保障作者自己的修改自由；保护作品完整权则维护作者的"不变之自由"，禁止他人任意改动作品。"一权两面说"的误读与现行法的表述不无关系。现行《著作权法》把修改权界定为"修改或授权他人修改作品的权利"。"授权他人修改"是区别于作者亲自修改的具体方式，以保证作者在必要的情况下可以由他人代为修改。《荷兰著作权法》第25条第4款也有类似的规定："只要著作权存续，该修改权可由作者通过遗嘱指定之人行使，只要有理由推断作者允许此种修改。"但是，由于立法表述中的"授权他人修改作品"容易使人望文生义地推出"未经授权修改作品即侵犯了修改权"，而"非法修改作品"本是保护作品完整权禁止的行为，导致"修改权和保护作品完整权是一个权利的两个方面"之说非常流行。这个推断实际上忽略了不同权利类型的效力差异。因为财产权不具有专属性，财产权的对象也可为他人所利用，财产权的对应义务通常是"未经许可不得利用"，如复制权的禁止效力是"禁止他人复制"。但这个公式不能完全推演到人格权领域。有些人格权是为了保障

---

① 参见李琛：《论修改权》，载《知识产权》2019年第10期。

主体专属的行为自由，有学者称之为"行动权"。① 其对应义务是"不得妨碍此种自由"，而不是"禁止他人为相同行为"，如贞操权、婚姻自主权。和修改权同质的收回权亦然，收回权的"反面"显然不是禁止他人收回。修改权保障"变"之自由，是积极的权利，其利益内核也是实现修改的行为自由。西班牙学者德利娅·利普希克把著作人格权分为两类，其中发表权、修改权和收回权是"要求权利所有者作出决定，采取行动"；而署名权和保护作品完整权是"相对权利或防御性权利"。② 修改权的效力不是防御他人改动作品。从语言逻辑上分析，如果"授权他人为某种行为"的效力是禁止他人为某种行为，授权语句和禁止语句应当是可以替换的。例如，表演者的"许可他人录音录像"可以替换为"禁止他人未经许可录音录像"。而规定修改权的目的是"能改"，而不是为了"不许改"。"禁止他人未经许可地修改作品"不能反映这种立法意图，因此在修改权的语境下不能与"授权他人修改作品"互相替换。

虽然误读修改权的根本原因不在文本，而在于理解方法，但既然立法的措辞容易引起误读，法律修订就应当改善表达、消除误解。因此，建议稿删去了"授权他人修改"，把修改权界定为"即修改自己作品的权利"。该条的说明指出："修改是创作的继续，如果作品原件未交付他人且著作权未许可他人使用，并不需要单设修改权，此时的修改自由是创作自由的应有之义。修改权的意义只有在协调作者的修改自由与物权的关系或与作品使用人的关系时才显现出来。因此，很多国家的立法在著作权合同部分规定作者修改权的行使与限制。侵犯修改权系指'无正当理由妨碍作者修改其作品'。由于现行法有'授权他人修改'的表述，致使实务中误认为'他人未经授权而修改作品'即侵犯修改权，混淆了修改权与保护作品完整权，使修改权丧失了独立的价值。'授权他人修改'是修改权的具体行使方式，是'作者有权修改自己作品'的自然结果，没有必要独立表述。"

建议稿之所以在"合理使用"条款中引入弹性规定，也是对裁判需求的

---

① 李锡鹤：《民法哲学论稿》（第二版），复旦大学出版社 2009 年版，第 294 页。

② ［西班牙］德利娅·利普希克：《著作权与邻接权》，中国对外翻译出版公司 2000 年版，第 115 页。

回应。在我国的司法实践中，已有多个裁判确认了立法没有规定的"合理使用"行为。早在20世纪90年代，在"北影录音录像公司诉北京电影学院"一案中，法院认定电影学院为教学目的而拍摄电影属于合理使用；而我国著作权法允许的出于教学目的的"合理使用"仅限于"翻译、复制"行为。①在"覃绍殷诉北京荣宝拍卖有限公司侵犯著作权"案中，被告在拍卖过程中对作为拍卖标的的原告作品进行了展览、幻灯放映，并复制在拍卖图录中。为拍卖目的而合理展示作品，是很多国家立法中明确规定的"合理使用"。尽管我国著作权法对此并未规定，北京市一中院认定被告的行为构成"合理使用"。②在涉及电视剧《激情燃烧的岁月》的著作权纠纷中，法院认为电视剧中短暂地使用已发表的音乐作品，属于"合理使用"。③这些裁判表明，法院已经在事实上突破了立法的规定，如果立法不及时作出回应，一方面会损害立法的权威，使当事人难以预见自己的行为后果；另一方面由于缺乏立法的原则性指引，法院的司法裁量有可能行使不当。

在调研中，许多法官均反映诉讼压力过大，而且有很多同一被告、相同事实、只是原告不同的案件，法官花费大量的精力从事"算账"（确定损害赔偿额）的工作，希望建立多元化的纠纷解决机制。为此，建议稿在"著作权的救济"部分设立了一个非讼解决条款：

著作权纠纷可以申请调解，也可以按照约定申请仲裁机构仲裁。

著作权行政管理部门应当设立著作权纠纷调解委员会，负责著作权纠纷、邻接权纠纷的调解。调解委员会的委员由著作权行政管理部门从具有著作权、邻接权学识或者经验的人当中委任，但每个案件不超过3人。

有关著作权调解委员会的组织章程、调解程序和办法以及其他必要事项，由国务院著作权主管机关另行规定。

该条的说明指出："著作权纠纷案件日益增多，法院有不堪重负之危险，成立专门的著作权纠纷调解委员会，可以减轻法院负担，并可简化有关程序，节省当事人资源。现著作权法第54条虽规定著作权纠纷可以申请调解，但并

---

① 北京市第一中级人民法院（1995）一中知终字第19号民事判决书。
② 北京市第一中级人民法院（2003）一中民初字第12064号民事判决书。
③ 北京市高级人民法院（2004）高民终字第627号民事判决书。

没有规定专责的调解机构，不能发挥实效。大陆法系国家和地区多有规定主管机关得成立著作权纠纷调解委员会者，直接借鉴。"

（四）回应市场的需求

知识产权法的基本功能归根结底是保障知识的市场化，市场与产业的需求应当成为立法的重要指引。现有《著作权法》在满足市场需求方面，存在两点明显的不足。

一是著作权交易规则过于简单。著作权交易主要是权利的许可与转让，现行《著作权法》中"著作权许可使用和转让合同"一章只有 6 个条款，远远不能适应实务的需求。根据北京市朝阳区人民法院 2020 年 6 月发布的《文化产业知识产权审判白皮书》，该法院近 5 年受理的涉文化产业知识产权纠纷案件中，合同类纠纷占比达 48.3%。朝阳法院在案件审理过程中发现，违反授权范围约定、超出约定授权期限、变更合同约定、约定标准模糊等是较为常见的问题。"人大版"建议稿对现行法改动最大的地方之一，就是增加了不少著作权利用的条款，"著作权利用"一章有 14 条之多。此外，因为作者在许可或转让著作财产权之后仍然享有著作人格权，作者的人格权与作品使用人的财产利益发生冲突，也是实务中常见的纠纷之一。为此，建议稿增加了一些有关人格权行使限度的规定。例如，在"著作人格权"部分，规定了"作者将未发表作品的著作财产权转让给他人或许可他人公开使用"以及"作者将未发表的美术作品的原件转让给他人"时，推定作者同意发表作品；规定"在作者没有特别声明的情况下，作品使用人可以按照作品上已有的作者署名标明作者姓名。因作品性质、使用目的和方式无法标明作者署名的，或者依据社会习惯可以省略作者署名且不妨碍作者主张其作者资格的，可以省略作者的署名"；规定"作品的原件所有权或著作权已转让给他人，或著作权已经许可他人使用之后，作者对修改权的行使应当尊重他人已经取得的权利"；规定"在没有对作品进行实质性改动的情况下，下列行为不构成对作者保护作品完整权的侵害：①基于国家义务教育的需要且依学校的教学目的而不可避免地对作品进行的必要改动；②为满足建筑物的扩建、改建的需要而进行的改动；③对只能在特定计算机上使用的计算机程序进行必要的改动，使该程序可以使用于其他计算机；④经作者许可或法律允许而使用作品，出于作品性质、使用目的和使用方式等原因而不可避免地对作品进行的必要的改动"。在"著作权的利用"部分，规定"依照本法使用他人作品时，不得侵犯作者的著作人格权。作者转让著作权或许可他人使用之后，行使著作人格权的方式应当符合合同的目的和诚实信用原则"等。

二是邻接权的保护标准偏低。我国以往的著作权立法主要以国际公约为参照，属于"达标式"立法。由于版权体系并无专门的邻接权制度，相对于狭义著作权而言，邻接权的国际协调比较滞后。相应地，我国的邻接权制度保护程度总体偏低。而邻接权涉及录音产业、演艺产业和广播电视产业，邻接权的主体是文化产业的核心力量，并且邻接权还间接影响其他文化产业（如体育产业）。从实践来看，现有规则的不足已经给产业发展造成了严重影响。例如，因为广播组织没有信息网络传播权，某些司法裁判对作品的认定又存在偏差，导致体育赛事直播的网络盗播得不到有效的制止，制约了体育市场的发展。[①] 建议稿对邻接权的保护程度有较大的提高，例如，增加了广播组织的信息网络传播权；规定广播电台、电视台播放已经出版的录音制品时，不仅要向著作权人支付报酬，也要向表演者和录音制作者支付报酬。

四、对我国著作权立法的几点展望

通过梳理10年前学界对《著作权法》修订的尝试，为将来的立法提供一点经验与启示，是本文的主要目的。新近公布的《著作权法》修正案草案有不少明显的进步，有些改动和专家建议稿的思路是一致的，例如，力求用语与民法保持一致，把"公民"和"其他组织"改为"自然人"和"非法人组织"；回应现实的需求，对一些不适应技术发展、给司法实践造成障碍的规定予以改进，把"电影作品或者以类似摄制电影的方法创作的作品"改为"视听作品"；拓展了广播权的范围，使广播权不再以无线广播为核心；明晰了广播权与信息网络传播权的区别；提高了邻接权的保护程度，尤其是

[①] 郭晨晖：《关于体育赛事转播权保护的产业思考》，载微信公众号"万慧达知识产权"，2019年8月8日。

规定了广播组织的信息网络传播权等。

但毋庸讳言，修正草案基本上还是沿袭了"宜粗不宜细"的传统立法思路，修改幅度不大；对于一些重要的司法经验与教训也没有予以回应，例如，明确作品类型列举的例示性、适当保持"合理使用"条款的开放性、准确表述修改权等，必然导致一些法律解释的争议还将继续发生；关于著作权的许可与转让、著作人格权的行使限度等规则依然没有细化，不能充分满足著作权交易的市场需求。另外，却引入了一些既不反映现实主要矛盾，也不符合著作权民事属性的规则，例如，禁止著作权滥用条款——尤其是著作权滥用的行政处罚条款，引起了学界的诸多批判。①

这些不足反映的不仅仅是具体规则的缺陷，而是立法思路问题。立法思路的影响，绝不局限于某一部法律文件，而是关涉整体的立法水平。从长远来看，我们需要对立法的理念和方法本身进行反思。当年的学术界透过专家建议稿所贡献的一些基本思路是值得认真研究与借鉴的，尤其是以下四点：①改变"宜粗不宜细"的旧观念，当代社会的复杂化要求社会治理的精细化；②注重立法的体系化，如果能确立一个合理、稳定的体系架构，以后的修订只需微调，从长远来看可以节约立法成本；③重视司法经验，要根据司法中对文本的解释状况来调整文本的表述，可以把合理的解释确认为立法，对解释造成障碍的表述应当修正，尽量减轻司法者的解释负担；④回应市场与产业的需求，不能"闭门造车"，或仅以浮浅的比较研究作为立法的基础。

回顾学界的一段足迹，以为将来之勉。

---

① 参见：《"滥用著作权"条款，一石激起千层浪》，载微信公众号"同济知识产权与竞争法中心"，2020 年 6 月 29 日。

著作权法三十周年结硕果[*]

——中国音乐著作权协会诞生和发展历程

刘　平[**]

时光荏苒，转眼间中华人民共和国《著作权法》已经颁布实施近 30 个年头。《著作权法》作为民法的部门法分支，其首要的立法目的是保护原创，其次解决的是广大著作权人与作品传播使用者之间的利益平衡问题。值得历史铭记的是，《著作权法》颁布实施 30 周年的重要成果之一就是著作权集体管理法律制度在中国大陆已经生根发芽，方兴未艾。作为著作权法律制度重要组成部分之一的著作权集体管理制度是专门用于解决广大著作权人，特别是原创作者的著作权益保护的特设机制。放眼全世界，著作权法律制度高度发达的国家一个重要的标志就是其著作权集体管理制度非常普及和高效，通过贯彻实施此专项法律制度使广大著作权人个体难于行使的著作权利得到有效兑现，并使基于作品的广泛使用而产生的利益分配关系在广大个体著作权人和广大作品使用者之间得到有效平衡，从而既保护了原创，激发了创作热情，同时也促进了作品的广泛传播，进而实现文化市场繁荣以及增强一个国家的文化影响力。

我国的《著作权法》虽然诞生在 30 年前，但是关于此项旨在保护创作者的基本法律的筹备酝酿过程却是在 20 世纪改革开放之初就已经开始了。党的十一届三中全会作出了"把工作重点转移到社会主义现代化建设上来"的

---

　　[*] 本文写作于 2020 年 6 月。

　　[**] 刘平，中国音乐著作权协会代理总干事。法学博士，从事知识产权律师工作多年。自加入中国音乐著作权协会以来，致力于开拓中国的著作权集体管理事业，在著作权维权和法律实践方面具备丰富的从业经验。

重要决策，广大文艺工作者开始重返创作队伍和表演舞台。与此同时，在不断开放的国际交往中，我们的创作者们感受到了作品被保护、被尊重的必要，于是建立著作权保护法律制度的呼声也就日益强烈。1987 年，在以著名音乐家王立平为代表的中国众多知名音乐家的共同努力下，在中国音乐家协会和国家版权局的大力支持下，中国第一家著作权集体管理组织——中国音乐著作权协会开始筹建。自此，作为中国大陆著作权集体管理事业的开拓者，中国音乐著作权协会的发展实践便与我国的著作权立法紧密相关。

在我国，由于《著作权法》本身立法时间就比较晚，且著作权法律制度的实施基础也非常薄弱，因此当年在《著作权法》颁布实施的强大作用力下，著作权集体管理制度能在中国及时诞生且落地生根，显然是有赖于我国《著作权法》这部专门法的强大力量。作为中国大陆第一家著作权集体管理组织——中国音乐著作权协会的成立则有着如下其历史背景：

（1）音乐创作者阶层著作权法律意识的觉醒。改革开放后，许多音乐家在国际交流活动中都接触到了海外著作权集体管理等相关版权法律制度的资讯，因此激发了在我国也建立同类组织的强烈意愿。

（2）著作权基本法的诞生。随着 30 年前《中华人民共和国著作权法》颁布和施行，保护音乐著作权的事业开始有法可依。

（3）国际公约的要求。我国于 1992 年分别加入《世界版权公约》和《伯尔尼公约》，与国际义务相对应，对创作者著作权的保护也需要逐步与国际水平接轨。

（4）政府部门及行业协会的支持。中国音乐著作权协会的成立也离不开国家版权局和中国音乐家协会的大力支持。

负责筹建中国音乐著作权协会的王立平等知名音乐家不仅呼吁和推动我国开展著作权法立法工作，在我国《著作权法》的起草阶段，还多次向国家立法机关具体建言，要求将广大作者的著作权益充分纳入法律保护。1990 年9 月 7 日，七届全国人大常委会第十五次会议审议通过了《中华人民共和国著作权法》，从此中华人民共和国第一部明确作者权利并加以保护的基本法律正式诞生。作为落实著作权法的重要内容，著作权集体管理制度也有了从零起步的法律基础。在《著作权法》颁布实施的有力促进下，经过多方努力，筹建多年的中国大陆第一家著作权集体管理组织——中国音乐著作权协会（本文以下简称音著协）于 1992 年 12 月 17 日正式成立，成立发起人是中国音乐家协会和国家版权局。

　　30 年前中华人民共和国第一部《著作权法》对于著作权集体管理法律制度只作出了原则性的规定，对于这项有关著作权的特别法律制度如何在中国大地落地实施，在当时的中国谁都没有经验。音著协的创立者和管理者们可以说是"摸着石头过河"，从无到有，从小到大，逐步把著作权集体管理事业做大做实，扎扎实实地为广大原创作者阶层谋福利。在近 30 年的发展历程中，音著协作为公认的我国著作权集体管理事业的拓荒者，顽强地坚守著作权集体管理组织的基本原则，并成功地在我们这个著作权保护历史不长、基础薄弱、法制条件有待完善的新兴经济国家探索出一条开展著作权集体管理工作的路径，为中国著作权保护体系的完善做出了重要贡献。在全力推进音乐著作权集体管理工作的同时，音著协也能总结经验教训，创新总结出适合中国著作权集体管理组织的发展思路——"一个走出，两个适应"，即"走出僵化，适应国情，适应市场"，并将自身秉持的"服务会员、服务音乐著作权人、服务音乐使用者、服务社会"的服务理念发扬光大。在推动经济发展和文化繁荣、深化文化产业大改革、贯彻落实《国家知识产权战略纲要》和"全面依法治国"理念的宏观形势下，音著协能够凭借专业水准与丰富的实践经验，在多项国家重大活动中成功进行音乐著作权管理运作，展现出了著作权集体管理组织对产业的重要影响力。音著协已不仅是连接会员和音乐使用者之间的桥梁，它更成长成为一支能够在整个文化创意产业链条上发挥"纽带"作用的著作权集体管理专业队伍。音著协还克服种种不利因素，全面拓展许可工作，探索出"许可＋服务"的新型许可模式，减轻与音乐使用者冲突的强度，尽力创建著作权人与使用者的和谐社会关系。不论针对同行业音乐使用者授权的深度，还是对不同行业领域、不同地域音乐使用者授权的广度，音著协许可工作可谓成效显著。目前音著协国内会员人数从最初的不足 300 人已增至超过 10000 人，涵盖国内绝大部分知名音乐作者，会员人数逐年稳步增加；所管理的音乐作品达 1400 多万首，遍布全世界范围；费用分配方面，音著协每年均严格按照国际标准制作并公布年报，按照会员大会制定的分配规则公开、公正、透明地为会员分配，确保会员权益得到充分保障。数字最能说明问题，2019 年，音著协各项著作权收费总额已经突破 4 亿元人民币，历年给广大音乐著作权人收取的各项著作权使用费总计已经超过 20 亿元人民币，管理费比例年平均在 18% 左右，也就是说其中绝大部分著作权使用费都分配给了广大音乐著作权人，并初步建立起广大音乐著作权人与广大音乐作品使用者之间的利益平衡渠道。

著作权集体管理制度并非是解决著作权人所有种类著作权问题的法律制度，而是专门用于兑现广大著作权人个体难于行使的著作权利，例如，表演权、广播权以及某些使用条件下的复制权和信息网络传播权的特别法律制度。相比于谈判地位和对价能力都比较强势的各类作品传播使用者而言，广大原创作品著作权人个体的维权能力普遍非常薄弱。如果按照纯粹的市场经济法则进行作品著作权交易，则必将导致创作者阶层最终沦为"创作苦力"，长此以往不利于一个国家的文化创造力的涵养和激励。因此，对于原创作者的著作权益保护问题，历来也是世界各国的著作权法律制度着重需要关注解决的普遍性问题，而著作权集体管理制度恰恰就是为了解决作为弱势群体一方的原创作者阶层的著作权益兑现问题而应运而生的。在以国际作者作曲者协会（CISAC）为代表的著作权集体管理的国际架构下，音著协的章程、各项收费标准和分配规则的制定和实施均来源于国际规则和国际惯例，运作多年来，已经成为最能与国际接轨的中国大陆著作权集体管理组织。

从以下时间线和重要事件的脉络，就足以展现出我国的著作权集体管理组织在《著作权法》实施乃至中国依法治国的进程中所起到的重要作用：

1992 年 12 月 17 日，中国音乐著作权协会于民政部注册成立，设址在北京市东城区第 25 中学校内。

1993 年 2 月 12 日，国家版权局发布 2 号公告，明确中国音乐著作权协会的性质和职能。

1993 年 6 月 1 日，中国音乐著作权协会进行第一次音乐著作权使用费分配。

1993 年 8 月 1 日，国家版权局颁布音乐作品表演、录音法定许可标准。

1993 年 9 月 4 日，最高人民法院给中国音乐著作权协会回函指出："音乐著作权协会可以自己的名义对音乐著作权人委托的权利进行管理。发生纠纷时，根据合同在委托范围内有权以自己的名义提起诉讼"，最高人民法院通过此回函首次明确了音著协的诉讼主体资格。

1994年6月7日，中国音乐著作权协会签订了第一份与海外同类组织（即意大利音乐著作权协会SIAE）的相互代表协议。

1996年5月9日，中国音乐著作权协会首例行政处罚申请获准。

1996年5月，中国著作权集体管理组织维权诉讼第一案——中国音乐著作权协会诉上海张学友演唱会侵犯表演权案。

2001年4月10日，中国音乐著作权协会与北京市旅游行业协会饭店分会就使用背景音乐著作权许可签约——我国著作权集体管理组织首次与饭店行业协会实现合作。

2001年8月1日，中国音乐著作权协会与上海市文化娱乐行业协会就卡拉OK场所表演权许可签约——我国著作权集体管理组织首次与文化娱乐行业协会实现合作。

2002年4月20日，中国音乐著作权协会第一次实现向海外同类组织进行著作权使用费分配。

2002年12月1日，中国音乐著作权协会与中国移动公司就彩铃业务音乐著作权许可进行签约——我国著作权集体管理组织首次与电信行业大型国企进行合作。

2003年，中国音乐著作权协会与香港音乐著作权协会（CASH）合作开发音乐作者作品权利信息系统（DIVA），使中国的著作权集体管理组织有了与国际接轨的音乐版权数据系统。

2004年10月1日，经国家版权局和外交部批准，中国音乐著作权协成为国际作者作曲者协会联合会（CISAC）正式成员。

2005年，中国音乐著作权协会全年收取许可使用费总计达到6440万元人民币，因增长迅速，入选为当年全球集管组织50强。

2006年，中国音乐著作权协会被国家版权局评选为2005年度"全国版权保护示范单位"。

2006年，中国音乐著作权协会帮助国防科工委妥善解决了"嫦娥一号"

月球探测卫星播放音乐作品的著作权问题，被国防科工委授予荣誉证书。

2006 年，中国音乐著作权协会被北京奥组委授予"第三届北京 2008 奥运歌曲征集评选活动优秀组织奖"。

2006 年 4 月 1 日，中国音乐著作权协会与比利时音乐著作权协会共同启动关于"加强中国集体管理组织建设"的合作项目。

2006—2008 年，为了支持"中国音像著作权集体管理协会"（本文以下简称音集协）的筹建，中国音乐著作权协会从自身管理费账户中多次向音集协借款，总计 170 多万元，以缓解音集协筹建工作初期的财务困难。

2007 年 6 月 1 日，中国音乐著作权协会正式加入国际影画乐曲复制权协理联会（BIEM）。

2007 年 11 月 1 日，中国音乐著作权协会与第 29 届北京奥运会组织委员会达成深度战略合作协议，由音著协对北京奥运期间所涉及的音乐作品提供全方位的著作权保护。

2007 年 12 月 1 日，中国音乐著作权协会联合国际唱片业协会、海外出版公司及唱片公司共同向"百度"音乐 mp3 网站侵犯音乐著作权的行为发出维权声明。

2009 年 2 月 1 日，中国音乐著作权协会通过了国际标准音乐作品编码（ISWC）国际总代理机构的严格审查，成为国际标准音乐作品编码在中国大陆的唯一代理机构。

2009 年 4 月 1 日，中国音乐著作权协会与上海世博会事务协调局签署了《中国 2010 年上海世博会音乐著作权合作备忘录》，由音著协为上海世博会使用音乐作品提供著作权服务。

2009 年 9 月 30 日，中国音乐著作权协会向天安门管委会颁发国庆 60 周年期间播放背景音乐的著作权使用许可。

2009 年 11 月 1 日，国务院颁布《广播电台电视台播放录音制品支付报酬暂行办法》，中国音乐著作权协会经过长期不懈努力而达成的音乐作品广播权收费的具体工作正式启动。

2010 年 4 月 26 日，中国音乐著作权协会主办迎世博"保护音乐合法使用表彰会"，向十余家"保护音乐合法使用示范单位"颁奖，呼吁社会各界支持和保护音乐作品的合法使用。

2010 年 7 月 15 日，中国音乐著作权协会诉"百度"侵犯音乐著作权案胜诉，开创了音乐行业权利人在针对"百度"系列维权的诉讼中获胜的先例。

2010 年 9 月 25 日，中国音乐著作权协会与中国中央电视台音乐付酬签约仪式在北京隆重举行，开启了中国大陆广播权付酬的历史元年。

2010 年 11 月 6 日，中国音乐著作权协会向第 16 届亚运会组委会发放音乐著作权使用许可，为亚运会使用音乐作品提供著作权服务。

2010 年 11 月 8 日，中国音乐著作权协会荣获"上海世博会荣誉纪念证书"，以表彰音著协在上海世博会举办过程中所起到的重要作用。

2011 年 3 月 1 日，中国音乐著作权协会与中央人民广播电台达成音乐付酬协议，首次确立广播电台音乐著作权付酬问题的解决模式。

2011 年 4 月 26 日，中国音乐著作权协会在中央电视台"4·26"知识产权日电视宣传节目见证下与"百度"公司正式达成战略合作协议，开创了网络音乐作品使用正版化的"主渠道"。

2011 年 8 月 1 日，中国音乐著作权协会向深圳大运会组委会发放音乐著作权使用许可。

2011 年 9 月 20 日，中国音乐著作权协会被评为"全国版权保护评选活动优秀推荐单位"。

2012 年 1 月 12 日，中国音乐著作权协会与全国 32 家主要省、市级电视台关于使用音乐作品广播权付酬协议的集体签约仪式在京举行，实现了中国大陆广播电视组织使用音乐作品广播权的大面积正版化。

2012 年 4 月 16 日，中国音乐著作权协会于《人民日报》刊登公告庆贺协会成立 20 周年。

2012 年 10 月 21 日，中国音乐著作权协会加入国际复制权联合会（IFRRO）。

2013 年 3 月 5 日，中央人民广播电台首次向中国音乐著作权协会交付 2012 年音乐作品使用报告，用于音著协相关广播权使用费分配工作。

2014 年 2 月 1 日，中央电视台首次向中国音乐著作权协交付 2012 年音乐作品使用报告，用于音著协相关广播权使用费分配工作。

2014 年 7 月 4 日，中国音乐著作权协会与 2014 年南京青年奥林匹克运动会组委会就该运动会使用音乐达成音乐作品授权合作。

2014 年 9 月 23 日，中国音乐著作权协会与腾讯公司达成网络音乐作品有偿使用"一揽子"合作协议，进一步巩固了网络音乐作品正版化"主渠道"模式。

2014 年 11 月 17 日，中国音乐著作权协会以侵犯音乐作品广播权为由将厦门广播电视台诉至法院，开启中国大陆地区广播权维权诉讼第一案。

2015 年 1 月 1 日，华纳音乐版权公司加入中国音乐著作权协会，至此世界三大音乐出版公司环球、索尼、华纳均已成为音著协会员。

2016 年 1 月 1 日，中国音乐著作权协会历年收取的著作权使用费总额突破 10 亿元大关。

2016 年 3 月 30 日，中国音乐著作权协会官方微信公众号正式开通。

2016 年 6 月 22 日，民政部发布《行业协会商会与行政机关脱钩联合工作组关于公布 2016 年全国性行业协会商会脱钩试点名单（第二批）的通知》，中国音乐著作权协会成为脱钩试点单位。

2016 年 7 月 5 日，中国音乐著作权协会成立党支部。

2016 年 11 月 28 日，中国音乐著作权协会参与组织"全球创作者论坛"活动。

2017 年 2 月 1 日，中国音乐著作权协会与上海迪士尼主题公园签订音乐著作权许可合作协议，授权上海迪士尼主题公园合法使用音乐作品。

2018 年 10 月，中国音乐著作权协会荣获中国版权领域最高奖——"中国版权金奖"管理奖。

2018 年 11 月，中国音乐著作权协会为首届"中国国际进出口博览会"提供音乐著作权服务。

2019 年 1 月，中国音乐著作权协会为中宣部"学习强国"学习平台提供音乐著作权服务。

2019 年 3 月，中国音乐著作权协会为中宣部国庆 70 周年各类宣传活动中使用音乐作品提供著作权服务。

2019 年 11 月，中国音乐著作权协会为第二届"中国国际进出口博览会"提供音乐著作权服务。

2019 年 12 月，中国音乐著作权协会会员总数突破 10000 人，加上与 70 多个海外同类组织达成的相互代表协议架构，音著协的权利代表范围已涵盖全世界知名音乐作品。

2019 年 12 月，中国音乐著作权协会年度许可总收入突破 4 亿元，历年收取使用费总额突破 20 亿元。

以上音著协的大事记既是中国第一家著作权集体管理组织诞生和开拓的历史印记，也是我国《著作权法》法律实施水平逐步提高的历史见证。

毋庸讳言，整体上说，著作权集体管理事业在我国尚属于初步的发展阶段，毕竟现行《著作权法》的实施也不过只有 30 个年头，全社会还普遍存在对著作权集体管理组织的业务职能不了解，甚至有误解的情况。同时，我国著作权集体管理组织的发展水平和业务覆盖面与著作权法制发达国家的同类组织还有很大的差距，这些都是中国的著作权集体管理组织下一步需要着力改进工作的地方。

随着中国进入改革开放新时代，音著协将以"习近平新时代中国特色社会主义思想"为指导，锐意进取，依法开展各项工作，及时回应广大会员的关切，积极拓展我国音乐著作权集体管理的业务覆盖面，促进全社会著作权法项下的守法经营秩序，为广大音乐著作权人带来实实在在的著作权益，为广大音乐作品使用者解除授权难之忧，为我国《著作权法》实施水平的进一步提高而继续努力。

后　记

　　本书名为"中华人民共和国著作权法三十年"，实则记述著作权法治建设四十余年的历史。回顾中国著作权法四十余年法治建设进程，无论是最初立法，还是迄今为止 3 次法律修改的时间跨度，每一次都在 10 年左右。著作权法治建设的难度，既反映了从重物质实体，到关注关系实在的改变；也有从重物质轻知识，到尊重知识、尊重创造的观念转变；还反映了著作权法律关系内容的复杂性和利益主体多元化等特点，同时，技术、经济和国际关系的发展也对我国著作权法治建设发挥着深刻影响。

　　本书邀请 40 年来见证我国著作权法治建设历次进步并为此做出不可磨灭贡献的立法工作者、官员、学者，用他们的所见、所闻、所思，旨在记录历史，总结经验，直面问题，启示未来。

　　由于相关作者参与著作权立法年代较远，给回顾和收集相关历史资料带来困难，同时在本书编撰过程中又遭遇新冠肺炎疫情，造成联络沟通不便，一定程度上影响了本书的撰稿、组稿、汇编和出版的进度。

　　特别感谢各位作者和相关稿件提供者，克服困难，使 40 年来著作权法治建设的历史得到充分展示。同时，感谢刘淑华博士参与本书的组稿和沟通联络，中国人民大学郭禾教授参与审校，以及知识产权出版社齐梓伊主任对书稿进行的编辑和出版工作，也感谢有关单位对本书出版的支持和帮助。

　　此记！

刘春田

2020 年 12 月 16 日